改訂新版

節約・貯蓄・投資 の前に

今さら聞けない お金の超基本

子どもの環境・
経済教育研究室代表
泉 美智子 監修

1級ファイナンシャル・
プランニング技能士
坂本 綾子 著

朝日新聞出版

はじめに

私たちの日々の暮らしは、「お金」と切っても切れない関係にあります。毎日の食事、電気・ガス・水道、通勤・通学のための交通機関の利用、教育、医療など、生活を営むにはお金がなくてはなりません。

ところが、日本では長い間、子どもにお金の話をすることがタブー視されてきました。家庭でも学校でも学ぶ機会が非常に乏しかったため、金融リテラシーを身につけられなかった人が多いのです。近年、金融と経済に関する学校教育の現状を憂慮した金融庁の要請があり、成年年齢が18歳に引き下げられたことも踏まえ、高校授業の生活設計・家計管理の分野に「資産形成」が追加されました。

経済は一定の法則に従い、時間軸に沿って、自律的に変動する生き物です。国内総生産（ＧＤＰ）、消費、設備投資、輸出、輸入、為替レート、物やサービスの価格、株価、地価などは、それぞれが独自に変動するわけではありません。一定の条件のもとで、鎖のようにつながり相互作用をもたらすのです。例えば石油の輸入価格が上がり、円安が進めばガソリンや灯油の価格が上昇します。それに連動して、天然ガスや石炭価格も上がり、電力会社は電力料金を引き上げざるを得ません。すると家庭では節電して、家計を切り詰めようとします。こうして家計消費が落ち込みます。ひいてはそれが、景気を低迷させます。

以上の例が示す通り、株価の変動など、経済変数には「法則」もしくは「仕組み」の因果関係が存在するのです。金融商品の運用、株式投資、投資信託などを行う場合には、経済の初歩をしっかり学んでいただくことが大切です。高校生や大学生、これまでお金の知識を学ぶ機会がなかった大人にとって、「賢く」生きる第一歩ではないでしょうか？

もう一つ大事なのは、経済には「不確実性」がつきまとうということです。消費者も企業も不確実性のもとで意思決定を日々繰り返さなければなりません。不確実性のもとでの意思決定はリスクが伴います。リスクへの対処の仕方について学ぶことも「お金の基本」だと、今、改訂新版を監修するにあたり痛感しています。

リスクの散らばる怖い社会、だけど楽しい未来社会で高い授業料を払わなくて済むよう、「お金で自立」を目指して、本書を役立てていただければ監修者として嬉しく思います。

監修　泉美智子

Index

Chapter 3 納める

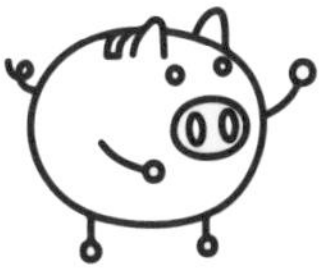

Chapter 4 貯める

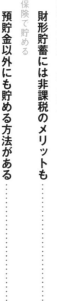

Index

Chapter 7

増やす

＊記載がない場合、2023年8月時点の情報です
＊データはわかりやすく一部簡略化など加工しています
＊預貯金は銀行や郵便局に預けているお金を、貯蓄というときは株式なども含んだ金融資産のことを指しています

人類最大の発明?

お金の形はここまで変化した

物々交換の不便さを解消するために生まれ、進化してきたお金。お金の形の歴史をたどってみましょう。

最初は物々交換だった

物々交換は交換したい物が互いに一致しないとうまくいかない。そこで、自分が持っている物を、いったん貝や米などに交換してから、欲しい物と交換するようになった。

(古代)

貝や米、布、塩などがお金の代わりになっていた。

これが紙幣の始まり。

金貨や銀貨が誕生

小さくても価値があり、時間が経っても腐らず、加工がしやすい金属がお金の役割を果たすようになる。(紀元前10〜7世紀頃)

預り証

金貨や銀貨は大量だと持ち運びが大変なうえ、落とす危険も。そこで、両替商に安全に保管してもらって預り証を受け取り、この預り証を渡して買い物をするように。日本では17世紀頃に預り証が誕生。

通貨

日本では、藩が発行するいろいろな紙幣があったが、1889(明治22)年に正式なお札を発行できるのは日本銀行だけとなる。現在につながる通貨(日本銀行券)の登場だ。

こんなふうに重宝されてきたお金

交換の手段

お金と交換して自分の欲しい物やサービスを手に入れることができる。

価値を測る尺度

違う物やサービスをお金(=金額)に置き換えることで、価値を測ることができる。

価値を貯める

お金は腐らないので、すぐに使わない分は貯めておくことができる。

電子データへ

実際に手に持ったり、見たり、数えたりすることができる貝や米、金貨、預り証、紙幣などの実物から、電子データに置き換わってきたお金。これからも変化していきそうだ。

INTERNET

コード（スマホ）決済

スマートフォンをかざせば支払いができる。支払いに使うお金は事前にチャージしたり、クレジットカードや銀行口座と連携させて動かす。

ピピッ!

AUC
TION

電子マネー

電子的なデータで支払いができる。自分のお金を、電子マネー発行業者が発行する電子マネーに交換し、カードなどにチャージして使う。

暗号資産（仮想通貨）

インターネット上で発行され、インターネット上だけで使えるお金。日本では、金融庁が「お金（法定通貨）と交換することはできるけれど、法定通貨ではなく、法定通貨建ての資産でもない」と定義している。

ついに形も国籍もないお金が登場。

派生

手元に現金がなくても買い物ができる時代に！

IC CARD

PREPAID
CARD
¥3000

Debit
CARD

CREDIT CARD
1234 5678 9012
00/00

プリペイドカード

電子データとして金額が記録されたプリペイドカードを購入。お店ではプリペイドカードから代金が引かれる。

デビットカード

カードと銀行口座を連携させ、カードを使うと同時に銀行口座から代金が引き落とされる。

クレジットカード

いったんカード会社に立て替えてもらい、複数の支払いをまとめて定期的にカード会社に支払う。

キャッシュレス化でも お金の価値 を意識して使おう

お金の形が変わっても、自分の時間や能力を使ってお金を稼ぎ、そのお金で欲しい物やサービスを手に入れて生活することに変わりはありません。例えば1万円という数字を見たとき、これを得るために自分が費やす労力と、1万円を使って手に入れようとしているモノやサービスの価値が見合っているか、自分自身の現実に結びつけてお金の価値を考えることが、「数字のお金」と上手に付き合うポイントです。

お金が数字になった

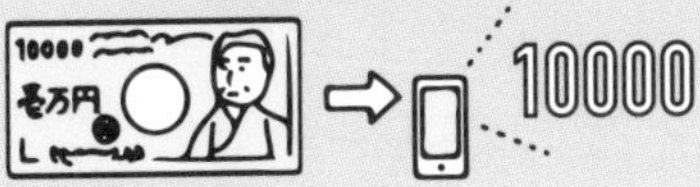
10000
壱万円
10000

手元に現金がなくてもお金を使えると、つい気がゆるみがち。しかし、WEB通帳や取引履歴に記載された数字は頑張って働き収入を得た、欲しかった物を買った、運用して増えたなど、自分の行動によりお金が動いた結果。それを理解すれば、有意義に使いたいと思うはず。

お金の教育
①

グローバル社会の中のお金

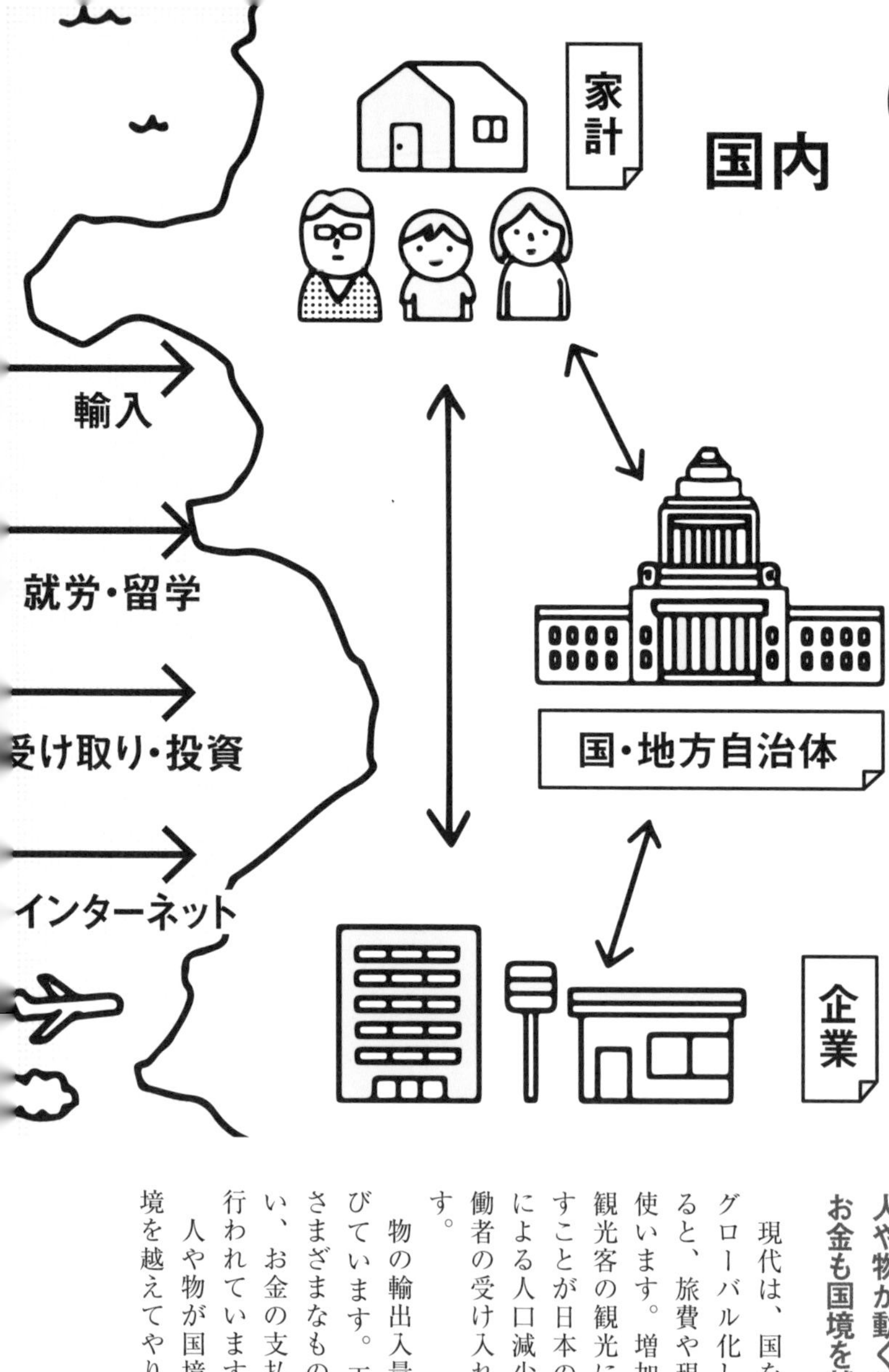

物の輸出入のみならず、人やお金の移動、大量の情報通信も、国境を越えるグローバル化がますます進んでいます。

人や物が動くことでお金も国境を越える

現代は、国を越えて人が行き来するグローバル化した時代です。旅行をすると、旅費や現地滞在費などのお金を使います。増加傾向にある訪日外国人観光客の観光による収益をさらに増やすことが日本の政策目標です。少子化による人口減少を補うため、外国人労働者の受け入れ対策も進められています。

物の輸出入量もかつてより大きく伸びています。工業製品から食品まで、さまざまなものが取引され、それに伴い、お金の支払いや受け取りも盛んに行われています。

人や物が国境を越えると、お金も国境を越えてやり取りされるのです。

海外
物
輸出・
人
旅行・出
お金
支払い
情報
郵便・電話・放

進化する、お金や情報の国際的なネットワーク

国際間でのお金のやり取りは、現金よりも、各国の金融機関が利用する国際的な決済網（ネットワーク）を使った為替《かわせ》取引が中心です。

国により通貨が違うので、国際間でお金のやり取りをするときは、通貨の交換も行われます。交換の比率である為替レート（→P.238）は、国際間でお金が動く方向やその量などの影響を受けて変動します。例えば、円を米ドルに交換する取引が増えると、円は米ドルに対して安くなります。

また、金融商品の多様化と金融サービスの進歩により、個人も海外の資産に気軽に投資ができるようになりました。国際間での投資も、お金の動きや為替に影響を与えます。

情報は、特にインターネットの普及により瞬時に国境を越えるようになりました。それがまた人や物、お金の動きに影響を与えています。

お金が見えにくくなった時代

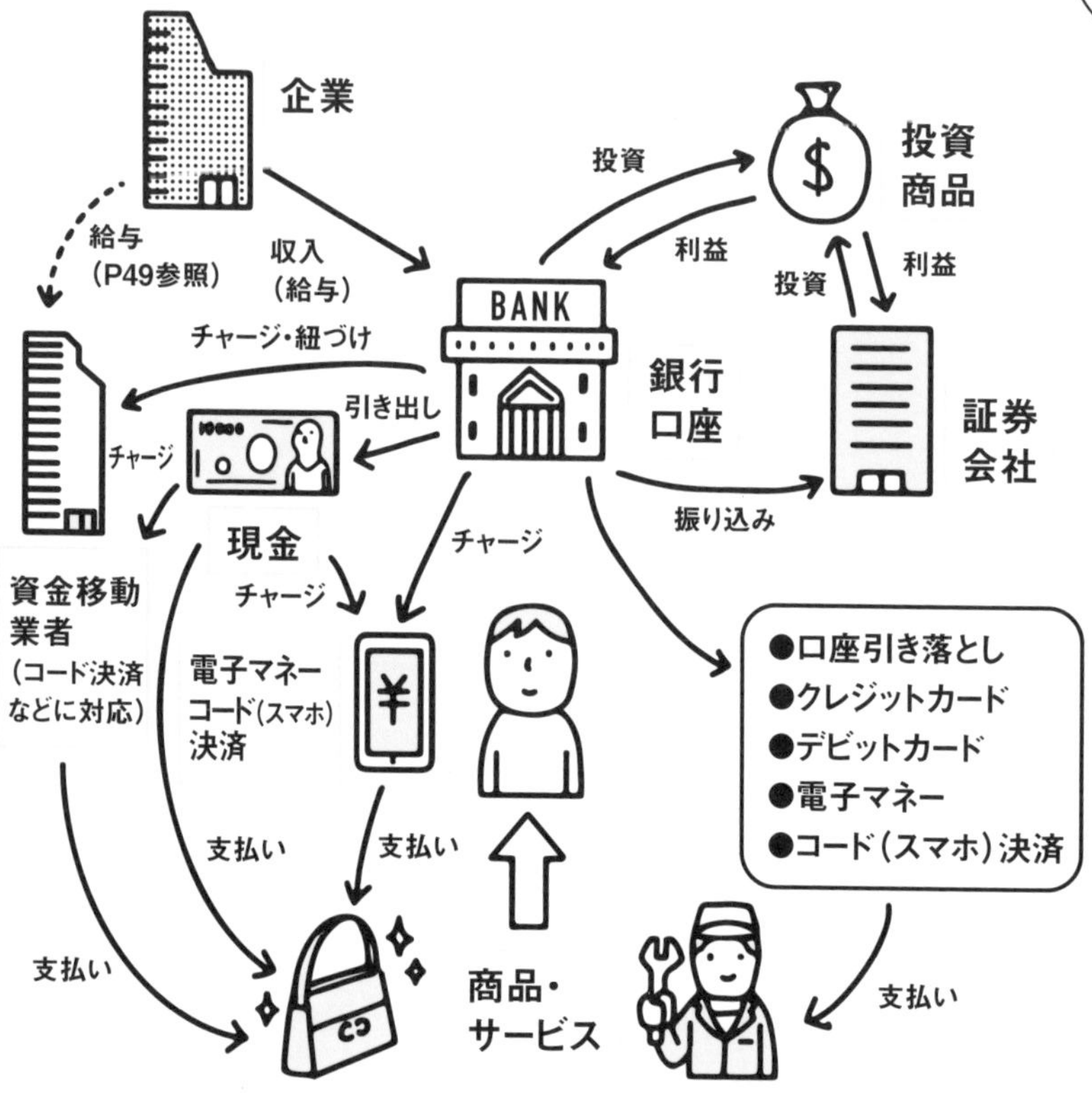
企業
給与
（P49参照）
収入
（給与）
投資
利益
$
投資
商品
BANK
銀行
口座
投資
利益
証券
会社
チャージ・紐づけ
引き出し
チャージ
現金
振り込み
資金移動
業者
（コード決済
などに対応）
チャージ
チャージ
電子マネー
コード（スマホ）
決済
¥
●口座引き落とし
●クレジットカード
●デビットカード
●電子マネー
●コード（スマホ）決済
支払い
支払い
支払い
支払い
商品・
サービス

資金移動業者とは?
内閣総理大臣の登録を受けて決済（送金や振り込み）を行う、銀行以外の事業者のこと。インターネット取引などの普及に対応するため、法律が改正されました。

お金の受け取りや支払いに現金を使わず、金融機関などを通すキャッシュレス化が進んでいます。便利な半面、注意点もあります。

消費者の支出の4割近くがキャッシュレス

お金の受け取りや振り込みには銀行口座を使い、口座から引き出した現金で支払うのが一般的でしたが、現金以外で支払うのが当たり前の時代になりました。

左ページのグラフは、私たち消費者が支払う金額のうち、キャッシュレスの比率と金額を示しています。２０２２年には支払いの36%、１１１兆円がキャッシュレスです。主な手段は、クレジットカード、デビットカード、電子マネー、コード（スマホ）決済で、急速に普及しているのがコード決済です。

スマートフォンにインストールしたアプリでバーコードや二次元コードを表示しレジで決済する風景は、今や日常のひとコマです。

キャッシュレスのメリットとデメリット

メリット

- ATMで現金を引き出す手間や手数料がかからない
- お釣りをもらわなくていい
- 記録（履歴）で使い方を振り返れるなど

・デメリット

- 使いすぎになりやすい
- カードやアプリの準備が必要
- お店が対応していない、通信障害などで使えないことがあるなど

注意！ サブスクリプションとアプリの課金

毎月料金を支払っているのに実感がなく忘れているサブスクリプション契約があったり、ゲームアプリなどでついつい課金したりしてムダ遣いにつながることも。

日本のキャッシュレス決済額と比率

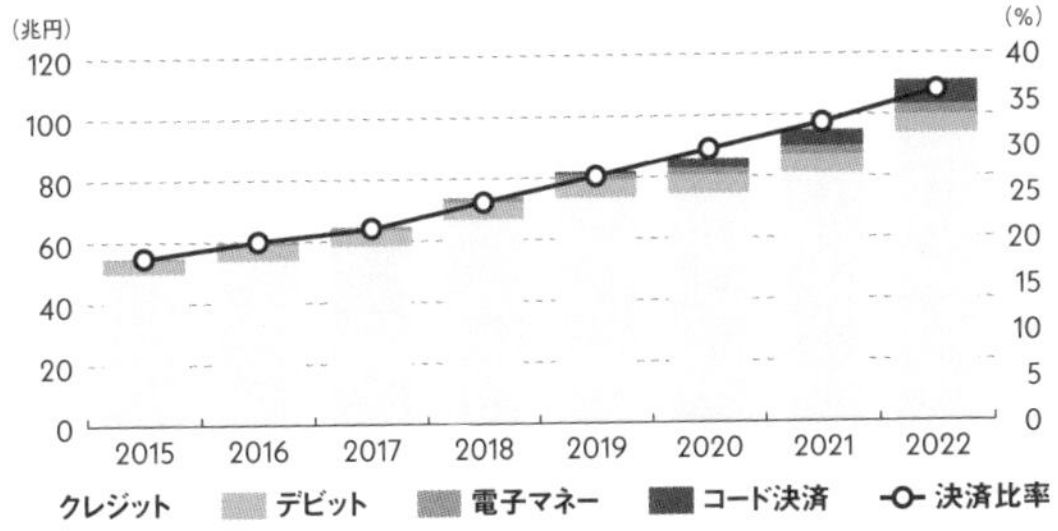

(兆円)
120
100
80
60
40
20
0
(%)
40
35
30
25
20
15
10
5
0
2015
2016
2017
2018
2019
2020
2021
2022
クレジット
デビット
電子マネー
コード決済
決済比率

出典：経済産業省「我が国のキャッシュレス決済額及び比率の推移（2022年）」

2015年と比べると2倍近く増えているけど、ほかの先進国に比べるとまだまだ少ない。

トラブルに巻き込まれないために

- 不審な取引がないか、履歴をこまめに確認する
- 金融機関などを名乗るショートメールのリンクを開かない
- パソコン・スマホのOSを最新に更新し、セキュリティソフトも導入する

トラブルに遭ったときの連絡先

トラブルに遭ったとき、おかしいなと思ったら、利用している銀行、クレジットカード会社、電子マネー発行者、資金移動業者及び最寄りの警察署、消費者ホットライン（TEL：188〈いやや〉）に相談を

自分の生活に合うものを厳選し予算を決めて使う

キャッシュレス決済が普及した今、使いすぎに注意する必要があります。

特に後払いのクレジットカードは要注意。コード決済は、支払いを何に紐づけるかで実際にお金が動くタイミングが違ってきます。クレジットカードなら後払い、デビットカードなら同時払い、現金や銀行口座からのチャージなら前払いです。

そのため、複数のキャッシュレス決済を並行して使っていると、お金の流れが複雑になり、把握しにくくなります。自分の生活で使いやすいものに絞り込み、予算を決めるのが上手に使うコツ。

また、偽SMSやメールに貼られたリンクを開いて、偽サイトに口座番号やパスワードを入力してしまうと情報が盗み取られてしまいます。インターネットバンキングで不正送金されるなどの被害に遭わないよう、くれぐれも注意しましょう。

学校教育に取り入れられる「お金教育」

家計管理

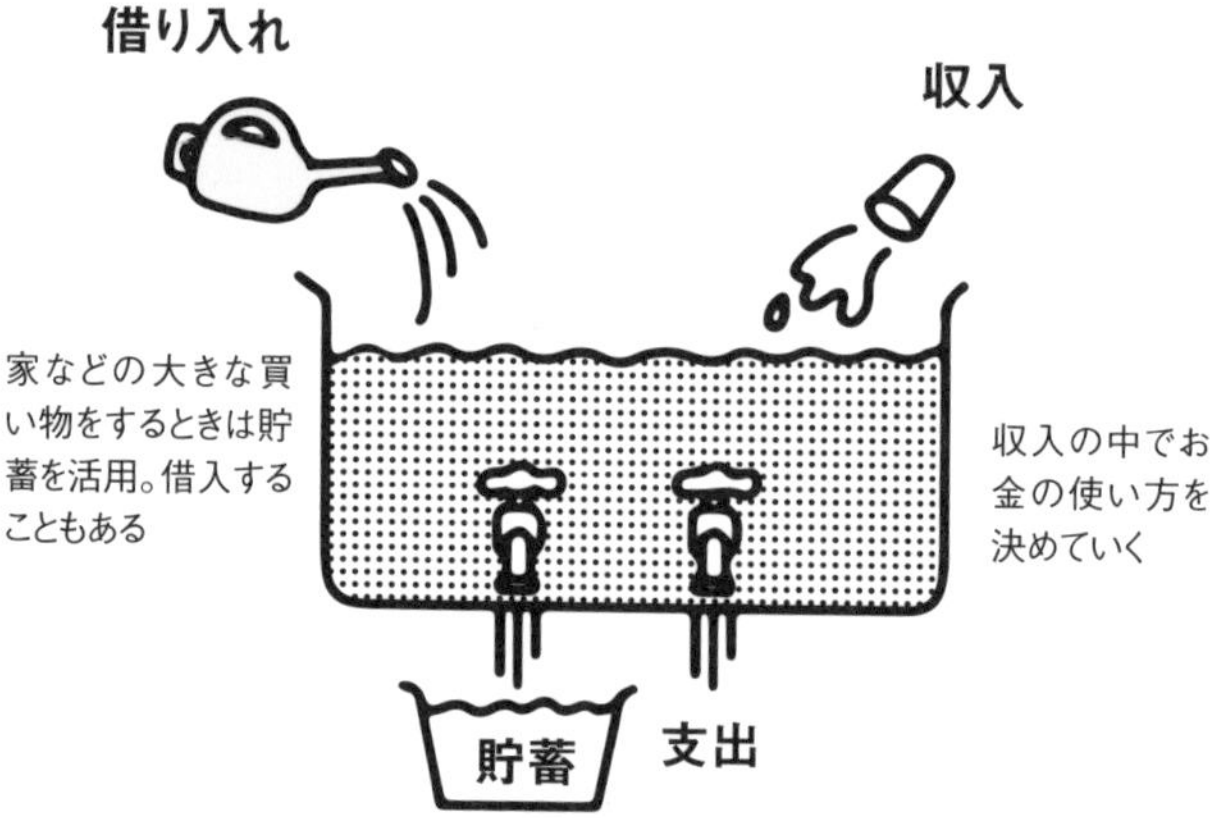
借り入れ
収入
家などの大きな買い物をするときは貯蓄を活用。借入することもある
収入の中でお金の使い方を決めていく
貯蓄
支出

収入
支出
何にどれだけ使ったか、きちんと把握する

子どもの頃からお金について学ぶことが、特に先進国で重要視されています。日本では、学習指導要領に基づいて行われています。

学習指導要領が改定され高校で資産形成の授業開始

大人になってから、もっとお金の知識があれば……と思ったことはありませんか？　社会が複雑化し、日々のお金のやりくりはもちろん将来に向けた貯蓄や資産形成にも知恵が必要です。

子どもから大人まで、年齢に応じて必要なお金の知識を深めて、お金と上手に付き合っていきたいもの。そのために金融経済教育推進会議が設置され、身につけるべき内容をまとめた金融リテラシーマップ（P.248に抜粋）が作成されました。

小・中・高校生は、学習指導要領で金融教育が義務づけられ、授業の中で学びます。２０２２年４月から、高校生は家庭科で株式や投資信託などの資産形成のための金融商品についても学んでいます。

ライフプランを立てる

ライフプランの一例

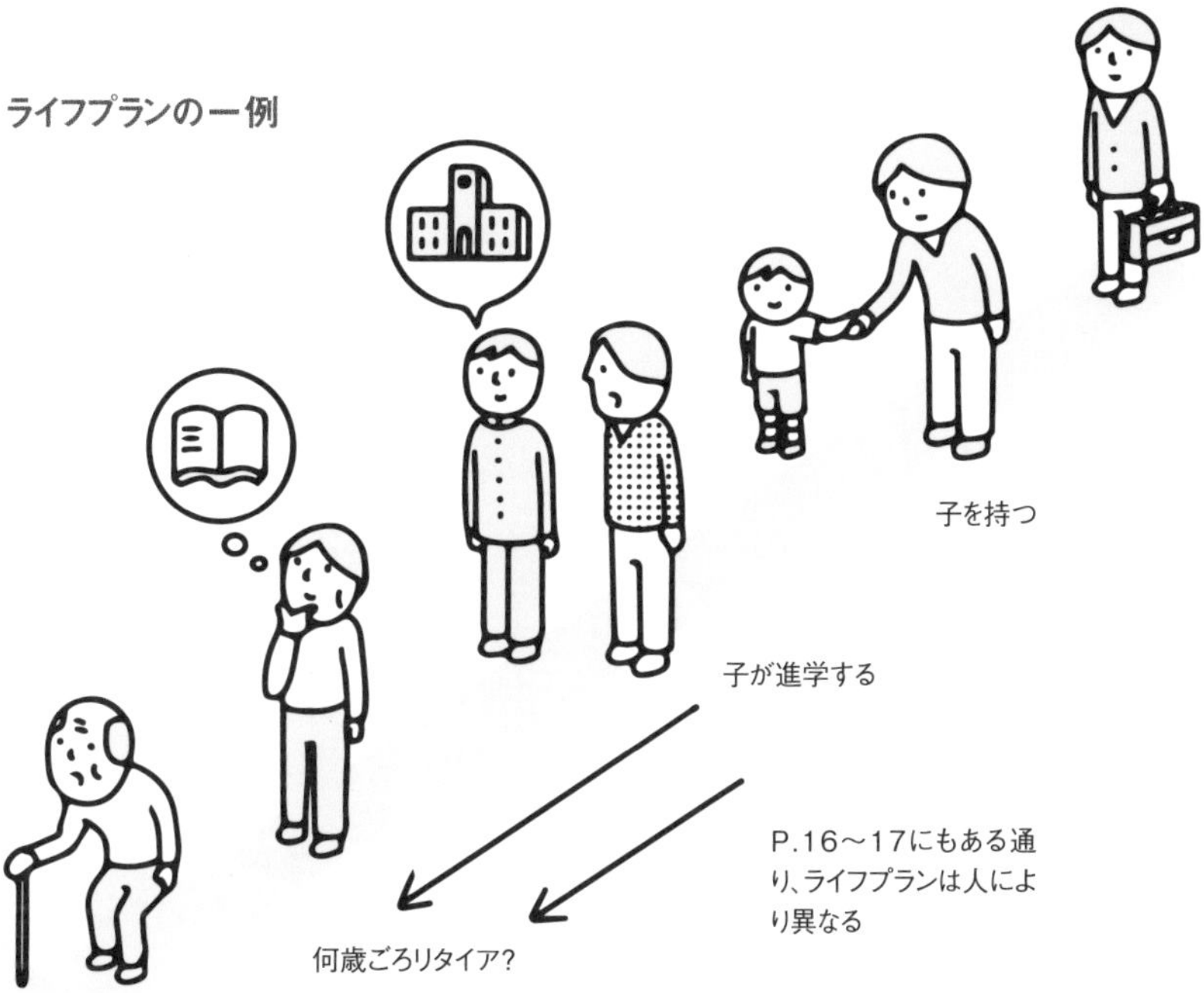
子を持つ
子が進学する
P.16〜17にもある通り、ライフプランは人により異なる
何歳ごろリタイア?
年金はいつから?

資産形成

金融商品の特徴を知って使うことが重要です。投資先を選ぶことで社会に影響を与えます。

安全性・収益性・流動性に注目

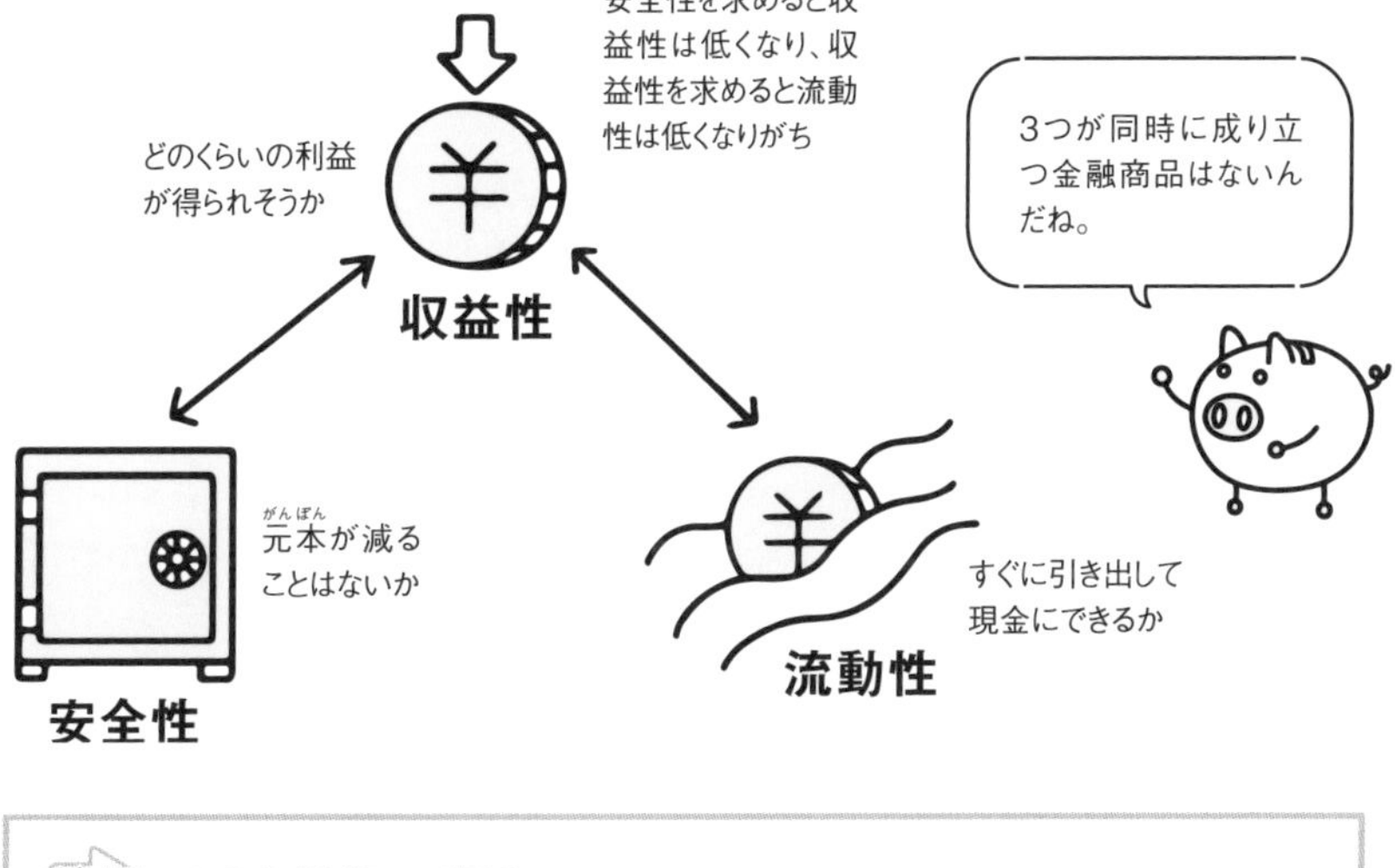
安全性を求めると収益性は低くなり、収益性を求めると流動性は低くなりがち
どのくらいの利益が得られそうか
収益性
3つが同時に成り立つ金融商品はないんだね。
元本《がんぽん》が減ることはないか
安全性
すぐに引き出して現金にできるか
流動性

注目 ESG投資って何?

EはEnvironment(環境)、SはSocial(社会)、GはGovernance(企業統治)。売上や利益などの財務面だけでなく、環境や社会に配慮し、健全な企業統治がなされている会社に投資すること。

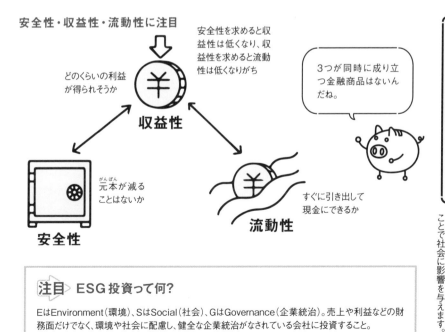

これからのお金について考えよう

いろいろな人生《ルート》がある

ある程度の年齢になったら結婚して、子どもが生まれ、住宅を買う……、という一般的と思われてきた生き方を選ばない人も増えています。とはいえ、どんな人生にもお金は不可欠です。

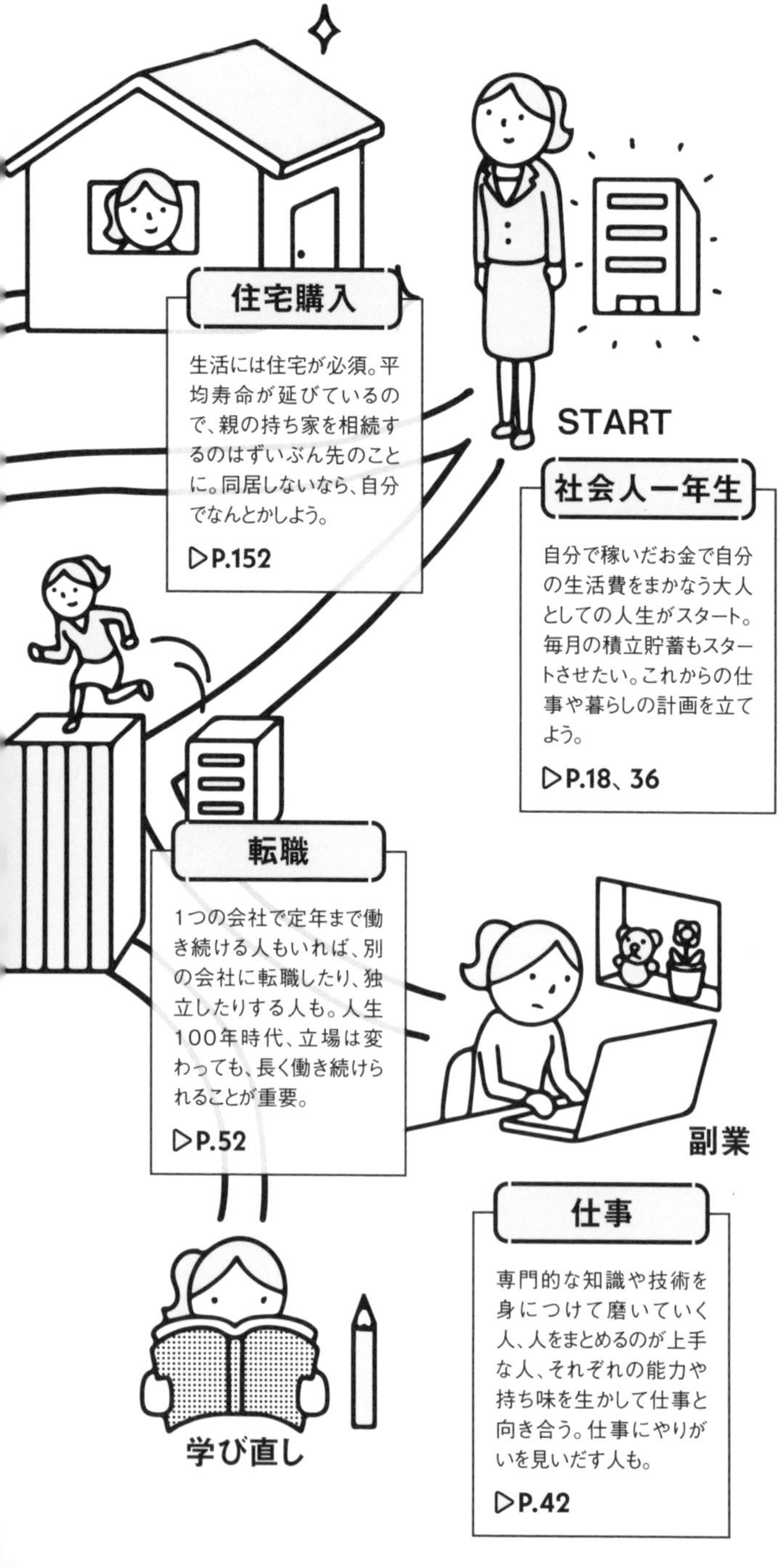

社会人一年生

自分で稼いだお金で自分の生活費をまかなう大人としての人生がスタート。毎月の積立貯蓄もスタートさせたい。これからの仕事や暮らしの計画を立てよう。

▷P.18、36

住宅購入

生活には住宅が必須。平均寿命が延びているので、親の持ち家を相続するのはずいぶん先のことに。同居しないなら、自分でなんとかしよう。

▷P.152

転職

1つの会社で定年まで働き続ける人もいれば、別の会社に転職したり、独立したりする人も。人生100年時代、立場は変わっても、長く働き続けられることが重要。

▷P.52

仕事

専門的な知識や技術を身につけて磨いていく人、人をまとめるのが上手な人、それぞれの能力や持ち味を生かして仕事と向き合う。仕事にやりがいを見いだす人も。

▷P.42

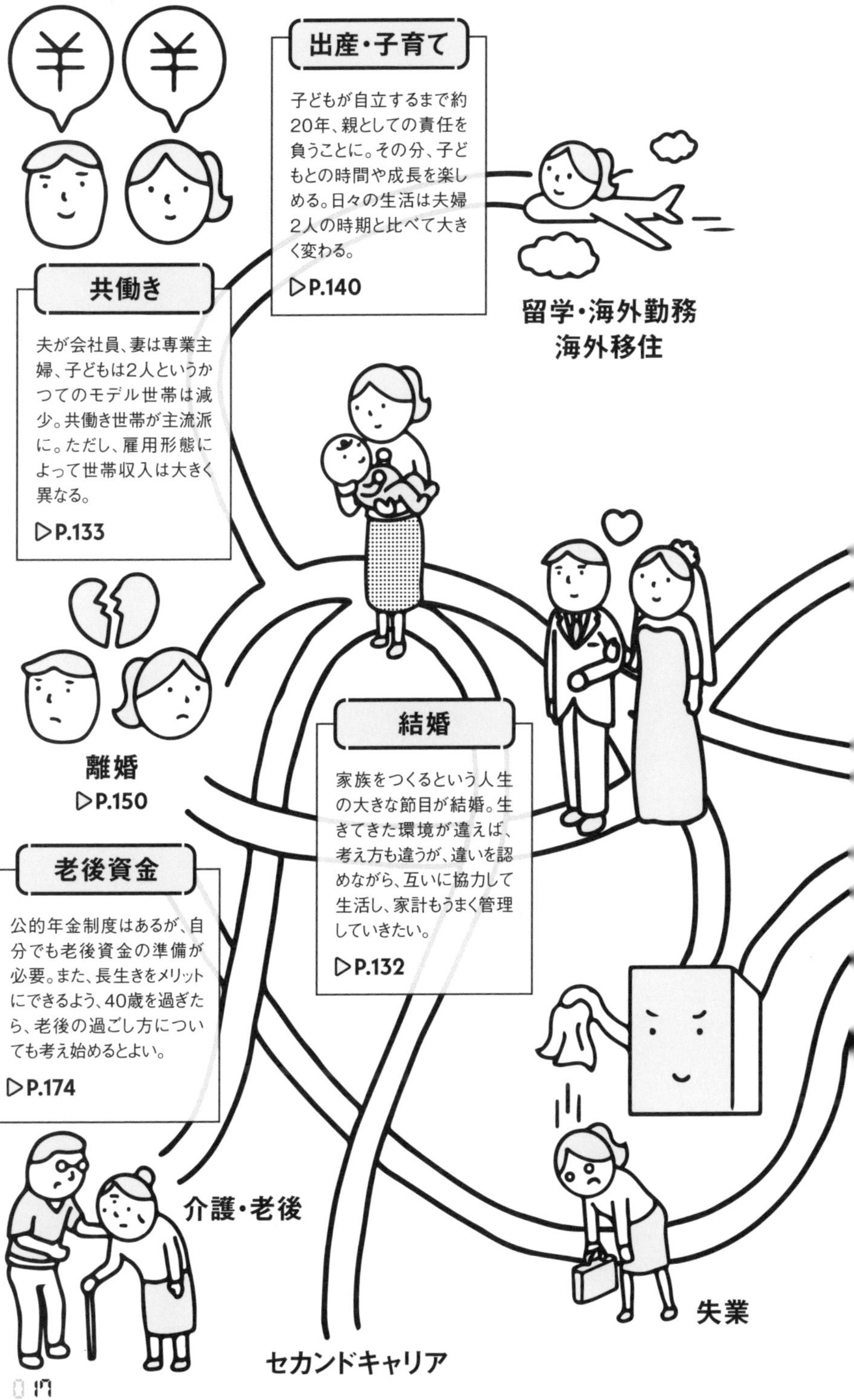
留学・海外勤務
海外移住
離婚
介護・老後
失業
セカンドキャリア

▷P.150

出産・子育て

子どもが自立するまで約20年、親としての責任を負うことに。その分、子どもとの時間や成長を楽しめる。日々の生活は夫婦2人の時期と比べて大きく変わる。

▷P.140

共働き

夫が会社員、妻は専業主婦、子どもは2人というかつてのモデル世帯は減少。共働き世帯が主流派に。ただし、雇用形態によって世帯収入は大きく異なる。

▷P.133

結婚

家族をつくるという人生の大きな節目が結婚。生きてきた環境が違えば、考え方も違うが、違いを認めながら、互いに協力して生活し、家計もうまく管理していきたい。

▷P.132

老後資金

公的年金制度はあるが、自分でも老後資金の準備が必要。また、長生きをメリットにできるよう、40歳を過ぎたら、老後の過ごし方についても考え始めるとよい。

▷P.174

人生100年時代の

ライフプランを立ててみよう

どんな人生を生きたいかという思いに沿って、人生における予定や目標を思い描いてみてください。ライフイベントを計画することを、ライフプランを立てるといいます。

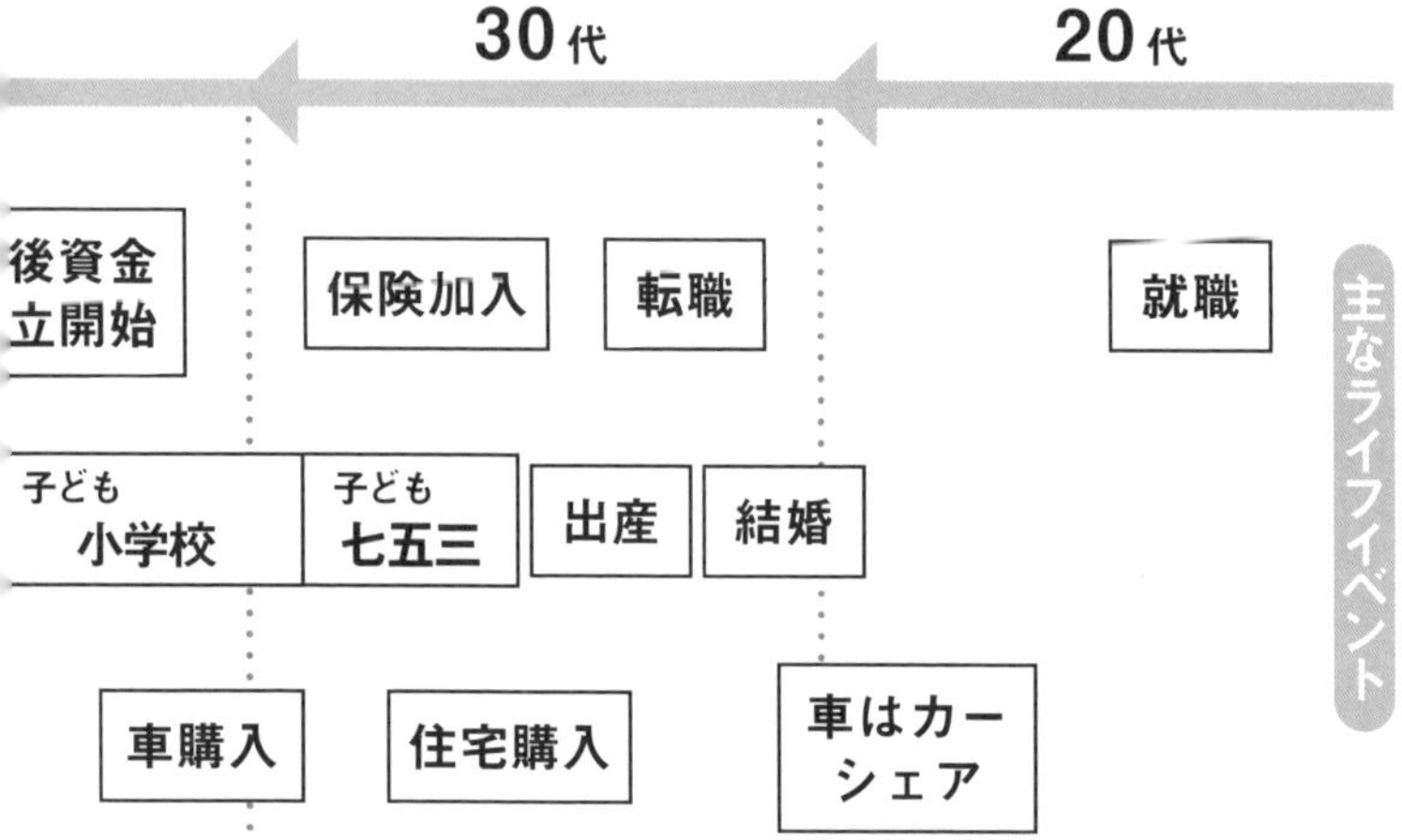
20代
30代
主なライフイベント
就職
転職
保険加入
資金後
開始立
結婚
出産
子ども
七五三
子ども
小学校
車はカーシェア
住宅購入
車購入

シングルの場合

●これからの予定や目標

- 長く働けて収入が増えていくよう、専門職を目指す
- 2年に一度は海外旅行をする
- 趣味のイラストを極める

仕事と楽しみ、どっちも
目標があるといいね。

ライフプラン例

年	家族の年齢 自分	父	母	予定や目標	予算
2023	34	64	61	IT系資格取得	20万円
2024	35	65	62	転職	10万円
2025	36	66	63	イラストの副業トライ	
2026	37	67	64		
2027	38	68	65	住宅購入検討	300万円
2028	39	69	66	海外旅行	20万円
2029	40	70	67	父親古希記念旅行	60万円
2030	41	71	68	海外旅行	10万円
2031	42	72	69		
2032	43	73	70	母親古希記念旅行	50万円
2033	44	74	71		
2034	45	75	72	両親金婚式	10万円

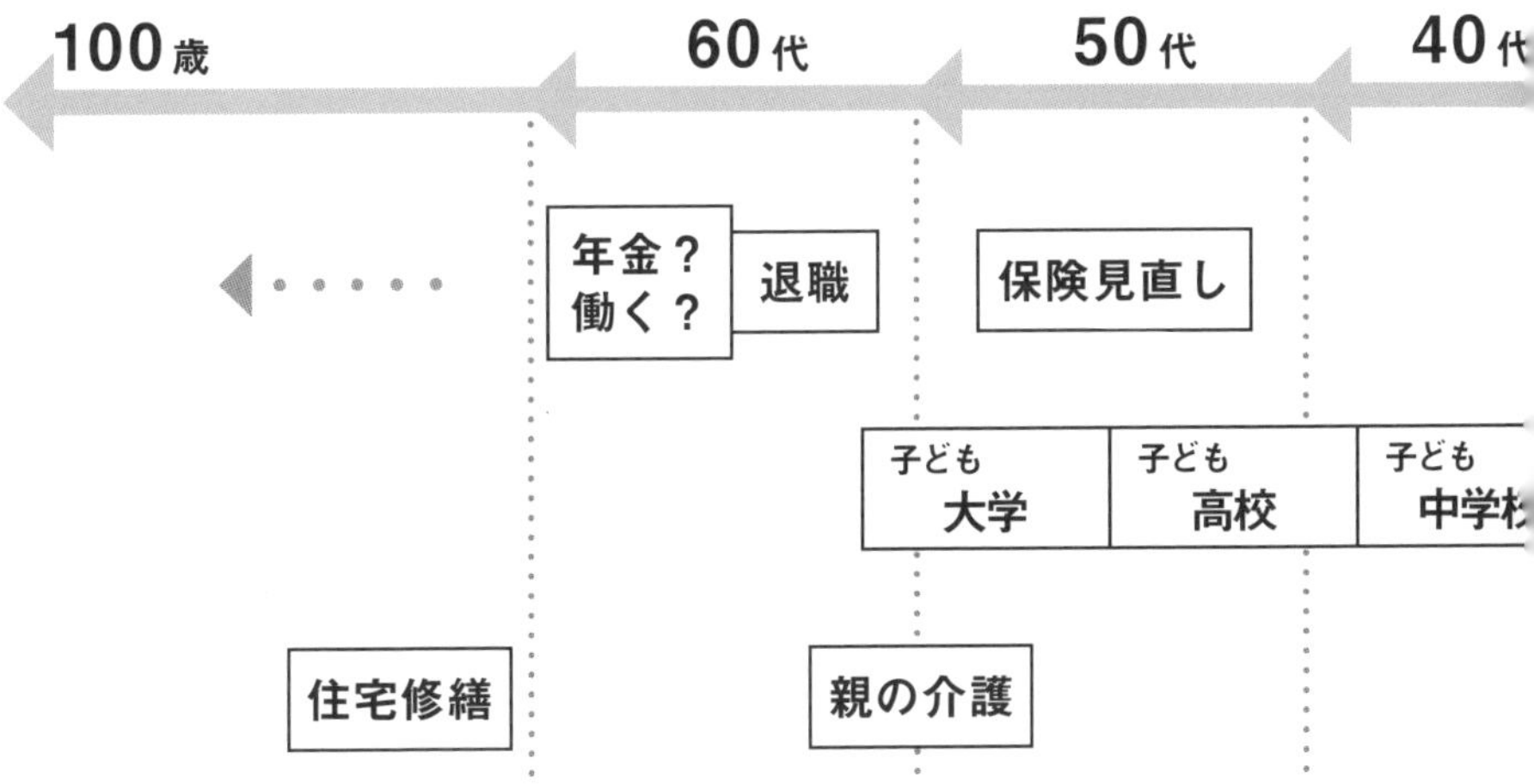

夫婦の場合

●これからの予定や目標

・子どもは2人欲しい

・住宅は郊外の戸建て

・キャンプなど家族でアウトドアのレジャーを楽しみたい

話し合うことで、
互いのワークライフ
バランスが
見えてくるね。

ライフプラン例

年	家族の年齢				予定や目標	予算
	自分	配偶者	第一子	第二子		
2023	28	30			結婚	50万円
2024	29	31	0		第一子出産	30万円
2025	30	32	1			
2026	31	33	2	0	第二子出産	30万円
2027	32	34	3	1		
2028	33	35	4	2	二世帯住宅建築 頭金・諸費用	700万円
2029	34	36	5	3	妻、正社員で復職	
2030	35	37	6	4	家族旅行	30万円
2031	36	38	7	5	第一子小学校入学	15万円
2032	37	39	8	6		
2033	38	40	9	7	第二子小学校入学	15万円
2034	39	41	10	8		

あくまで希望でOK

予算は2人で用意

ライフプランを立ててみましょう！

働き方と収入、家や自動車といった大きな買い物、万が一や老後への備えなど、将来、どのようにしてみたいか、考えてみましょう。予定や目標を立ててから、本書の該当ページを読んで予算を立ててみると、お金のことがぐっと身近になります。また、1年に1度など、定期的に見直すとよいでしょう。

あなたの場合

●目標を書いてみましょう！

・

・

・

ライフプラン

年	家族の年齢				予定や目標	予算
	自分					

予算は、あとで書き入れてもOK。

＊年齢は、その年の12月31日時点のものを書き入れる
＊足りない分は枠をコピーしたり手持ちのノートなどを活用し、一生分のプランを立てる

Chapter

1

お金とは？

ふだん何気なく使っているお金。
社会の中で果たす役割や、
上手な付き合い方を
見ていきましょう。

お金のなるほど基礎知識

まずはお金の機能を知ろう

お金は生きていくために欠かせない「暮らしの道具」

お金は社会で生きていくためになくてはならないものです。例えば、衣食住の必需品はもちろん、自分の楽しみのために使いたい、病気やケガなどのときも暮らしに困らないようにしたい、老後も充実した人生を送りたいと多くの人が思っているはずです。そうした思いに近づき、**自分らしい人生を実現する「暮らしの道具」がお金です。**

しかし、道具はその機能と扱い方を知らないままやみくもに使ってもうまくいきません。お金も同じで、機能と扱い方をしっかり知ることで、より有意義に活用することができます。つまり、自分らしい人生を実現するためには、**「お金の活用力＝**

お金の6つの機能

お金の役割は、稼いで使うだけではありません。社会の中で果たしている役割、影響力などについて考えてみましょう。

❶ 稼ぐ

生きていくには、まず自分の能力を生かして働き、お金を稼ぐことが基本。お金を稼ぐ方法や働き方と収入との関係について知識を身につけよう。

→Chapter 2

❷ 納める

稼いだお金から、社会を維持するための費用として税金を納める。税金の仕組みを知り、税金の使い道にも興味を持とう。

→Chapter 3

❸ 貯める

稼いだお金は、銀行口座などに財産として貯めておくことができる。効率的な貯め方を実践するとともに、貯めるための家計の工夫も大切。

→Chapter 4

金融リテラシー」を若いうちから身につけておくことが大切なのです。

知識だけでなく判断力・行動力も大事

まずは「稼ぐ」「納める」「貯める」「使う」「備える」「増やす」というお金の6つの機能（下図参照）を把握しましょう。次章以降でそれぞれの機能を解説しますが、**具体的にお金との付き合い方を知ることで、お金の知識を得るだけでなく、適切に判断し行動する力も高まります。**

特に現在は、自分のお金を得る時点で、働き方や仕事の成果による収入の差が大きくなっています。銀行預金の金利は低いままです。老後の年金の給付水準の低下も懸念されています。また、コード（スマホ）決済の普及や、給与のデジタル払いの解禁などにより、お金自体の形も変わってきています。そうした時代の変化に対応して生きていくには、金融リテラシーが今まで以上に重要です。

❹ 使う

生活必需品を確保するためだけでなく、趣味や楽しみのために使うお金も必要。子どもの教育や住宅取得など、将来に使う金額も把握しよう。

→Chapter 5

❺ 備える

税金や保険料を使って、老後や病気、収入減などに社会全体で備えるのが社会保障。仕組みを理解し、自分で備える方法も知ろう。

→Chapter 6

❻ 増やす

お金は運用によって100万円が105万円になるなど、増やすことができる。さまざまな投資方法のメリットとデメリットを知っておきたい。

→Chapter 7

お金のなるほど基礎知識
切っても切れないお金と社会の関係

お金は社会を動かし続ける血液

お金はよく「社会の血液」にたとえられます。社会とのかかわりなしに生きていくことができない以上、社会の中でのお金の流れにも目を向けざるを得ません。

お金は、「家計」「企業」「政府」の3つのグループを行ったり来たりしています。個人は、働いて得た収入で家計をやりくりします。企業は家計からの労働力を使って商品やサービスを提供して利益を得て、家計に給与を支払います。家計と企業は政府に税金を納めます。政府は、税金を使って公共サービスを家計や企業に提供しています。**このようなお金の流れによって、社会の活動が支えられているのです。**

「家計」「企業」「政府」の間をお金がまわる

「家計」「企業」「政府」がお金の流れをつくる原動力となり、社会の中をお金が血液のように巡っています。

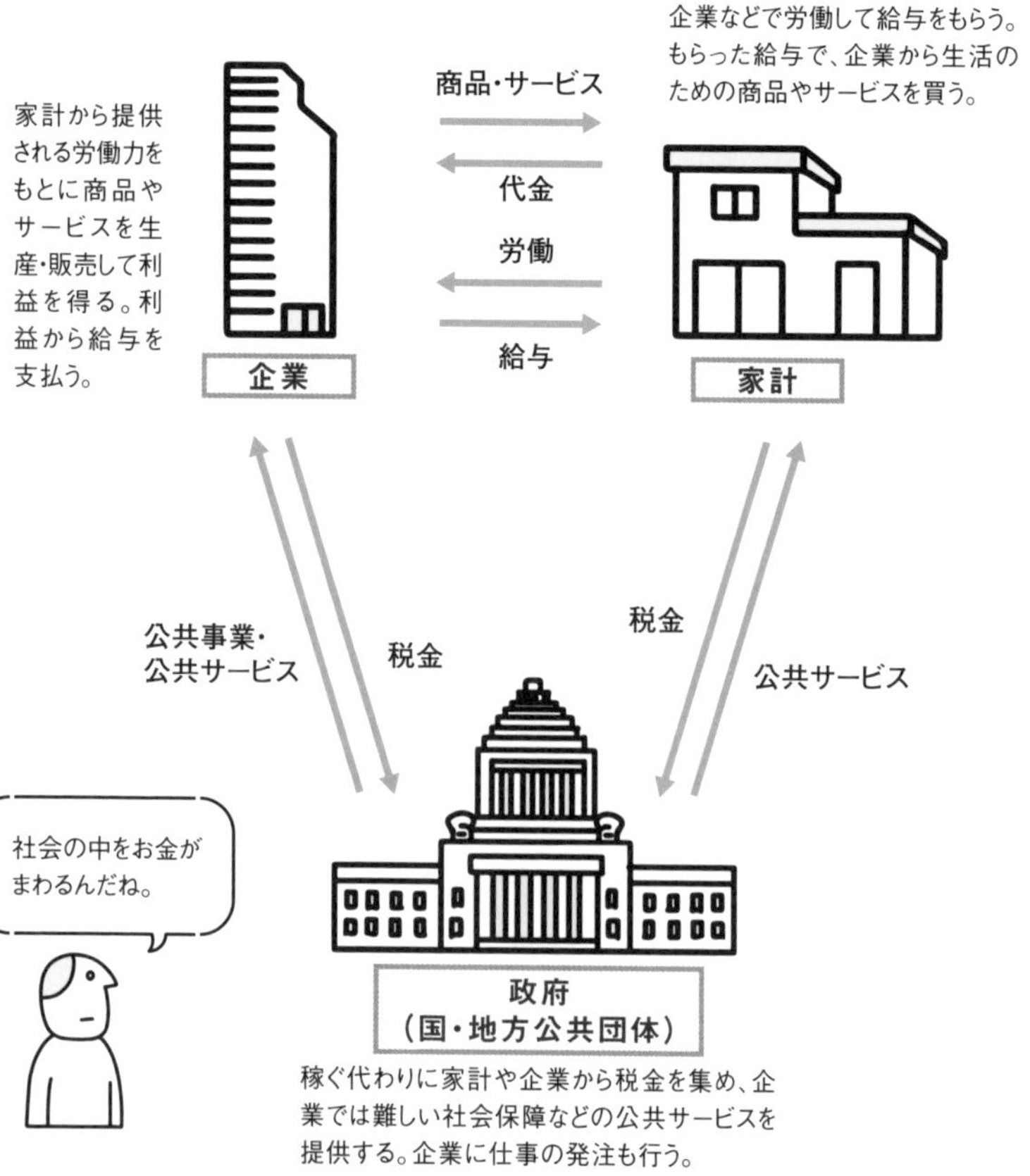
企業などで労働して給与をもらう。もらった給与で、企業から生活のための商品やサービスを買う。
家計から提供される労働力をもとに商品やサービスを生産・販売して利益を得る。利益から給与を支払う。
商品・サービス
代金
労働
給与
企業
家計
公共事業・公共サービス
税金
税金
公共サービス
政府（国・地方公共団体）
稼ぐ代わりに家計や企業から税金を集め、企業では難しい社会保障などの公共サービスを提供する。企業に仕事の発注も行う。
社会の中をお金がまわるんだね。

景気には波がある

景気とは、企業の生産活動と物やサービス、お金の流れの状態のこと。景気には、良くなったり悪くなったりを繰り返す波があります。「好況」な時期に事業拡大していくといずれ供給過多となり景気は「後退」（濃い黄色の部分）し「不況」となり、事業縮小していくと供給不足となり景気が「回復」していくのです。社会環境や世界の動きの影響も受けます。

● 景気の波（景気循環）の動き

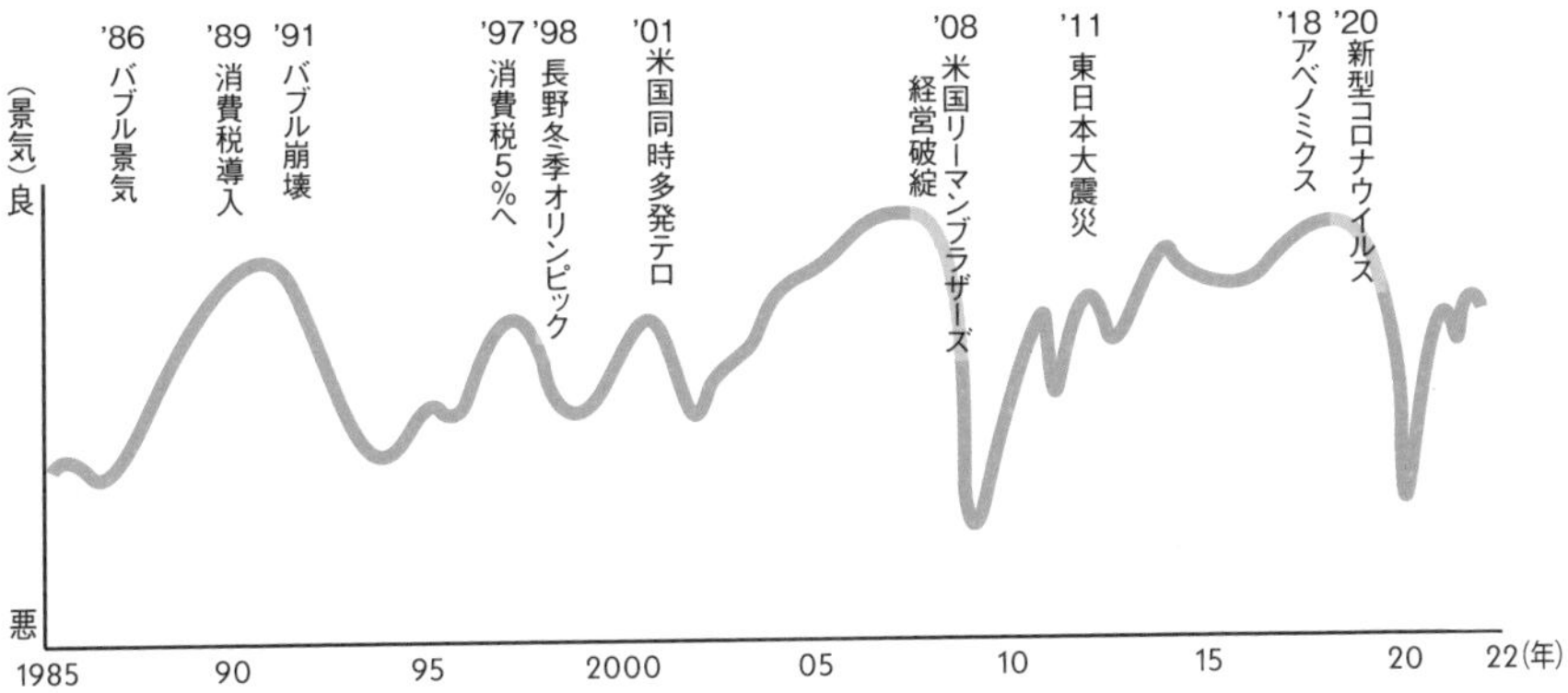

● 景気が良くなると→お金が円滑に流れる

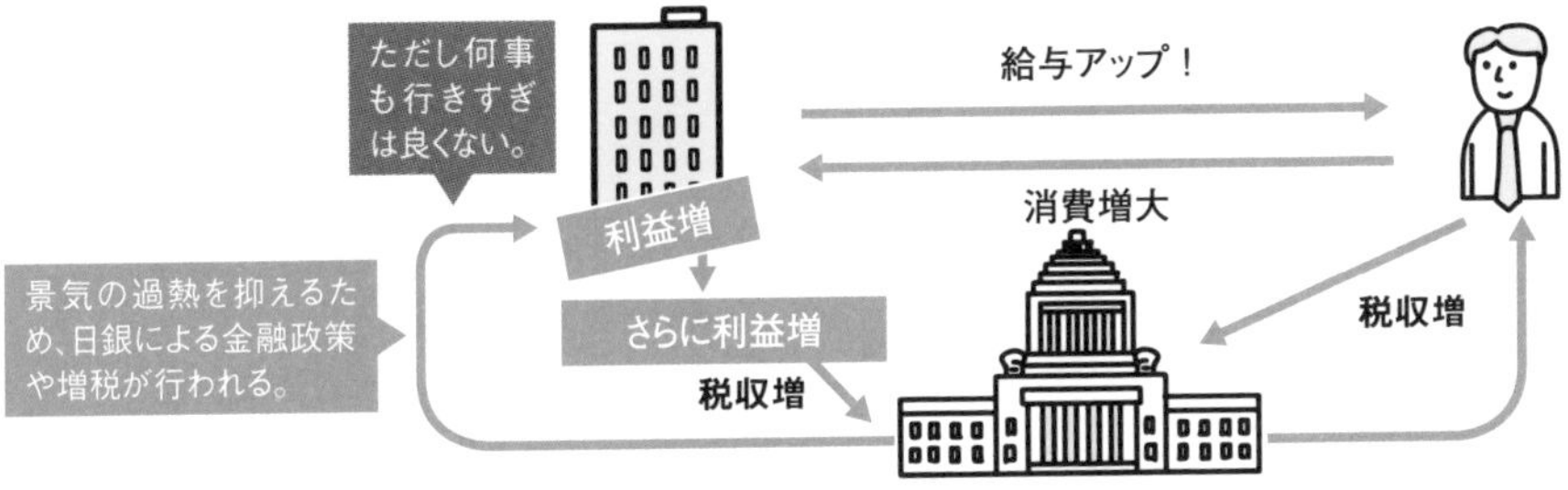

● 景気が悪くなると→お金の流れが滞る

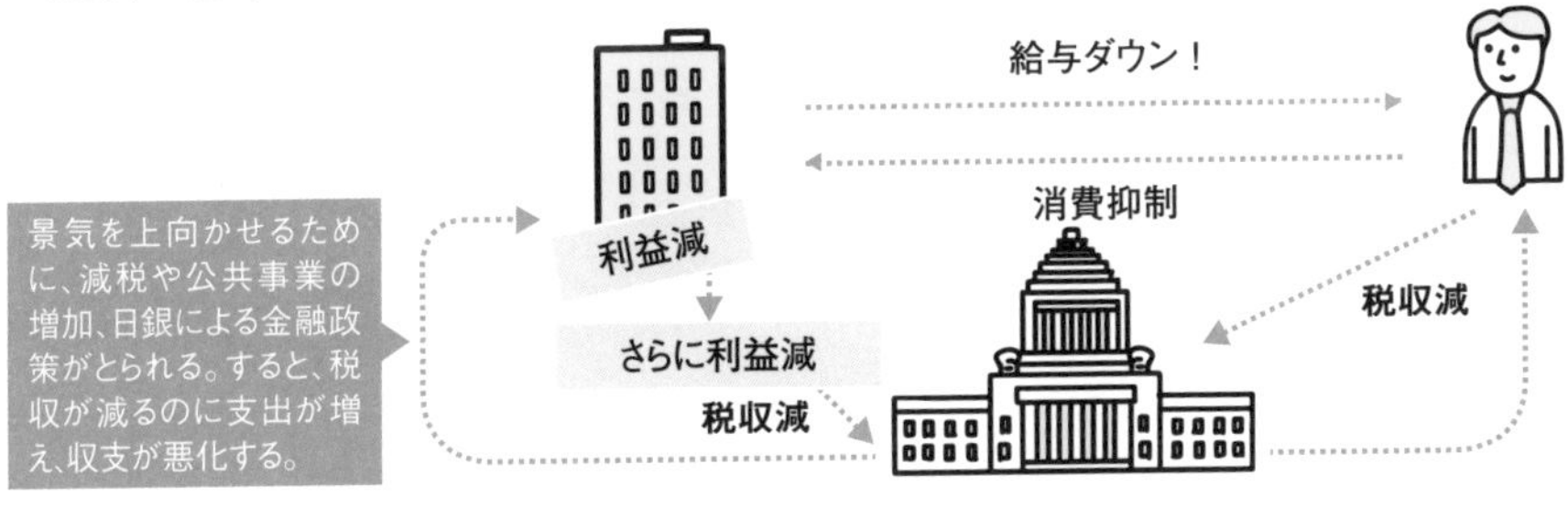

Chapter 1
お金とは？

お金のなるほど基礎知識

お金の価値は変化する

物をいくらなら買うか、いくらなら売るかは、人や企業により異なります。その中で、多くの人の判断が一致するところに価格は落ち着いていきます。

交換の手段であるお金は価値が変化する

物の量（供給）よりも欲しい人（需要）が多いと値段が上がります。物の値段が全体的に上がっていくことをインフレーション（＝インフレ）といいます。逆に物の量が増えすぎたりすると、売りさばくために値下げが行われます。社会全体で値下がりが続くことをデフレーション（＝デフレ）といいます。物の価格はいつも同じではないし、物と交換するお金の価値も変化しています。個人の判断がお金の価値にも影響を与えています。

需要と供給によって価格は決まる

需要量（欲しい人の欲しい数）と供給量（商品の量）がちょうど釣り合うところで価格が決まります。需要に対して供給が少なければ価格は高くなり、逆に需要に対して供給が多ければ価格は低くなります。

●「バナナ2本が200円で買える」を基準としてみる

欲しい人
（需要）
商品
（供給）
価格
=

●供給よりも需要が多い場合 ➡ バナナ2本が500円に！

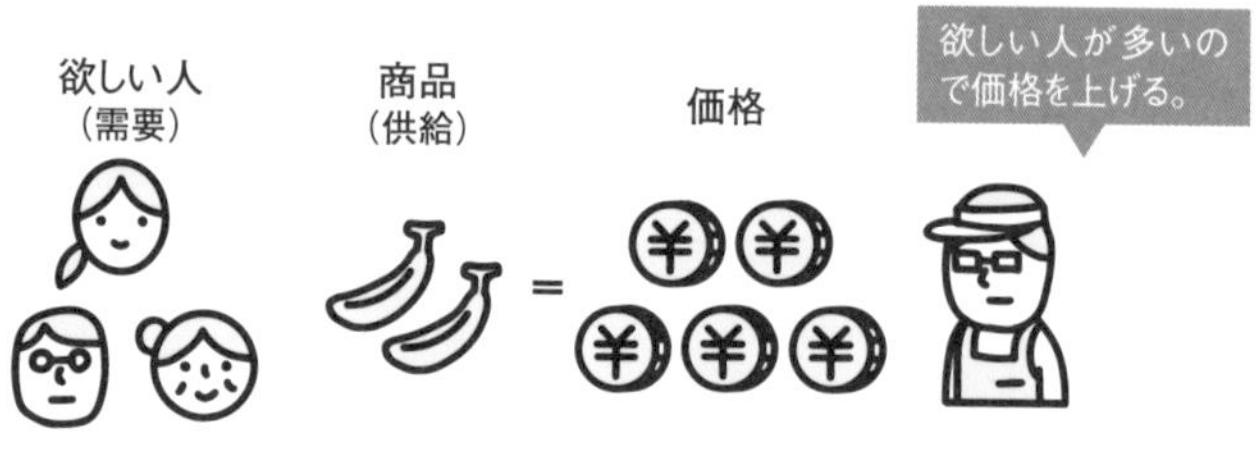

欲しい人
（需要）
商品
（供給）
価格
=
欲しい人が多いので価格を上げる。

●需要よりも供給が多い場合 ➡ バナナ2本が100円に！

欲しい人
（需要）
商品
（供給）
価格
=
物が余ってしまうので価格を下げる。

インフレとデフレとは?

インフレは需要が供給を上回ることで起こり、デフレは需要が供給を下回ることで起こります。インフレの場合は物価が上がり、デフレの場合は物価が下がるなど、生活にも大きな影響が出ます。

需要 ＞ 供給

需要(欲しい人)が多いのに、供給量(商品の量)が追いつかないのが原因。その場合、価格が高くても売れるので、物価が上昇する。

その結果

インフレ＝物価が上昇

バナナ2本が500円でないと買えない。

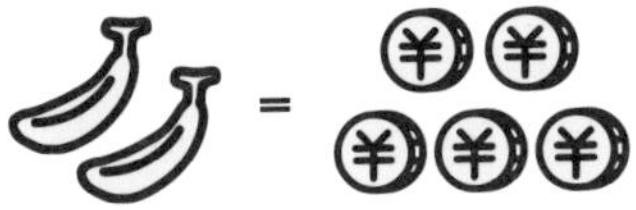

インフレによる生活への影響

- 物価が上がる
- 預貯金の価値が下落
- 金利が上がる
- 給与がアップしやすい

需要 ＜ 供給

需要(欲しい人)が少ないのに、供給量(商品の量)が多すぎるのが原因。その場合、価格を安くしないと売れないので、物価が下落する。

その結果

デフレ＝物価が下落

バナナ2本が100円で買える。

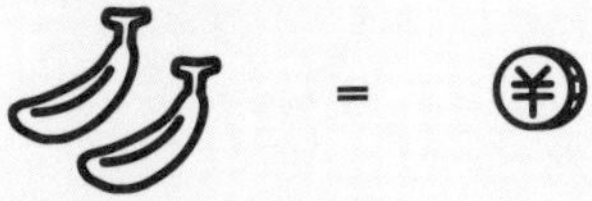

デフレによる生活への影響

- 物価が下がる
- 預貯金の価値が上昇
- 金利が下がる
- 給与が上がりにくい

インフレかデフレかは消費者物価指数(消費者が購入する物の値段の変動)で判断する。

良いインフレと悪いインフレ

日本銀行がインフレ2%を目標とするなどのニュースを見聞きしたことがあるでしょう。実はインフレには良いインフレと悪いインフレがあるといわれています。

- 景気が良くて2%のインフレに → 給与も3%アップ＝良いインフレ
- 材料費の値上がりなどで2%のインフレに → 給与はそのまま＝悪いインフレ

お金を稼ぐ力
自分の資産を見直そう

人的資本とは、これからお金を稼げる力のこと

お金をたくさん貯めている人は金融資産を、自分名義の住宅や車などがある人は実物資産を持っていることになります。これらはすでに手に入れている資産です。

目には見えず、まだ手に入れてはいないけれど、将来期待できる収入を得る力や貯蓄をする力を、ここでは経済学の考え方から「人的資本」と呼ぶことにします。一般的には、今後働ける年数が長い若い人は人的資本が大きいと考えられますが、人的資本は年齢、能力、立場などにより違ってきます。

あなたの人的資本を支えているものは何でしょうか？ 仕事で必要な資格や技術はもちろん、病欠せずに

知っておきたい自分の人的資本

働き方、勤務先、今の収入、身につけている能力、性格などから客観的に考えましょう。

プレゼンが得意
接客対応が上手
自分の資本を書いてみよう

働ける健康な体や、仕事を円滑に進められるコミュニケーション能力も重要な要素です。自分の人的資本について、一度確認してみましょう。

人的資本は年齢により変化 少しでも増やす努力を

年を取っても収入に変化がなければ、人的資本は単純に残りの時間で決まります。経験を積んで同じ仕事を短い時間でこなせるようになったり、経験が認められ立場が上がったり、信用を得て重要な仕事を任されることなどにより**収入が増えれば、人的資本も増えます**。非正規雇用だった人が正社員になったり、転職で給与が上がった場合も人的資本は増えることになります。

一方、収入の変化が激しい職業の場合、人的資本を把握しづらく、変動も激しいといえます。人的資本を少しでも大きく、長く維持する方法を若いときから考えておきたいものです。

年代ごとに異なる人的資本の価値

図はあくまで20代の人の一例です。

20代	持ち時間はまだまだタップリ！体力もある。しかし、働き始めたばかりで経験は少なく信用も低い。実績もほとんどない。
30代	仕事に慣れて、頭角を現し始める人もいる。働いている業界の事情もわかり、信用や実績を積み重ねていく時期。
40代	働き盛りとして重要な仕事を任せられる。正社員なら給与も大きく伸び、フリーの場合も収入が伸びる時期。
50代	出世する人と、しない人の差が大きくなる。勤務先の状況によっては早期退職や転職を余儀なくされる。体力の衰えを感じ始めることも。
60代以降	現在は60歳で定年退職、65歳まで継続雇用の会社が多い。長年の経験や人脈を生かして、定年後に起業する人もいる。

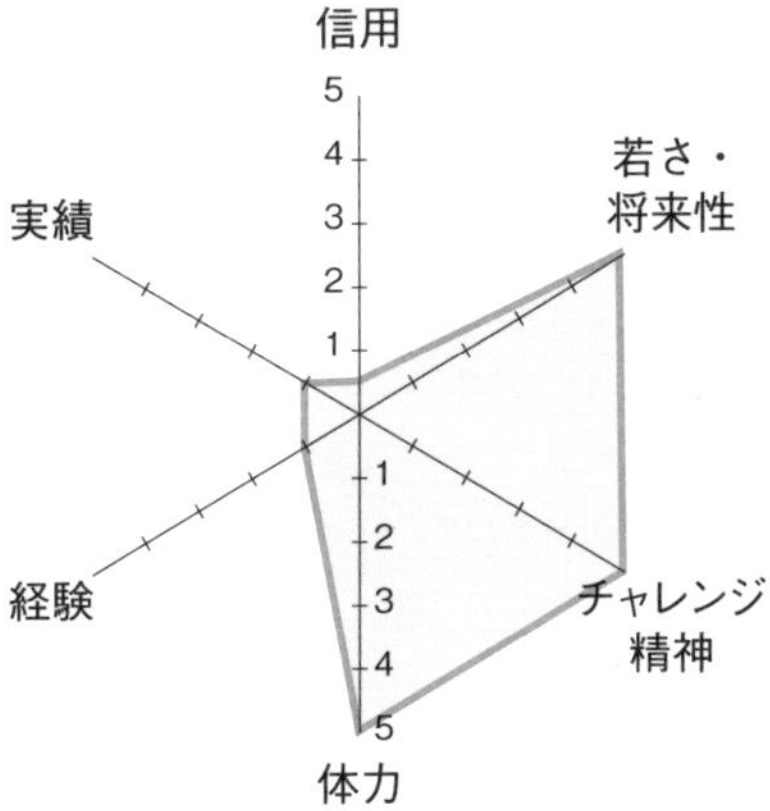

自分がこれから稼げるお金をざっくり予想してみよう

もし現役時代の平均年収が450万円で、40年間働くなら、生涯賃金は単純計算で1億8000万円です。これから稼げるお金を計算してみましょう。

20代前半を基準とすると、会社員なら男性は全年齢平均では1.5倍程度になります。女性は全年齢平均では1.2倍程度。この倍率を就職時（20代前半）の年収に掛けて計算します。賃金の増え方は学歴や勤務先の規模・業種によっても違うので、自分で考えて倍率を調整してください。

データから計算した生涯賃金はあくまで予測ですが、増やしたいなら対策を考えましょう。65歳といわず働く期間を長くする、スキルアップを図り、昇級・昇進を目指すなど、自分なりの方法で収入アップの努力を。

収入の予測を立てておくと大きな支出の判断がしやすくなります。

あなたの残りの生涯賃金はどのくらい？

今後の平均年収をデータから予想し、働く年数を掛けます。大企業勤務や、出世する予定だという人は倍率を高め（男性なら1.8、女性なら1.5など）に。

65歳 － [現在の年齢 ＿＿] 歳 ＝ [①残りの労働期間 ＿＿] 年

男性 [就職時の年収 ＿＿] 万円 × 1.5 ＝ [②残り期間の平均年収 ＿＿] 万円

賃金の倍率

女性 [就職時の年収 ＿＿] 万円 × 1.2 ＝ [②残り期間の平均年収 ＿＿] 万円

[①残りの労働期間 ＿＿] 年 × [②残り期間の平均年収 ＿＿] 万円 ＝ [残りの生涯賃金（予測） ＿＿] 万円

● 会社員の年代別賃金の割合

年齢	男性	女性	年齢	男性	女性
20～24歳	1	1	45～49歳	1.8	1.3
25～29歳	1.2	1.1	50～54歳	1.9	1.3
30～34歳	1.3	1.2	55～59歳	1.9	1.3
35～39歳	1.5	1.2			
40～44歳	1.7	1.3	全年齢	1.5	1.2

出典：厚生労働省「令和3年 賃金構造基本統計調査の概況:一般労働者」より作成

人生は山あり谷あり。計算通りにいくとは限らないけれど、まずは将来の目安を知ることから。

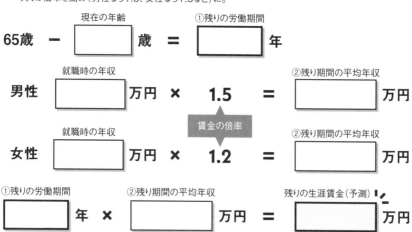

残りの生涯賃金を増やす2つの方法

ラクをして生涯賃金を増やす魔法のような方法はありません。ここに提案した労働時間の延長とスキルアップという方法は、意志を持って実行することが前提です。

現在までの
賃金合計
残りの生涯賃金

ここを増やそう！
右ページで算出した自分の生涯賃金で、しっかり対策を検討しよう。

● 労働時間の延長で増やす

現在
65歳
残りの生涯賃金
増加分

Point
企業では70歳までの就業機会の確保が努力義務に。65歳以降も働くことは可能（→P.57、181）。

例 現在、30歳男性で、残り期間の平均年収が400万円の場合

65歳でリタイアなら	→	70歳まで働けば
残りの生涯賃金＝**35年**×400万円 **＝1億4000万円**		残りの生涯賃金＝**40年**×400万円 **＝1億6000万円**

● スキルアップ、副業などで賃金自体を増やす

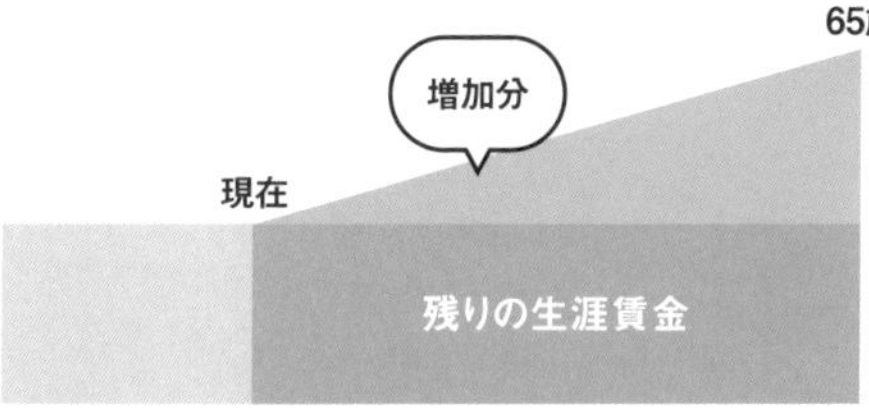
65歳
増加分
現在
残りの生涯賃金

Point
現在の業務に関連した資格の取得、仕事内容のレベルアップや昇進、副業、転職などによる収入増を目指す。

例 現在、25歳女性で、残り期間の平均年収が350万円の場合

現在のスキルのまま継続するなら	→	スキルアップで賃金増加率を高めれば
残りの生涯賃金＝40年×350万円 **＝1億4000万円**		残りの生涯賃金＝40年×437.5万円 **＝1億7500万円**

賃金増加の倍率を1.2から仮に1.5に高めた場合。

\ もっと知りたい / Q&A

Q スキルアップに有効な資格にはどんなものがあるの？

A 業種によって関連するさまざまな資格があります。会社側から役立つ資格を推奨してくれたり、資格取得の研修を実施している会社もあります。代表的なものとしては、日商簿記、秘書検定、MOS（マイクロソフトオフィススペシャリスト）、TOEICなど。また、雇用保険の教育訓練給付金（→P.168）が使える資格もあります。

お金と上手に付き合う
お金は貯めて使うもの

貯蓄プランを立てて状況に合わせた見直しを

P.30で計算した通り、生涯では億単位のお金を稼げる人も多いのです。ただし、通常収入は月々分かれて入るため、大きな支出をまかなうには貯めることが必要です。

仕事をスムーズに進めるために、Plan（計画）→Do（実行）→Check（評価）→Action（改善）を繰り返すPDCAサイクルを実行することの効果がよく紹介されます。これと同様に、まずライフプランを立て、それに合わせて貯蓄プランを立てるお金のPDCAサイクルを実行するのがおすすめです。

もちろん、人生はプラン通りに行かないことが多いものです。自分の考え方や状況が変わったり、予想外

自分のお金を上手に活用するPDCAサイクル

まずはライフプランを立てることがPDCAサイクルのスタート地点。貯蓄を実行し、チェックし、貯まり方が足りないなら貯め方を再考しましょう。

Plan ライフプランを立てる・見直す

これからどんな人生を生きたいか、大まかなプランを立てよう。結婚するかどうか、子どもを持つかどうか、住宅を買うかどうか。気が変わったら変更はいつでも可能。ただし、いざというときのお金と老後資金は誰でも貯める必要あり。

Do 働いて稼ぐ、使う、貯める

生活のために使うお金とのバランスを考えて、毎月の貯蓄額を決めたら（左ページで試算）、給与から天引きできる財形貯蓄や、銀行の積立定期預金を利用してお金を貯める。

貯めたお金を増やすことも意識したい。

Check 定期的にチェック

計画通りに貯まっているか、預金通帳やWEB通帳で確認。最低でも半年か1年に1度は残高を確認。貯められないときは原因を探る。

Action 改善

原因がわかったら、ムダな支出を減らすなど対策を練ろう。とはいえ、無理は禁物。自分の現状に合わせて、毎月の貯蓄額を減らす、予算を下げるなどの見直しも検討を。

のことが起きたりしてプランの修正を迫られたときは無理をせず見直しましょう。例えば、結婚資金用に貯めたお金を住宅購入の頭金にするなど、状況に応じて柔軟に対応を。

貯蓄目標は生活費の3〜6カ月分から

まずはある程度の貯蓄をつくりましょう。**最初の目標は生活費の3〜6カ月分です。**それは、例えば転職などを目的に仕事を辞めた場合、**自己都合の退職は雇用保険から給付金がもらえるまでに2カ月ほどかかること、若い人なら3〜6カ月あれば新しい仕事も見つかる**だろうというのが理由です。

貯蓄残高がまとまってきたら、次は資産運用で増やすことにも挑戦してみましょう。これからの時代、定期預金だけではなかなかお金は増えません。運用の利益にかかる税金が優遇される制度も提供され、資産形成に取り組みやすくなっています。

将来大きなお金が必要なもの

プランは人それぞれ。理想を追いすぎないことと、目標を月々に落とし込むのがポイントです。

結婚資金 →P.138	婚約から新婚旅行までの合計額の平均は約371万円。2人で考えて決めよう。 出典：「ゼクシィ結婚トレンド調査2022」（リクルート ブライダル総研）	→ □ 万円
子どもの教育資金 →P.146	幼稚園から大学まですべて公立でも800万円くらい必要。私立なら当然もっとお金がかかる。 出典：文部科学省「令和3年度子供の学習費調査」ほか	→ □ 万円
住宅購入の頭金 →P.156	物件価格の2割程度を用意しておきたい。3000万円の家なら300万〜600万円貯める。	→ □ 万円
老後資金 →P.174	2人以上世帯で世帯主が60〜69歳の平均貯蓄額は、2537万円。自分の場合の必要額を見積もろう。 出典：総務省「家計調査報告」（令和3年）	→ □ 万円
いざというときのお金	最初に貯めたいお金。生活費の3〜6カ月分は最低でも準備しておきたい。	→ □ 万円
そのほかの必要資金	車の購入費、出産費用、子どもの結婚の際の支援費用や住宅のリフォーム費用など、プランに応じて蓄えを持っていたい。	→ □ 万円

● 月々の目標貯蓄額を決めよう

例 5年で200万円貯める場合　200万円÷5年÷12カ月=3万3333円／月

現在の毎月の収支から無理のない金額に。

5年で貯めたい金額

□ 万円 ÷ 5年 ÷ 12カ月 = □

生涯を見据えたマネープラン

お金と上手に付き合う

親世代とは違うお金との向き合い方

1950年の日本人の平均寿命は、男性59・57歳、女性62・97歳。これが2021年には男性81・47歳、女性87・57歳に。長生きする分、生きるのに必要なお金も増えます。老後の生活費をまかなえるよう公的年金制度が整えられました。しかし少子高齢化により将来、給付水準が下がるのはほぼ確実。一方、現役時代の平均収入は、かつてほどには増えていません。すでに公的年金をもらっている65歳以上の世代と同じとはいかないのです。

長生きを幸せとするには、お金の稼ぎ方、使い方、貯め方を長期的な視点で考え、人生の後半に向けて資産を増やしていく発想が大事です。

現役時代の給与の増え方、昔と今

勤続年数0年の男女平均の賃金を100としたときの増え方を表しています。勤続年数が長くなるにつれて増えていきますが、増える金額の割合は、以前より小さくなっています。女性は男性より給与水準が低く、長く勤めても男性ほどは増えません。

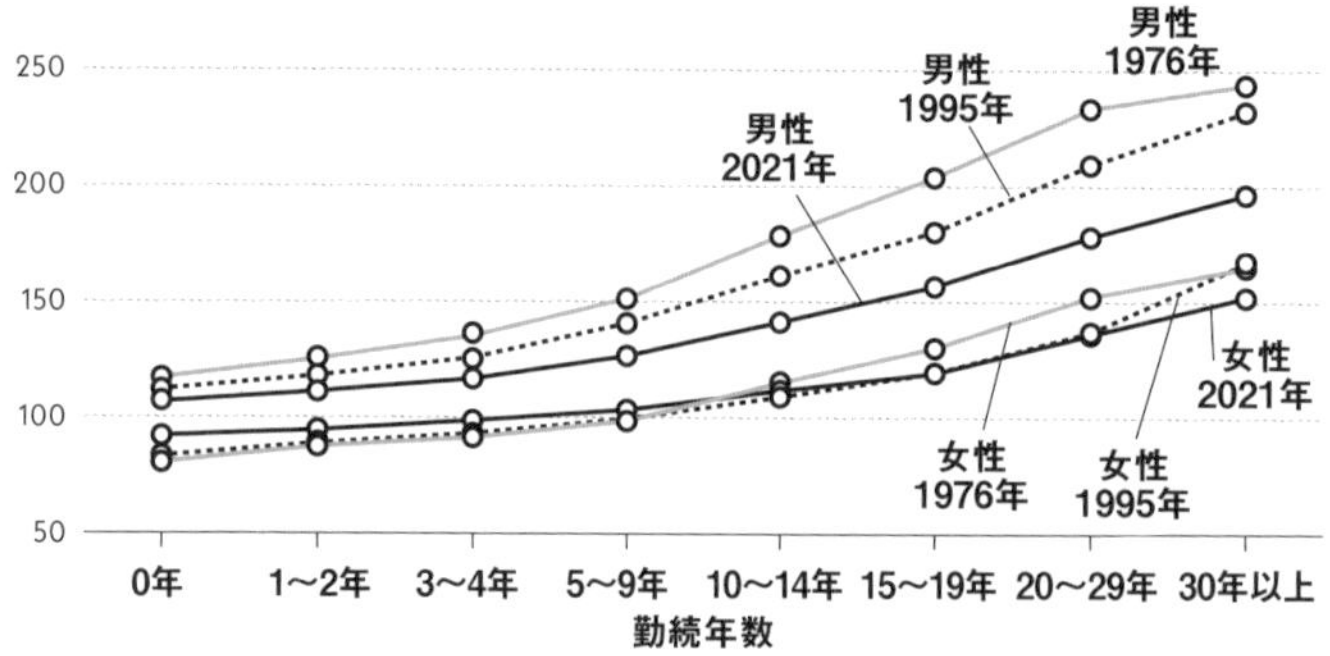

出典：労働政策研究・研修機構「早わかり グラフでみる長期労働統計2022」

●年金の給付水準は下がっていく

日本全体として給与が上がったり、物価が上がったりすると、それに合わせて公的年金額も上がります。そのため、年金の給付水準は、年金額ではなく「所得代替率」（年金を受け取り始めた時点での現役世代の手取り平均収入に対する割合）で見ます。下の数字は、元会社員と専業主婦の夫婦の合計額の所得代替率です。

	2019年度	2024年度	2040年度	2047年度	2060年度
所得代替率	61.7%	60.2%	53.6%	50.8%	50.8%

*物価で2019年度に割り戻した額
人口（中位で推移）、合計特殊出生率（2065年）1.44、平均寿命（2065年）男　84.95歳
女　91.35歳の場合

出典：厚生労働省「国民年金及び厚生年金に係る財政の現況及び見通し 2019年財政検証結果」の経済ケースⅢ

40代未満の世代は親世代よりも老後資金が必要

老後の余命が延びた分、生活費の総額が増えるので、親世代よりも多くの老後資金が必要になります。

● 2020年に65歳の場合

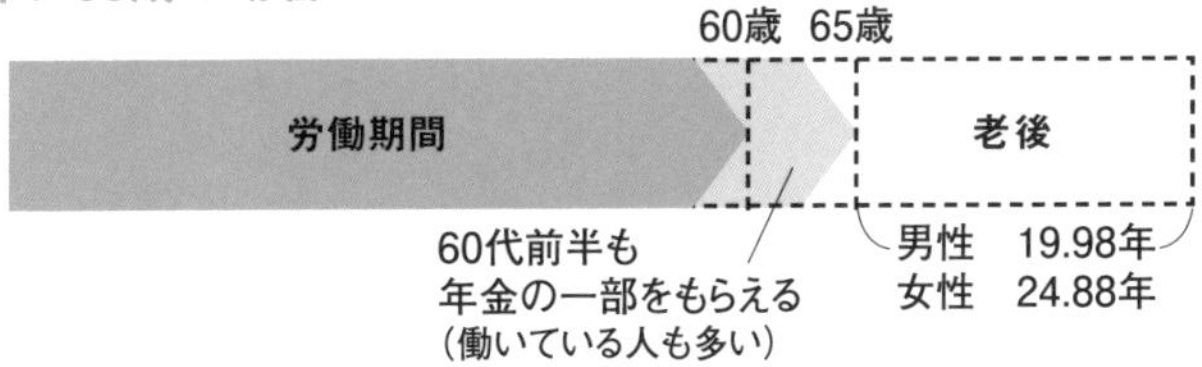
60歳
65歳
労働期間
老後
60代前半も
年金の一部をもらえる
（働いている人も多い）
男性 19.98年
女性 24.88年

● 2060年に65歳の場合

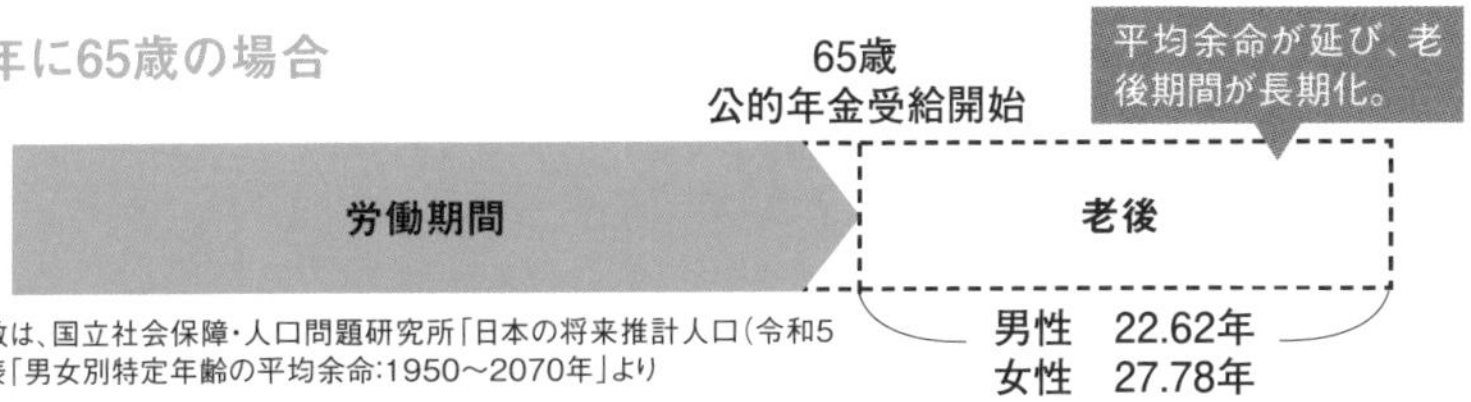
65歳
公的年金受給開始
平均余命が延び、老後期間が長期化。
労働期間
老後
男性 22.62年
女性 27.78年

＊老後期間の年数は、国立社会保障・人口問題研究所「日本の将来推計人口（令和5年推計）」資料表「男女別特定年齢の平均余命：1950～2070年」より

Point

親世代よりも老後資金が必要！
なのに、

- 低成長時代にあって給与の増え方が低下
- 少子化のために年金給付水準が低下

生涯にわたる
マネープランの
重要性が
高まっているよ。

対策は？

生涯賃金を増やす →Chapter 2

貯蓄を増やす →Chapter 4

投資で増やす →Chapter 7

こんなときどうする!?
Q&A

Q 残りの生涯賃金が1億円あるから大丈夫では？

A P.30で、残りの生涯賃金を予測しました。実際には、ここから社会保険料や税金を引いた後の手取りが自由に使えるお金です。公的年金保険料が高すぎると現役時代のやりくりが苦しくなるため、公的年金保険料は固定されました。ただ、高齢者の増加に伴い医療費が増えているため公的医療保険料は今後も上がりそうです。収入が同じでも以前より手取りが減っています。予測した生涯賃金を見て安心しすぎないことが大切です。

お金と上手に付き合う
自分に合ったマネープランを立てよう

貯蓄を増やしていくための理想の支出バランスは？

長い人生には、いろいろなライフステージがあります。まだ若く収入も少ないけれど自分の支出だけで済む20代シングル、結婚して家族ができ子育て費用がかかる30～40代、子どもが独立し収入は年金が中心になる人が多い60代。**それぞれのステージに合わせて支出バランスや貯蓄割合は変化します。**

同じライフステージ上にいても、考え方や住んでいる場所、子どもの数などにより、支出バランスは人それぞれです。とはいえあまりにもバランスが悪いと貯蓄を増やしていくことができません。下はライフステージ別の支出バランスの例です。ご自身の場合を考えてみてください。

ライフステージによる平均的支出バランスの例

働き盛りの世代は子どもの教育費、高齢になると医療費が必要になるというように、ライフステージによって支出バランスは変化します。ライフステージに応じてマネープランも調整しましょう。

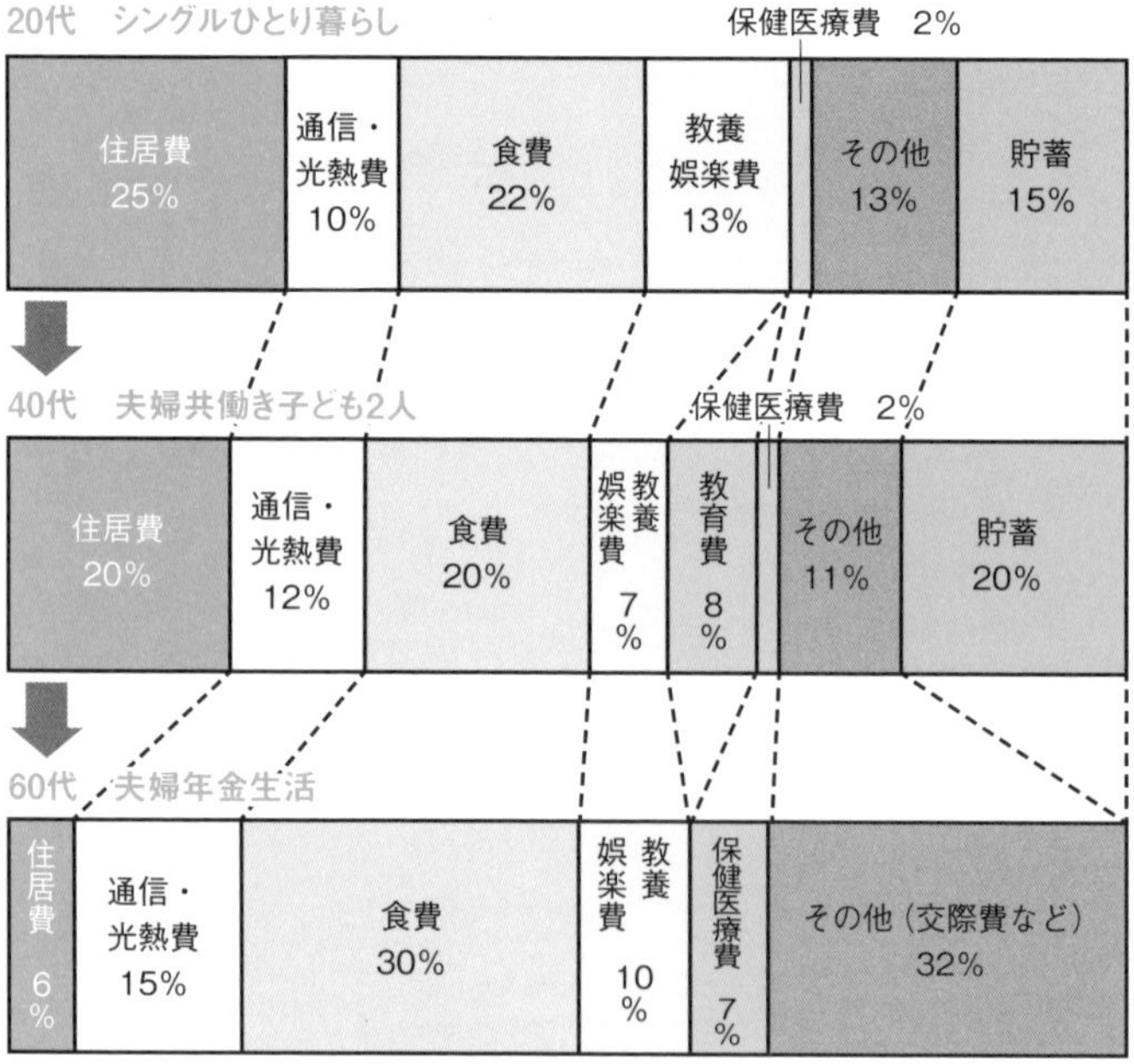
20代　シングルひとり暮らし
保健医療費　2%
住居費 25%
通信・光熱費 10%
食費 22%
教養娯楽費 13%
その他 13%
貯蓄 15%
40代　夫婦共働き子ども2人
保健医療費　2%
住居費 20%
通信・光熱費 12%
食費 20%
教養娯楽費 7%
教育費 8%
その他 11%
貯蓄 20%
60代　夫婦年金生活
住居費 6%
通信・光熱費 15%
食費 30%
教養娯楽費 10%
保健医療費 7%
その他（交際費など） 32%

出典：総務省「家計調査」（2022年）を参考に算出

これはあくまでひとつの例。自分の家族構成やライフスタイルなどを考慮して、適正な支出バランスを見極めよう。

貯蓄は無理せず、積み重ねが大切

現状をもとに、自分の場合の理想の支出バランスを考え、それを実行できるか、取り組んでみることが第一歩です。ただし、理想と現実がかけ離れすぎていると、無理をして挫折することになりかねません。

人生には比較的貯めやすい時期、支出がかさんでなかなか貯められない時期があります。どんな時期でも、その時々に可能な範囲で貯蓄を続けることが大事です。少額でも積み重なればだんだん増えていきます。

そもそもお金を貯めるのは、将来使いたいお金、必要となるお金を準備するためです。節約一辺倒ではなく、ときには自分にご褒美を与え、楽しみながら続けましょう。

Point

マネープランは自己分析からスタート

現状があまりにも平均的支出バランスとかけ離れているときは、突出している支出はないか、無意識に使っている支出はないかなど理由を分析しよう。例えばスマホの料金が高すぎるならプランやキャリアの見直しを。一度、自分のこだわりを捨てて、客観的に考えてみることが大切。

支出バランスを書いてみよう

まずは現状の支出バランスがどうなっているか、この表に費目ごとの年額と割合を計算して記入してみましょう。

費目			各費目÷手取り収入
住居費		年額　　円	%
通信・光熱費		年額　　円	%
食費		年額　　円	%
教養娯楽費		年額　　円	%
教育費		年額　　円	%
保健医療費		年額　　円	%
その他	被服費	年額　　円	%
	日用雑貨費	年額　　円	%
	交際費	年額　　円	%
	上記以外	年額　　円	%
支出合計		年額　　円	%
貯蓄		年額　　円	%

＼もっと知りたい／
Q&A

Q この表の住居費って、なんだか少ない気がする

A 家計調査での住居費は、家賃や住宅の修繕・維持費の合計です。家賃を払っていない人も含めた平均値なので、いわゆる家計簿の住居費とは金額に差があります。また住宅ローンの返済は消費支出ではなく黒字（借入金の返済）に含めます。参考までに、2人以上で暮らす30代の住宅ローン返済世帯のデータも紹介します。

	単身勤労者				住宅ローン返済がある世帯（2人以上勤労世帯）
55～59歳	～34歳	35～59歳			30～39歳
54万9947円	29万102円	34万556円	手取り（可処分所得）		53万5116円
8万3953円	3万5014円	4万3773円	消費支出	食料	7万8432円
1万9699円	3万6380円	3万2044円	消費支出	住居	7366円
2万6104円	9158円	1万1687円	消費支出	水道光熱	2万3333円
1万4318円	3664円	5768円	消費支出	家具・家事用品	1万3157円
1万1675円	7977円	6000円	消費支出	被服及び履物	1万1950円
1万5079円	5531円	7136円	消費支出	保健医療	1万2975円
4万5357円	1万4572円	1万6337円	消費支出	交通	3万5117円
1万6713円	6183円	9180円	消費支出	通信	1万2037円
2万80円	0円	0円	消費支出	教育	1万1159円
2万8792円	2万2488円	2万524円	消費支出	教養娯楽	3万2691円
7万6000円	1万9951円	4万2007円	消費支出	その他の消費支出	4万3302円
35万7769円	16万919円	19万4456円	消費支出合計		28万1518円
19万2178円	12万9183円	14万6100円	黒字		25万3598円

うち住宅ローン返済は9万1043円

みんな何にいくらくらい使っているの?

国が毎年行っている家計調査のデータは、一般的な家計簿とは項目が少し異なりますが、参考になります。年齢別のデータをご紹介しましょう。

収入から税金や社会保険料を引いたものを手取り(可処分所得)といいます。交通費には車の維持費が含まれます。その他の消費支出は交際費や使途不明金など。全国平均の数字です。

調査に回答した人の平均値であり、ボーナスも合算して12で割るので金額は高めに偏ってしまうね。この調査では新型コロナウイルス感染拡大の影響で娯楽費は少なく、黒字額が多めになっているようだね。

2人以上の勤労世帯(年齢は世帯主)

		～34歳	35～39歳	40～44歳	45～49歳	50～54歳
手取り(可処分所得)		47万4421円	50万5582円	52万4191円	54万3200円	55万565円
消費支出	食料	6万3133円	7万7045円	8万3293円	8万3959円	8万4239円
	住居	3万569円	2万1855円	1万8687円	1万5933円	1万8063円
	水道光熱	1万9290円	2万2203円	2万3241円	2万4848円	2万5837円
	家具・家事用品	1万1852円	1万2438円	1万2654円	1万2880円	1万3574円
	被服及び履物	1万121円	1万1179円	1万2410円	1万3369円	1万2960円
	保健医療	1万1252円	1万2012円	1万2051円	1万3510円	1万3782円
	交通	3万1107円	3万1821円	3万5618円	3万8455円	3万9575円
	通信	1万737円	1万1535円	1万3545円	1万5942円	1万6717円
	教育	5003円	9488円	1万8705円	3万1778円	3万6090円
	教養娯楽	2万4310円	3万734円	3万3419円	3万3276円	3万1586円
	その他の消費支出	4万238円	4万937円	4万5207円	5万6771円	7万4137円
消費支出合計		25万7611円	28万1248円	30万8828円	34万720円	36万6559円
黒字		21万6809円	22万4334円	21万5363円	20万2480円	18万4006円

出典:総務省「家計調査」(2022年)より作成 *項目ごとに平均値を求めているので、合計額が合わない場合もある

黒字のうちどれくらいを貯蓄にまわしているか(金融資産純増率)は全体平均で34.3%。

黒字がすべて貯蓄にまわっているわけではなく、一部は保険料の支払いや借入金の返済に使われているよ。

実際どうなの!?
お金のリアル事情

結婚に向けて マネープランを作成中

篠山雄介さん（仮名）	28歳　埼玉県

篠山さんには一緒に暮らす同い年の彼女がいます。高校卒業後に専門学校に通って、現在はフリーランスのSEである篠山さんと、大学を出て大手企業のグループ会社で正社員として働く彼女は、育った家庭環境も、お金に関する考え方も大きく違います。

でも、食べ物とお酒の好みが一緒で、共通の知人に誘われて参加した飲み会で初めて会ったときから気が合いました。2人が一番楽しいのは、週末の家飲み。会話は尽きず、一緒にいる幸せを満喫できる時間です。

一人っ子でずっと親元で暮らしてきた彼女は、息苦しさから逃れたい気持ちを抑えられなくなり、家を飛び出すような形で篠山さんと同居することに。篠山さんが稼いだお金をすぐに使ってしまうことにはビックリしていましたが、自分で営業をして、仕事量によっては同世代の会社員よりも多くの収入を得る姿にたくましさを感じているようです。一方、予算を決めて買い物し、毎月ちゃんと貯金をする彼女に篠山さんは感心しています。

1年が過ぎ、篠山さんが「結婚しようか?」と聞くと、彼女は「うちの親は堅いから会社員じゃないの?と言われそう」と答えました。確かに収入は不安定です。その分、自分の裁量で収入を増やせる可能性もあります。篠山さんは自分の働き方や立場を客観的に考え、結婚したら、いつどんなお金が必要かを調べ、ファイナンシャル・プランナー※事務所にも相談しました。

そして、2人がこれからも楽しく暮らすため、彼女の親の理解を得て結婚するため、ライフプランとマネープランを考えることにしたのです。家飲みの時間に意見を出し合って、ノートにメモしながら作成中です。

※相談者の資産設計（生活、貯蓄、保険など）に対し、アドバイスを行うお金の専門家。国家資格。

Chapter

2

稼ぐ

正社員、パート、自営業と、
働き方はさまざま。
自分に合った働き方を知り、
稼ぎ方を自分で決めましょう。

Chapter 2 稼ぐ

どうやってお金を稼ぐ?
お金の稼ぎ方は自分で選べる

働き方によって変わるお金のもらい方と収入

お金を稼ぐための仕事にはいろいろな種類がありますが、お金のもらい方は大きく3つに分けられます。①毎月あるいは毎年、決められた月給や年俸でもらう、②働いた時間に応じて時給や日給でもらう、③販売量や仕事の出来高でもらう。

正社員は月給制が多く、毎月の収入は最も安定しています。非正規の働き方のうち、アルバイトやパート、派遣社員は時給や日給制が多いです。

個人事業主や自由業は、販売した量、仕上げた量で収入が決まります。店などを経営する個人、仕事に応じて契約する芸能人、作家、弁護士などは実力次第で高収入を期待できる半面、収入は不安定です。

お金のもらい方は3パターン

収入の形態により、収入の継続性や安定性、金額が変わります。

月給・年俸　残業などにより変動はあるが、基本給の部分は一定

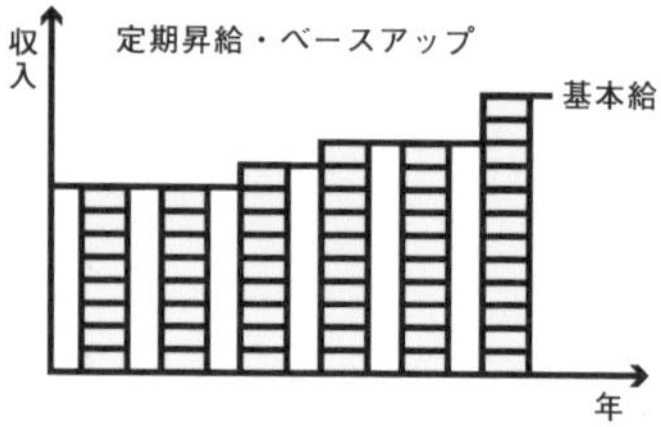

年齢などにより賃金が上がる定期昇給に対して、その会社全体の基本給の水準を引き上げるのがベースアップ。

時給・日給　働いた時間や日数に応じて、収入は日払いや月払いとなる

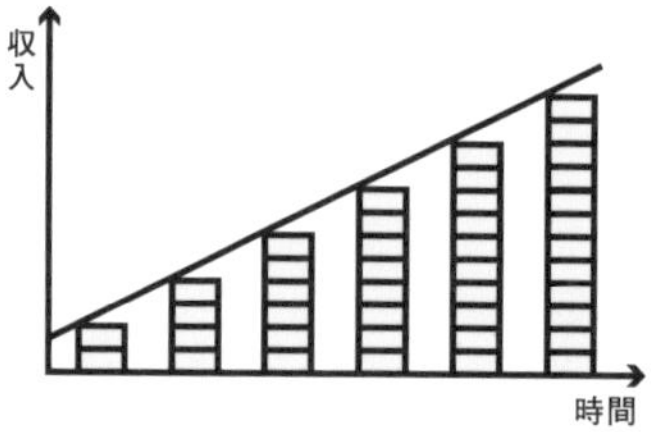

時給・日給が上がらず、働く時間が同じなら年収は増えない。

販売量・出来高　働いた時間にかかわらず、仕事の成果に応じて収入の額も時期も決まる

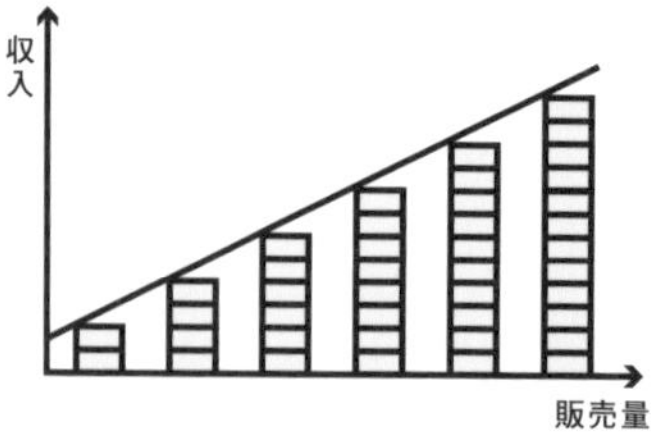

年収は1年間の販売量や出来高による。

雇用形態別に見た待遇の違い

会社に雇われて働く場合でも、雇用形態によって待遇が異なります。

	正社員	契約社員	パート・アルバイト
契約期間	無期	数カ月〜1年	短期〜長期(一定期間ごとに更新も)
昇給	毎年少しずつ上がることが多い	自分で会社と交渉	時給が数十円単位で上がる
賞与	年2回支給されることが多い	企業による	ない企業が多い
昇進・昇格	ある	企業による	企業による
退職金	ある(企業による)	ない企業が多い	ない企業が多い
社会保険	ある	ある	労働時間によってある

稼ぎ方はライフステージによって変えられる

正社員や自営業、パートなど、さまざまな働き方を選べる時代。働き方を変えた場合、収入はどう変わるのか見てみましょう。

例 23歳から社会人、35歳のとき脱サラして個人事業主になった場合

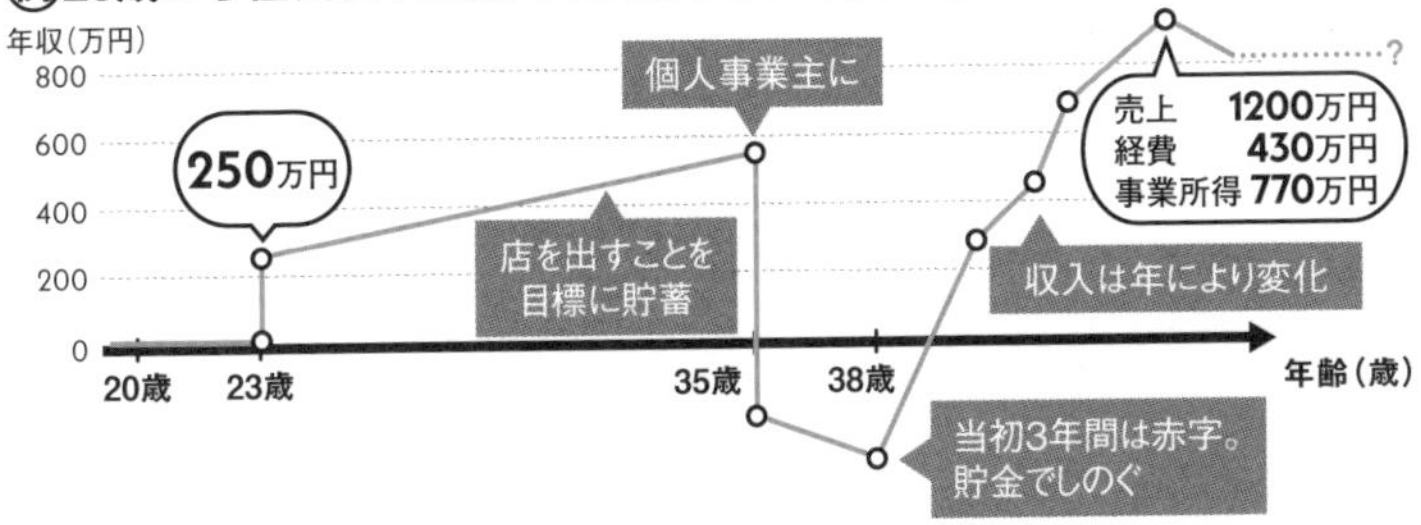
年収(万円)
800
600
400
200
0
250万円
店を出すことを目標に貯蓄
個人事業主に
当初3年間は赤字。貯金でしのぐ
売上 1200万円
経費 430万円
事業所得 770万円
収入は年により変化
?
20歳
23歳
35歳
38歳
年齢(歳)

例 23歳から社会人、30歳で転職して収入アップした場合

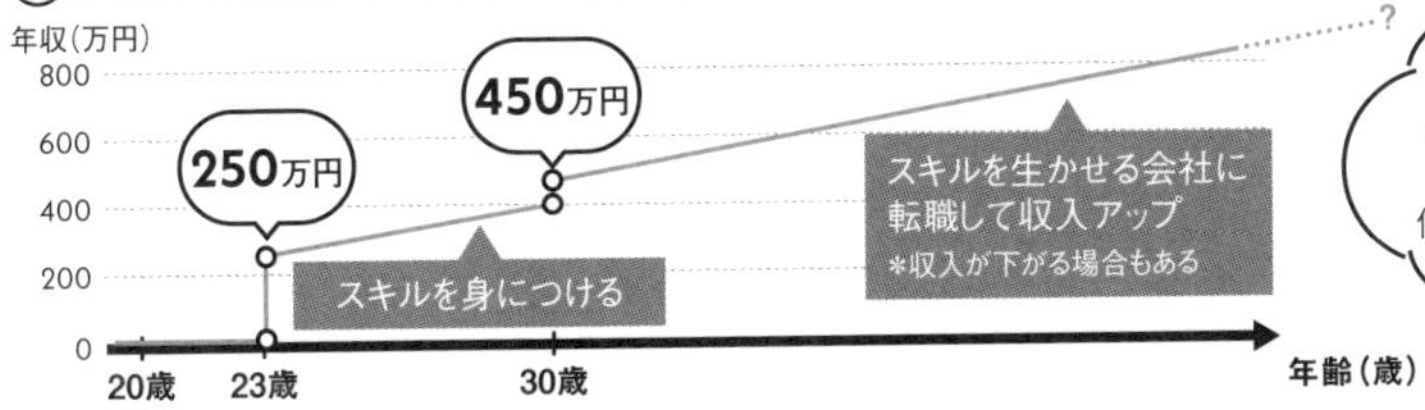
年収(万円)
800
600
400
200
0
250万円
450万円
スキルを身につける
スキルを生かせる会社に転職して収入アップ
*収入が下がる場合もある
?
20歳
23歳
30歳
年齢(歳)

働き方により、収入も変わる。ライフプランと併せて考えよう。

例 20歳から社会人、28歳で結婚・専業主婦に。40歳からパートの場合

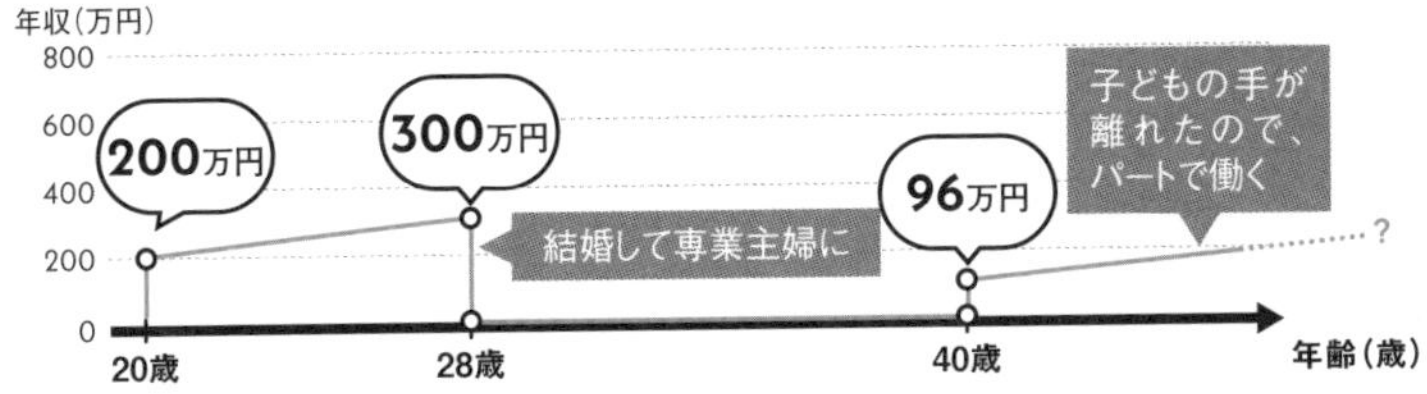
年収(万円)
800
600
400
200
0
200万円
300万円
結婚して専業主婦に
96万円
子どもの手が離れたので、パートで働く
?
20歳
28歳
40歳
年齢(歳)

産業、学歴、会社規模で会社員の賃金には差がある

転職・就職にあたって、やりたい仕事から働く業界を選ぶ人が多いと思いますが、業界や学歴によっては収入に差を及ぼし、長く働くほど差は大きくなります。生涯でもらえる賃金は、**大企業で定年まで働いた大卒男性で推計３億６２０万円**（退職金は含めず）、中小企業や高卒、女性であったり、転職した場合はもっと少なくなります。ただしこれは現在の賃金から推計した平均値。企業では**年功序列や性別による差が減り、実力主義が増えています**。また、これまで人間が行っていた仕事がロボットやＡＩ（人工知能）に代替され、賃金が大幅に減ったり新しい職種が生まれたりする可能性もあります。

仕事を選ぶときは現状の収入に加え、労働時間、昇給などの労働条件はもちろん、業界の将来性を考慮するとよいでしょう。

産業別賃金トップは学術研究、専門・技術サービス業

主要12産業の産業別賃金（男女計）を見ると、正規雇用と非正規雇用の格差は歴然。そのため正規・非正規にかかわらず、同一労働同一賃金などの改善が法律で規定されました（平成27年施行）。

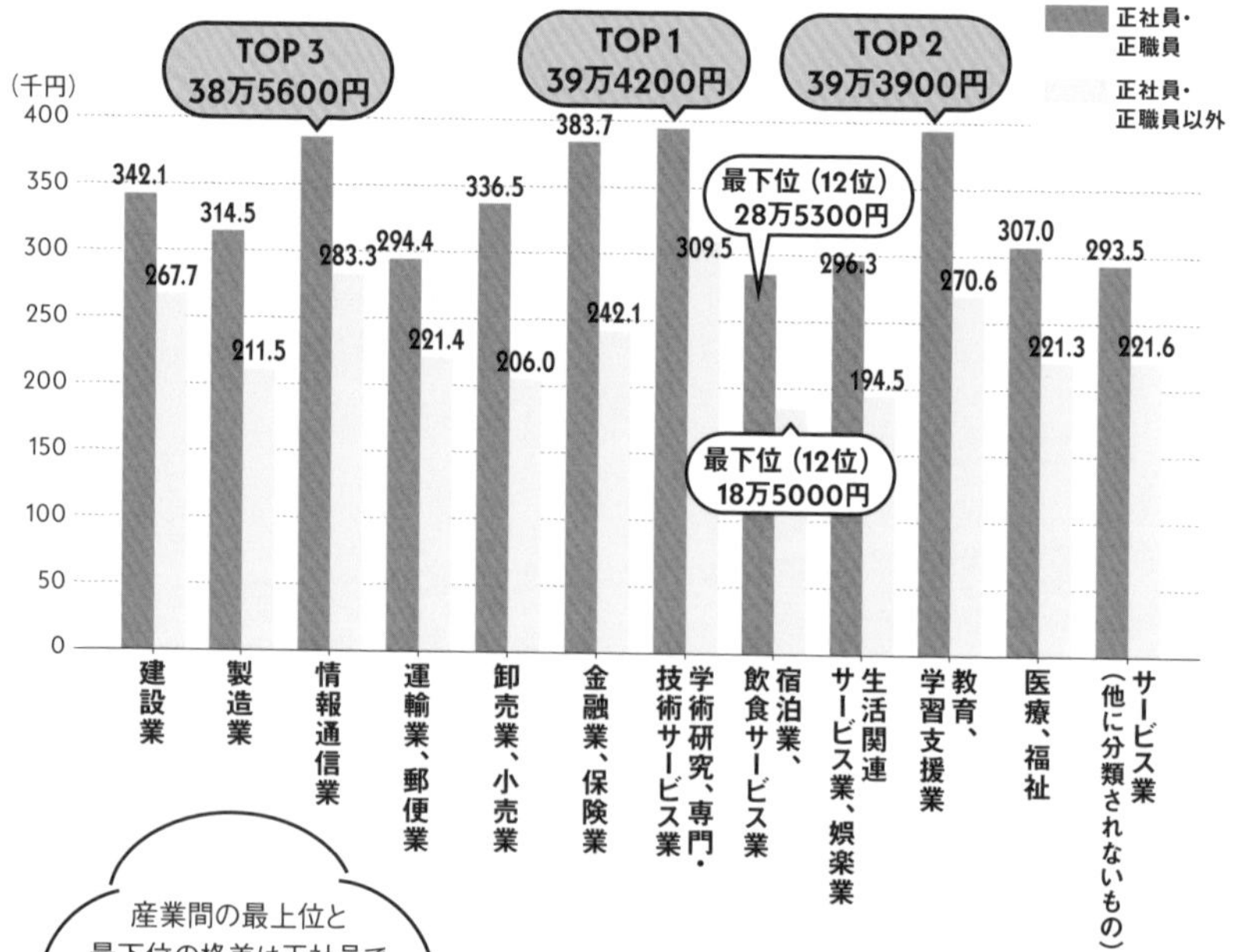

正社員・正職員
正社員・正職員以外
（千円）
400
350
300
250
200
150
100
50
0
TOP 3 38万5600円
TOP 1 39万4200円
TOP 2 39万3900円
最下位（12位） 28万5300円
最下位（12位） 18万5000円
342.1
267.7
314.5
211.5
283.3
294.4
221.4
336.5
206.0
383.7
242.1
309.5
296.3
194.5
270.6
307.0
221.3
293.5
221.6
建設業
製造業
情報通信業
運輸業、郵便業
卸売業、小売業
金融業、保険業
学術研究、専門・技術サービス業
宿泊業、飲食サービス業
生活関連サービス業、娯楽業
教育、学習支援業
医療、福祉
サービス業（他に分類されないもの）

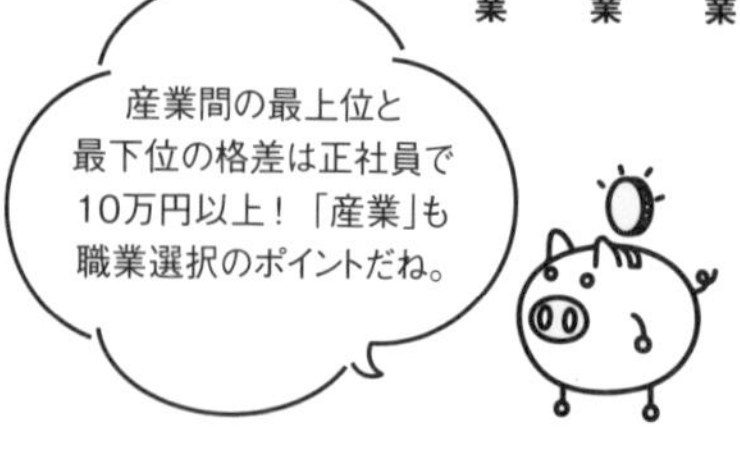

産業間の最上位と最下位の格差は正社員で10万円以上！「産業」も職業選択のポイントだね。

出典：厚生労働省「令和4年賃金構造基本統計調査」
＊賃金は6月分の所定内給与額（時間外勤務手当、深夜勤務手当等除く）

同じ大卒でも生涯賃金が1億円近く変わる!

学歴と会社の規模でも、生涯賃金は大きく変わります。下図は男性の生涯賃金です。

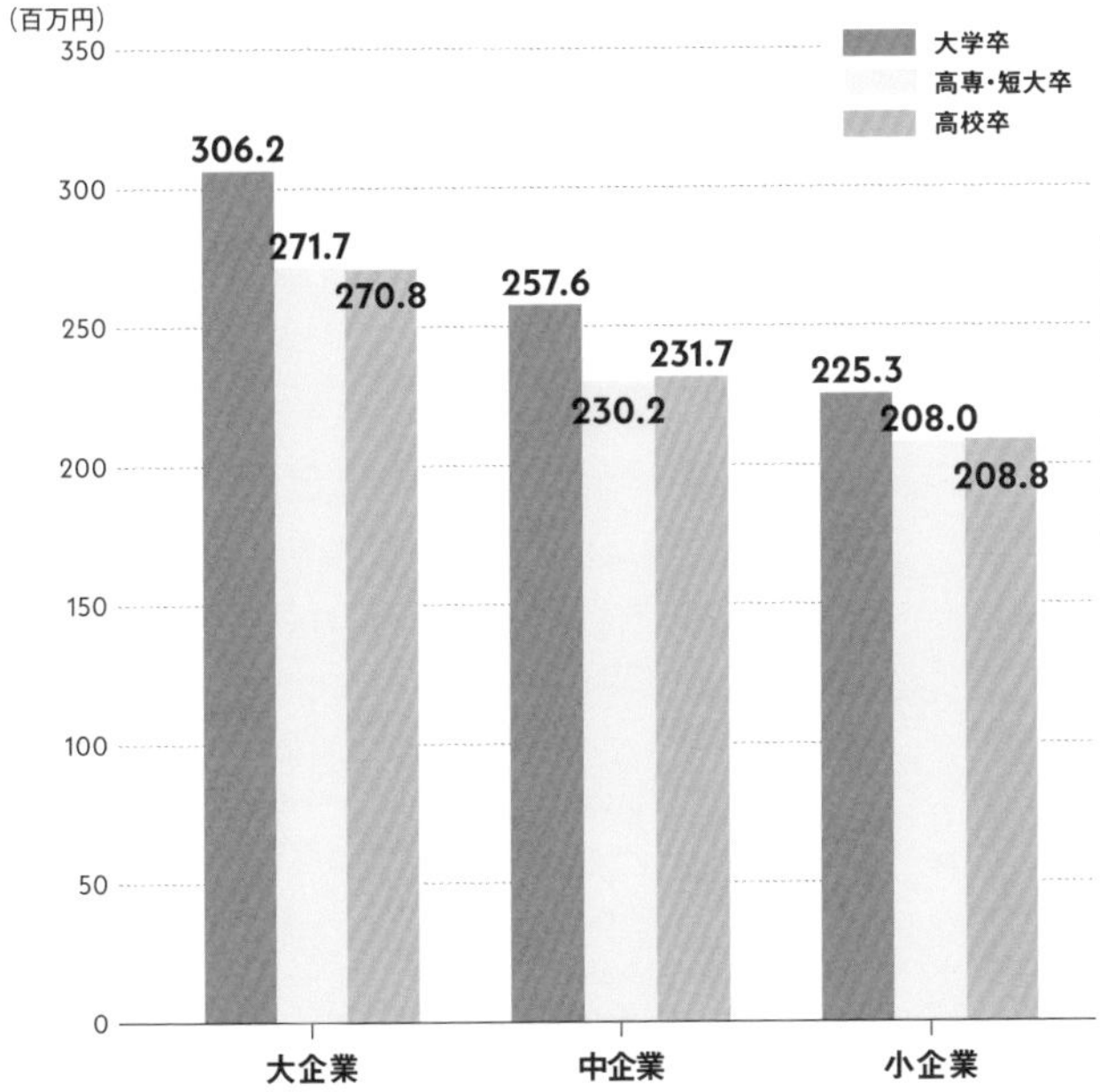
(百万円)
350
300
250
200
150
100
50
0
大学卒
高専・短大卒
高校卒
306.2
271.7
270.8
257.6
230.2
231.7
225.3
208.0
208.8
大企業
中企業
小企業

実際には、実力主義による評定が増え、同じ企業、同じ学歴でも収入に差がついている。大企業に就職したらずっと安泰というわけではないんだね。

出典：労働政策研究・研修機構「ユースフル労働統計2022」
*学校を卒業し、その後60歳で退職するまで同一企業でフルタイム労働を続けた場合の平均的な生涯賃金の推計。厚生労働省「賃金構造基本統計調査」をもとに算出。大企業は雇用労働者数1000人以上、中企業は100～999人、小企業は10～99人と区分

もっと知りたい Q&A

Q 公務員の給料は高い?

A 国家公務員の給料は民間企業を参考に改定されます。「同じ人員構成の民間企業ならいくらか」により算出します。右の表は、公務員は各種手当込み、民間企業は時間外労働手当を含まない金額です。民間企業のような経営不振によるリストラ、倒産による失業がなく、年齢などの条件を満たせば採用試験を受けられるので、民間企業から転職する人もいます。

● 公務員・民間企業の平均賃金比較

		月額（千円）
国家公務員		405.0
地方公務員		358.9
民間企業	大企業	386.6
	中企業	331.2
	小企業	308.1

*民間企業は男性賃金の平均（残業代などは含まず）
出典：総務省「令和4年地方公務員給与実態調査結果等の概要」、厚生労働省「令和4年賃金構造基本統計調査の概況」

会社員は手厚い保障と収入の安定が魅力

会社から給与をもらう

給与は労働の対価　就業規則を確認しよう

就職・転職活動の際、まず確認するのが毎月の給料（基本給）の額や賞与の有無でしょう。**給料は①毎月1回以上、②一定の期日に、③労働者に直接支払う**よう労働基準法で定められています。支給基準は働く時間や休日などと合わせて、会社ごとに就業規則で定めています。

ちなみに、民間企業に賞与を支払う義務はありません。慣行で支給する会社、就業規則で支給基準を決めている会社が多いですが、賞与の制度がない会社もあります。**給料に各種の手当を加えた総額が給与です。**

給与以外にも、会社は**一定の福利厚生を社員に提供する義務があり、**その費用も支払っています。

会社員のメリット・デメリット

収入の安定だけでなく、福利厚生が手厚いのも会社員のメリットです。

メリット

- 収入が安定している
- 時間外や深夜の労働などに手当がある
- 労働時間、休日が規則で決まっている
- 有給休暇がある
- 住宅ローン、自動車ローンなどの審査に通りやすい
- 社会保険料の一部を会社が負担

デメリット

- 固定給が基本なので、成果を上げてもそれに見合った収入増はあまり期待できない
- 会社の方針に従って仕事を進めるので、仕事上の自由度は少ない
- 倒産やリストラで職を失うことがある

会社員が加入する社会保険は4種類

雇用保険	失業したときのほか、育児や介護のために休業して給料をもらえないときに給付を受けられる。保険料は業種によって会社と従業員の負担割合が違う。
健康保険	労働災害ではない病気やケガの治療費の保障、病気やケガで仕事を休んで給料をもらえないときの手当金の給付がある。40歳になると介護保険にも加入し、介護が必要になったら給付が受けられる。保険料は健康保険、介護保険ともに原則として会社が半額負担する。
厚生年金保険	老後に年金を受け取れる。障害者認定されると障害年金、死亡時には遺族に遺族年金の給付もある。保険料は、原則として会社が半額負担する。
労災保険	仕事中や通勤中の事故・災害によるケガや病気の治療費、それにより仕事を休んで給料をもらえないときの休業補償、死亡した場合の遺族年金などが給付される。保険料は全額会社が負担する。

→社会保険についてはP.172

会社員の年齢別平均給与

民間企業の正社員と非正規雇用の社員（契約社員、派遣社員、パート、アルバイトなど）を合わせた平均給与を示しています。

Point
30歳以上の女性の平均給与が低いのは、パートなどの非正規雇用の社員が多いため。

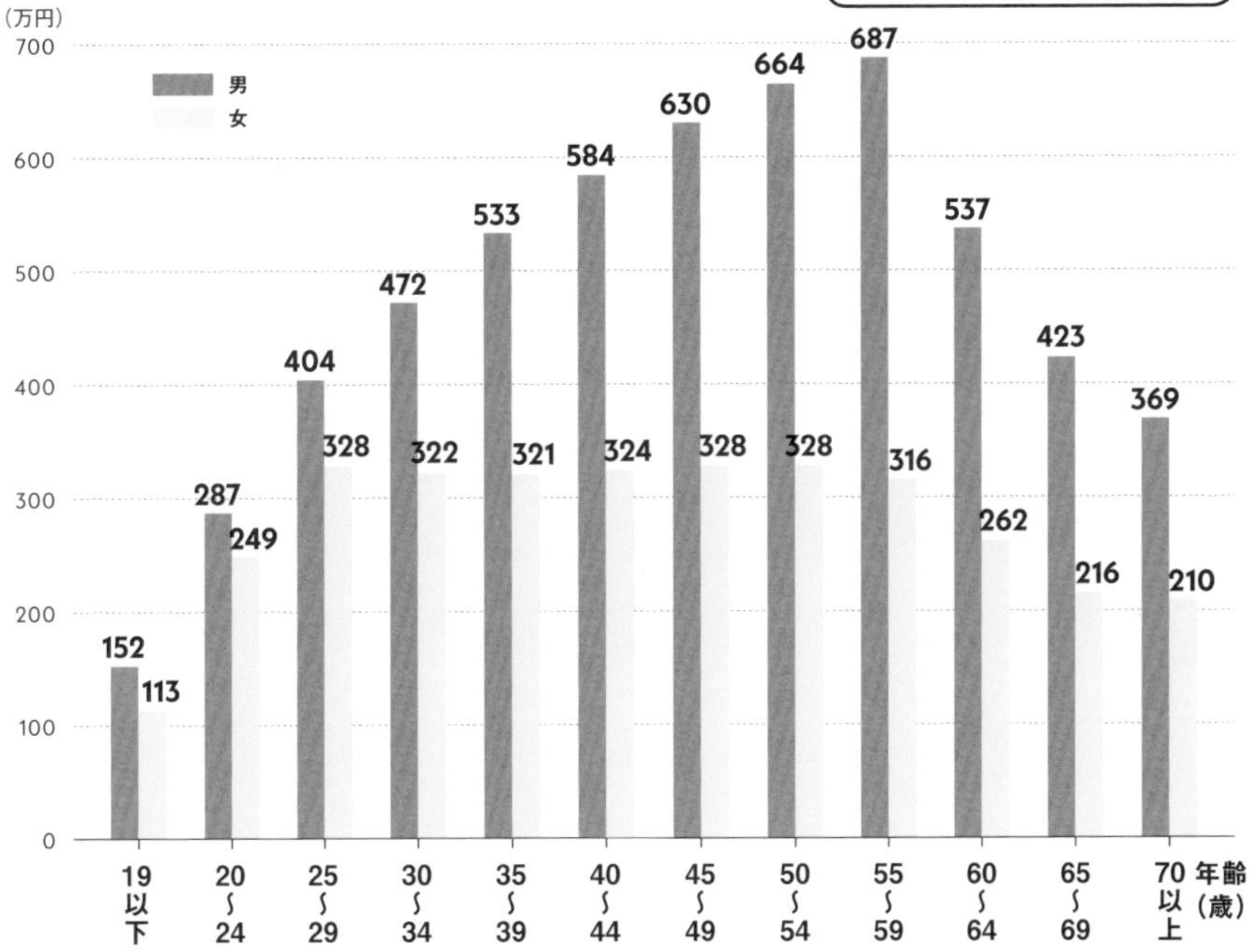
（万円）
700
600
500
400
300
200
100
0
男
女
152
113
287
249
404
328
472
322
533
321
584
324
630
328
664
328
687
316
537
262
423
216
369
210
19以下
20〜24
25〜29
30〜34
35〜39
40〜44
45〜49
50〜54
55〜59
60〜64
65〜69
70以上
年齢（歳）

出典：国税庁「令和3年分民間給与実態統計調査－調査結果報告－」

会社員は50代後半が収入のピークだ。

もっと知りたい Q&A

Q パートやアルバイトは従業員に含まれる？

A 一般的に従業員とは、お店や会社で雇われている＝雇用契約を結んでいる労働者を指します。パートやアルバイトも雇用契約に基づいて働いているため、従業員に含まれます。ちなみに、会社の役員は「雇っている側」なので従業員に含まれません。

＼ 覚えておこう ／
お金豆知識

パートやアルバイトでも5年連続勤務すれば正社員の可能性も

正規の社員・職員になりたいけれど、現在は契約社員などの非正規で勤務しているという人は、現職で頑張り続けるのも一つの手です。パートやアルバイト、有期雇用の契約社員、派遣社員が対象の「パートタイム労働法」や「労働契約法」の改正で、有給休暇、教育訓練、5年連続勤務で無期労働契約への転換など、待遇が改善されました。

給与・賞与の仕組みを知る

会社から給与をもらう

給与から概算で引かれるお金(→P.70〜)。年末調整(→P.74〜)で過不足を調整する

扶養家族がいるとつく手当。会社ごとに支給額が違うので確認しよう

会社によって住宅手当、資格手当などがつくことも

前年の確定した所得金額で支払う額が決まる。都道府県、市区町村に支払う

実際に通勤で使用した交通費。非課税

住宅関連手当	資格手当	家族手当	通勤費	総支給額
15,000	0	0	8,750	278,750
社会保険合計	所得税	住民税	税額合計	総控除額
41,292	6,110	11,000	17,110	58,402
欠勤日数	遅刻日数	早退日数	時間外労働	
			10:00	
				差引支給額
			実際にもらえる金額	220,348

いわゆる残業時間。勤務時間外や休日出勤など

自分がもらっているお金の額はきちんと確認しておこう。

給与明細を見れば給与額と手取りがわかる

給与明細でまず確認したいのが「勤怠」欄。**出勤日数、残業時間など給与計算のもとになる勤務状況が記載されています。**給与として支払われる金額は「支給」欄に記載されています。**基本給に各種の手当を足した総支給額がその月の給与額です。**どんな手当があり、いくらつくかは会社により異なります。ただし時間外労働、いわゆる残業手当は割増率も含め、法律で義務づけられています。

「控除」欄には、**給与から天引きされる社会保険料や税金の額が記載されます。**総支給額から控除合計を差し引いた差引支給額が手取りの金額。会社によっては、組合費などもあらかじめ差し引かれます（天《てん》引《び》き）。

お金の疑問あれこれ
Q&A

Q 社会保険料はどれくらいかかる?

A 自分で負担するのは、手当も含めた月給(≒標準報酬月額)の約15%です。詳細な保険料率は賞与のページ(→P.51)を参照。

給与明細で支給と控除を見よう

給与は、支給（給与として支払われるお金の項目）、控除（社会保険料や税金などの天引きされるお金）、勤怠（出勤日数などの給与計算のもとになる項目）で構成されています。何が支給されていて、何が引かれているのか、しっかり確認しましょう。

- 基本給：ボーナスや退職金などのベースとなる基本賃金
- 時間外労働手当：いわゆる残業代。出勤日に所定労働時間を超えた場合、支払われる割増賃金（→P.50）
- 深夜手当：22時～翌朝5時の間に働いた場合、残業代に、さらに25%以上の割増率を加算する（→P.50）
- 休日手当：休日に出勤した際の手当。35%以上の割増率が付加される

支給 各手当などを含めた給与として支払われるお金	基本給	時間外労働手当	深夜手当	休日手当
	240,000	15,000	0	0
控除 社会保険料や税金などの給与から差し引かれるお金（→P.69、172）	健康保険	介護保険	厚生年金	雇用保険
	14,000	0	25,620	1,672
勤怠 給与計算のもとになる出勤日数や残業時間など	労働日数	出勤日数	有給休暇日数	慶弔休暇日数
	20	20		
集計	総支給額	総控除額		
	278,750	58,402		

- 厚生年金：老齢基礎年金や老齢厚生年金のもとになるお金。会社と自分で半額ずつ払っている
- 介護保険：40～64歳が支払う。会社と自分で半分ずつ、健康保険組合などを通して各自治体に支払う
- 雇用保険：失業時、介護や出産で休業時に、給付を受け取るために支払う

給与明細はココをチェック！
1カ月の労働の対価を示す給与明細。面倒がらずに毎月確認を

- □ 基本給や手当は正しく支給されているか
- □ 残業代が正しく支払われているか
- □ 所得税や住民税が引かれているか
- □ 出勤日数が正しいか

もっと知りたい Q&A

Q 給与のデジタル払いとは？

A 口座を使った振り込みや引き落としは、以前は銀行だけができるサービスでした。現在は資金移動業者（→P.12）として登録することで、銀行以外もできるようになりました。これに伴い可能になったのが、PayPay、楽天ペイなどのキャッシュレス決済サービス（資金移動業者）の口座に、勤務先から直接給与が送金される給与のデジタル払いです。2023年4月から解禁されました。支払いのために銀行口座からチャージする手間が省けて便利になります。企業が導入を決め、労使協定を結んだうえで、本人が希望する場合に利用できます。給与の一部だけデジタル払いにすることも可能です。

賞与からも税金や社会保険料が引かれる

会社と契約した労働時間（所定労働時間）を超えて仕事をすると、残業手当がつきます。さらに法定労働時間（1日8時間・週40時間）を超えた分は割増賃金（1カ月の時間外労働60時間以下は25%、60時間超は50%）に。休日出勤や深夜労働にも割増賃金が発生します。これらはすべて、**労働基準法で義務づけられています**。裁量労働制の場合も、勤務時間帯などによっては割増賃金となります。

これら賃金が規則通りに支払われない、金額が低いなどの際は人事課、または勤務先の住所を管轄する労働基準監督署（厚生労働省の機関）に相談すること。

賞与は**年に3回以内、社員の勤務成績や社の業績に応じて支払われます**。民間企業には法的な支払い義務はありませんが、雇用契約書や就業規則で定めている会社が多いです。

残業代の計算式

残業代は、月給制の場合は月給を所定労働時間で割って、1時間あたりの賃金を算出。それに残業した時間数と割増賃金率を掛けて計算します。

1時間あたりの賃金 × **残業時間** × **割増賃金25%分※**

例 1,500円　　10時間　　1.25

＝ **残業代**

18,750円

残業代も所得税・住民税の対象になる。

22時以降の深夜残業は時間外労働の割増率（25%）に、さらに深夜割増率（25%→基礎賃金の50%増し）を足して支給しなければならない（労働基準法第37条）。

例：残業９時間、深夜残業１時間した場合の残業代

1,500円 × 9時間 × 1.25（割増賃金25%）

＋1,500円 × 1時間 × 1.5（割増賃金50%）

＝16,875＋2,250＝19,125円

※ 月60時間超は50%

お金の疑問あれこれ Q&A

Q 会社が休みの日に出社したのに休日労働にならないこともある？

A 少なくとも毎週1回、または4週に4回の休日が労働基準法で定められています。ただし、休みの土曜に出勤しても、代わりに火曜を休むなどの休日の変更が行われている場合や、1週間の労働時間が法定労働時間（40時間）を超えない場合、通常は割増賃金にはなりません。

＼ 知らないと損する ／ お得情報

4〜6月の残業が少ないと社会保険料が安くなる！

健康保険、介護保険、厚生年金保険の金額は毎年見直されます。このとき計算のもとになるのが4・5・6月の給料の平均額です。この時期の残業を控えると保険料が下がります。ただし、老後にもらう厚生年金は、現役時代の給与が高い（厚生年金保険料も高い）ほうが多くなります。

一般的な賞与額の計算式

中小企業では経営者や部門の責任者が査定することが多いですが、社員数が多い場合は、下図のように基本給をもとに計算するのが一般的。

基本給 × **月数** × **評価係数** = **賞与**

- 基本給：各種手当を除いた基本賃金。賞与では「基本給」に各種手当を含めることもある（就業規則等に定めた通り）。
- 月数：賞与の対象となる月数。会社全体の業績を反映して決められる。
- 評価係数：個人の勤務成績で決める。会社によって異なる。例えば「S評価=1.4倍、A評価=1.2倍、B評価=1.0倍、C評価=0.8倍」など。

賞与明細の見方

賞与も、総支給額から控除合計を引いた金額が手取りになる点は給与と同じです。

支給	賞与金額				総支給額
	400,000				400,000
控除	❶健康保険	❷介護保険	❸厚生年金	❹雇用保険	社会保険合計
	20,000	3,640	36,600	2,400	62,640
	所得税				総控除額
	13,777		実際にもらえる金額		76,417
				差引支給額	**323,583**

● 賞与にも社会保険料がかかる

❶ 健康保険＝ 標準賞与額※1×5%（10%を労使折半）※2

❷ 介護保険＝ 標準賞与額×0.91%〈40歳以上〉（1.82%を労使折半）

❸ 厚生年金＝ 標準賞与額×9.15%（18.30%を労使折半）

❹ 雇用保険＝ 標準賞与額×0.6%

＊ 健康保険・介護保険は令和5年3月からの保険料率。健康保険・介護保険の保険料率は健康保険組合、または各都道府県の協会けんぽで毎年見直されている。厚生年金は平成29年9月分から固定の保険料率。雇用保険は令和5年4月からの保険料率

※1 標準賞与額は賞与額から1000円未満を切り捨てたもの

※2 協会けんぽ（東京都）の場合

もっと知りたい Q&A

Q 「ボーナス払いに注意」とは？

A 賞与（ボーナス）はあくまで業績に応じて支払われるもので、企業に義務づけられたものではありません。クレジットカードや住宅ローンにボーナス払いを組み入れると、賞与の支給がないときにあわてることになります。

会社から給与をもらう
退職時に必要な手続き

健康保険や年金の手続き 無収入なら失業給付を申請

独立・転職のために自分の意思で、勤務先の業績不振によるリストラで……。長い人生には会社を辞めることもあるでしょう。**健康保険や年金は退職後の立場により加入する制度が異なるので、退職時には手続きが必要です。次の仕事が決まっていないときは、雇用保険から一定期間失業給付（基本手当）をもらえます。**

雇用保険は正社員だけでなく、週に20時間以上働き31日以上雇用の見込みがあるアルバイトなども加入します。被保険者期間の確認を。

また、これまで給与から天引きで会社任せだった税金や社会保険料の支払いも、退職後は自分で納付しなければならないケースもあります。

退職したときに会社からもらう書類

退職後のさまざまな手続きに必要なので必ず受け取っておきましょう。

- ☐ 雇用保険被保険者証（会社が保管していた場合）
- ☐ 雇用保険被保険者離職票（退職時に受け取る）
- ☐ 給与所得の源泉徴収票
- ☐ 退職所得の源泉徴収票（退職金をもらった場合）

退職金制度のある企業

退職金は福利厚生の一環。最近では企業が掛け金を出し、従業員自身が運用を行う企業型確定拠出年金を利用する企業が増えています（→P.236）。

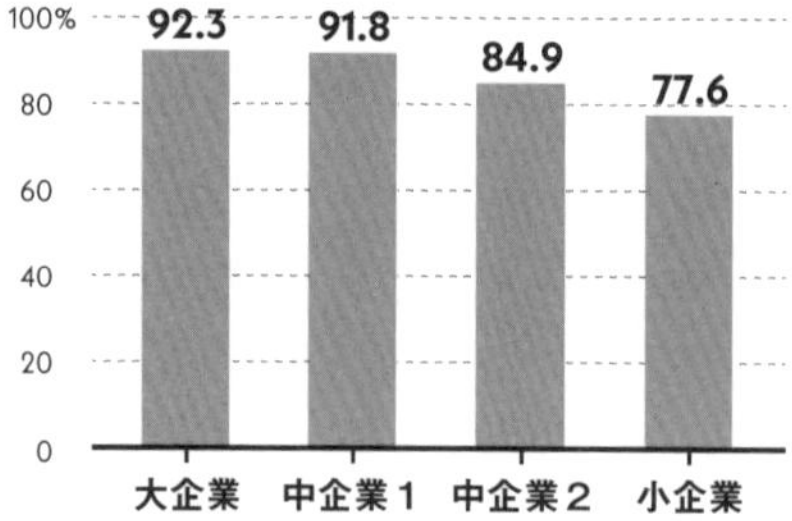

Point

確定拠出年金は、運用次第で退職金の額が変動する。転職の際も新しい会社で続けられ、制度がない場合は個人型に移す。

出典：厚生労働省「平成30年就労条件総合調査結果の概況」

＊大企業は雇用労働者数1000人以上、中企業1は300～999人、中企業2は100～299人、小企業は30～99人と区分

勤続年数が短ければ、金額はそれほど期待できないよ。

失業給付金はどこで、どんな手続きをしたらもらえる?

失業給付を受けられるのは、すぐに再就職する意思があることが条件。定年退職後も働く意思があれば受け取れます。病気やケガなどで、すぐには働けない人、公務員を辞めた場合はもらえません。

Point
給付金がもらえるのは離職の翌日から原則1年までなので、手続きはなるべく早く!

給付　次の認定日前日までに原則として2回以上の求職活動実績が必要。

● 手続きの流れ

①ハローワークで手続き
必要書類
① 雇用保険被保険者証
② 雇用保険被保険者離職票
③ 個人番号確認書類など

→ 待機期間(7日間)

②雇用保険受給者説明会に参加
受け取る書類
① 雇用保険受給資格者証
② 失業認定申告書

→ 1週間〜2カ月後

③失業の認定
必要書類
① 雇用保険受給資格者証
② 失業認定申告書
自己都合で退職した場合:給付制限期間2カ月の後
約1週間で振り込み。

→ 4週間ごと

④認定日
その後も失業状態が続いていれば4週間に1度、失業の認定を受け、約1週間で振り込み。

＊ 住民登録している住所地を管轄するハローワークで手続きする

失業給付は被保険者期間1年以上から

自己都合で退職した場合は離職前2年間に12カ月以上の被保険者期間があること、会社都合で退職した場合は同1年間に6カ月以上被保険者期間があることが条件です。

● 自己都合により退職した場合の給付日数

被保険者期間	1年以上10年未満	10年以上20年未満	20年以上
全年齢共通	90日	120日	150日

● 会社都合により退職した場合の給付日数

<table>
<tr><th>年齢／被保険者期間</th><th>1年未満</th><th>1年以上
5年未満</th><th>5年以上
10年未満</th><th>10年以上
20年未満</th><th>20年以上</th></tr>
<tr><td>30歳未満</td><td rowspan="5">90日</td><td>90日</td><td>120日</td><td>180日</td><td>—</td></tr>
<tr><td>30歳以上35歳未満</td><td>120日</td><td rowspan="2">180日</td><td>210日</td><td>240日</td></tr>
<tr><td>35歳以上45歳未満</td><td>150日</td><td>240日</td><td>270日</td></tr>
<tr><td>45歳以上60歳未満</td><td>180日</td><td>240日</td><td>270日</td><td>330日</td></tr>
<tr><td>60歳以上65歳未満</td><td>150日</td><td>180日</td><td>210日</td><td>240日</td></tr>
</table>

● いくらもらえる?

辞めた日の直前6カ月の賃金÷180日の45〜80%(年齢と金額による)が「基本手当日額」。

㊲月給21万円の場合

21万円×6カ月÷180=7000円、7000円の45〜80%は3150〜5600円※

90日支給なら28万3500〜50万4000円が支払われる。　※年齢ごとの上限がある

退職後の進路により健康保険や年金の手続きは異なる

健康保険、年金は、退職後の進路によって手続きする場所が異なります。基本的には本人が行いましょう。代理人が手続きする場合は、委任状が必要です。

退職後の進路が…

- 無職または個人事業主
- 結婚や学生になるなどで家族の扶養に入る（所得制限内でパート・アルバイト）
- 別の会社に転職

住んでいる市区町村役場で手続き

（無職または個人事業主）

国民年金や国民健康保険への切り替え手続きを行う。国民年金は月単位で保険料を納めるため、空白期間が生じると未納扱いとなり、将来の受給額も減ってしまう。早急に手続きをしよう。

国民健康保険に加入

住民票のある自治体の国民健康保険に加入して、自分で保険料を支払う。元の会社の健康保険への任意継続も可（→左ページ）。

必要なもの

- □ 退職証明書または資格喪失証明書
- □ 本人確認書類
- □ マイナンバーカード

退職した日から20日以内

国民年金（第1号被保険者）に加入

手続きしないと、一定期間が過ぎた頃にまとまった金額が請求されることも。2年以内であれば後納もできる。

必要なもの

- □ 退職証明書または資格喪失証明書
- □ 本人確認書類
- □ 基礎年金番号がわかる書類
- □ マイナンバーカード

退職した日から14日以内

次の勤務先で手続き

（別の会社に転職）

入社後、総務に必要書類を提出する。

必要なもの

- □ 雇用保険被保険者証
- □ 健康保険被扶養者（異動）届（扶養義務がある場合）
- □ 源泉徴収票
- □ 基礎年金番号がわかる書類
- □ マイナンバーカード

家族の勤務先で手続き

（結婚や学生になるなどで家族の扶養に入る）

会社員の家族（親・配偶者など）の扶養に入る場合は、家族は扶養に入れて（結婚した場合は婚姻届を提出した日）から5日以内に勤務先に必要書類を提出する。

必要なもの

- □ 健康保険被扶養者（異動）届
- □ 国民年金第3号被保険者該当届（健康保険被扶養者届の3枚目）
- □ 基礎年金番号がわかる書類

扶養になって5日以内

家族の健康保険に入る

保険料の支払いなしで保障が受けられる。ただし、失業給付をもらっていると収入があると見なされるので、基本手当日額が3611円を超える人は入れない。

国民年金（第3号被保険者）に加入

結婚していて配偶者が会社員（第2号被保険者）なら、第3号被保険者として保険料の負担なしで国民年金に加入できる。

＼ 知らないと損する ／

お 得 情 報

退職（失業）して国民年金の保険料を支払えないときは免除してもらおう

住民票のある市区町村に届け出れば、免除（免除期間分、将来の年金は8分の7から2分の1に減る）や猶予（猶予期間分も、加入期間にはなるが将来の年金はゼロ）が受けられます。どちらも10年以内なら追納することで年金額を回復できます。

退職した会社の健康保険は2年間継続できる（任意継続）

退職した後も2年間は任意で前職の健康保険に継続して加入できますが、全額負担となるため保険料は約2倍に。

● 任意継続の保険料の概算方法

退職時の標準報酬月額 ※1	
30万円	

どちらか安いほう

×10.0%※2＝保険料

国民健康保険（自治体により金額が異なる）とどちらがお得か比べる。

※1 協会けんぽの場合。元組合健保の場合は「退職時の標準報酬月額」と「勤務先の全被保険者の平均の標準報酬月額」のどちらか安いほう
※2 協会けんぽ（東京都）の保険料率

例 30歳、標準報酬月額24万円、東京都協会けんぽ加入の場合（令和5年5月時点）

24万円 × 10.0% ＝ 2万4000円

標準報酬月額は健康保険、厚生年金を算出する際に必要。厚生労働省によって、給与額に合わせて決められている。例えば、月給が23万円以上25万円未満なら24万円。

40歳以上は介護保険料1.82%が加わる。在職中は、ここを労使と折半。

退職後は全額自己負担＝保険料がそれまでの2倍！

申請時の注意点

条件	社会保険の資格喪失以前、継続して2カ月以上の被保険者期間がある
手続き場所	健保組合または協会けんぽの都道府県支部
申請期限	退職した日から20日以内
必要なもの	任意継続被保険者資格取得申出書（会社や協会けんぽでもらう）など
加入期間	2年間

Point

収入が少ないなどの場合は国民健康保険料が軽減される

所得が基準を下回る、未就学児がいる世帯の場合は、国民健康保険料が軽減される。任意継続よりも安くなるケースも。適用対象かどうかは自治体に確認しよう。

\もっと知りたい/ **Q&A**

Q 退職する月の給料が激減するのはなぜ？

A 住民税は1～5月に退職すると、前々年の未納分を退職時の給与から一括天引き。前年分は退職後に自分で納付します。6～12月に退職すると、前年分の残りを退職時に給与から一括天引きするか、退職後に自分で納付するかを選べます。所得税は、年内に再就職すれば再就職先で年末調整して支払います。なお、翌年まで失業状態なら自分で確定申告（→P.78）をすること。

売上から収入を得る

フリーランスは自分の判断で働けるのが魅力

仕事の成果が収入に直結 立場、収入が不安定な場合も

個人事業主とは、会社などに雇われて給料をもらうのではなく、法人を設立せずに、個人で独立して自分で事業を行う働き方です。弁護士や飲食店の経営者などがそれにあたります。上司の許可なども必要なく、**自分の判断で仕事を進めることができます。**仕事の単位ごとに契約（業務委託）するフリーランスも個人事業の一種。いずれも資格や自分の得意分野を生かせます。**やる気と能力があり、どんどん業績を伸ばせる人もいる一方、売上が安定せず、収入が不安定な人もいる**ようです。

やりがいがある半面、加入できる社会保険が会社員よりも少なく、対策が必要です（→P.59）。

個人事業主のメリット・デメリット

安定性では会社員にはかないませんが、時間や仕事内容など、裁量を自由に決められます。

メリット

- 定年がない
- 勤務時間を自分で決められる
- 売上が増えれば、自分の収入に反映される
- 自分の判断で、仕事の方法、内容、取引先などを選択できる
- 節税を意識して仕事の経費を使える
- 自分の働きが、売上や業績に直結する

収入に上限がない！

会社員の給料は会社で決められているが、個人事業は売り上げた分だけ収入が増える。能力次第では、会社員が生涯かかっても稼げない額の収入を得られることも。

デメリット

- 会社員と違って収入の保障がない
- 仕事量や収入に波がある
- 住宅ローンなどの審査が通りにくいことがある
- 退職金がない
- 加入できる社会保険が少ない
- 公的年金が少ない

フリーランスの職種としては、エンジニア、建築設計、ライター、デザイナーなどがあるよ。

生涯現役で働きやすい！

個人事業主には定年がないので、元気なうちは老後も働き続けられます。

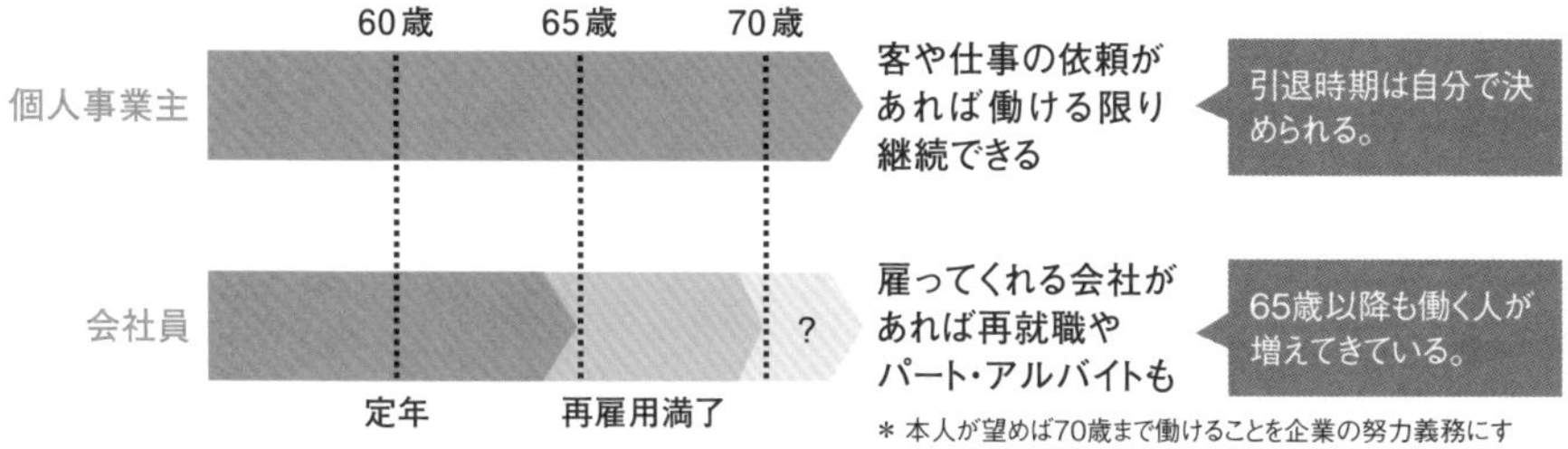
60歳
65歳
70歳
個人事業主
客や仕事の依頼があれば働ける限り継続できる
引退時期は自分で決められる。
会社員
?
定年
再雇用満了
雇ってくれる会社があれば再就職やパート・アルバイトも
65歳以降も働く人が増えてきている。

＊ 本人が望めば70歳まで働けることを企業の努力義務にするなど、高齢者が働きやすい環境づくり（法改正や企業への助成金）を厚生労働省が進めている（→P.31、181）

業績がアップしたら？

事業を拡大したり商売が繁盛したりして収入が大幅に増えたら、人を雇う、会社にするなどを検討してもよいでしょう。

人を雇う

飲食店など、事業の対象が個人の場合

より多くの仕事をこなせるが、給与支払いの責任も生じる。従業員の給与から所得税を源泉徴収して税務署に納める。また、従業員1人から雇用保険と労災保険に加入し、常時5人以上いれば健康保険と厚生年金保険にも加入する義務※が生じる。

※健康保険と厚生年金保険は一部の業種を除く

会社にする

- 単価の大きい取り引きが多い場合
- 事業拡大のためにお金を借りたい場合

会社にすることで社会的な信用が高くなる。自分も会社から給料や退職金を受け取れる。社会保険の加入範囲が広がり、所得が増えれば自営業よりも節税になる。ただし、赤字でも法人住民税を支払う義務が生じる。

＼ 覚えておこう ／

お金豆知識

フリーランスが働きやすい環境整備が進行中

弱い立場に置かれがちなフリーランスが安心して働けるよう、取引条件の明示や報酬の支払期限などを事業者に義務づける「フリーランス・事業者間取引適正化等法」が2023年4月に成立。弁護士がサポートするフリーランス・トラブル110番（メールまたはTEL：0120-532-110で相談できる）も開設されています。

お金の疑問あれこれ Q&A

Q 会社は1人でも設立できるの？

A 株式会社は1人でも、1円から設立可能です。会社設立の手順は、①商号などの会社概要を決定、②会社運営の規則（定款）を作成、③資本金の払い込み、④登記書類作成、⑤登記申請、⑥登記後の各種行政などへの手続き、となります。

個人事業主の経費は自己申告

経費の使い道を判断し節税対策を

個人事業主は、会社員と違いどんな経費をいくら使うかを自分で判断し、経費をもれなく計上し、自分で税務申告します。事業のために使った費用であることを証明できるよう領収書などは必ず保管しておきましょう。事業に関する入出金は記録し、1年間（1月1日～12月31日）の収入、経費、所得などの収支を翌年の3月15日までに税務署で確定申告します。

個人事業主は自由度が高い分、リスク管理も自分でしっかり行わなければなりません。加入できる社会保険も限られていて、会社員に比べていざというときの備えが手薄です。これを補う制度（左ページ参照）も上手に活用したいものです。

経費として認められる項目

個人事業主が経費として計上できるのは、「事業活動に関連している支出」です。経費に計上すると課税所得が減るため節税できますが、認められていないものを計上すれば脱税行為となります。

経費にしてOK＝納税額が少なくなる

- 事務所の家賃
- 事務所の水道光熱費
- 材料の仕入れ代金
- プロバイダー料金や携帯電話、郵便などの通信費
- 交通費
- 事務用品
- 名刺やチラシなどの広告宣伝費
- 打ち合わせで使った飲食代などの会議費
- 従業員に支払った給与

など。

個人事業税（事業所得が290万円以上の場合にかかる）、事業用の借入金の利子、仕事で使う車の自動車税、従業員への福利厚生費（忘年会費、慶弔金など）は経費にできるよ。

経費にしたらNG＝個人的支出

- 自分の生活費（給料扱いにして経費にすることはできない）
- 自宅の家賃や水道光熱費（事務所を持たず自宅で仕事をしている場合は、面積や時間で自宅用と事業用の割合を出し、事業で使う分は経費可）
- 事業に関係のない旅行、飲み会
- 健康増進のためのスポーツクラブの会費や健康診断
- スーツや靴（プライベートとの区別がつけにくいため。ただし、芸能人などで衣装として使う場合は可）

など。

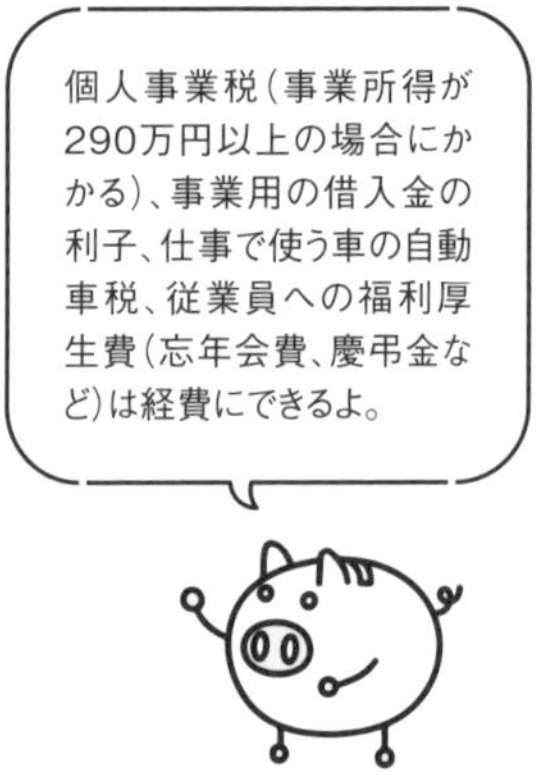

個人事業主をバックアップする制度

社会保険が手薄な分を補う制度があります。ここで紹介している制度はすべて、掛け金を所得控除できるので節税対策にもなります。

退職金をつくる

老後の資金を増やす

小規模企業共済

退職金代わりや老後の生活費に

毎月1000〜7万円の範囲で掛け金を選んで積み立てておけば、退職時や廃業時に一時金や分割での受け取りが可能。また、いざというとき共済金を借り入れすることができる。

iDeCo（個人型確定拠出年金）（→P.236）

退職金代わりにも、年金にも

加入者が毎月掛け金を積み立てて、定期預金・保険・投資信託といった金融商品で自ら運用する。60歳以降に年金または一時金で受け取れるが、60歳になるまで引き出せない。

国民年金基金または付加年金（→P.176）

公的年金に上乗せして老後の生活費に

「国民年金基金」は1口以上を自分で組み合わせて入る。加入パターンにより保険料や受け取り額が異なり、老後に年金としてもらえる。「付加年金」は国民年金にプラス月額400円を上乗せすることで、将来受給する年金額を増やせる。「国民年金基金」と併用できない。どちらも個人型確定拠出年金とは併用可。

目的に合わせてうまく組み合わせて加入するといいね。

もっと知りたい Q&A

Q インボイス制度って何？

A 売上や報酬には消費税が加算されています。一方、事業をするための仕入れなどの経費にも消費税がかかっています。本来なら、この差額を納税する義務がありますが、売上が年間1000万円未満の事業主は免税事業者として納税を免除されています。2023年10月から消費税をより詳細に把握するためのインボイス制度（適格請求書等保存方式）が始まり、対応する請求書を発行するには登録が必要となりました。免税事業者の登録は任意です。取引先との関係や事業継続を視野にどちらにするか検討を。登録すると消費税の納税義務が生じます。

こんなときどうする!? Q&A

Q 個人事業主は給料を受け取れる？

A 個人で事業を行っている場合、給与という名目でお金を受け取ることはできません。収入から必要経費を引いたものが事業所得となり、事業所得の金額がいわば給与のようなもの。会社にした場合は、給与の額を自分で決めて受け取ることができ、給与は経費の扱いになります。

少しでも収入アップ
副業で収入を増やす

収入増を見込むほか将来のキャリアアップにも

副業や兼業には、本業以外の収入があることで家計にゆとりが生まれる、スキルアップにつながる、人脈が広がるなどのメリットがあります。その一方、働きすぎにより体調を壊す、本業に支障が出るなどのデメリットもあり得ます。そのため、副業や兼業を行える環境整備を目的に、厚生労働省が「副業・兼業の促進に関するガイドライン」を定めました。

人生100年時代。自分の年齢や社会の変化に対応しながら長く働いていけるよう、**副業は、今の収入を増やすことのみならず、長期的な視点でキャリアアップにつながるように選択**したいですね。

副業の選び方

時間給の副業なら確実に収入が得られます。一方、収入は不確実でも好きなこと、やりたいことにチャレンジできるのも副業ならでは。資格や技術を生かす副業は事前の準備が必要になるケースも。

スキルアップして副業

- ネイルアート
- ウエブデザイン／ライティング
（生かせるサイト：ココナラ、ストアカなど）

スキマ時間に副業

- 短時間アルバイト
（登録サイト：ウーバーイーツなど）

特技・趣味を生かして副業

- 手工芸品の販売
- ピアノや英会話レッスン
- 写真／イラスト投稿
（イラストACなど）

複数の企業で就労

労務提供上の支障があったり、企業秘密が漏えいしたりする際はNGな場合も

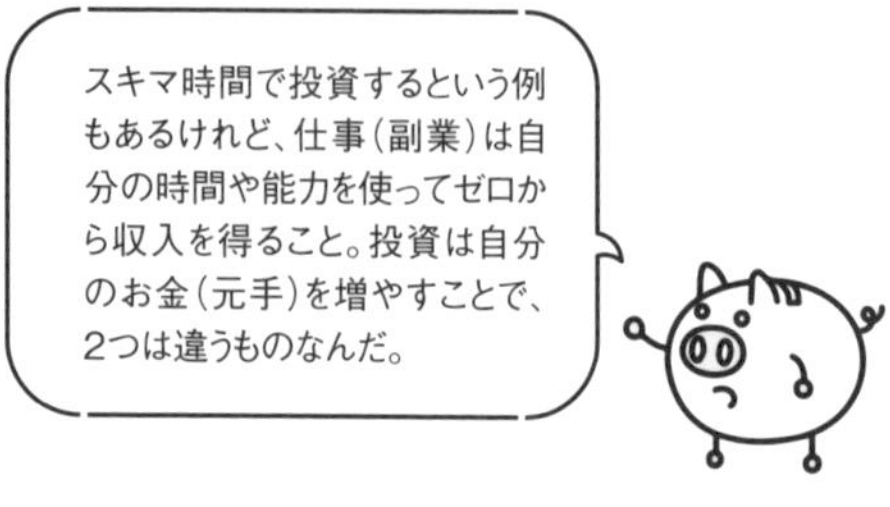
スキマ時間で投資するという例もあるけれど、仕事（副業）は自分の時間や能力を使ってゼロから収入を得ること。投資は自分のお金（元手）を増やすことで、2つは違うものなんだ。

今の働き方別 副業でのアクション一覧

どんな立場で働いているかにより、副業をする場合の手続きなどが違ってきます。

<table>
<tr><th rowspan="2">本業</th><th rowspan="2">雇用主への報告</th><th colspan="2">社会保険</th><th rowspan="2">確定申告</th></tr>
<tr><th>健康保険・年金</th><th>雇用保険</th></tr>
<tr><td>正社員・契約社員</td><td rowspan="2">勤務先の就業規則を確認のうえ、届け出を</td><td colspan="2">フルタイム勤務の場合は原則、本業の勤務先で加入する（副業先では加入しない）</td><td rowspan="3">副業の給与や所得が年間20万円を超えるなら確定申告が必要</td></tr>
<tr><td>パート・アルバイト</td><td rowspan="2">加入の条件を満たしたら加入する。本業・副業どちらも条件を満たし二重加入になる場合は、主たる事業所を選んで手続きを行う</td><td rowspan="2">手続き不要</td></tr>
<tr><td>派遣社員</td><td>派遣元企業の就業規則を確認のうえ、相談や届け出を</td></tr>
<tr><td>個人事業主</td><td>ー</td><td colspan="2">副業が給与所得で加入の条件を満たしたら加入する。
副業も業務委託などであれば手続き不要</td><td rowspan="2">本業と合わせて確定申告を行う</td></tr>
<tr><td>経営者</td><td>原則不要だが、仕事の内容によっては取締役会での承認が必要</td><td>副業先で報酬や給与をもらうなら加入する。二重加入になるので、主たる事業所を選んで手続きを行う</td><td>副業が給与所得で加入の条件を満たしたら加入する</td></tr>
</table>

もっと知りたい Q&A

Q 社外取締役設置の義務化

A 男女の賃金格差を是正するなどのために「女性活躍推進法」が2022年4月に改正されました。正社員なら本業で業績を上げて役員に昇格できる可能性も。また、2021年に会社法が改正され、要件を満たす会社では社外取締役の設置が義務化されました。本業での活躍が認められて他社の社外取締役に起用される例もあります。

こんなときどうする!? Q&A

Q 副業で得た収入の納税はどうやって行うの?

A アルバイト料を給料としてもらい年間20万円を超えるなら、本業と合わせて確定申告が必要です。原稿料など出来高制の収入は、経費を引いた後の利益が年間20万円を超えるなら雑所得として確定申告します。確定申告についてはP.78を参照。投資で増えたお金にかかる税金はP.223を参照。

収入と納税はセット 社会保険加入のケースも

副業で得た収入は、給与なら給与収入、業務委託や個人事業なら雑収入や事業収入にあたります。

収入があれば所得税や住民税の対象になるのが日本の税制です。そのため年間の副業収入が一定額以上なら確定申告が必要です（下の図を参照）。確定申告を行うことで副業収入を含めた所得税が計算され、追加があれば納付します。確定申告を行うと、そのデータが住んでいる自治体にも共有されて、翌年の住民税が計算されます。

ただし、副業収入が一定額以下で所得税がかからない場合も、副業が給与収入以外の場合は、住民税の確定申告が必要になります。

また、副業によっては社会保険に加入することになるケースもあります（左ページの表を参照）。副業先と相談して手続きを行いましょう。

年間20万円以下なら所得税は申告不要

給与収入は額面で、業務委託の報酬や個人事業の収入などは経費を差し引いた後の金額（所得）で判断します。

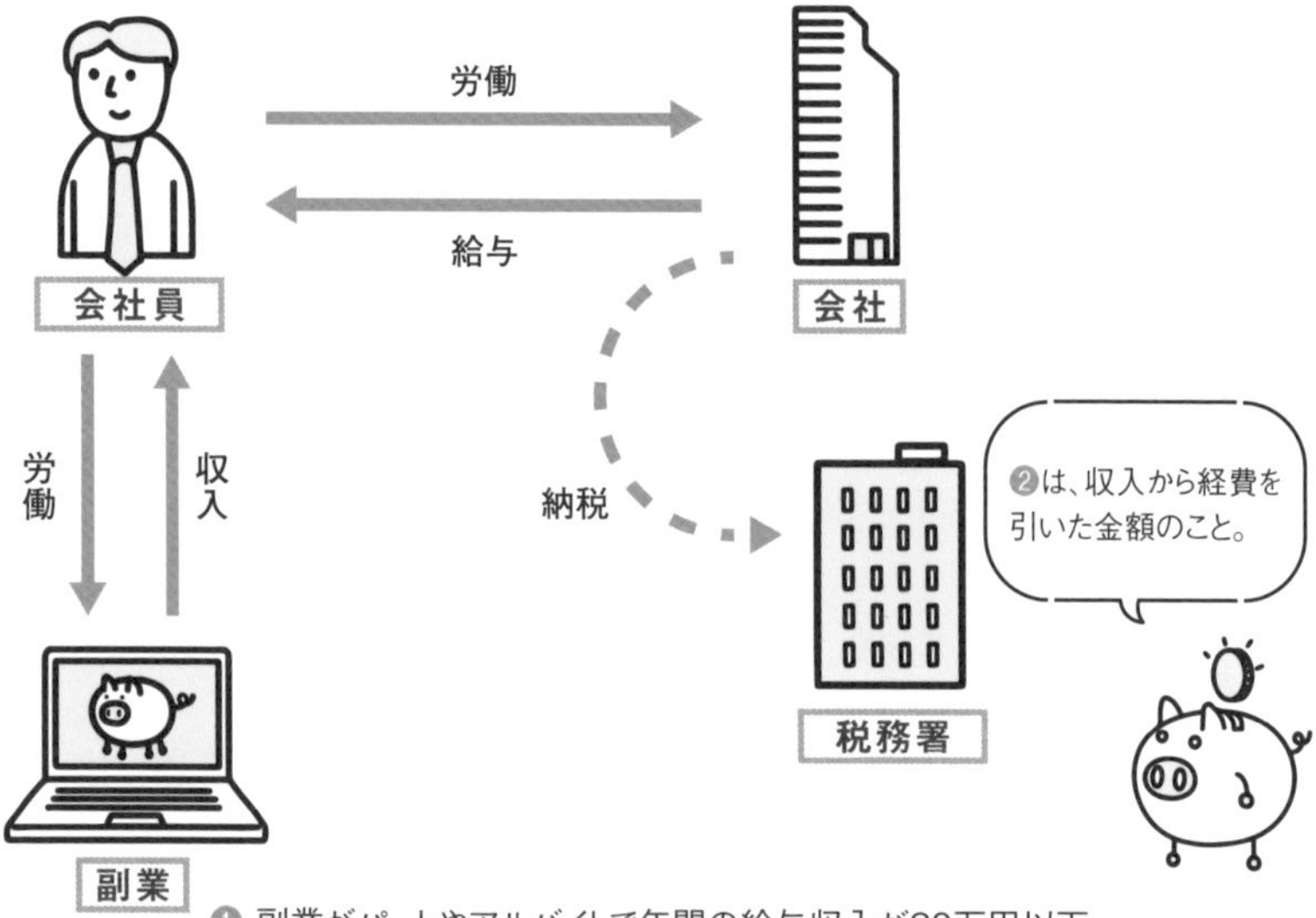

労働
給与
会社員
会社
労働
収入
納税
❷は、収入から経費を引いた金額のこと。
税務署
副業

❶ 副業がパートやアルバイトで年間の給与収入が20万円以下

❷ 副業がパートやアルバイト以外で年間所得が20万円以下

申告不要

*公的年金や給与以外の収入があった場合は、住んでいる自治体で住民税の確定申告が必要

*副業が複数の場合は、その種類や合計金額によっては確定申告が必要

雇用される副業は社会保険に加入する

副業が給与収入で、働く時間などの条件を満たすと社会保険に加入することになります。

個人事業主

- 別の個人事業を始める → 不要
- 週末カフェのオーナーになる → 不要
- 企業に雇用される
- 派遣社員として働く

● 雇用される場合、1週間の所定労働時間及び1カ月の所定労働日数がフルタイムの3／4以上
● 3／4未満でも、以下の条件をすべて満たす場合は加入義務がある
● 週の所定労働時間が20時間以上
・従業員数101人以上※の企業で働いている
・雇用期間が2カ月以上である
・賃金の月額が8万8000円以上である

※2024年10月以降は51人以上

会社員

- 別の企業に雇用される
- 派遣社員として働く
- 個人事業を始める → 不要
- 週末カフェのオーナーになる → 不要

お金の疑問あれこれ Q&A

Q　労災保険の適用範囲は?

A　例えばA社とB社で働いていてどちらの労災保険にも入っていて、A社を出てB社へ向かう途中ケガをして仕事を休むことになった場合、複数事業労働者として、認定されます。医療費はいったん立て替えた後、請求ができます。休業給付金は2つの会社の給与を合算した金額で算定されます。

労災保険については
P.46、200で説明しているよ。

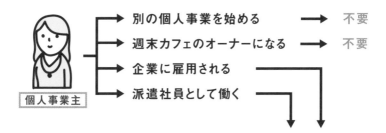

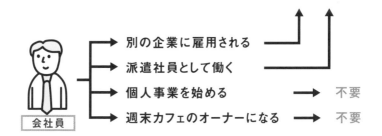

実際どうなの!?
お金のリアル事情

コロナ禍に夫の仕事が激減
役割も家計も見直しで改善

中山みなみさん（仮名）	35歳　千葉県

「共働きでよかった！」。2020年の末、中山さん夫婦は実感しました。

みなみさんの夫は飲食店の店長です。コロナ禍直撃により、かなりの期間、休業せざるを得ず、収入は激減しました。みなみさんは、フリーランスのライターでWEBサイト向けに執筆しています。年中の男の子がいますが、フリーランスのため収入が不安定、労働時間もわかりにくいとみなされ審査で不利になり、保育園になかなか入れませんでした。ベビーシッター代がかさんで、仕事を辞めようかと思ったことも。やっと入園できたのは2019年4月でした。

保育園への送り迎えや仕事が軌道に乗ってきた頃、突然始まったのがコロナ禍です。休業状態になった夫とは逆に、みなみさんへの仕事の依頼は急増しました。「私にとってはチャンスだし、あなたの収入が減った分を補いたい」。みなみさんは夫にそう宣言し、依頼された仕事を全部引き受けて、必死で働きました。その結果、夫婦合わせた世帯年収は、以前とほぼ同じ金額を維持できたのです。

一方、家にいる時間が長くなった夫は、育児や家事を引き受け、家計管理を担当。店長という仕事柄、収支計算や分析は得意なので、それを家計にも生かしました。どんぶり勘定だった家計を見直し、スマホのプランは安いものに変更、家計簿アプリを使って家計のデータを夫婦で共有する仕組みもつくりました。夫婦でお金の話をする時間が増え、危機感を持ったせいか、1年間の貯蓄額は以前よりも増えたのです。

現在はほぼ通常の生活に戻りましたが、夫婦で協力し、徹底した家計管理を今後も続けるつもりです。

Chapter

3

納める

ふだん意識することが少ない税金。
何からいくら納めているのか、
そして何に使われているかは、
社会人として知っておきたい常識です。

税金の基礎知識

そもそも税金とは？

税金は社会で生きるために出し合う共益費

個人や会社は、国民が健康で文化的な生活をするために税金を納める義務があります。

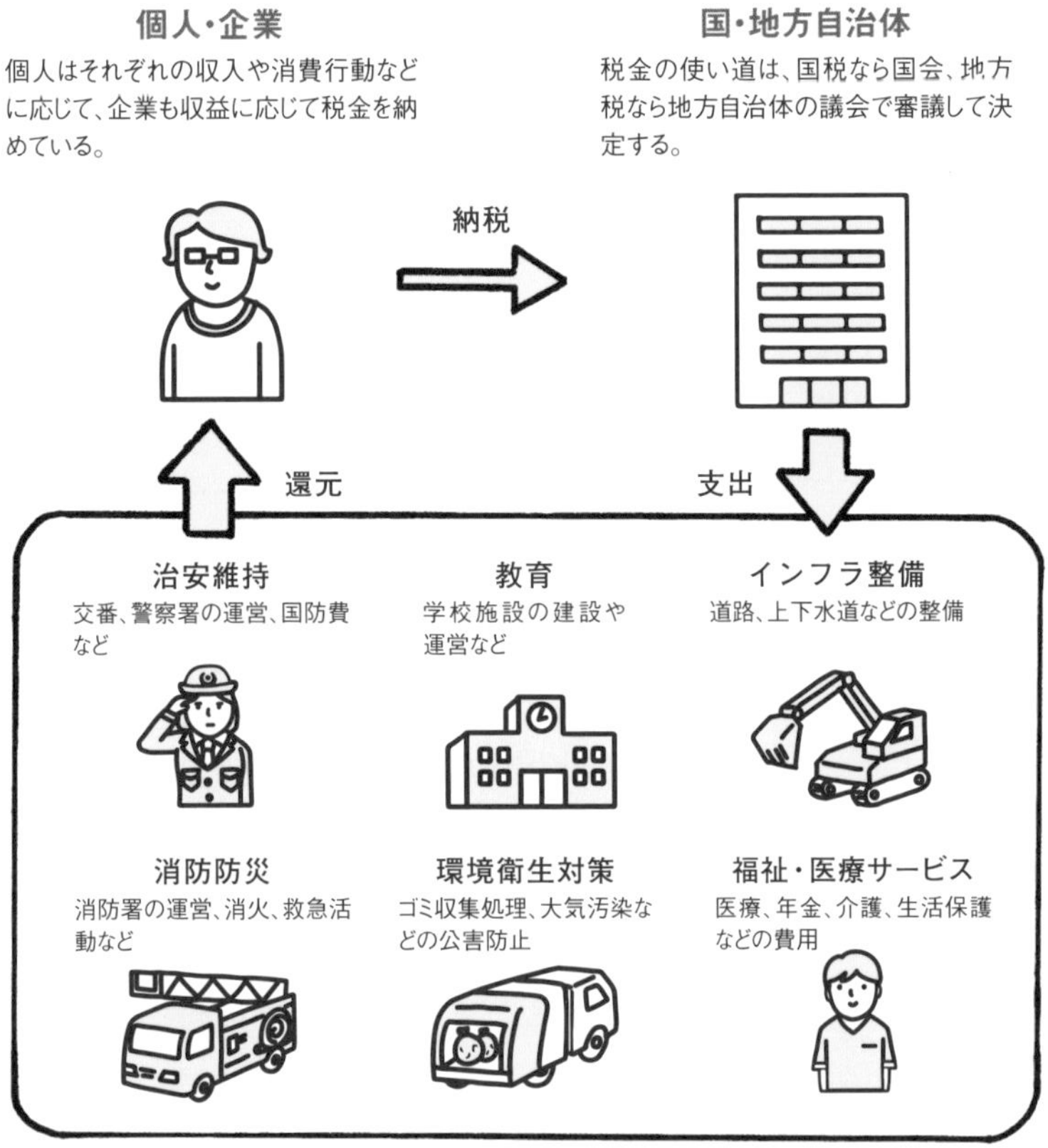
個人・企業
個人はそれぞれの収入や消費行動などに応じて、企業も収益に応じて税金を納めている。
国・地方自治体
税金の使い道は、国税なら国会、地方税なら地方自治体の議会で審議して決定する。
納税
還元
支出
治安維持
交番、警察署の運営、国防費など
教育
学校施設の建設や運営など
インフラ整備
道路、上下水道などの整備
消防防災
消防署の運営、消火、救急活動など
環境衛生対策
ゴミ収集処理、大気汚染などの公害防止
福祉・医療サービス
医療、年金、介護、生活保護などの費用

生活に必要なサービスを維持するために出すお金

会社員は給与から天引きされる所得税・住民税を給与明細で確認できます。個人事業主は自分で所得を計算・申告し納税します。**納めた税金は義務教育、道路や公園の建設・整備、福祉や医療サービス、環境の整備、治安や防災組織**（警察や消防）**の運営**のほか、一部は公的年金などの社会保障（→P.174）にも使われています。

税金は、納める先でいうと国税と地方税、納め方でいうと直接税と間接税に分かれます。また、収入が多い人には所得税をたくさん払ってもらうなど、その人の状況に応じて計算する税金と、消費税のように誰にも一律にかかる税金があり、生活のさまざまな場面で徴収されています。

あらゆる所得、消費、財産には税金がかかる

実は私たちは、生活のいろいろな場面で税金を納めています。そのことを理解しておきましょう。

ガソリンを入れたら

ガソリン税

揮発油税及び地方揮発油税のこと。1ℓあたり53.8円の税金が課される。

物を買ったら

消費税

商品やサービスに取引段階で課税される。標準税率10%、飲食料品などは軽減税率8%。

家を買ったら

不動産取得税

土地や家屋など不動産を取得したときに課税される。土地の税額 ＝ 固定資産税評価額×$\frac{1}{2}$×3%－税額控除、家屋の税額＝(固定資産税評価額－控除額)×3%で、控除額は建築時期により異なる。

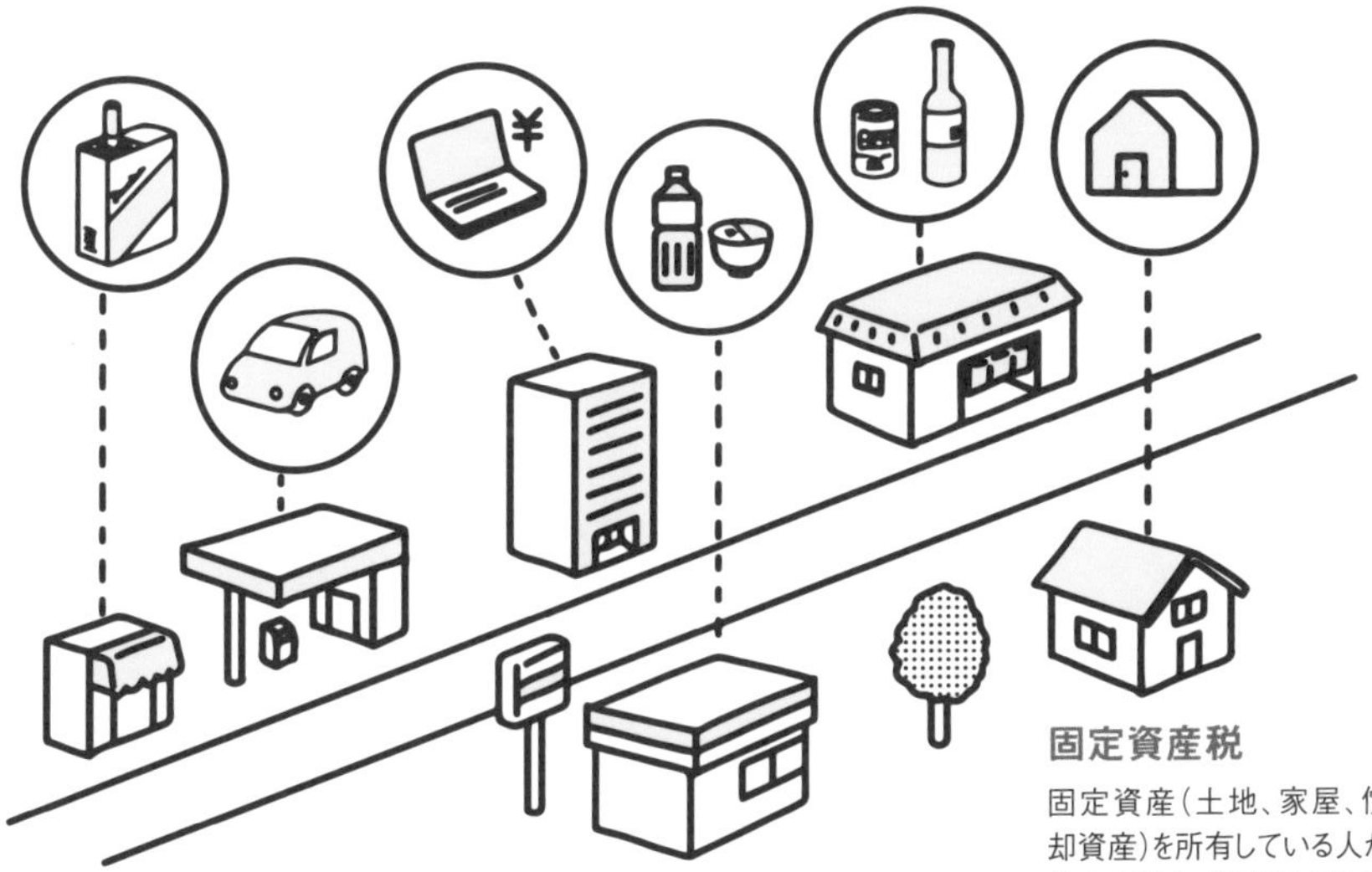

固定資産税

固定資産（土地、家屋、償却資産）を所有している人が納める税金。税額は自治体が決定した評価額×1.4%。

たばこを買ったら

たばこ税

たばこには国たばこ税、道府県たばこ税、市町村たばこ税、たばこ特別税、消費税がかかり税負担率は小売価格の61.7%を占める。

給与をもらったら

所得税

個人の所得に対してかかる税金。課税所得（所得－所得控除）×税率－税額控除で計算。

お酒を買ったら

酒税

税率は種類・品目別に決められている。例えばビールは1kℓあたり18万1000円、日本酒は同10万円、ワインは同10万円。

会社をつくったら

法人税等

事業を通して所得を得たら法人税等（法人税＝会社の所得税、法人事業税、法人住民税）を払う。

＊各項目で記した税率は2023年9月時点のもの、酒税は2023年10月以降のもの

税によって「納め方」と「納める先」が異なる

納め方には直接税と間接税があり、納める先は国（国税）と地方（地方税）があります。

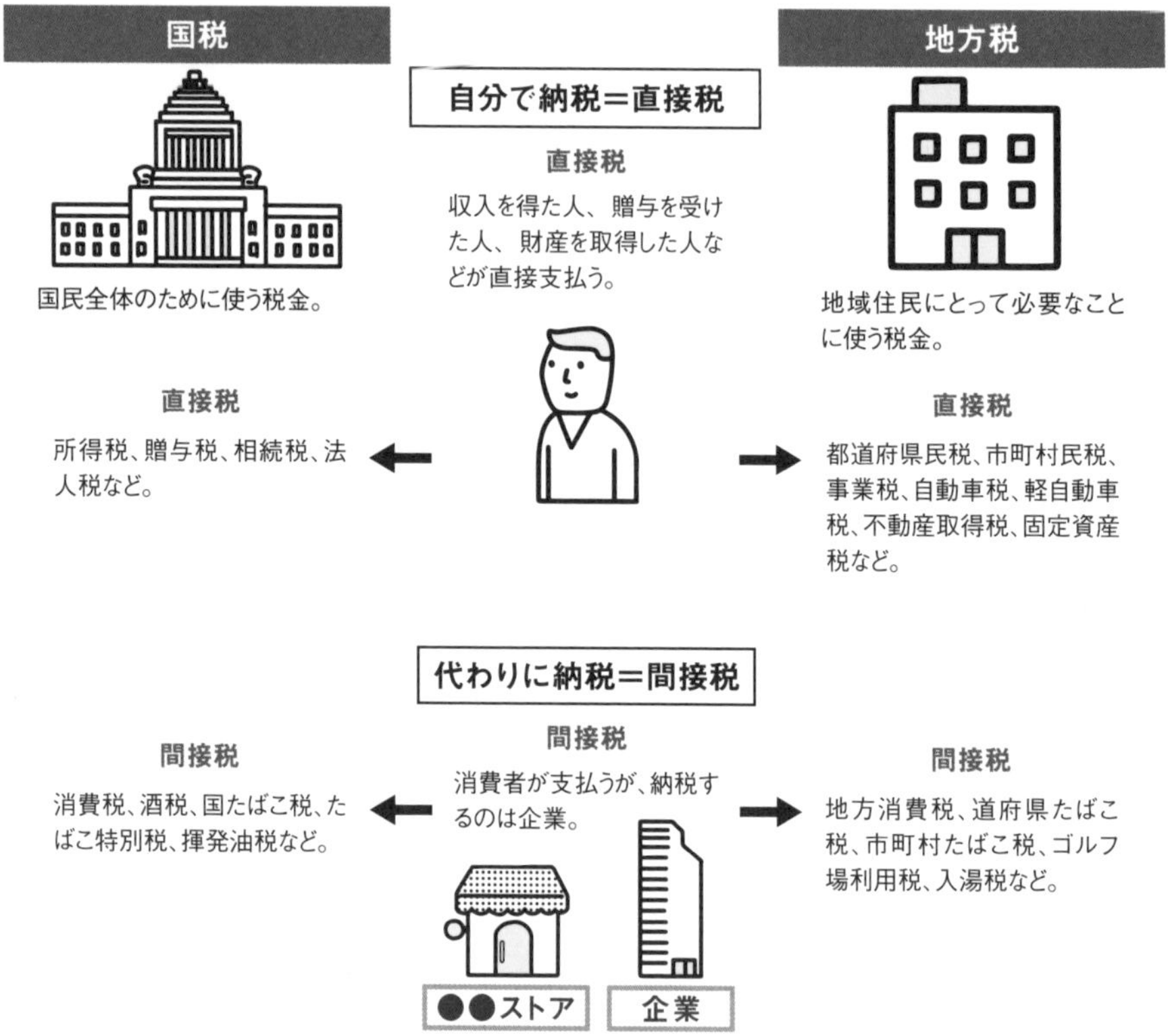

国税
地方税
自分で納税＝直接税
直接税
収入を得た人、贈与を受けた人、財産を取得した人などが直接支払う。
国民全体のために使う税金。
地域住民にとって必要なことに使う税金。
直接税
所得税、贈与税、相続税、法人税など。
直接税
都道府県民税、市町村民税、事業税、自動車税、軽自動車税、不動産取得税、固定資産税など。
代わりに納税＝間接税
間接税
消費者が支払うが、納税するのは企業。
間接税
消費税、酒税、国たばこ税、たばこ特別税、揮発油税など。
間接税
地方消費税、道府県たばこ税、市町村たばこ税、ゴルフ場利用税、入湯税など。
●●ストア
企業

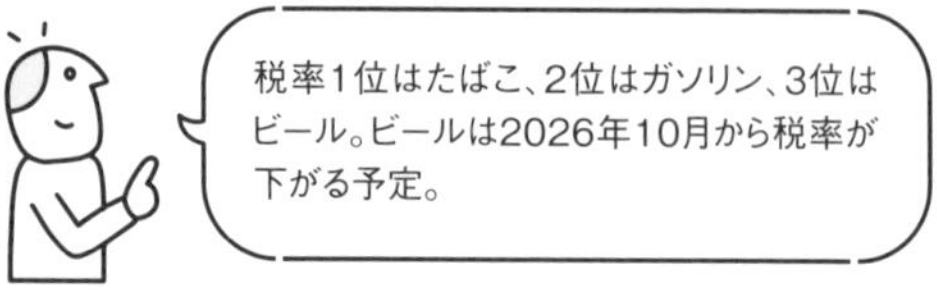

税率1位はたばこ、2位はガソリン、3位はビール。ビールは2026年10月から税率が下がる予定。

消費税を納める流れ

私たちに最も身近な消費税は間接税。店や会社は消費者から預かった消費税を国にまとめて納税します。

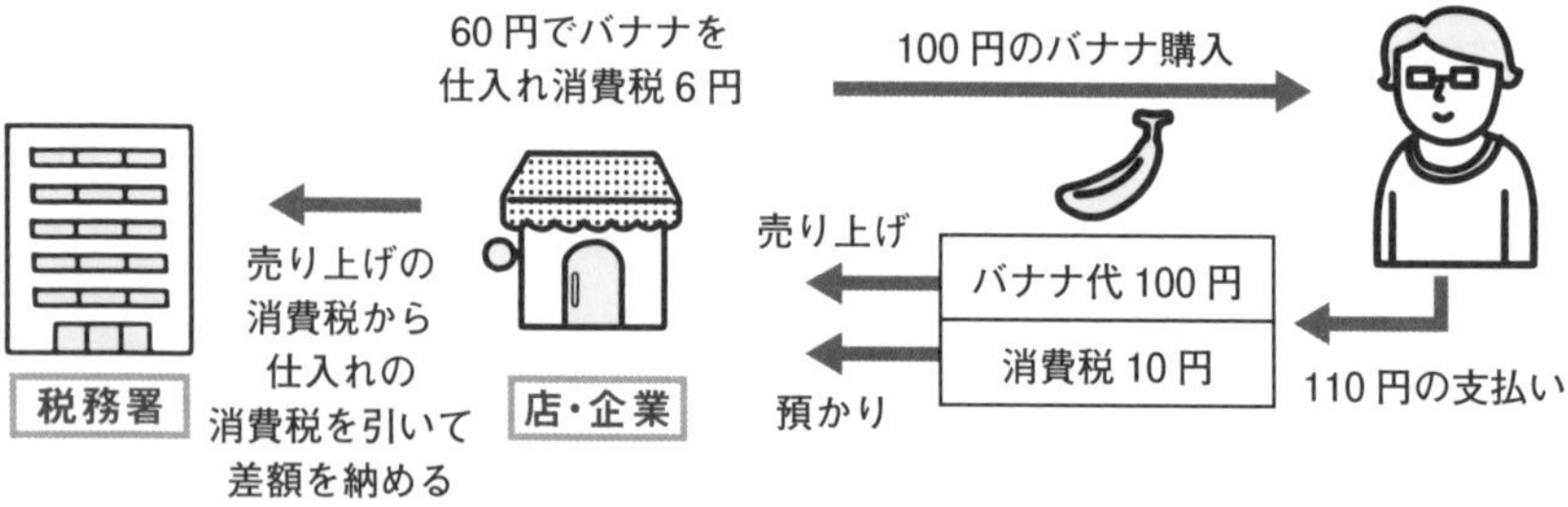

60円でバナナを仕入れ消費税6円
100円のバナナ購入
売り上げ
バナナ代 100円
消費税 10円
預かり
110円の支払い
売り上げの消費税から仕入れの消費税を引いて差額を納める
税務署
店・企業

収入には税金がかかる

収入にかかるのが所得税と住民税

働く人にとって最も身近な税金は、所得税と住民税です。会社員は給与から天引きされますが、個人事業主は自分で確定申告をして税額を確定します。

どちらも1月1日から12月31日までの1年間に所得があった人が対象です。**課税の対象になる「所得」とは、収入から、その収入を得るためにかかった経費を差し引いた額のこと。**仕事の収入だけではなく、預金についた利息、投資の利益、懸賞金、保険の満期金、副業の利益など、**お金が手に入ったら所得とみなされ**（所得の種類はP.73参照）、**所得税がかかります。**住民税は、所得税の申告をしていれば、別途申告をしなくても自動的に税額が決まり、翌年納めます。

所得があった人は所得税と住民税を納める

所得税は国に納め（国税）、住民税は都道府県や市区町村の自治体に納めます（地方税）。

所得税

課税所得が高くなれば、税率も高くなる累進課税という仕組み。例えば、課税所得が195万円以下なら税率は5%だが、195万円超330万円以下なら税率は10%（→P.71）。

納税

国

住民税

所得割と均等割を合算した税額を支払う。所得割とは課税所得に一律10%の税率を掛けたもの。均等割とは課税所得の多寡にかかわらず定額で課される税金（→P.71）。

納税

市区町村

●会社員と個人事業主の所得税・住民税の納め方

会社員

会社が所得税・住民税ともに、毎月の給料から天引きして、社員に代わって納める（源泉徴収）。

個人事業主

翌年3月15日までに所得税の確定申告と一括納付を行う。住民税は確定申告をもとに後日通知書が来るので、一括納付か分割納付かを選択して納める。

税金の基礎知識

所得税・住民税の税額の決まり方

課税所得×税率で税額が算出できる

税額計算の基本は、まず自分の課税所得を知ることです。所得税・住民税は、単純に1年間に得た収入に税率を掛けたものではありません。会社員ならば、収入に応じて決められた**給与所得控除**（ページ下Ⓐ）を差し引くことができます。個人事業主は使った経費を収入から差し引きます。さらに事情に応じて**さまざまな所得控除**（→P.83）**を行い、残った分が課税所得となります。税額はこの課税所得に税率を掛けて算出します。**

会社員は、勤務先からもらう「給与所得の源泉徴収票」（→P.76）で、収入や所得控除の内訳などを見てみましょう。個人事業主は確定申告書に自分で記載して税額を計算します。

収入、所得、課税所得とは

所得税・住民税の対象となるのは「課税所得」です。税額計算のための基本中の基本として、「収入」「所得」「課税所得」について知っておきましょう。

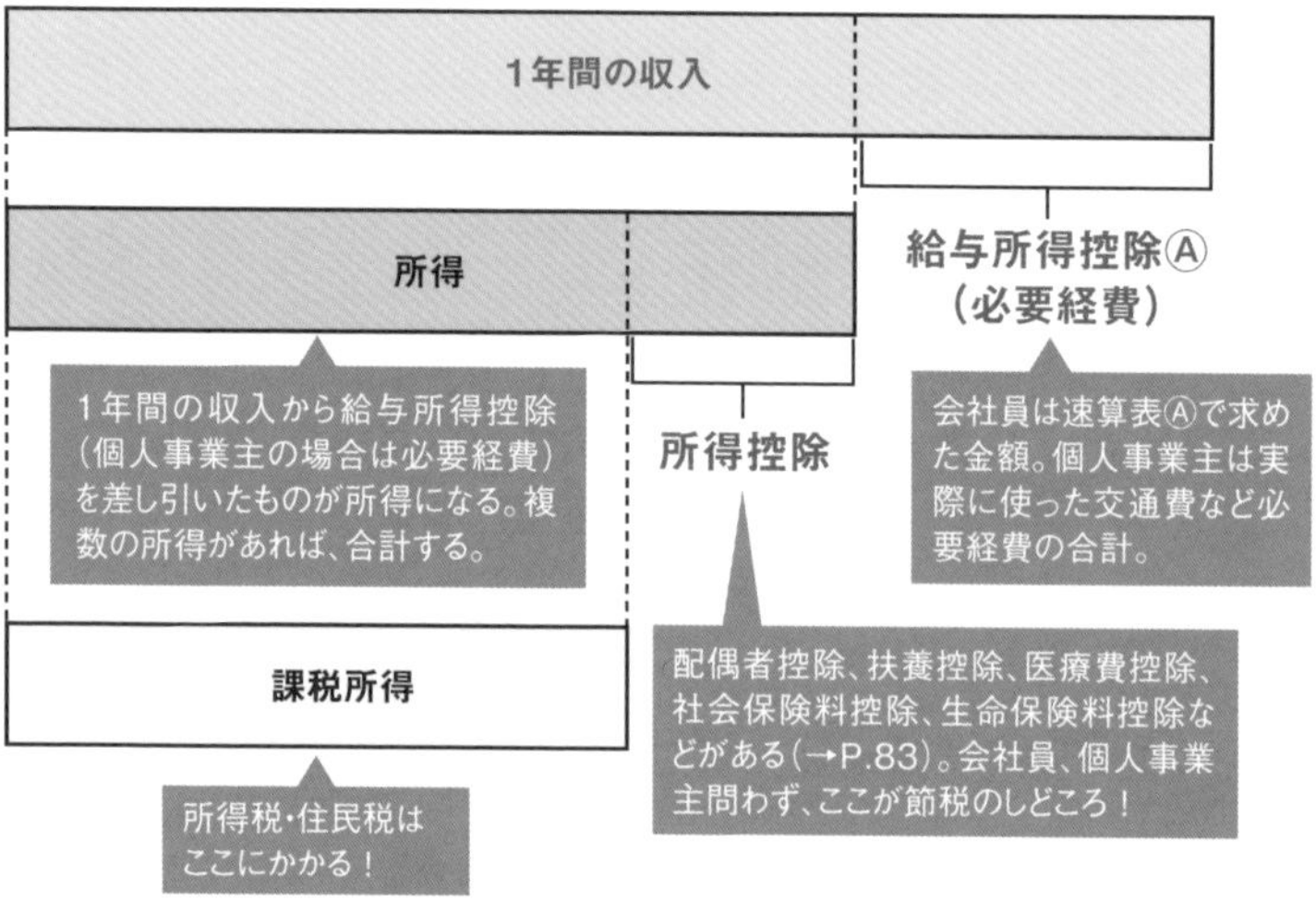
1年間の収入
所得
給与所得控除Ⓐ
（必要経費）
1年間の収入から給与所得控除（個人事業主の場合は必要経費）を差し引いたものが所得になる。複数の所得があれば、合計する。
所得控除
会社員は速算表Ⓐで求めた金額。個人事業主は実際に使った交通費など必要経費の合計。
課税所得
配偶者控除、扶養控除、医療費控除、社会保険料控除、生命保険料控除などがある（→P.83）。会社員、個人事業主問わず、ここが節税のしどころ！
所得税・住民税はここにかかる！

● 給与所得控除の速算表（令和2年分以降）―Ⓐ

給与収入金額	控除額
162万5000円以下	55万円
162万5000円超180万円以下	収入金額×40%－10万円
180万円超360万円以下	収入金額×30%＋8万円
360万円超660万円以下	収入金額×20%＋44万円
660万円超850万円以下	収入金額×10%＋110万円
850万円超	195万円（上限）

＊ 同一年分の給与所得の源泉徴収票が2枚以上ある場合は、それらの支払金額の合計額を上記の表に適用

給与所得控除とは、会社員の被服費などを経費とみなして計上するという考え方。

所得税は累進課税

課税所得が多いほど税率が高くなる仕組みが「累進課税」。例えば所得195万円以下なら税率は5%ですが、4000万円超では税率45%にもなります。

● 所得税の速算表（平成27年分以降）ーⒷ

課税所得金額	税率	控除額
195万円以下	5%	0円
195万円超330万円以下	10%	9万7500円
330万円超695万円以下	20%	42万7500円
695万円超900万円以下	23%	63万6000円
900万円超1800万円以下	33%	153万6000円
1800万円超4000万円以下	40%	279万6000円
4000万円超	45%	479万6000円

● 所得税の算出方法

課税所得額 × 税率 − 速算表Ⓑの控除額 ＝ 所得税額

＊住宅ローン控除がある場合などはここからさらに引ける

2037年末まで所得税額の2.1%の復興特別所得税が加算される。合計額は所得税額に1.021を掛けて算出する。

例えば課税所得300万円の人は、195万円以下までの部分は5%、195万円を超える部分は10%で計算し、それを合算して所得税額を求める。速算表Ⓑの控除額を用いれば課税所得金額に対する所得税額が簡単に計算できる。

住民税は所得割（定率）と均等割（定額）を合算

所得割とは、「道府県民税4%＋市町村民税6%＝10%」で、均等割とは、「道府県民税1500円＋市町村民税3500円＝5000円」。住民税はこの2つの額を合わせて税額が決まります。

課税所得額※1 × 所得割10% − 税額控除※2 ＋ 均等割5000円 ＝ 住民税額

※1 所得税と住民税では所得控除の金額が一部異なるため、課税所得額も異なってくる
※2 ふるさと納税の寄付金など

本来、均等割は道府県民税1000円、市町村民税3000円。しかし、2023年度まで復興財源として均等割にそれぞれ500円が加算される。

住民税の額は翌年の6月に受け取る「住民税決定通知書」に記載されている

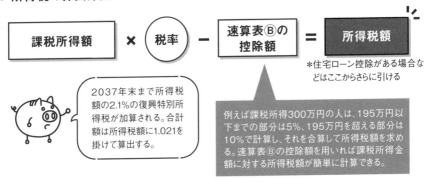

経済的に大変な人ほど税負担は軽くなる

納税者には富裕層もいれば低所得層もいます。また、ある程度の収入はあっても、家族が多くて生活費がかさむという人も。そこで、それぞれの事情に配慮した税負担の仕組みになっています。

同じ年収でも
家族構成の異なる家族の税額を比べると

子は小学生1人

所得税
15万8540円

年収600万円

子は小学生1人、中学生1人、高校生1人、大学生1人

所得税
7万7520円

*ともに夫は会社員、妻は専業主婦の場合
ほかの条件は考慮せず、あくまで概算の所得税額

なぜ？

事情によっての
所得控除がある→P.83

例えば扶養家族がいる場合、所得から一定額を差し引ける「扶養控除」がある。ほかにもいくつかの控除があり、控除額が増えると課税所得が減るので、税額も安くなる。

Point

税金は「公平の原則」「中立の原則」「簡素の原則」という三原則に基づいている。例えば「公平の原則」とは、経済力が同等の人には等しい負担を求め、経済力のある人にはより大きな負担を求めるというもの。

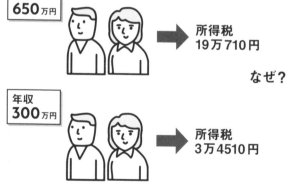

同じ家族構成でも
年収の異なる家族の税額を比べると

年収650万円

所得税
19万710円

年収300万円

所得税
3万4510円

*ともに夫は会社員、妻は専業主婦の場合
ほかの条件は考慮せず、あくまで概算の所得税額

なぜ？

所得に応じて
税率も高くなる→P.71

所得税は「累進課税」なので、所得の高い人は税負担が大きく、所得の低い人は税負担が軽くなる仕組みになっている。

住民税もいろいろな条件で税額が変わるよ。

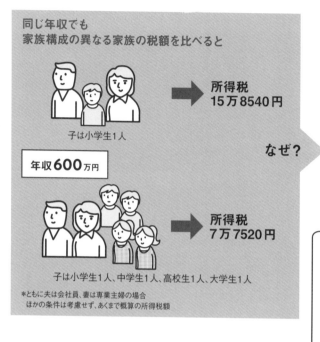

所得は10種類

収入が何から得られたものかによって、以下の10種類に分けて所得を計算します。

給与をもらった!

給与所得

勤務先からもらう給料、賞与など
収入金額－給与所得控除額

預金の利子が入った!

利子所得

預貯金や債券の利子
収入金額＝利子所得

個人事業の収入で生活している!

事業所得

小売業、農業、フリーランスの人などの収入
収入金額－必要経費

株式の配当金が入った!

配当所得

株式投資信託の分配金もこれ
収入金額＝配当所得

土地を貸した!

不動産所得

土地や建物を貸し付けるなどして得た収入
収入金額－必要経費

山林を売った!

山林所得

山林を伐採して売ったことなどによる所得
収入金額－必要経費－特別控除（最高50万円）

資産を売った!

譲渡所得

不動産、株式、株式投資信託、金地金、ゴルフ会員権など
収入金額－（取得費＋譲渡費用）

退職金が入った!

退職所得

勤務先からの一時払いの退職給付や確定拠出年金の一時金受け取りなど
（収入金額－退職所得控除）×$\frac{1}{2}$

公的年金や副業の原稿料が入った!

雑所得

公的年金、企業年金、生命保険の個人年金保険、または本業ではない人が受け取る原稿料など、ほかの9種類の所得に当てはまらない所得
収入金額－必要経費（公的年金等控除額）

生命保険の満期金が入った!

一時所得

生命保険の満期保険金（受取人と保険料負担者が同じ）、賞金、競馬の払戻金など
収入金額－そのために払った費用（生命保険なら払込保険料）－特別控除（最高50万円）

もっと知りたい Q&A

Q 税収とその内訳は?

A 私たちが納める所得税や消費税、企業が納める法人税などは国税、住民税や固定資産税などは地方税です。所得税は、国税の中の約3割を占め、同じく約3割の消費税と合わせると6割ほどになります。住民税が地方税に占める割合も約3割。私たちが日常的に納めている税金で社会がまわっています。

Chapter 3 納める

年末調整と確定申告

天引きで払った所得税を年末に精算する

各社員の事情を考慮して本来の税額を決定

会社では毎月、社員ごとに給料の額などから所得税を計算して天引きしています。そして12月になると、**1年間の給与総額をもとに税金をきちんと計算し直します。その際、社員それぞれの事情に応じた控除も行ってくれます。**これが年末調整です。

結婚や出産などで扶養家族の人数が変わったり、民間の保険に加入していたりするなら、会社から年末に配布される「扶養控除等（異動）申告書」「保険料控除申告書」等に記入して申告をしましょう。

年末調整の結果、通常は12月の給料で、払いすぎていた税金が戻ったり、足りない分が引かれたりします。

年末調整で税金が戻ることも

年末調整で所得控除が増えた場合、所得税が安くなり、払いすぎた分が還付されます。

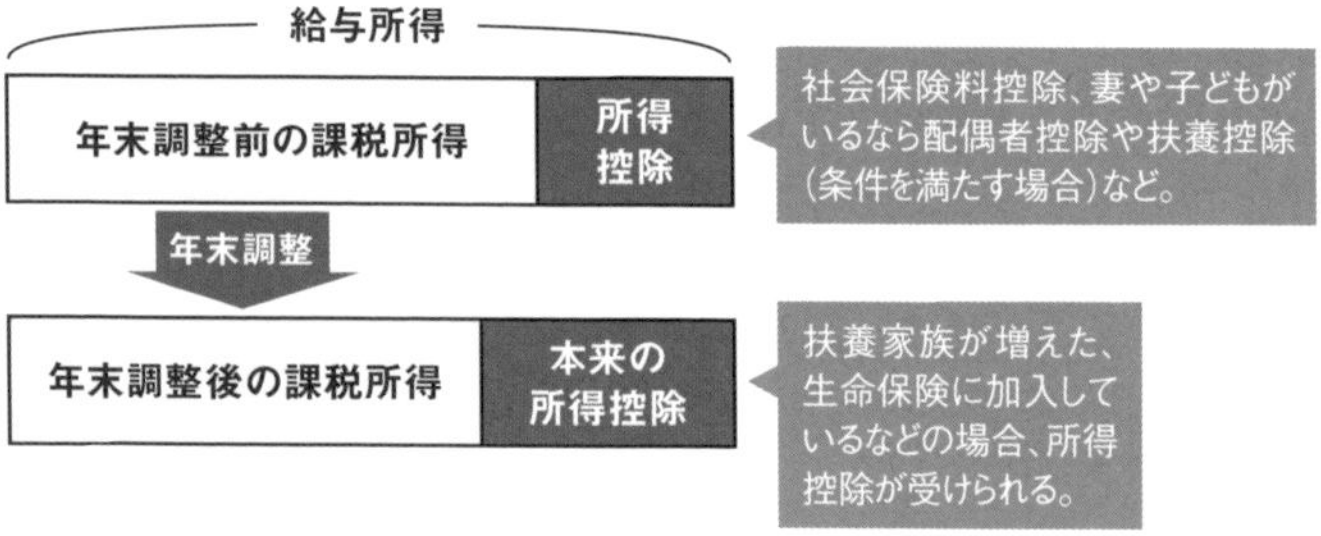
給与所得
年末調整前の課税所得
所得控除
社会保険料控除、妻や子どもがいるなら配偶者控除や扶養控除（条件を満たす場合）など。
年末調整
年末調整後の課税所得
本来の所得控除
扶養家族が増えた、生命保険に加入しているなどの場合、所得控除が受けられる。

還付

課税所得額が確定することで、本来の税額が確定する。1年間、天引きされた税額が本来の税額より多かった場合、その分が還付される

●年末調整の対象となる人

- 1月1日から12月31日まで1年間を通じて勤務している人
- 年の途中入社で12月31日まで勤務している人

＊年末に在職している契約社員、アルバイトも対象となる

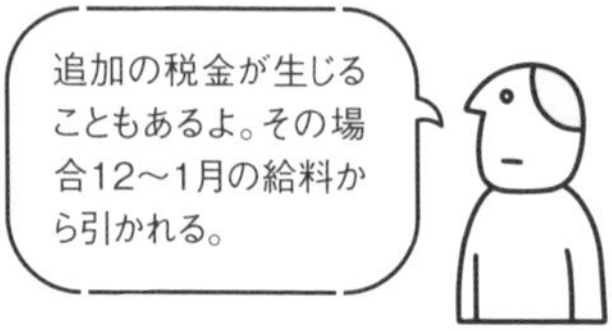
追加の税金が生じることもあるよ。その場合12〜1月の給料から引かれる。

扶養家族の増減や保険加入などを年末調整で申告

複数の書類があります。会社から配布されたら、自分が受けられる所得控除を記入して会社に申告します。民間の生命保険加入などをしても、申告をしなければ会社は把握できないので、忘れずに記入しましょう。所得控除が増えた分、税金が安くなります。

❶生命保険料控除

民間の生命保険料、介護医療保険料、個人年金保険料を払っていると控除の対象。

❷地震保険料控除

自宅用の火災保険に地震保険特約をつけて加入し、保険料を払っている人が記入する。

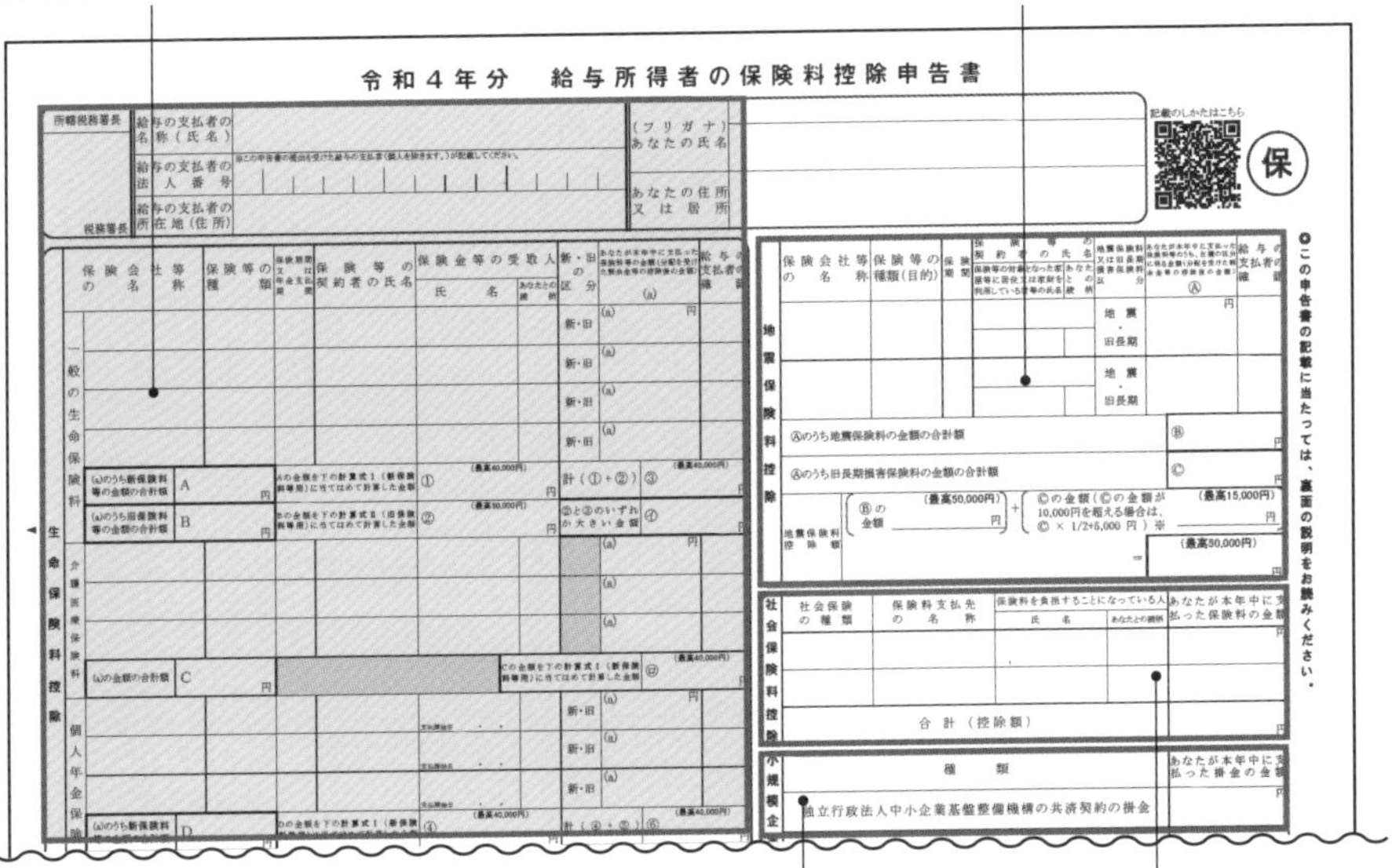

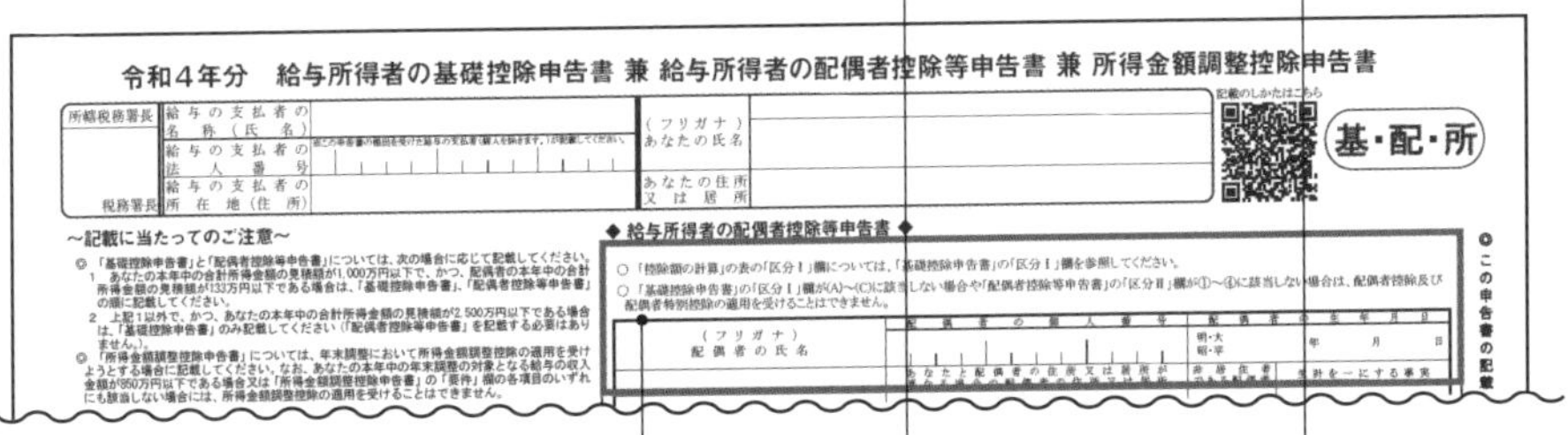

❸配偶者控除及び配偶者特別控除

本人の所得が1000万円以下、配偶者の所得が133万円以下などの要件を満たしている人が記入する。

❹社会保険料控除

給与天引き以外の社会保険料がある人、家族の社会保険料を自分が支払っている人が記入。限度額はなく支払った社会保険料の全額が所得控除される。

❺小規模企業共済等掛金控除

iDeCo(個人型確定拠出年金)に入っている人は忘れずに記入。ただし、掛け金が給与から天引きなら記入不要。

＊上記に加えて「扶養控除等（異動）申告書」「住宅借入金等特別控除申告書」がある

会社員の源泉徴収票でわかること

源泉徴収票で収入、所得控除、納税額がわかる

源泉徴収票は再就職の際や住宅ローンを組む際などに必要になるので、受け取ったら自分の年末調整の申告と食い違いがないかをしっかり確認しましょう。

❶本人の個人情報

1月1日時点の住所、マイナンバー（税務署提出用のみ）、役職名、氏名など個人情報が記載されている。

❸住宅ローン控除

住宅ローン控除は10～13年間受けられ、初年度は確定申告で行う。2年目からは年末調整で申告した内容が記載される。

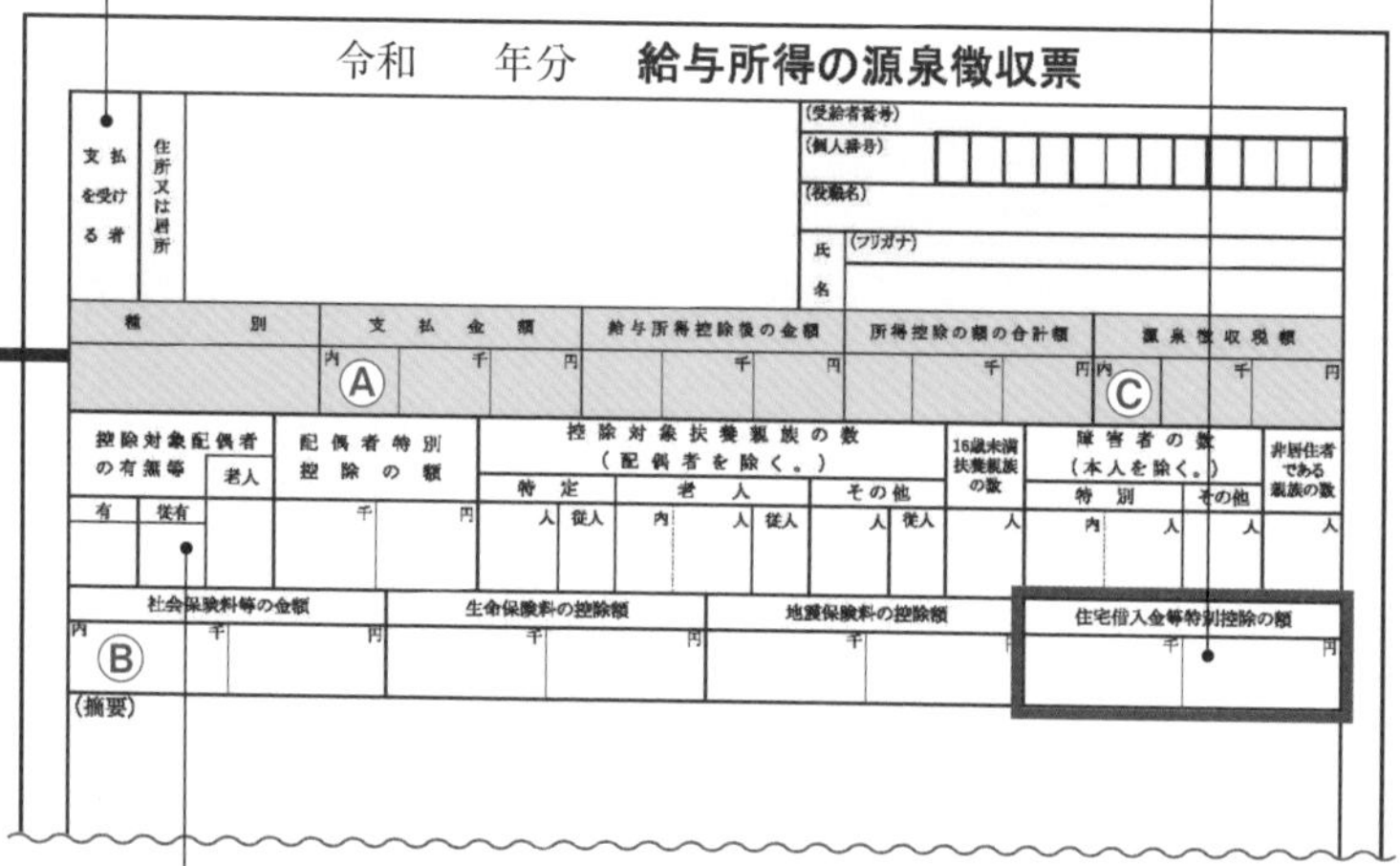
令和　　年分　給与所得の源泉徴収票
支払を受ける者
住所又は居所
（受給者番号）
（個人番号）
（役職名）
氏名
（フリガナ）
種別
支払金額
給与所得控除後の金額
所得控除の額の合計額
源泉徴収税額
内 Ⓐ 千 円
千 円
千 円
内 Ⓒ 千 円
控除対象配偶者の有無等
老人
有
従有
配偶者特別控除の額
控除対象扶養親族の数（配偶者を除く。）
特定
老人
その他
16歳未満扶養親族の数
障害者の数（本人を除く。）
特別
その他
非居住者である親族の数
社会保険料等の金額
内 Ⓑ 千 円
生命保険料の控除額
地震保険料の控除額
住宅借入金等特別控除の額
（摘要）

❷所得控除の内訳

「所得控除の額の合計額」の根拠となる内訳が、主に「家族」「社会保険料」「生命・地震保険料」の3パートで記載されている。年末調整の申告通りになっているか、要チェック。

源泉徴収票で所得税額、控除内容を確認

源泉徴収は、会社など支払う側が税金を天引きして、個人に代わり納税する制度。**源泉徴収票は、会社が本来の納税者である社員に、その納税の内容を知らせるものです。**

源泉徴収票を見れば、**自分の税込みの年収Ⓐ、会社を通して支払った所得税額Ⓒを確認できます。**税込み年収Ⓐから社会保険料控除Ⓑ、源泉徴収税額Ⓒを引き、住民税（毎月の給与明細及び住民税決定通知書に記載）を1年分引くと、手取り収入がわかります。

年収Ⓐは住宅ローンを組む際などに必要になるから知っておこう。

所得控除額と源泉徴収税額を要チェック！

源泉徴収票で特に確認すべき記載欄は、所得控除額と源泉徴収税額です。会社であっても間違えることはあります。面倒がらずに自分でも確認してみることをおすすめします。

種別	支払金額	給与所得控除後の金額	所得控除の額の合計額	源泉徴収税額
	内　千　円	千　円	千　円	内　千　円

支払金額
1年間に会社が支払った給料や賞与の合計額。いわゆる税込みの年収。

給与所得控除後の金額
年収から給与所得控除（→P.70）を引いた金額。

所得控除の額の合計額
社会保険料、扶養家族や加入した生命保険などの所得控除を合計した金額。

源泉徴収税額
給与天引きにより1年間に納めた所得税の合計額。

職種によっては個人事業主も所得税を源泉徴収される

「支払調書」には、取引先が税務署に報告した支払金額と源泉徴収税額が記載されています。

令和　年分　報酬、料金、契約金及び賞金の支払調書

支払を受ける者	住所（居所）又は所在地				
	氏名又は名称		個人番号又は法人番号		
区分	細目	支払金額		源泉徴収税額	
		内　千　円		内　千　円	
（摘要）					
支払者	住所（居所）又は所在地				
	氏名又は名称	（電話）	個人番号又は法人番号		
整理欄	①		②		

○「個人番号又は法人番号」欄に個人番号（12桁）を記載する場合には、右詰で記載します。

309

ここに1年間に支払われた金額と源泉徴収税額が記載される。

スポーツ選手・芸能人などへの報酬、原稿料などからは、所得税が源泉徴収される。通常、翌年の1～2月に源泉徴収額を記した支払調書が送られてくるが、送付されない場合は取引先に問い合わせる。支払調書の内容などをもとに、自分で確定申告を行って所得税額を確定。

＊ 副業の収入から源泉徴収された場合は、確定申告すれば一部が戻るケースもある

もっと知りたい Q&A

Q 源泉徴収票に誤りがあった、申告もれに気づいたときは？

A 会社側のミスの場合には、年末調整が終了するまでなら会社に報告すれば修正が可能です。ただし、会社が源泉徴収票をすでに税務署に提出済みであったり、年末調整時の自分の申告ミスであったりするなら、会社では修正してくれません。その場合は、誤っていた源泉徴収票を添えて自分で確定申告（→P.78）をする必要があります。

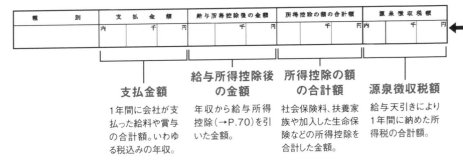

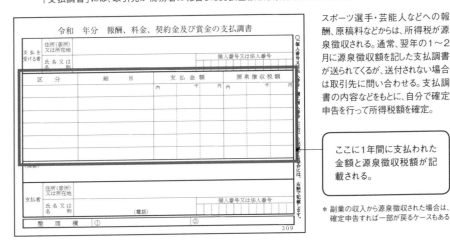

年末調整と確定申告

確定申告の仕組みと方法

確定申告で税額を確定する

確定申告とは、1年間の所得を申告して**納付すべき税額を確定する手続き**です。会社員は勤務先で年末調整をするので、通常は確定申告の必要はありません。ただし、年末調整では対象とならない控除があります。

代表的なのが最初の年の住宅ローン控除。2年目以降は年末調整でできますが、1年目は確定申告が必要です。税金が還付されるので忘れずに。**医療費が高額になった人、退職して年末調整できなかった人**なども、確定申告により税金が戻る可能性があります。**自宅を売って利益や損失が出た人**も、確定申告により特例が受けられ税金が安くなったりします。

こんな場合は確定申告を

年末調整ではできない控除を受けたい人は、税金の還付を受けられる可能性が高いので確定申告をしましょう。また、一定の条件に当てはまる人は、会社員であっても確定申告をする義務があります。

確定申告をするとお得な主な例

- □ 自宅を住宅ローンで買った
- □ 退職して再就職しなかった
- □ 高額な医療費がかかった
- □ 災害や盗難の被害に遭った
- □ 寄付をした

確定申告をしなければならない人

- □ 給与が年間2000万円を超えている
- □ 副業の所得が年間20万円超ある
- □ 贈与を受けた
- □ 不動産所得がある
- □ 兼業農家である

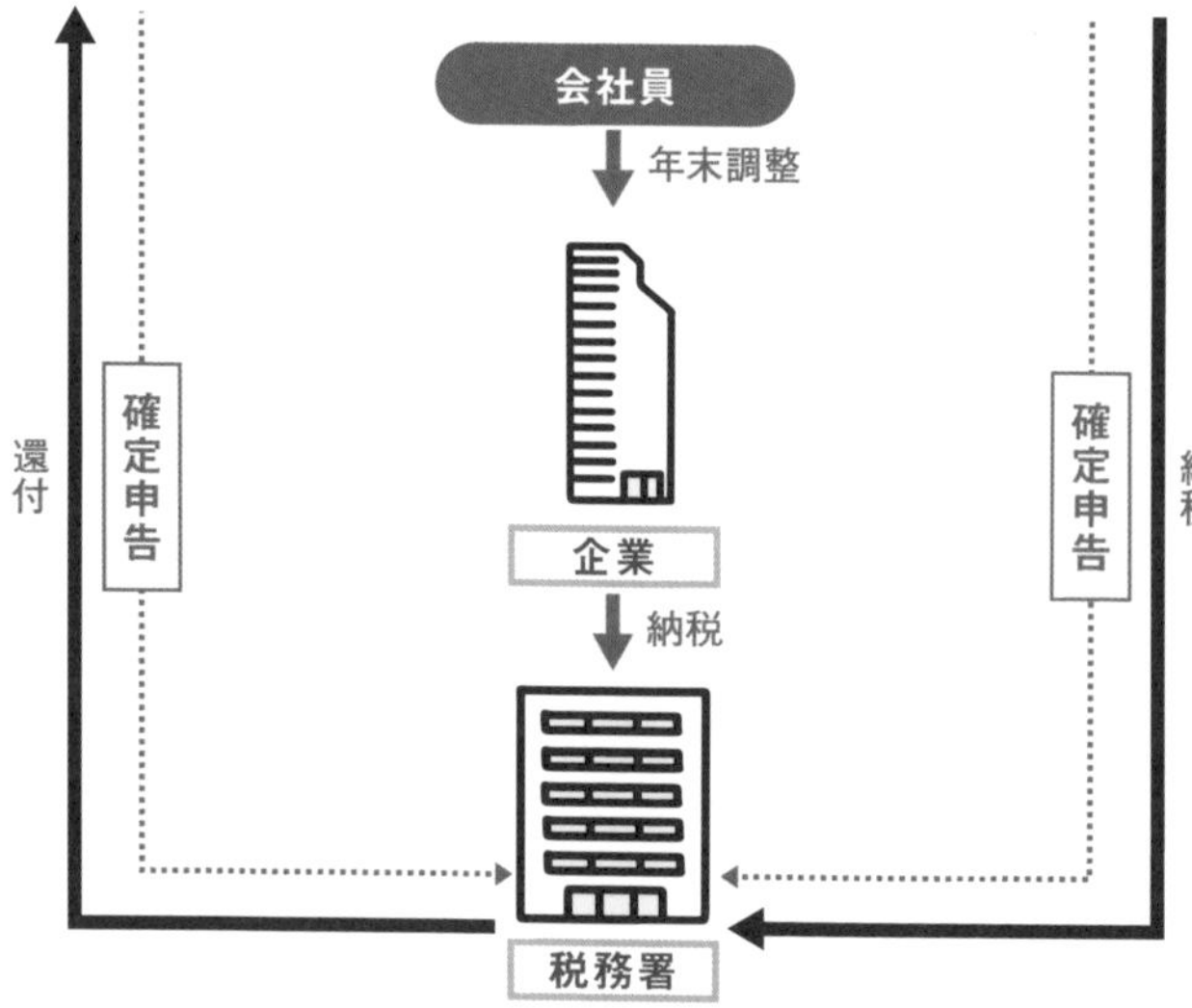

確定申告のスケジュール

確定申告は前年1年間の分を2月16日から3月15日までに行います。所得や控除を集計して確定申告書を作成しましょう。所得税の納付期限も3月15日までです。

前年1月1日～前年12月31日	今年2月16日～3月15日	3月～5月
所得の課税対象期間	確定申告期間	還付時期
確定申告の対象となる所得は前年の1年間の所得。	所得税の納付期限も確定申告の期限と同じ3月15日。	税金の払いすぎが生じていた場合、その分が5月頃までに戻ってくる。

＊その年の曜日により日程がずれる場合あり

個人事業主の確定申告には2つの方法がある

確定申告の方法は白色申告と青色申告があります。青色申告には税制上の優遇がありますが、事前に個人事業の開業届出書を提出し、所得税の青色申告承認申請の手続きが必要です。

白色申告

家計簿程度の帳簿でいいから楽

メリット

- 事前申請は不要
- 期限後も申請可

デメリット

- 特別控除などの優遇なし

青色申告

会社員でも不動産所得がある場合は、青色申告を利用できる。

帳簿は簡易簿記でOK!

メリット

- 特別控除10万円
- 赤字を3年間繰り越せる
- 親族への給与を経費にできる
- 期限後も申告可

デメリット

- 事前申請が必要

帳簿は複式簿記

メリット

- 特別控除55万円（電子申告の場合は65万円）
- 赤字を3年間繰り越せる
- 親族への給与を経費にできる

デメリット

- 事前申請が必要
- 申告期限厳守

個人事業主はお得な青色申告でも納税できる

会社員とは異なり、個人事業主は毎年、自分で確定申告を行うことで所得税額が決まります。1年間の売上から経費を引いて事業所得を出し、さらに自分に当てはまる所得控除（→P.83）を引いて課税所得を出します。これに税率を掛けた金額が税額です。

申告の方法は青色申告と白色申告の2種類です。 税金を安くしたいなら青色申告がおすすめですが、きちんと帳簿付けをしなければなりません。それでも10万円または55万円（65万円）の特別控除を受けられるので、その分、税金が安くなります。

また、**青色申告は赤字を翌年以降に繰り越せるので、翌年以降の利益と相殺することができ、税金が安くなるなどの利点があります。** 青色申告には事前申請が必要で、申請しなければ、白色申告の扱いになります。

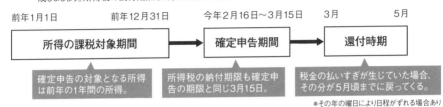

確定申告をしよう

個人事業主は毎年、確定申告が必要です。会社員は家を売った年や贈与を受けた年などの所得は確定申告が必要です。また、義務ではありませんが申告をすることで税金が安くなる控除もあります。

Step 1 **確定申告書を準備する**

確定申告書は国税庁のサイトからダウンロードできます。e-Tax（国税電子申告・納税システム）や会計ソフトを利用する場合は、申告書を準備する必要はありません。

Step 2 **申告書を作成する**

国税庁のサイトから「所得税及び復興特別所得税の確定申告の手引き」をダウンロードして、その手引きに沿って申告書を作成します。左ページの確定申告書は、「会社員が医療費控除を受ける場合」の記入例です。参考にしてください。

● 国税庁の「確定申告書等作成コーナー」でも作成できる

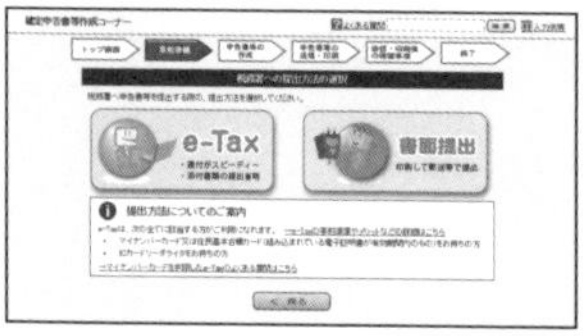
e-Tax
書面提出

国税庁のサイトの中に、確定申告書等作成コーナーがあり、案内に従って入力していくだけで申告書をつくることができる。印刷して郵送のほか、e-Tax（国税電子申告・納税システム）も利用できる。

市販の会計ソフトでも、確定申告書を作成できるものがあるよ。自動的に税額などが計算されるので便利。

Step 3 **申告書を提出する**

申告書は住んでいる地域の税務署に提出します。インターネットを利用して提出する方法もあります。

窓口で提出

確定申告シーズンには税務署に相談コーナーが開設されるので、初めて確定申告をする人にはおすすめ。

郵送で提出

郵送でも提出できる。控えが欲しい場合は、返信用の封筒を同封しておく。

WEBサイトから提出

e-Taxで電子申告する場合、医療費の領収書などは、その記載内容（病院の名称、支払金額など）を医療費集計フォームに入力して送信可能。スマホでマイナンバーカードを読みとるなどして行う。

＼ 知らないと損する ／
お得情報

医療費控除の垣根が下がった！

2017年からセルフメディケーション税制（医療費控除の特例。2026年まで）が創設され、健康診断などを受けたうえで特定の市販薬を購入した場合、年間1万2000円を超える部分を所得から控除できるようになりました。ただし、従来の医療費控除との併用は不可です。

もっと知りたい **Q&A**

Q 住宅ローン控除を申告するとどれぐらい節税になる？

A 年末のローン残高の0.7%が所得税から減額されます。例えば、ローン残高が1000万円なら所得税が7万円安くなります。通常の所得控除（→P.83）は所得から引きますが、住宅ローン控除は所得税額から直接引くことができるので、効果が大きいのが特徴です。

●確定申告書の記入例（会社員が医療費控除を受ける場合）

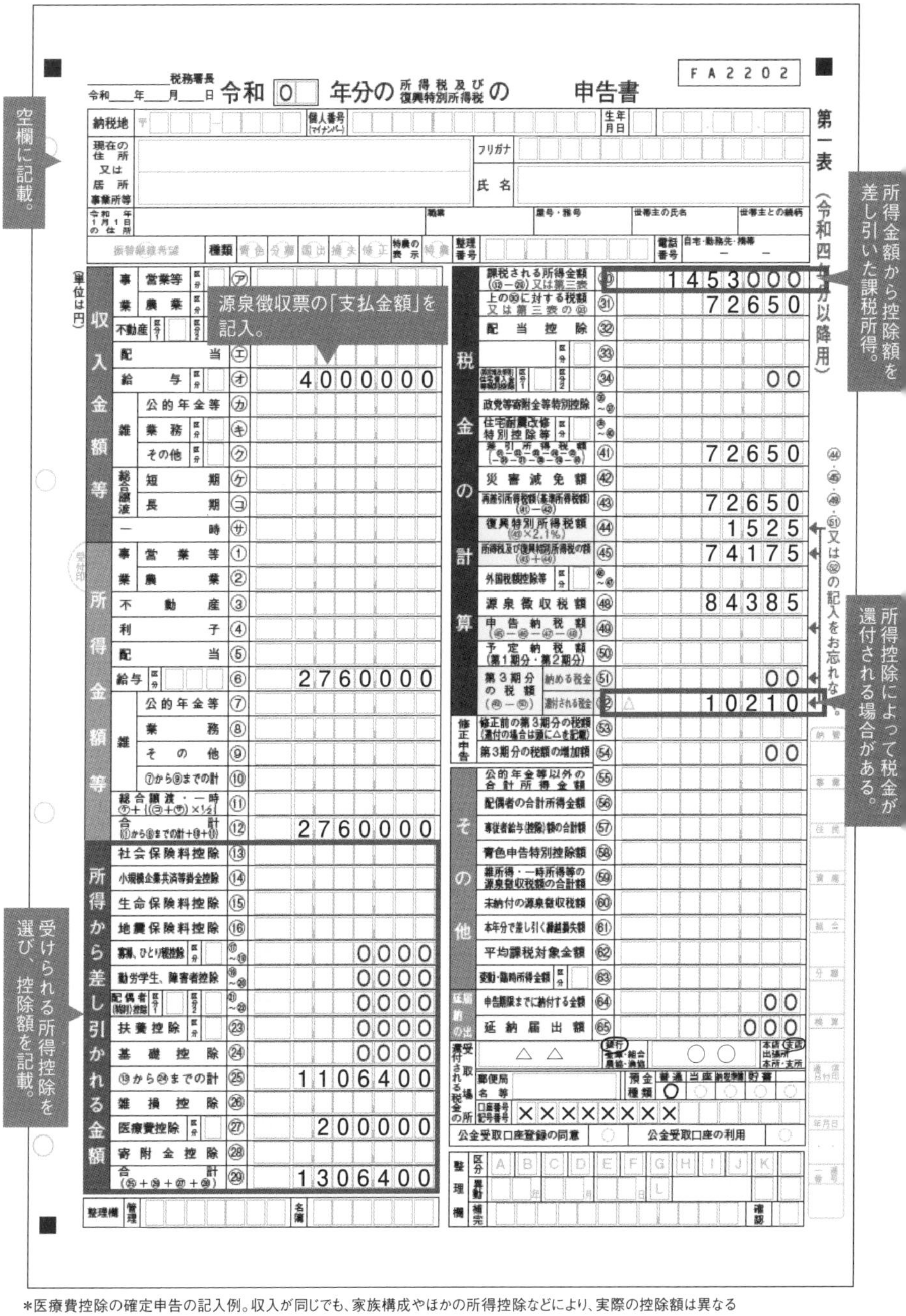

＊医療費控除の確定申告の記入例。収入が同じでも、家族構成やほかの所得控除などにより、実際の控除額は異なる

Chapter 3 納める

税金を抑えるためのコツ

課税所得を減らして節税する

控除によって課税所得を下げれば節税できる

自分や家族のために少しでも多くお金を手元に残すことを目的に、税法が認める範囲内で税額を低く抑えようというのが節税です。誰でも自分に当てはまる控除を申告することができ、それによって税金を最小限に抑えられます。

所得税は、その年の事情に応じた控除（左ページ参照）を所得から引いて出した「課税所得」に、税率を掛けて決まります。そこで、**課税所得を低くすることが、節税の基本です。**

会社員は年末調整でできる控除と、自分で確定申告する控除があります。個人事業主は、すべて確定申告で申告します。どんな控除があるかを知り、忘れずに申告しましょう。

注目の節税方法

● ふるさと納税

ふるさと納税とは地方自治体への寄附金のことで、寄付を行うと、お礼としてその地域の特産品などが送られてくる。さらに、寄付金額のうちの2000円を超える部分が所得税・住民税から控除される（年間上限あり）。

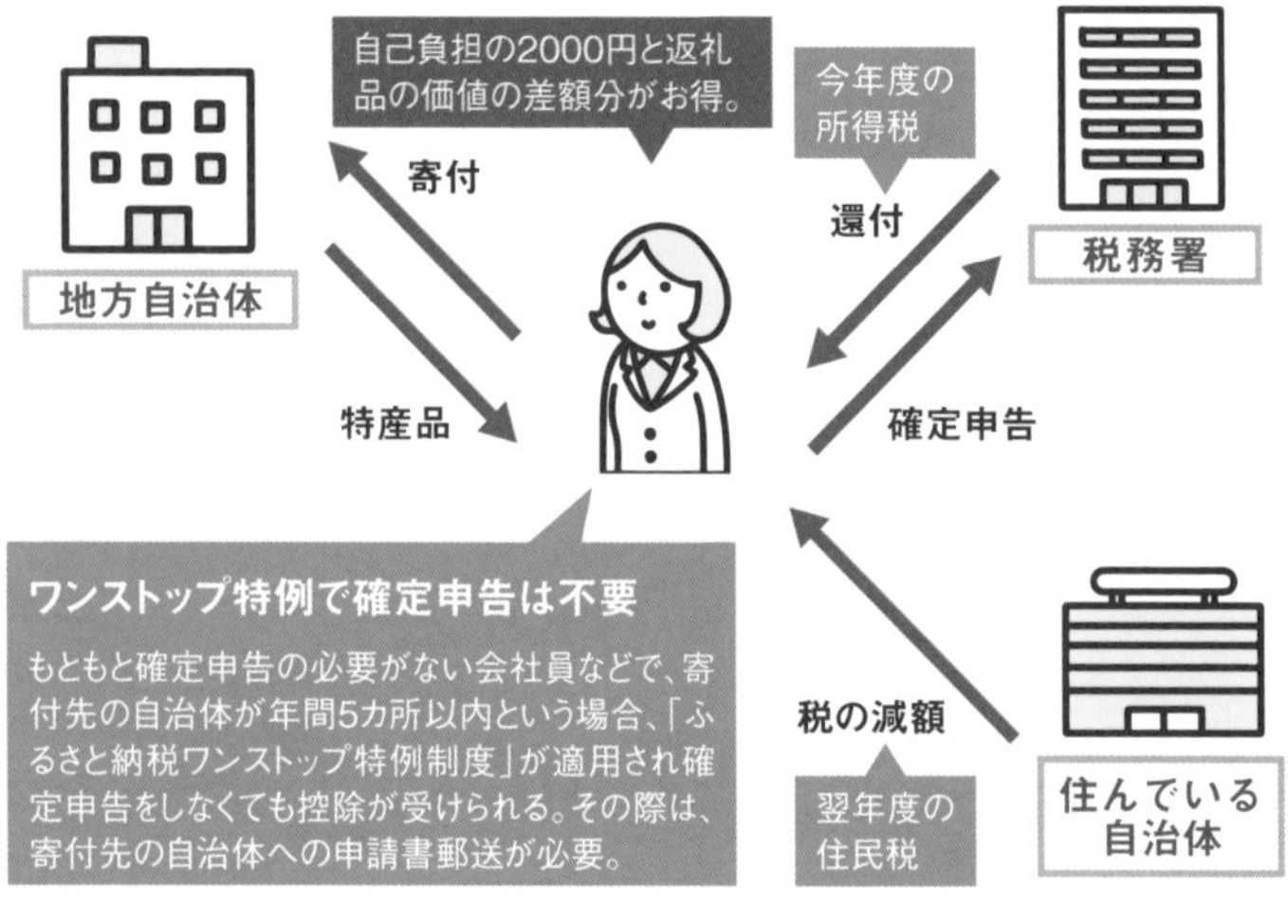

自己負担の2000円と返礼品の価値の差額分がお得。
寄付
特産品
地方自治体
今年度の所得税
還付
税務署
確定申告
税の減額
翌年度の住民税
住んでいる自治体

ワンストップ特例で確定申告は不要

もともと確定申告の必要がない会社員などで、寄付先の自治体が年間5カ所以内という場合、「ふるさと納税ワンストップ特例制度」が適用され確定申告をしなくても控除が受けられる。その際は、寄付先の自治体への申請書郵送が必要。

● iDeCo（個人型確定拠出年金）

掛け金の全額を所得控除できるので、節税に有効。会社員でiDeCoに加入している場合、年末調整時に書類に記載し証明書を添付すれば確定申告をする必要はない。

老後資金の準備に使えるiDeCoは、会社員、公務員、個人事業主、主婦などさまざまな人が加入できるよ（→P.236）。

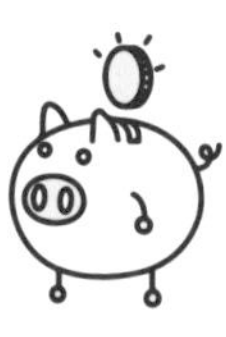

節税のための所得控除の種類

会社員の場合、★は会社で年末調整すれば、節税できます。

災害に遭った

雑損控除

住宅や家財に損害を受け、加入する保険から保険金をもらってもなお損失があるときは、一定額を控除できる。

社会保険料を払った

社会保険料控除 ★

健康保険料、年金保険料などの社会保険料は、全額を控除できる。給与天引き以外での支払いは年末調整や確定申告で控除できる。

地震保険料を払った

地震保険料控除 ★

地震保険に加入しているなら、最高5万円を控除できる。

寄付をした

寄附金控除

特定の団体への寄付が対象。「総所得金額等の40%」または「その年の寄付の合計額」のどちらか低いほうから2000円を引いた額を控除。

夫に先立たれた、もしくは離婚した

寡婦控除 ★

所得など一定の条件を満たせば27万円または35万円を控除できる。

一定の収入の配偶者がいる

配偶者特別控除 ★

配偶者の所得が48万円を超え133万円以下なら最高38万円を控除できる。

たくさん医療費を使った

医療費控除

本人と家族の分を合計して1年で10
円以上の医療費がかかったら、10万
を超える分を控除できる。

生命保険料を払った

生命保険料控除

一般の生命保険、介護医療保険、個
年金保険について、それぞれ最高4万
5万円、合計で最高12万円まで控除
きる。

扶養親族がいる

扶養控除

所得が一定額以下の親族を扶養して
ると控除できる。年齢や同居しているか
うかで控除額が異なり、一般の扶養親
は38万円、19歳以上23歳未満であれ
63万円など。

家族に障害者がいる

障害者控除

本人や家族に障害者がいると27万
（特別障害者は40万円、同居特別障
者は75万円）を控除。

ひとりで育てている

ひとり親控除

婚姻していないひとり親で、合計所得金
が500万円以下、同居する子どもがいる
35万円を控除できる。

配偶者がいる

配偶者控除

配偶者の所得が48万円以下なら、原則
して最高38万円（配偶者が70歳以上な
最高48万円）を控除できる。

働きながら学校に通っている

勤労学生控除 ★

所得が75万円以下で、学生・生徒なら27万円を控除できる。

働いていて収入がある

基礎控除

一般的な収入の納税者は48万円の基礎控除を一律に受けられる。

小規模企業共済等の掛け金を支払った

小規模企業共済等掛金控除

小規模企業共済やiDeC
（個人型確定拠出年金）
加入していれば、掛け金
全額を控除できる。

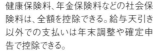

実際どうなの!?
お金のリアル事情

節税したはずなのに税金が戻らず申告をやり直し

山本健太郎さん（仮名）	46歳　福岡県

山本さんは節税マニアです。節税に関連するWEBの記事やSNSの投稿を、ついつい読んでしまいます。節税のために、所得控除を受けられる生命保険や地震保険に加入し、住宅ローン控除を受け、iDeCo（個人型確定拠出年金）、ふるさと納税※を行っています。

今年も勤務先から住民税決定通知書を受け取り、ふるさと納税で住民税が安くなっていることを確認しようと見てみると……。寄附金税額控除の欄に数字が入っていません。「えっ？ なんで？ 」。驚いた山本さんは、最寄りの税務署に電話をして問い合わせました。

すると、「もしかして確定申告をしましたか？　その場合は、ふるさと納税の寄附金控除も確定申告で行う必要があったんです」との回答。昨年は、子どもの不正咬合の歯列矯正を行い、妻が体調を崩して入院するなど医療費がかさみ、医療費控除のために確定申告をしました。しかし、会社員の山本さんは、ふるさと納税はワンストップ特例で申請しているから確定申告書に記載する必要はないと思い込んでいました。

「更正の請求により寄附金控除の適用を受けられますよ」とのアドバイスに胸をなでおろし、さっそく手続きを行いました。

※ふるさと納税をすると、寄付金額に応じて、所得税と住民税が戻る。ただし、寄付をしているので、自己負担の2000円で返戻品を買ったのと同じことになる。自己負担分を除き全額控除されるふるさと納税額は、家族構成や所得により限度がある（→P.82）。

Chapter

4

貯める

やみくもに貯金して
今の生活を味気ないものにするのも、
無計画に使って後悔するのもNG。
賢く貯めましょう。

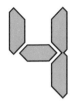

増やす以前の基礎知識
お金を貯めるのは何のため？

予期せぬ事態や将来に備える貯蓄も家計のうち

まだ若く、元気で働いていて、毎月給料が入ってくれれば、日常生活ではそれほど貯金の必要性を感じないかもしれません。しかし、突然のケガや病気で働けなくなり、給料をもらえなくなったらどうでしょうか？ある程度のお金を持っていないと困ります。

また人生には、結婚、出産、子どもの進学、住宅購入など大きな支出が必要なライフイベントがあります。そのとき自分の希望を実現するには、やはりお金が必要です。

貯蓄は、自分が納得できるライフプランを実現するために欠かせません。貯蓄の必要性を知り、計画的にお金を貯めていくことが大事です。

お金を貯める3つの目的

日々の暮らしでお金を全部使い切ってしまったら、大事な場面でお金が足りなくなります！

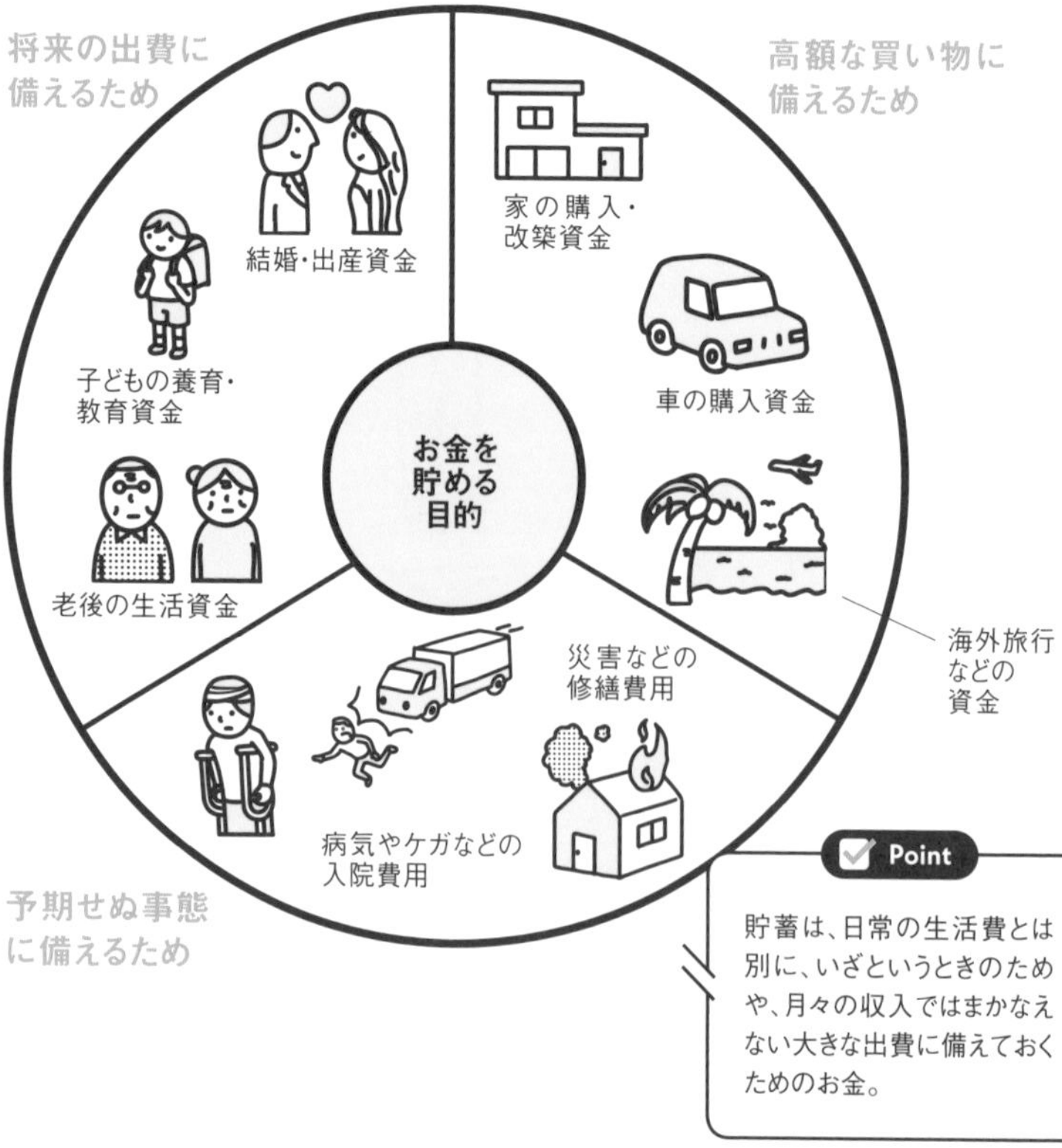
将来の出費に備えるため
結婚・出産資金
子どもの養育・教育資金
老後の生活資金
高額な買い物に備えるため
家の購入・改築資金
車の購入資金
海外旅行などの資金
お金を貯める目的
予期せぬ事態に備えるため
災害などの修繕費用
病気やケガなどの入院費用

Point

貯蓄は、日常の生活費とは別に、いざというときのためや、月々の収入ではまかなえない大きな出費に備えておくためのお金。

年齢別に見る貯蓄額

年代ごとに収入とお金の使いどころが変わるので貯蓄額にも差が出ます。

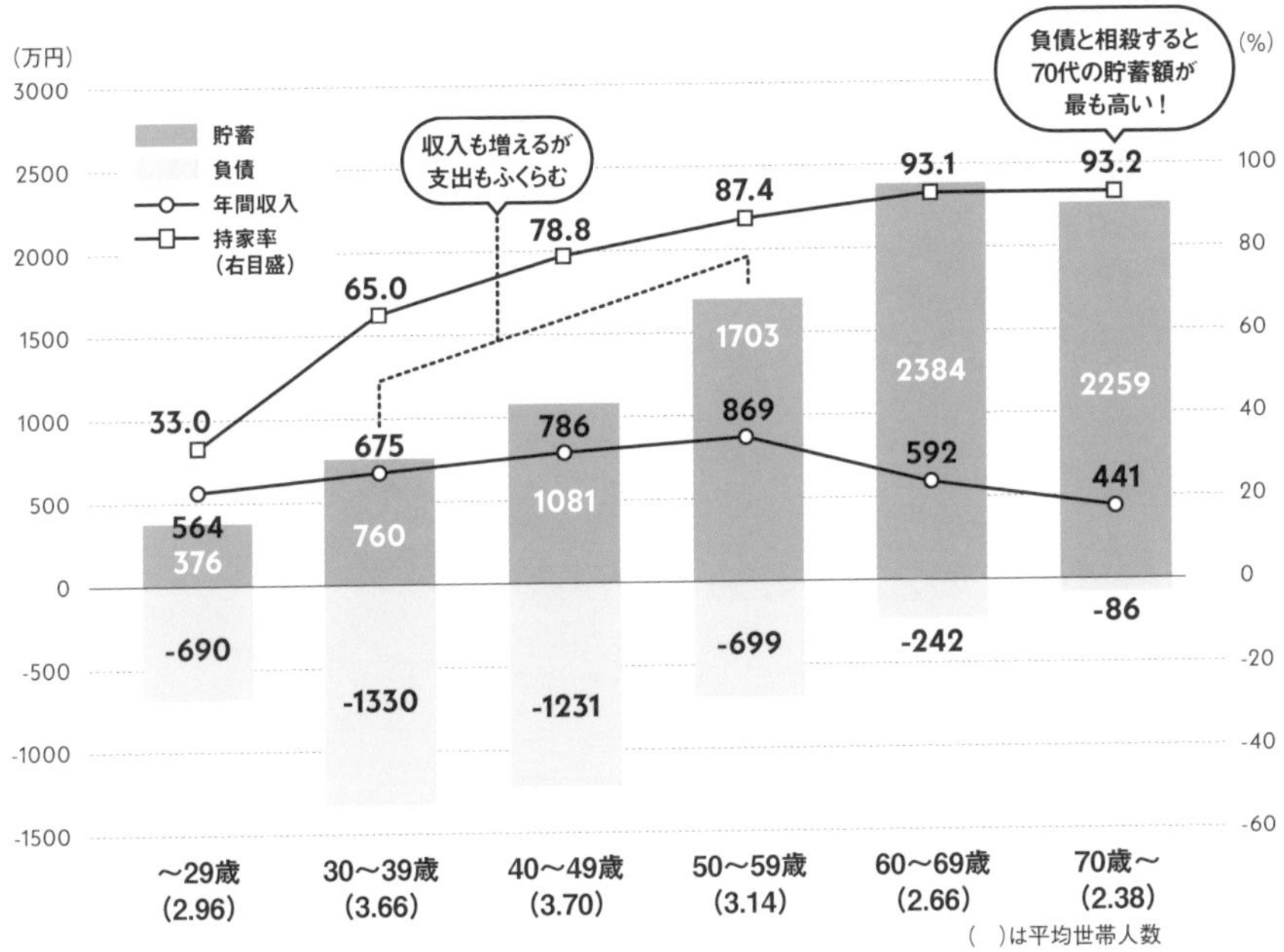

出典：総務省「家計調査:貯蓄・負債編（二人以上の世帯）」（令和2年）、内閣府「令和4年版高齢社会白書」

*グラフの貯蓄額はあくまで平均値

❶ 20代

20代は仕事を始めたばかりでまだ貯蓄は少ないが、結婚や住宅取得のための貯蓄も必要となってくる。

❷ 30～50代

順調にいけば30代、40代、50代と収入は増えるが、高額な支出がふくらむ。例えば、

- 出産
- 教育費
- 住宅購入費　など

負債額の多くは住宅ローンとみられる。

❸ 60代～

60代以降、平均貯蓄額が増える。その理由は、

- 住宅ローンを完済し、子育ても終えたため
- 退職金をもらえる人がいるため

など

しかし、仕事を引退後は、年金で生活費をまかなえないなら貯蓄を切り崩していくことになる。

年代を問わず全世帯で見たときの平均貯蓄額は、2000万円以上の世帯が3割ほどある一方、100万円以下の世帯も1割ほどある。両極に山がある分布となっているよ。

Chapter 4

貯める

増やす以前の基礎知識

いくら貯めればよいか？

平均して手取りの2割を目標にコツコツ貯める

お金を一度に貯めることは難しいので、コツコツと貯めていきます。では、収入のうちどれくらいを貯蓄にまわせばいいのでしょうか？

2022年度の総務省の家計調査では、2人以上の勤労世帯における貯蓄率の平均はコロナ禍による外出の減少もあり33・6％。まず、**手取り年収の2割を目安に貯蓄を。現役時代の大きな支出のために1割、老後資金に1割です。貯まり具合を見ながら支出を考えます。**住宅の頭金や子どもの教育費などは貯めたお金から払い、**老後資金も同時に貯めていきます。**長い人生には貯めやすい時期とそうでない時期があります。平均で2割を目指しましょう。

手取り収入の2割を貯めるのが理想的

実際にやってみると大変かもしれませんが、夫婦共働きなら、2人合わせた手取りの2割を貯蓄目標に！　毎年必ず2割を貯蓄しなくても、長いスパンで考え、1割や3割の貯蓄の時期があってもかまいません。

Point

貯蓄は手取りの2割

毎月の収入と支出がプラマイゼロならボーナスで貯めるなど、状況に応じて年単位で2割を貯蓄できるよう計画しよう。

教育費などが大変な時期は無理をしないで。

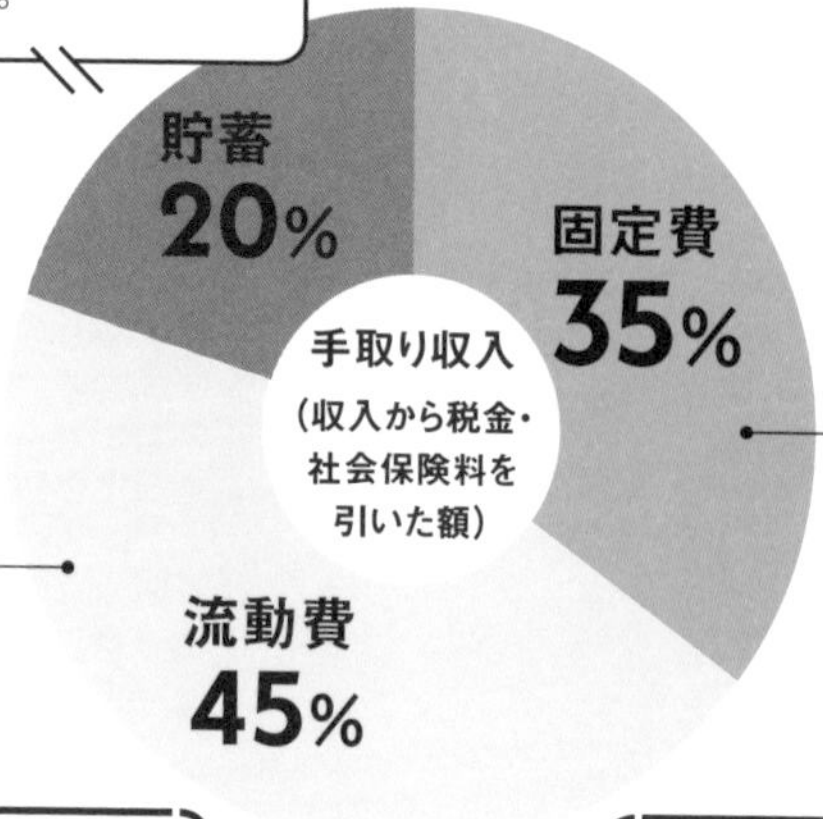

貯蓄
20%
固定費
35%
手取り収入
(収入から税金・社会保険料を引いた額)
流動費
45%

流動費とは

毎月金額が変わるものや不定期の支出

食費、被服費、雑貨・医療費、娯楽・交際費など

固定費とは

毎月金額がある程度決まっている支出のこと

住居費（家賃、住宅ローン）、通信費、水道光熱費、一般保険料など

現役時代の大事なライフイベントの費用をまず確保

現役時代は結婚、出産、子どもの教育、住宅取得などライフイベントに応じての大きな支出があります。それぞれのライフイベントにどのくらいの支出が必要なのかを知っておき、いつまでにいくら貯めるという自分の貯蓄目標を決めましょう。

就職

結婚→P.138
平均371.3万円
出典：「ゼクシィ結婚トレンド調査2022」（リクルート ブライダル総研）

出産→P.140、141
平均52.4万円
（50万円の出産育児一時金が支給される）
出典：厚生労働省「出産費用の実態把握に関する調査研究（令和3年度）の結果等について」（令和4年8月19日）

子どもの教育→P.146、147
幼稚園～大学まですべて公立の場合
約800万円
出典：文部科学省「令和3年度子供の学習費調査」ほか

子どもの独立まで必要

住宅取得→P.152
建売住宅　平均3719万円
マンション　平均4848万円
出典：住宅金融支援機構「2022年度フラット35利用者調査」

65歳

年金受給開始年齢

老後資金としていくらの貯蓄が必要？

夫婦2人暮らしの場合、65歳で仕事を辞めて年金生活に入るなら、老後資金をどのくらい貯めておけば安心でしょうか？ 90歳まで生きると仮定して、65歳以降の生活費や収入額の平均的水準をもとに試算しました。

①65歳以降の生活費を試算する

1カ月の生活費 28万円 ×12カ月×25年＝8400万円

現役時代の生活費の平均を月40万円として、老後の生活費をその7割と想定

90歳－65歳

Point
実際には予備費も必要
病気や介護の費用、家の修繕費なども必要になる。予備資金として300万～1000万円はプラスして考えておこう。

②65歳以降の収入を試算する

1カ月の収入額 22万円 ×12カ月×25年＝6600万円

世帯主が65歳以上の夫婦のみの無職世帯の1カ月にもらえる公的年金
出典：総務省「家計調査」（令和4年）

収入が公的年金だけの場合の総額

Point
退職金がある場合は収入総額が増える
例えば1000万円の退職金をもらった場合、65歳以降の収入総額は7600万円になり、必要となる貯蓄額も異なってくる。

65歳までに貯めておきたい貯蓄額は？

① 8400万円 － ② 6600万円 ＝ 1800万円 ＋ 予備費 ＝ 必要な老後資金

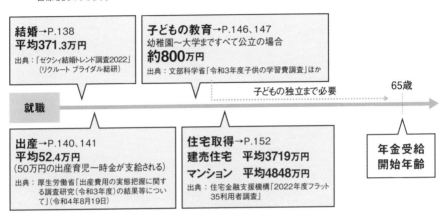

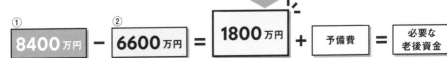

増やす以前の基礎知識
貯蓄できる人になろう

1年間の収支を確認して貯蓄の目標額を決める

手取り収入の2割程度をコツコツと貯めていくのが理想ですが、まずは実際にどれくらい貯蓄ができているのか、去年1年間の収支から確認してみましょう。

きちんと貯めている人は、今のペースを維持します。なかなか貯められない人やもっと貯蓄を増やしたい人は、**年間の目標貯蓄額を決めましょう。収入から「先取り貯蓄」をして、残りで生活費をやりくりするのが、確実に貯めるコツです。**

貯蓄できる人には、共通する特徴があるようです。下のチェック表で自分が貯蓄できるタイプか判定して、貯蓄が苦手な人はできそうなことから実行してみましょう。

あなたは貯蓄できるタイプ？

当てはまる項目をチェックしてみましょう。

- □ 自分の手取り年収を知っている
- □ 去年1年間でいくら貯めたか、すぐに言える
- □ 今、いくら貯まっているかを把握している
- □ 毎月、積立をしている
- □ 毎月の支出の予算を決めている
- □ 大きな買い物をするときは事前に値段などを調べて比較する
- □ 何のために、いつまでに、いくら貯めるか目標がある
- □ ATM手数料をなるべくかけないようにしている
- □ 家計簿をつけている
- □ 銀行のWEB通帳やクレジットカードの明細をこまめに確認している

チェックした項目の総数

□ 個

チェックが7個以上なら、あなたはお金を貯められるタイプです。

Point

貯蓄のためにできること

これらのチェック項目は、あなたのタイプを判定することができると同時に、貯蓄を増やしていくために有効な心がけやテクニックともなる。貯蓄ができないと悩んでいる人は、これらの中で何ができていないのかを確認して、できていない項目を実行しよう！

貯蓄が苦手な人は「先取り貯蓄」をしよう

右ページのチェックで7個に届かなかった人は、自動振替で強制的に貯蓄する方法がおすすめです。

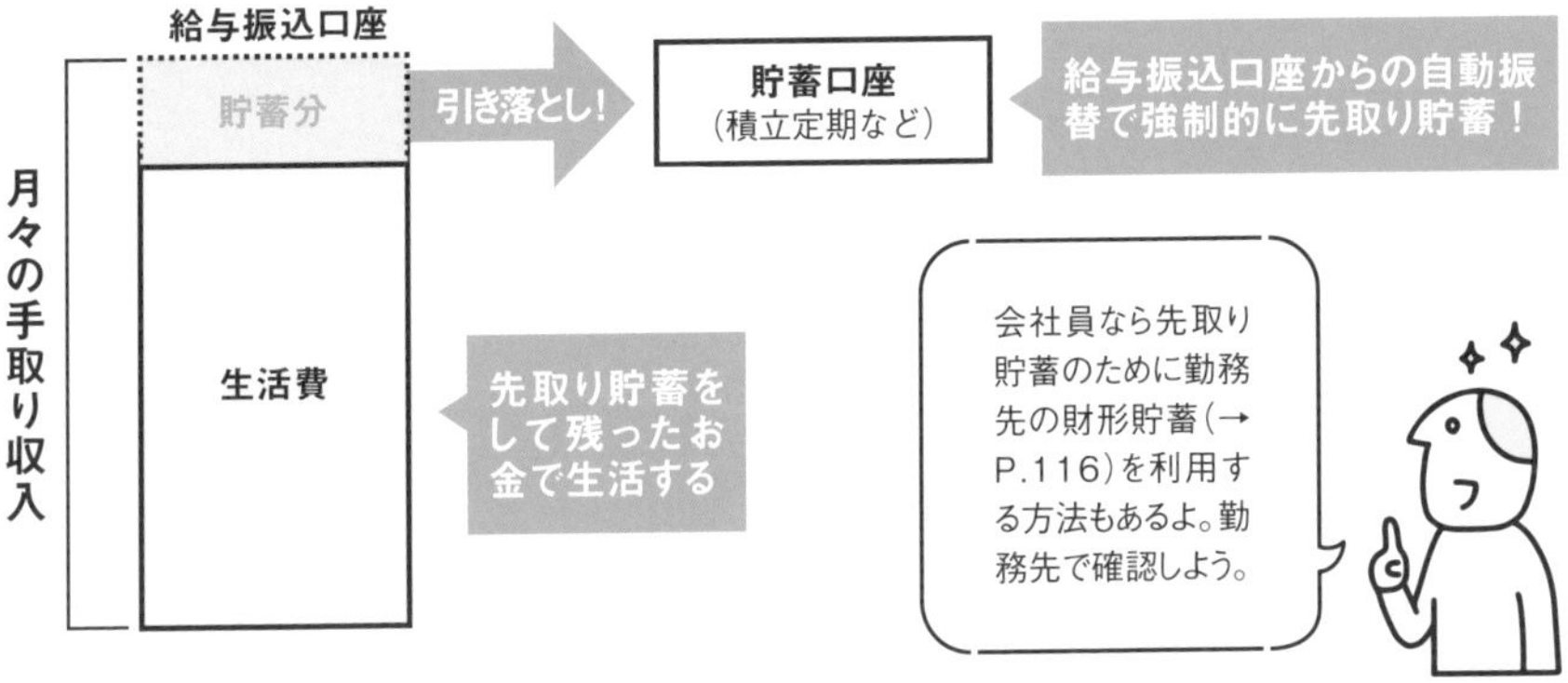
給与振込口座
貯蓄分
生活費
月々の手取り収入
引き落とし!
貯蓄口座
(積立定期など)
給与振込口座からの自動振替で強制的に先取り貯蓄!
先取り貯蓄をして残ったお金で生活する

会社員なら先取り貯蓄のために勤務先の財形貯蓄(→P.116)を利用する方法もあるよ。勤務先で確認しよう。

目標貯蓄額を設定する

先取り貯蓄をするには、まず自分の収入から貯蓄にまわせる目標金額を設定します。

Step 1

月々の手取り収入とボーナスなどがあれば、それを含めた手取り年収を確認する。

去年の源泉徴収票と住民税を確認しよう(→P.71、76)。手取りで年収350万円だったとして……。

Step 2

毎月の収入からいくら貯蓄するか、ボーナスがある場合はそこからいくら貯蓄するかを決める。毎月1万円くらいから始めて、徐々に貯蓄額をアップ。

毎月1万円の貯蓄からスタート

毎月の収入からの貯蓄　1万円×12カ月=12万円
+ボーナスからの貯蓄　8万円
1年間の貯蓄額合計　20万円

1年間の貯蓄目標額を手取り年収の1割に!

毎月の収入からの貯蓄　2万円×12カ月=24万円
+ボーナスからの貯蓄　11万円
1年間の貯蓄額合計　(年収の1割)35万円

Step 3

理想的な貯蓄額は、手取り年収の2割。1割くらいの貯蓄ができるようになったら、2割の貯蓄を目指す。ただし、無理は禁物。ボーナスがない場合は、毎月の収入から無理のない貯蓄額を設定することが大事。

手取り年収の2割貯蓄を達成しよう!

毎月の収入からの貯蓄
2万5000円×12カ月=30万円
+ボーナスからの貯蓄　40万円
1年間の貯蓄額合計　(年収の2割)70万円

貯蓄する割合を決めておけば、年収のアップによって貯蓄額も増える。

Chapter 4
貯める

お金を管理する
貯金に生かす家計簿のつけ方

ざっくりでも効果あり！気楽に始めてみよう

食べたものを記録する、体重を測る、これを毎日続けるダイエット法は効果が高いという話を聞いたことはありませんか？　家計も同じです。何にいくら使ったかを記録し、自覚することで、「今月は使いすぎかな？」と気づき、自然と支出が引き締まってきます。

さらに、家計簿をつけると、現在の収支をもとに今後の支出や貯蓄の計画を立てられるメリットも。

家計簿が続かない理由に、「面倒」、交際費なのか食費なのかなど「費目分けの悩み」があります。自分がラクな方法で大丈夫！　ざっくりつけるだけでもちゃんと効果があります。さっそく始めてみましょう。

自分に合った家計簿を選ぼう

代表的なものはノートタイプの手書き家計簿、Excelを使った自作家計簿、スマホの家計簿アプリ。それぞれのメリットとデメリットを考慮して、自分に合った家計簿を選びましょう。

ノートタイプ家計簿

メリット

- 種類が多いので、自分の使いやすいものを選べる
- 決まったフォーマットに記入すればよい
- メモ欄や欄外に家計にまつわる事柄を記録しておける

デメリット

- 電卓を使って自分で集計しなければならない
- 市販のものは費目が決まっているものが多いので、独自の費目にしたい場合は不向き

Excelの自作家計簿

メリット

- 自分に合った費目を自由に設定できる
- 費目別の集計、期間ごとの集計などが自動的にできる
- 簡単に集計結果をグラフ化できるので、家計についてさまざまな分析も可能

デメリット

- 費目の設定、関数入力など、慣れていないと手間がかかる
- ある程度のExcelの知識がないと、活用が難しい

スマホの家計簿アプリ

メリット

- 銀行などとネットで連携させ、入出金を自動的に読み込める
- 自動的に該当する費目に振り分けてくれる
- 費目別の集計、期間ごとの集計などが自動的にできる
- レシートを撮影するだけで金額を読み込んでくれるタイプもある

デメリット

- スマホを使い慣れていない人には、かえって面倒
- 費目の自動振り分けが実際と違うこともある
- セキュリティ対策を万全にしておく必要がある

費目分けの基本

あまり細かすぎる費目分けをすると記入が大変。家計の全体も見えにくくなります。基本となる費目分けの例をここで紹介しましょう。

基本の6費目	住居費	家賃、住宅ローン、固定資産税など住居にまつわる支出
	食費	家での食材代、仕事先での昼食代など
	被服費	帽子、靴、鞄、クリーニング代などもここにまとめる
	水道光熱費	電気・ガス・水道代
	雑貨・医療費	ティッシュや洗剤類、薬局で買った風邪薬、医療費など
	通信費	携帯電話、プロバイダー料金など
必要に応じて	子ども費	複数いるなら、子ども別にするとそれぞれの支出がわかる
	車関係費	駐車場代、ガソリン代、車の保険など車にかかる支出
	娯楽・交際費	休日の外出や外食、映画、本代などはこちらに
	交通費	移動に使うお金
	一般保険料	生命保険や医療保険など民間の保険料
	税金・社会保険料	会社員は給与天引きなので手取りだけを管理するなら不要
	そのほか	セミナー受講料など、通常の支出に入らないもの

故障した家電製品の買い替え、祝儀や香典など、想定外の出費や不定期の出費のために「特別支出」という費目を設けてもいい。

家計簿を使いこなす3つのコツ

家計簿はとにかく続けること、そして一定期間ごとに数字を確認することが大事です。

1 短時間で手早く記入する

家計簿をつけるのは面倒だと思うと、三日坊主で終わってしまう。それを防ぐには、思い立ったときに短時間で手早く記入すること。

2 正確さにこだわりすぎない

月に何千円かの記入忘れがあっても、気にする必要はない。家計簿はあくまで家計引き締めの参考資料なので、大まかな収支が把握できればOK。

3 1カ月ごとに見直す習慣をつける

家計簿をつけても、ほったらかしでは意味がない。毎月末に家計簿で収支を見直して、使いすぎやムダがないかチェックしよう。

家計簿をつけるのって、すぐに忘れてしまう。これなら続けられるかな?
?

家計簿で支出を見直せば もっとお金が貯まる

家計簿をつけると、毎月どれくらいお金を使っているかがわかります。貯蓄を増やすには、**費目ごとの内容を見直しましょう。ムダな出費なども見えてきます。**

クレジットカードやデビットカードで支払いをすると、使ったお金の記録が残るので使途不明金が出にくく、支出の確認作業がラクです。家計簿につける際には支払日ではなく使った日の支出にします。

現金の支出は、毎月使える額を5週分に均等に分けて、1週間の限度額を決めておくことが使いすぎ防止のポイント。現金を使ったら必ずレシートをもらい、忘れないうちに家計簿に金額を記録しましょう。

電子マネーやコード決済など比較的少額のキャッシュレス決済は、使う費目を決めておき、チャージした時点で現金支出の一部とします。

費目別 見直しのポイント

費目ごとに細かく内容を見直し、必要、不必要を検討することが支出を減らす秘訣です。

住居費

手取りの30%以上だとやりくりが厳しいはず。引っ越しを含め、削減を検討。

食費

手取りの30%を超えているなら、外食の回数、金額を確認して減らす努力を。

被服費

スーツやコートなどの大物は、通常の生活費とは別に予算を決めておく。

水道光熱費

電気料金の自由化で、同じ使い方でもプランによって安くなる。省エネ性能の高い家電製品への買い替えも検討。

通信費

スマートフォンは、自分や家族の使い方に合う料金プランかを確認。格安スマホも検討。

子ども費

習い事をさせている場合、教育方針や子どもの資質を考え、本当に必要かを再考。

車関係費

頻繁に使っていなければ、保険の補償内容を見直したり、家から少し離れていても安い駐車場を探したり、カーシェアを検討したりするなど工夫を。

娯楽・交際費

楽しむ時間は大事にしたいが、予算を決めて予算の範囲内で。

一般保険料

子どもがいないなら大きな死亡保障は不要。子どもがいるなら、割安な掛け捨て保険を検討。

自分の支出傾向をつかもう

食費や被服費など、家計簿から費目ごとに内容を書き入れ、1カ月の各費目の合計を出してみましょう。そして削減できそうな費目にチェックをつけ、実際に削減目標額も立ててみましょう。

費目	内容（費目の内訳）	合計額	削減目標額	
住居費		円	円	固定費
水道光熱費		円	円	
通信費		円	円	
一般保険料		円	円	
食費		円	円	流動費
被服費		円	円	
子ども費		円	円	
車関係費		円	円	
雑費・医療費		円	円	
交通費		円	円	
娯楽・交際費		円	円	
その他		円	円	

固定費（税金、社会保険料を除く）が手取り収入の50％以上になっていたら、削減努力を。

流動費が手取り収入の45％以上になっていたら、削減努力を。

手取り　　円

支出合計　　円

貯蓄額　　円

手取り − 貯蓄額 − 支出合計 ＝ 使途不明金!!
何に使ったか思い出せないお金ならムダ遣いの可能性あり。使途不明金を削減しよう。

銀行を上手に活用

お金を銀行に預けるのはなぜ？

お金をスムーズに動かし、貯めておけるのが銀行

銀行は生活に欠かせない金融機関です。給料や仕事の報酬は銀行口座に振り込まれます。公共料金やクレジットカードの代金は口座から支払います。銀行があるから、お金をスムーズに動かせるわけです。

口座に振り込まれた収入の一部を定期預金などにして貯めておいたり、お金を借りたりもできます。

さらに、窓口以外でもATMやインターネットを使って取引ができるなど、銀行のサービスの提供方法は、時代とともに進化しています。

取り扱う商品も、預金だけでなく、資産運用に使える投資信託や、万一に備える保険まで、幅広い品揃えになってきています。

銀行を活用してできること

銀行を活用すれば、「お金を貯める・増やす」「お金を動かす」「お金を借りる」ことができます。

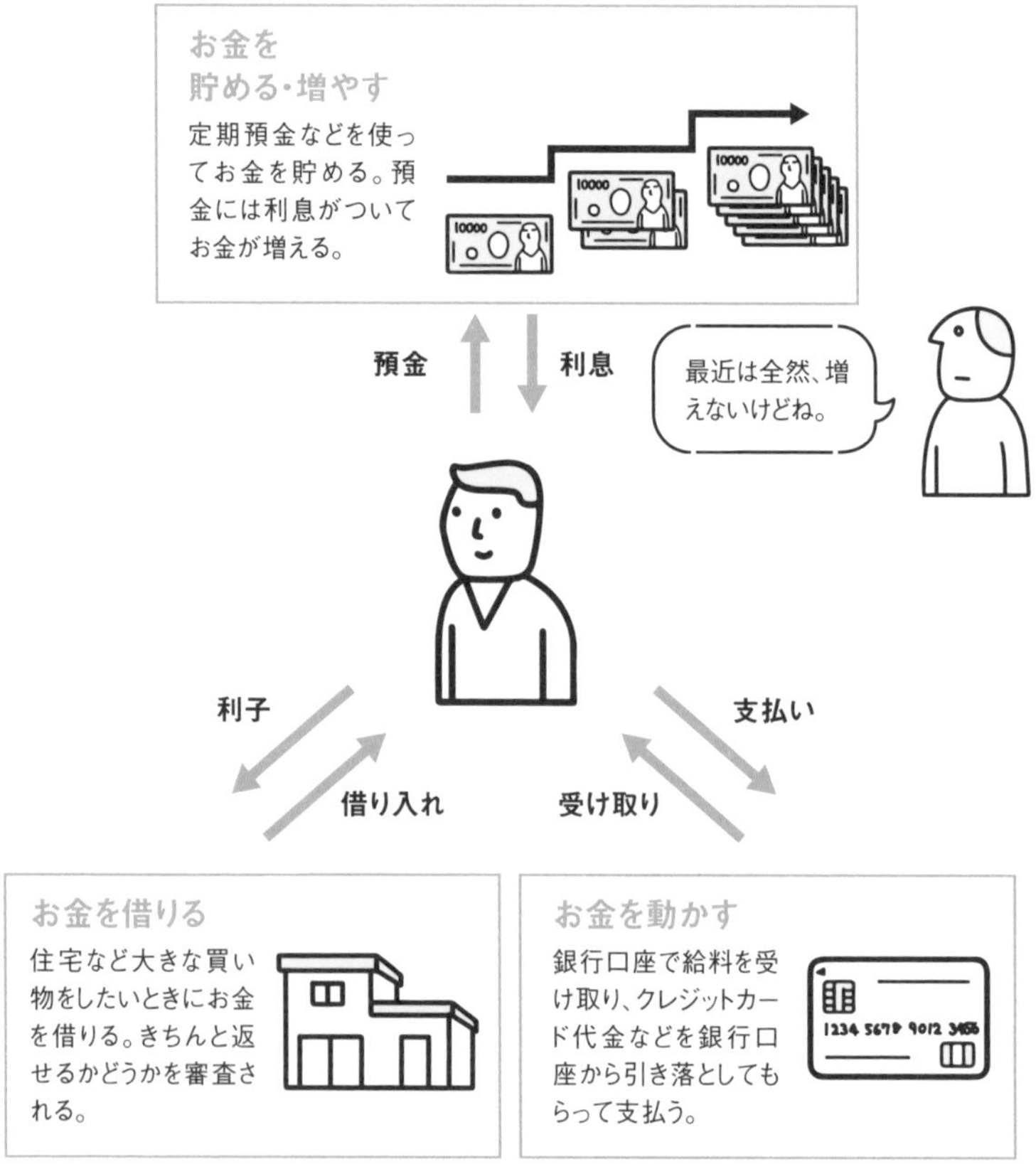
お金を貯める・増やす
定期預金などを使ってお金を貯める。預金には利息がついてお金が増える。
預金
利息
最近は全然、増えないけどね。
利子
借り入れ
支払い
受け取り
お金を借りる
住宅など大きな買い物をしたいときにお金を借りる。きちんと返せるかどうかを審査される。
お金を動かす
銀行口座で給料を受け取り、クレジットカード代金などを銀行口座から引き落としてもらって支払う。

銀行の主な商品・サービス

銀行との付き合いなしには生活が成り立たないくらい、銀行の商品・サービスは社会に浸透しています。

商品・サービス	内容
預金	普通預金、定期預金、貯蓄預金、積立定期預金など。
振り込み（送金）	銀行間はネットワークで結ばれているので、ほかの銀行やほかの人の口座に振り込みができる。
自動支払い（口座振替）	一度手続きすれば、公共料金などを毎月自動的に支払える。
自動受け取り	一度手続きすれば、給与や年金などを毎月自動的に受け取れる。
Pay-easy（ペイジー）	請求書や納付書の番号を入力して、パソコンやATMから公共料金や税金などの支払いができる。
ATMで現金引き出し	ATMでは、現金預け入れ、振り込み、通帳記帳などもできる。
デビットカード	預金口座から買い物代金を即時引き落とせるカード。
外貨両替	円を外貨に両替。交換レートは、銀行により日々異なる。
借り入れ（ローン）	住宅ローン、教育ローン、マイカーローン、カードローンなど。
インターネットバンキング	インターネットで口座残高の照会や振り込みなどができる。
会員サービス	取引状況に応じたポイント付加、手数料無料などの特典がある。
貸金庫	重要書類などを保管しておける。
NISA・iDeCo	多くの銀行ではNISAやiDeCoも利用できる。
そのほか	保険の加入、投資信託の売買、個人向け国債の購入などもできる。

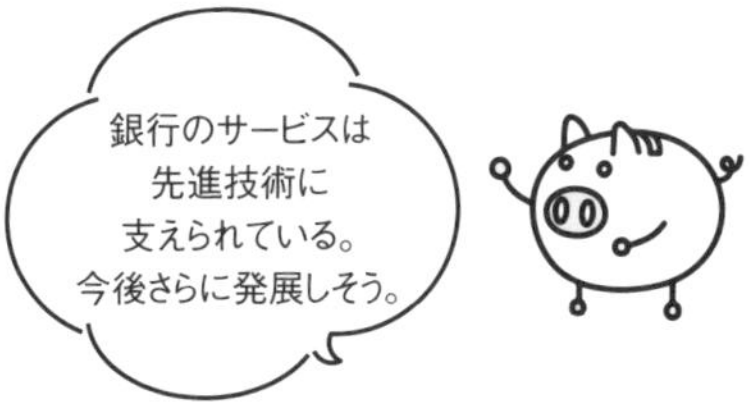
銀行のサービスは
先進技術に
支えられている。
今後さらに発展しそう。

お金の疑問あれこれ Q&A

Q 万一、銀行が破綻したら預けたお金はどうなるの？

A 銀行に預けたお金は、預金保険制度により一定額まで守られています。一定額とは、1人1金融機関につき預金（普通預金、定期預金などの合計）の元本1000万円までとその利息です。銀行が破綻した場合、その金額が戻ってきます。ただし、外貨預金は対象外なので、一部カットされる可能性があります。

＼ 知らないと損する ／

お得情報

スマホで、電話番号でお金を送れる「ことら送金」

銀行アプリなどを使い、1回あたり10万円までを個人間で送金できます。相手の口座番号がわからなくても、電話番号で送れて、通常の銀行振込より手数料が安いのが特徴。手数料無料のアプリも。ことらユーザー同士なら、同じアプリでなくても送り合えます。家族や友達とのお金のやり取りが簡単にできます。

Chapter 4

貯める

銀行を上手に活用

銀行ってどんな種類があるの？

「ふだん使い」と「貯めて増やす」で銀行を使い分ける

会社員なら給料が振り込まれる銀行（個人事業主なら仕事の報酬が振り込まれる銀行）と、公共料金やクレジットカード代金など毎月の引き落としをする銀行は同じにすると便利です。銀行間でお金を動かすには、ATMを使って現金で出入金するか、振り込みをすることになります。どちらも、手間がかかるうえ、手数料がかかる可能性もあるからです。

お金を貯めるには、「ふだん使い」する銀行とは別に「貯めて増やす」銀行を活用するのがおすすめ。

銀行にはいくつかの種類があり、それぞれ特徴があります。自分に合う銀行を便利に使い、効率的に貯めましょう。

「ふだん使い」の給与振込銀行と「貯めて増やす」ための銀行の2つを使い分ける

給与振込を指定して生活用に使う銀行と、貯めて増やすための銀行を使い分けると金銭管理がスムーズです。

給与振込&引き落とし銀行

自分で給与振込銀行を指定できるなら、左ページ下の5つのポイントをチェックして使いやすい銀行を選ぶ。普段の生活費は、この銀行から引き落とす。

会社
給与
振込
BANK
銀行
生活費
引き落とし

貯めて増やす銀行

給与振込銀行と連携するためには、無料で利用できるATMを確認。預金金利が高く、投資信託などの品揃えが豊富なところを選ぶ。

貯めて増やす銀行としては、インターネット専業銀行や地方銀行のインターネット支店がおすすめ。どちらも金利が高く、ネット証券と連携しているネット専業銀行もある。投資信託（→P.232）も豊富だよ。

銀行の種類

利用方法や生活環境などで、有利に使いこなせる銀行は異なります。目的に合わせて選びましょう。

	種類	特徴	向いている人 利用法	取扱商品
増やす ふだん	都市銀行	都市部を中心に、全国に支店がある。幅広い銀行サービスを提供。	都市部に住む会社員。給与振込銀行に。	預金、ローン、投資信託、保険、公共料金の引き落としなど。
増やす ふだん	地方銀行	県庁所在地などに本店、周辺に支店がある地域密着型。	地方都市に住む会社員・個人事業主。給与振込銀行に。	預金、ローン、投資信託、保険、公共料金の引き落としなど。
増やす ふだん	ゆうちょ銀行	全国展開。郵便局もゆうちょ銀行の窓口として利用できる。	会社員、個人事業主、主婦など立場にかかわらず便利に使える。	貯金を中心に、個人向け国債、投資信託など。
増やす	ネット銀行（インターネット専業銀行）	原則として店舗はなくインターネットで取引をする。通帳は発行されない。手数料が安い。	PCやスマホを使ったネット利用に抵抗のない人。住まいの場所を問わない。時間にとらわれない。	金利の高いネット定期、外貨預金、投資信託、住宅ローンなど。
ふだん	流通系の銀行	大手のスーパーやコンビニなどが参入。グループの施設などに店舗、またはATMを設置するなどして展開。独自の電子マネーが使える。	プリペイド式電子マネーでポイントを貯めることも可能なので、店舗やコンビニなどをよく利用する人。	預金のほか、銀行により、投資信託、住宅ローン、海外送金など。
ふだん	信用金庫・信用組合	厳密には銀行ではないが、銀行と同様に利用できる。営業区域内に住む人が対象。	中小企業の会社員、個人事業主。相談にのってもらえる。	預金、ローンなど。景品つきや金利上乗せの預金を扱うところもある。
増やす	信託銀行	通常の銀行業務に加えて、信託業務（本人に代わって財産を管理運用）も行う。	お金や不動産などの財産をたくさん持っている人。	預金やローンのほか、金銭信託、遺言信託、不動産の信託など。

銀行を選ぶときの5つのポイント

余計な手間や時間をかけずに銀行を使いこなすには、次の5点に留意して口座を開きましょう。

利便性

- ☐ 店舗やATMが自宅や勤務先の近くにあるか
- ☐ インターネット取引ができるか

取扱商品

- ☐ 自分が利用したい商品やサービスが揃っているか

手数料

- ☐ ATM手数料、振込手数料はいくらか
- ☐ 手数料が割引や無料になる会員サービスや制度はあるか

銀行を上手に活用

インターネットバンキングを使いこなす

メリットは手数料の節約など安全対策を忘れずに

インターネットバンキングでは、定期預金をつくる、振り込みをするなどという銀行の取引をインターネットで行うことができます。インターネットバンキングは自宅のパソコンやスマートフォンからいつでも取引できてとても便利です。しかも金利が高かったり、手数料が安く済んだりと、窓口やＡＴＭよりもお得なケースもあります。

利用するには、口座を開いていても、別途申し込みが必要です。まだ使っていない人は、まずはふだん使いの銀行で申し込んでみてはいかがでしょうか？　パソコンやスマホにはセキュリティソフトを入れておくのを忘れずに。

インターネットバンキングの種類

特徴を知って自分に適したものを選びましょう。

種類	特徴	向いている人
都市銀行、地方銀行、信用金庫などの取引サービスとしてのインターネットバンキング	窓口やATMと併行してインターネットバンキングも利用できる。状況に応じて使い分けができる。申し込みが必要。	初めてインターネットバンキングを利用する人。
インターネット専業銀行のインターネットバンキング	原則として店舗はなく、インターネットを使って取引する。問い合わせなどはコールセンターを使う。口座を開設して利用する。	インターネットに慣れている人、利便性を重視する人。
インターネット支店のインターネットバンキング	インターネット上に開設された銀行の支店で、実店舗に口座を持っている人も、別途口座を開設して利用する。	通常より金利の高い定期預金を利用したい人。

● スマホやパソコンで取引

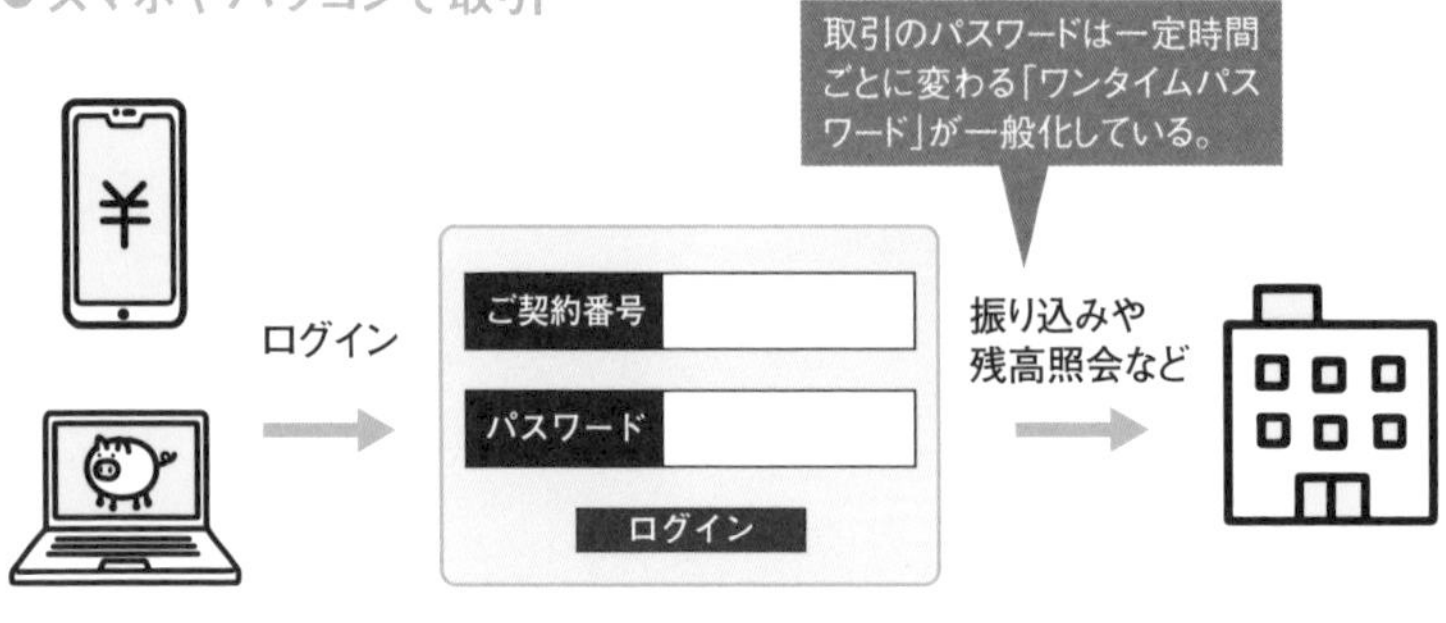
取引のパスワードは一定時間ごとに変わる「ワンタイムパスワード」が一般化している。
¥
ログイン
ご契約番号
パスワード
ログイン
振り込みや
残高照会など

ログイン画面の例

インターネットバンキングのメリット

利便性と手数料の安さがインターネットバンキングの大きなメリットです。

家計簿アプリと連携できる

家計簿アプリからも残高が確認でき、自動的に家計簿が作成できる。
取引履歴をExcelにダウンロードすれば、独自の家計簿作成も可能。

いつでも、どこでも取引ができる

窓口やATMまで足を運ばなくても、パソコンやスマホから原則24時間365日、いつでもどこでも取引が可能。

手数料が安い

振込手数料が窓口やATMよりも安い銀行が多い。
足を運ばなくていいので時間も節約できる。

主なインターネット専業銀行の特徴

インターネット専業銀行とは、原則、実店舗を設置せず、インターネットを介した取引を行う銀行です。ほかの銀行と比べ、家賃や人件費が抑えられる分、手数料や金利面でお得なことが多いです。

都市銀行や地方銀行では、3万円以上の他行宛てネット振込手数料は220〜330円程度。

都市銀行や地方銀行では、普通預金の金利は0.001%、1年定期0.002%が一般的。

銀行名	特徴	ネット振込手数料（他行宛て3万円以上の場合）	預金金利
PayPay銀行	日本初のインターネット専業銀行。PayPayマネーへの入出金が便利。	145円。	普通預金0.001% 1年定期0.02%
楽天銀行	楽天ポイントが貯まる。楽天証券との連携口座に金利優遇あり。	145円。条件を満たせば無料特典あり。	普通預金0.1%[※1] 1年定期0.02%
ソニー銀行	外貨預金から引き落とせるデビットカード、低金利で保証料不要の住宅ローンがある。	月1回無料、2回目以降110円。	普通預金0.001% 1年定期0.02%
住信SBIネット銀行	取引状況に応じたランク制度で優遇あり。預金から住宅ローンまで幅広く取り扱う。	取引に応じて月に一定回数まで無料、以降は77円。	普通預金0.01%[※2] 1年定期0.02%
auじぶん銀行	スマホアプリで銀行取引ができる。au ユーザーにポイントが貯まるなどの特典。	99円。取引状況に応じた無料回数あり。	普通預金0.001% 1年定期0.05%
UI銀行	東京きらぼしフィナンシャルグループのネット銀行。残高に応じた手数料の優遇がある。	86円。	普通預金0.1% 1年定期0.3%[※3]

*特徴、手数料、金利は2023年9月現在。金利は100万円未満の預け入れの場合
※1 楽天銀行の普通預金金利は楽天証券との連携口座マネーブリッジの場合。当月1カ月間のみ
※2 住信SBIネット銀行の普通預金金利はSBI証券との連携口座SBIハイブリッド預金の場合
※3 キャンペーン金利

銀行を上手に活用

銀行預金は目的に合わせて使う

普通・定期・積立定期 3つの預金をフルに活用

普通預金は銀行口座の基本の部分で、給与などのお金の受け取りや引き出し、支払いができます。貯めておきたいお金は定期預金にすると、普通預金より高い金利がつきます。

もう何年も、日本は超低金利なので、定期預金との金利差がほとんどなく、普通預金のままにしている人も多いようですが、定期預金なら生活費から切り離せるので、貯蓄の第一歩に。毎月、一定額を自動的に定期預金にする積立定期預金もあります。

普通預金・定期預金を一つにまとめた総合口座も便利です。給与振込銀行の定期や積立定期で貯め、まとまった金額になったら「貯めて増やす」銀行に移すのがおすすめです。

預金の種類

銀行預金にはいろいろな種類があります。普通預金だけでなく、それぞれの特徴と使い方を知り、賢く利用しましょう。

種類	特徴	使い方
普通預金	1円単位で自由に預け入れ、引き出しが可能。給与や年金などの受け取りや支払いができる。ゆうちょ銀行の場合、通常貯金という。	給与振込、公共料金やクレジットカード代金の支払いなど。
定期預金	1カ月、6カ月、1年など期間を選び、満期まで預ける。最長10年。普通預金より金利が高い。ゆうちょ銀行の場合、定期貯金という。	生活費とは分けて、貯めておきたいお金を預ける。
積立定期預金	毎月一定額を、指定した日に普通預金から定期預金に積み立てる。積立期間は銀行により異なる。	毎月、貯蓄にまわしたい金額を指定して申し込む。
貯蓄預金	いつでも預け入れや引き出しができる。ただし、給与などの受け取りや支払いはできない。金利は一般的に残高が一定額以上なら普通預金よりは高く、定期預金よりは低い。ゆうちょ銀行の場合、通常貯蓄貯金という。	定期預金と違っていつでも引き出せるので、普通預金と分けておきたい予備資金の預け先に。
当座預金	金利はつかない。手形や小切手を使って引き出す。事業用のお金の預け先。	個人事業主や企業が、手形や小切手を使って支払いをする。
大口定期預金	1000万円以上が条件の定期預金。金利を高くしてもらえる。預入期間は1カ月、6カ月、1年など、最長10年。	保険金や相続財産などが入ったときなどに。
定額貯金（ゆうちょ銀行）	ゆうちょ銀行独自のもの。6カ月預けたらいつでも解約でき、最長10年まで預けられる。	生活費とは分けて、貯めておきたいお金を預ける。

預金の使い分けでお金を増やそう

普通・定期・積立定期預金の使い分けが、お金を貯めるうえでのポイントです。利用するにはコツがあるので、覚えておきましょう。

ふだん使いの銀行

総合口座

普通預金

- 給与などのお金の受け取り
- 家賃、公共料金、クレジットカードなどの支払い（引き落とし）
- 毎月の生活費の預け入れ　など

総合口座なら、1つの口座（通帳）で普通預金と定期預金の両方を管理できるので便利。

毎月一定額を積み立てる

まとまったお金を預け入れる。

定期預金

ボーナスなどのまとまったお金を一括で預け入れる。旅行や車の購入などの予定があれば、その時期に合わせ預入期間を決める。

積立定期預金

毎月一定額を預け入れる。ほとんどの銀行でボーナス月には増額できる。結婚資金、子どもの将来の学資、住宅購入の頭金など、将来のために計画的に貯められる。

100万円以上になったら移し替え

貯めて増やす銀行

定期預金

さらに金利の高いネット銀行などの定期預金にお金を移そう。原則、満期になるまで引き出せない。銀行によっては中途解約できるが、その場合、利率が下がるので注意。

投資信託

資金に余裕があれば、銀行の投資信託（→P.232）も選択肢に入れて。自分に合った投資信託商品を選び、資産運用によってお金を増やすことも目標にできる。

投資信託にお金を移すなら、投資の利益が非課税になる、NISA口座（→P.234）がおすすめ。

銀行を上手に活用

銀行口座の賢い整理術

口座を合理的に整理して お金の貯まる流れを

銀行のATMで現金を入出金したり、銀行口座間で振り込みをしたりすると手数料も手間もかかります。そこで、家計管理の際は銀行口座間で現金を動かす回数が最小限で済むように、お金の流れを考えましょう。

夫婦の場合、妻が専業主婦なら夫の給与振込口座、共働きならどちらかの給与振込口座を家計用口座にするのが合理的。そして家計用口座のほかに貯めて増やす銀行の口座を持ち、子どもがいれば子ども名義の銀行口座をつくり、それ以上は銀行口座の数を増やさないことです。

自分の口座は、残高や貯蓄額などについて月に1度を目安に定期的にチェックしましょう。

振込手数料はばかにならない

銀行振込（送金）には、手数料と消費税がかかります。頻繁に振り込みをすると、手数料も年間合計でかなりの額になってしまいます。

銀行名	振込方法	自行宛て		他行宛て	
		3万円未満	3万円以上	3万円未満	3万円以上
みずほ銀行	窓口	440円	660円	710円	880円
	ATM（現金）	220円	440円	380円	550円
	ATM（カード）	220円		270円	330円
	ネット	無料		150円	320円
三菱UFJ銀行	窓口	330円	550円	594円	770円
	ATM（現金）	220円	440円	374円	550円
	ATM（カード）	110円		209円	330円
	ネット	無料		154円	220円
三井住友銀行	窓口	330円	550円	605円	770円
	ATM（現金）	220円	440円	385円	550円
	ATM（カード）	110円		165円	330円
	ネット	無料		165円	330円

*振込手数料は2023年9月時点のもの。「自行宛て」とは本店・支店宛てに振り込む場合（同一支店は含まず）。「他行宛て」は電信扱いの場合
*銀行を使うときの主な手数料は、①ATMでの現金の入出金、②振り込み。都市銀行や地方銀行では、条件を満たせばこれらを無料もしくは安くしているところもある

ATMでの現金の入出金にかかる手数料は、時間外110円、他行220円、時間外で他行なら330円が一般的。

目的別の銀行口座を連携させる

銀行口座を目的別に分け、現金をあまり動かさなくて済むようにそれを連携させれば、手数料も手間も減ります。

● 共働き夫婦の場合の口座連携例

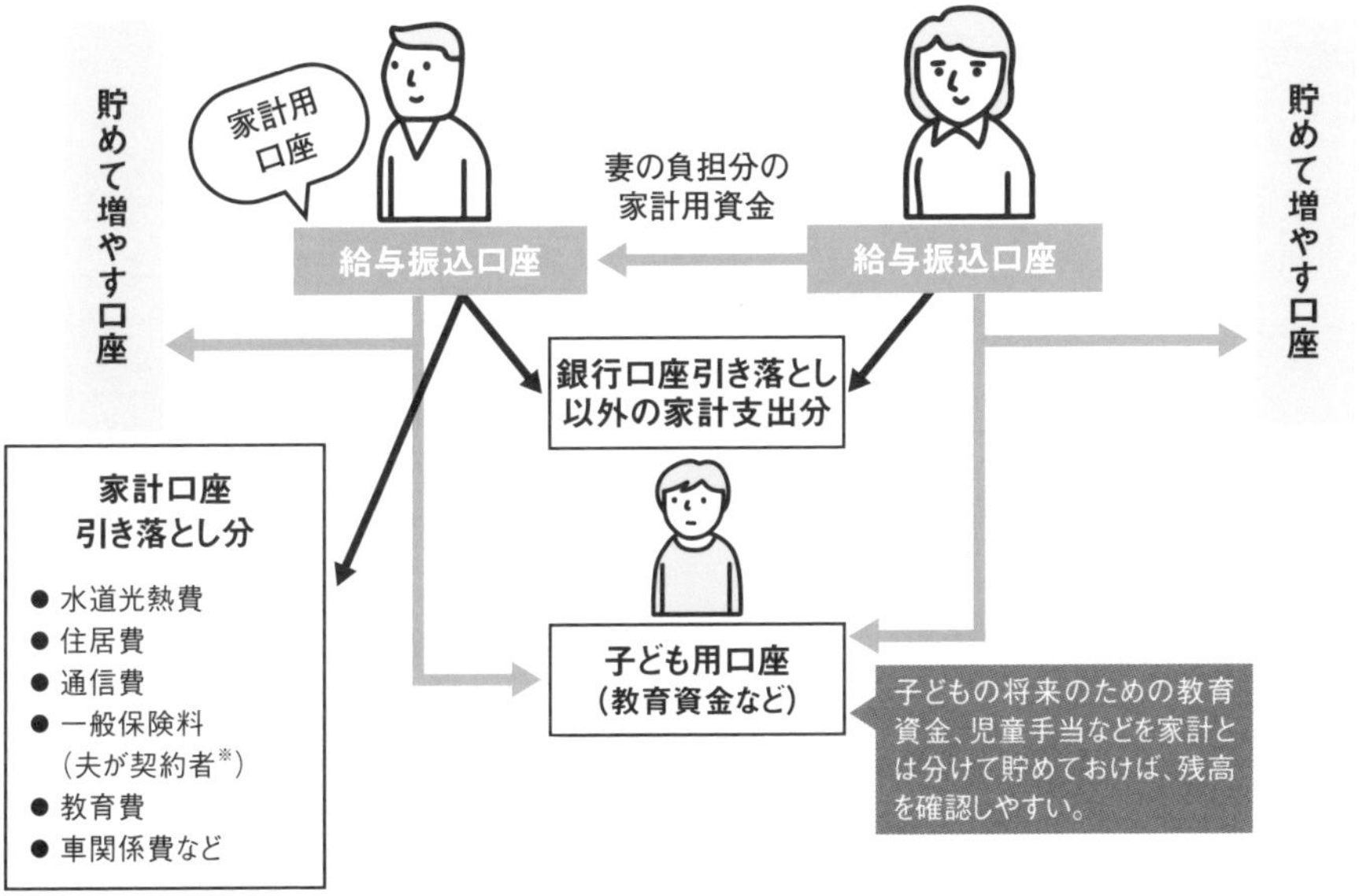
貯めて増やす口座
家計用口座
妻の負担分の家計用資金
給与振込口座
給与振込口座
貯めて増やす口座
銀行口座引き落とし以外の家計支出分
家計口座引き落とし分
● 水道光熱費
● 住居費
● 通信費
● 一般保険料（夫が契約者※）
● 教育費
● 車関係費など
子ども用口座（教育資金など）
子どもの将来のための教育資金、児童手当などを家計とは分けて貯めておけば、残高を確認しやすい。

● 妻が専業主婦の場合の口座連携例

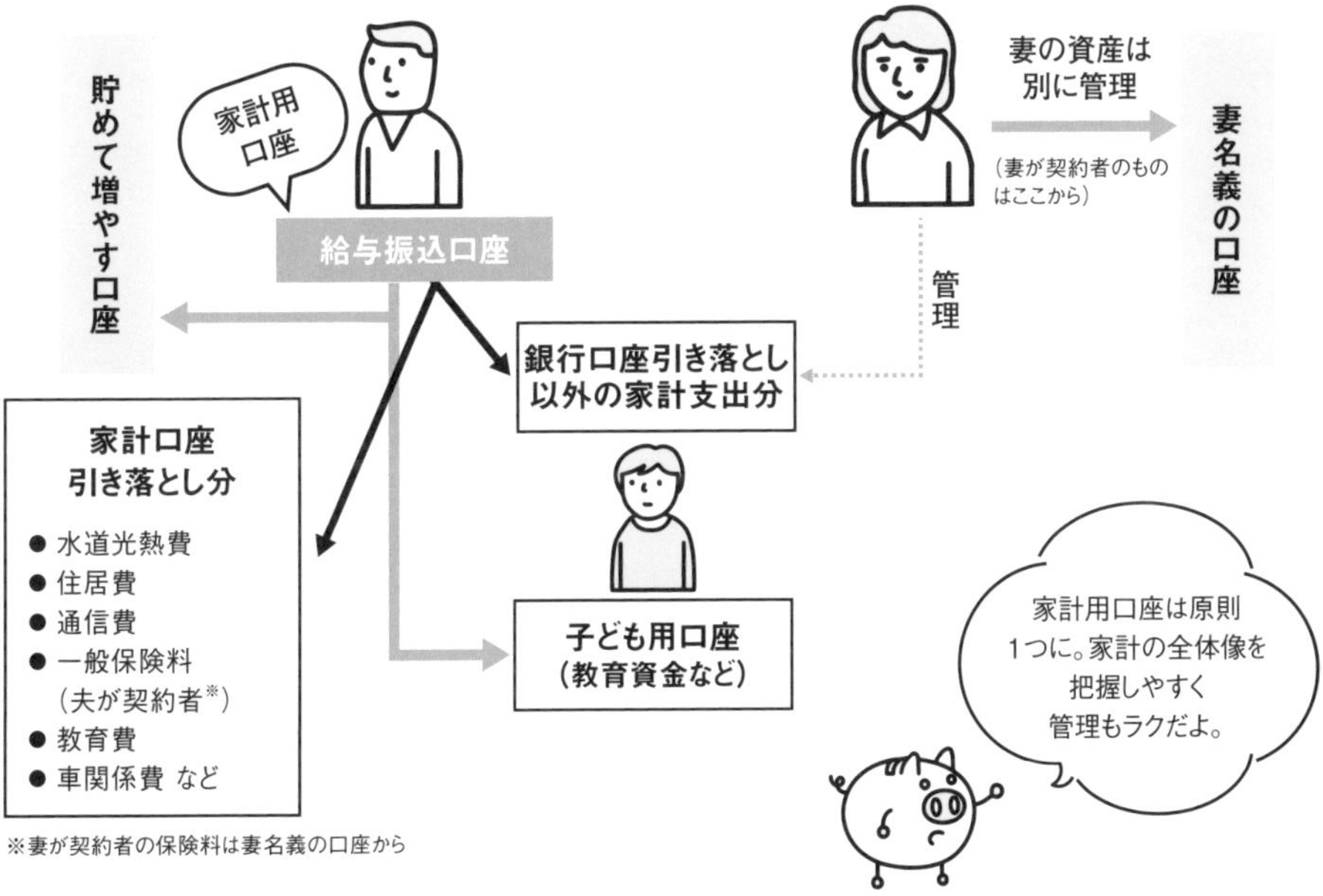
貯めて増やす口座
家計用口座
給与振込口座
妻の資産は別に管理
（妻が契約者のものはここから）
妻名義の口座
管理
銀行口座引き落とし以外の家計支出分
家計口座引き落とし分
● 水道光熱費
● 住居費
● 通信費
● 一般保険料（夫が契約者※）
● 教育費
● 車関係費 など
子ども用口座（教育資金など）
家計用口座は原則1つに。家計の全体像を把握しやすく管理もラクだよ。

※妻が契約者の保険料は妻名義の口座から

銀行を上手に活用

WEB通帳・通帳の活用の仕方

WEB通帳・普通預金通帳でおおまかな家計を把握

定期的に記帳をしておくと、毎月、何にいくら使っているかというお金の流れがわかります。上手に活用するためのポイントを押さえておきましょう。

● WEB通帳の例

普通預金			
年月日	お引き出し	お預け入れ	残高
2023-07-20	110	ATM手数料	150,493 ❶
2023-07-25	給与	288,950	439,443
2023-07-25	80,000	ATM ❷	359,443
2023-07-25	30,000	振替/定期	329,443
2023-07-27	9,397	電気 ❸	320,046
2023-07-27	5,369	ガス ❸	314,677
2023-07-27	5,187	水道料 ❸	309,490
2023-07-27	15,782	携帯電話 ❸	293,708
2023-07-27	68,000	住宅ローン	225,708
2023-07-27	5,109	保険	220,599
2023-08-06	15,000	振り込み	205,599
2023-08-06	220	手数料	205,379
2023-08-10	22,896	クレジット ❹	182,483
2023-08-13	10,000	ATM ❷	172,483
2023-08-20	15,000	ATM ❷	157,483
2023-08-22	利息	2	157,485 ❺
2023-08-25	給与	279,600	437,085

❶❺ 1カ月の生活の収支は?

給与振込直前となる⑤の残高－①の残高＝その月に残ったお金。毎月、先取り貯蓄(→P.90)しているなら、残ったお金が増えてなくてもOK。先月より減らないように。

❷ 現金のムダ遣いをしていないか?

引き出してはいるけれど、何に使ったかわからない場合は要注意。食費、生活日用品など、何に使ったのかを通帳に記入してもいい。

❸ 固定費をチェック

水道光熱費は可能な範囲で節約する。携帯電話などの通信費は使いすぎていないかチェックし、料金設定の見直しを。

❹ クレジットカードの使いすぎ

クレジットカードは使用時に手元のお金が減らないので、使いすぎてしまう可能性がある。毎月、しっかり確認しよう。

通帳は毎月記帳して確認、家計簿代わりにもなる

お金を貯めるために大切なのは、いくら入ってきて、何にどれくらい使っているかを知ることです。毎月の支払いの引き落としは給与が振り込まれる銀行口座にしておくと生活用の口座となり、通帳を見るだけでおおまかなお金の流れがわかります。

給料日の後などに毎月記帳して、1カ月の入出金を確認しましょう。ATMで引き出した現金や、クレジットカードでの支払いはレシートや明細書で振り返れば、何にお金を使ったか、ほぼつかめるでしょう。

先月の残高との差額が、生活費の残ったお金です。積立定期預金にまわした分も記録されるので、今月いくら貯金できたかも把握できます。

定期預金通帳の見方

定期預金に預けた場合、総合口座なら一冊の通帳で普通預金をまとめて管理できます。普通預金とは別に専用の通帳を発行する銀行もあります。商品の内容や利率、払戻日など、詳細が記載されているので見方を確認しておきましょう。

● ある銀行の場合

定期預金　1

番号	お支払金額(円) 種類	お預り金額(円) お預り残高(円)	期間 ①据置期間 ②	利息のお取扱い方法 満期日 ①最長お預り期限 ② 中間利払日 ③利率適用日	中間払利息・分割払利息のお取扱い 利率(年) ①2年以上利率 ②5年利率 中間利払利率(年) ①2年未満利率 ②6か月以上1年未満利率 ③利率変更サイクル	税区分 記帳店番 摘要
1 23—2-20 ---001	自動継続　スーパー定期 ❶	ご新規 ★100,000★ ★100,000★	年 カ月 ＊ 1	元金成長 ❷ 年 月 日 23—3-20 年 月 日	% 0.150 %	分離 ❸ 397
2 23—4-20 ---001	自動継続　スーパー定期	ご継続 ❺ ★100,021★ ★100,021★	年 カ月 ＊ 1	元金成長 年 月 日 23—5-20 年 月 日	% 0.100 %	分離 132
3 23—5-20 ---001	★100,021★ ❹ 自動継続	★0★	年 カ月	年 月 日 年 月 日	% %	132

❶ 預金の種類

スーパー定期など、預金の種類と併せて自動継続型、自動解約型といった満期時の取り扱いも記載される。

❷ 継続方式

自動継続型を選ぶと、継続方式が記載される。元金＋利息を再び定期預金する元金成長型と、元金のみを再び定期預金する利息受取型のどちらか。

❸ 分離課税

定期預金の利息には税金がかかり、自動的に利息の20.315%が引かれる源泉分離課税の扱い。

❹❺ 支払いと継続

満期になり支払われると、次の行に支払日と金額が記入される(❹)。❺は支払いになっていないので預金中。

定期預金通帳の利率

定期預金の通帳に記載されている利率は1年間預けたときの年利。期間3カ月の定期預金なら、記載利率×12分の3が預入期間に適用となる利率となる。複数の定期預金を持っていて、その一部を解約したいときは、利率が高いものは残し、低いものから解約しよう。

＼ 目からウロコ ／

お金の豆知識

銀行アプリならスマホでも安全・簡単

スマートフォンでインターネットバンキングをする際は、ブラウザではなく銀行アプリが便利。App StoreやGoogle Playからダウンロードできます。利用できる取引は銀行により異なりますが、入出金明細の照会、振り込み、定期預金の作成・解約などさまざまな取引ができます。詐欺被害に遭わないためにも、ログインは正規の銀行アプリから。

もっと知りたい Q&A

Q インターネット上のWEB通帳と紙の通帳のどちらを選ぶべき?

A 基本的にはWEB通帳も紙の通帳も、記載内容は同じですが、紙の通帳は有料化が進みそうです。WEB通帳なら記帳に行く手間が省け、24時間いつでも入出金や残高を確認できます。ただし閲覧期限あり。

銀行を上手に活用
預金の金利って何?

預けたお金が1年間でどれくらい増えるかを表す

銀行にお金を預けると利息がつき、その分、自分のお金が増えます。1年間でどれくらいの利息がつくかを、率で表したものが預金の金利です。例えば金利1％なら、1年間で預金額の1％の利息がつく（1％増える）ということです。

なぜ、銀行は利息をつけてくれるのでしょうか？　預かったお金を資金源として、お金が必要な人や会社に貸し付けするのが銀行の主な仕事です。貸した相手からもらう利子が銀行の収入となります。預金に利息をつけることで、資金源となる預金を集めるのです。金利は社会状況に応じて見直されるので、預けた時期により金利は異なります。

預け入れと返済の利子の差が銀行のもうけになる

銀行に預金するとお金が増えるのはどうしてなのでしょうか？

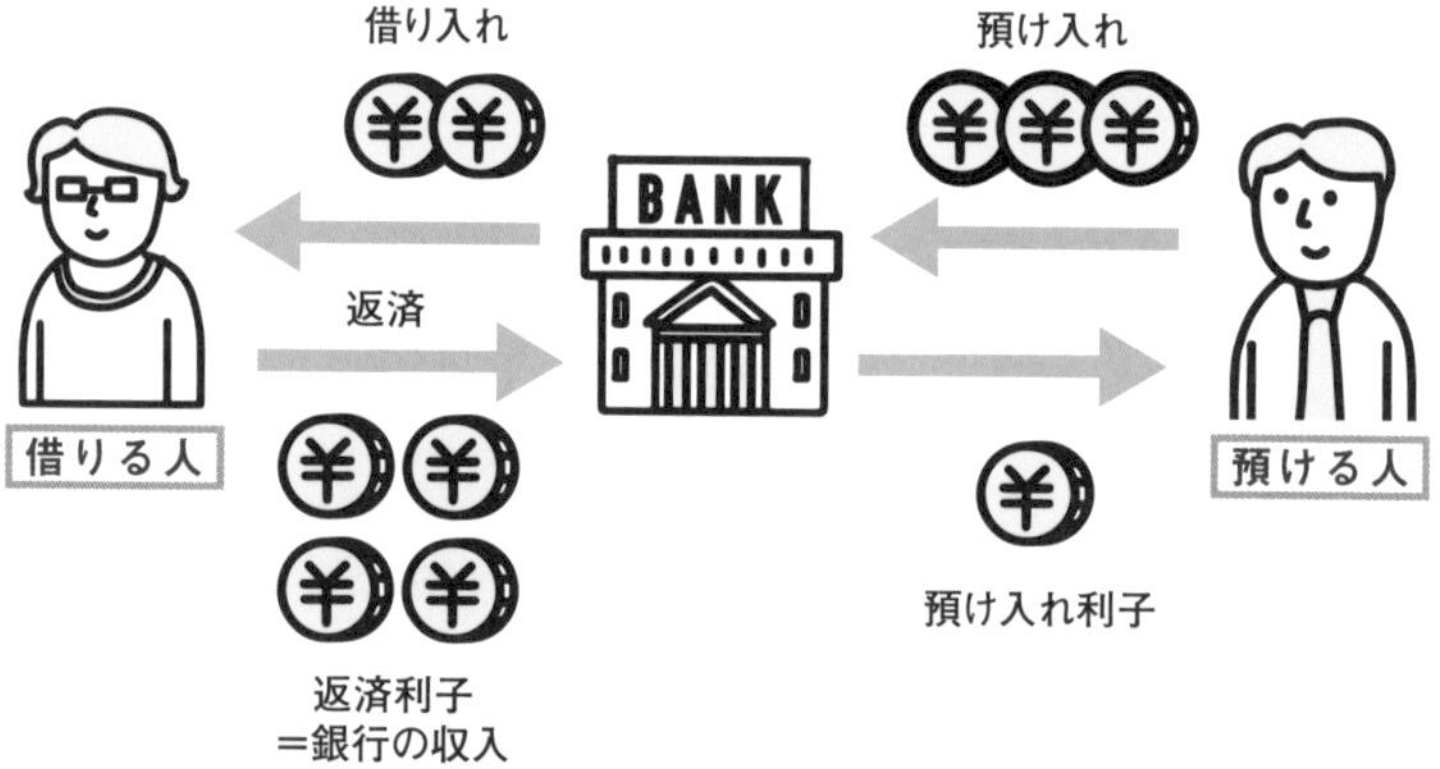
借り入れ
預け入れ
BANK
返済
借りる人
預ける人
預け入れ利子
返済利子
＝銀行の収入

銀行は貸すときの金利をお金を預かるときの金利より高く設定しているので、この金利差の分が収入となる。

銀行にお金を預けるということは、銀行にお金を貸しているということなんだ。

利息のつき方には「単利」と「複利」がある

利息のつき方には、最初に預けた金額にしか利息がつかない「単利」と、ついた利息を元本に組み入れて利息をつける「複利」があります。基本の知識として覚えましょう。1000万円を0.1%の金利で3年間預けた場合の利息を計算してみましょう。

単利の場合

預金額 × 金利 × 預けた年数 ＝ 利息の総額

$$1000万円 \times \frac{1}{1000} \times 3年 = 3万円$$

＊利息につく税金を考慮しない場合の計算例

1万円
1000万円
1年目
1万円
1万円
1000万円
2年目
1万円
1万円
1万円
1000万円
3年目
元本

金利が高くなったり期間が長くなったりすると、利息の額にさらに差が出る。

今は低金利だが、金利が上がってきたら、複利の効果も大きくなる。

複利の場合

{預金額 × (1＋金利)^{預けた年数}} − 預金額 ＝ 利息の総額

$$\left\{1000万円 \times \left(1+\frac{1}{1000}\right)^3\right\} - 1000万円 = 3万30円$$

＊複利は重利（じゅうり）ともいう
＊利息につく税金を考慮しない場合の計算例

ついた利息が元本に組み入れられる。
元本が増えた
1万円
1000万円
1年目
1万10円
1万円
+
1000万円
2年目
1万20円
2万10円
+
1000万円
3年目
元本

金利の種類には「固定金利」と「変動金利」がある

一般的に金利は1年間の利率を指し、満期まで金利が固定されている「固定金利」と、その時々の経済状況によって変わる「変動金利」があります。

固定金利

満期まで預入時の金利が適用される。
ほとんどの定期預金は固定金利

変動金利

その時々の状況で金利が変動する。
普通預金は変動金利。変動金利の定期預金を扱う銀行も

● お金を預けるときは固定金利と変動金利、どっちがお得？

どちらの金利にするかは、その時々の経済状況次第です。
選ぶときの基準は次の通りです。

景気がいい → 物価が上がる → 金利が上がりそう → 変動金利を選ぶ

景気が悪い → 物価が下がる → 金利が下がりそう → 固定金利を選ぶ

景気によって選べばいいんだ。

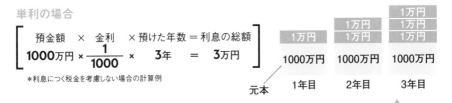

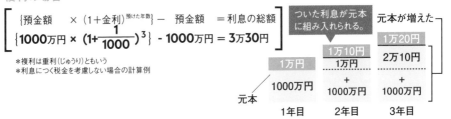

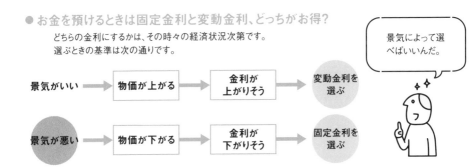

銀行を上手に活用
貯蓄制度・金融商品のいろいろ

毎月確実に貯蓄するための便利で有利な金融商品を

毎月一定額を貯蓄するのに誰にでも有効なのが、銀行の「積立定期預金」です。会社員で勤務先に「財形貯蓄」制度があるなら、これも選択肢に入れます。さらに「NISA（つみたて投資枠）」を加えると、株価の上昇などによる資産増加の可能性があります。「iDeCo」は老後資金の準備に利用できますが、60歳までは引き出せないので、20〜30代の若い人や貯蓄が少ない人は、積み立ての全部を集中させないほうが賢明です。

いずれも毎月一定額を積み立てられるので、定期預金と「NISA」を1対1の比率で組み合わせるなど検討しましょう。

貯蓄プランの立て方

金融商品にはさまざまなものがありますが、どの金融商品を利用するかは優先順位を考えることが大切。一度にあらゆる金融商品を利用しようとすると、貯蓄する分のお金が家計を圧迫してしまいます。

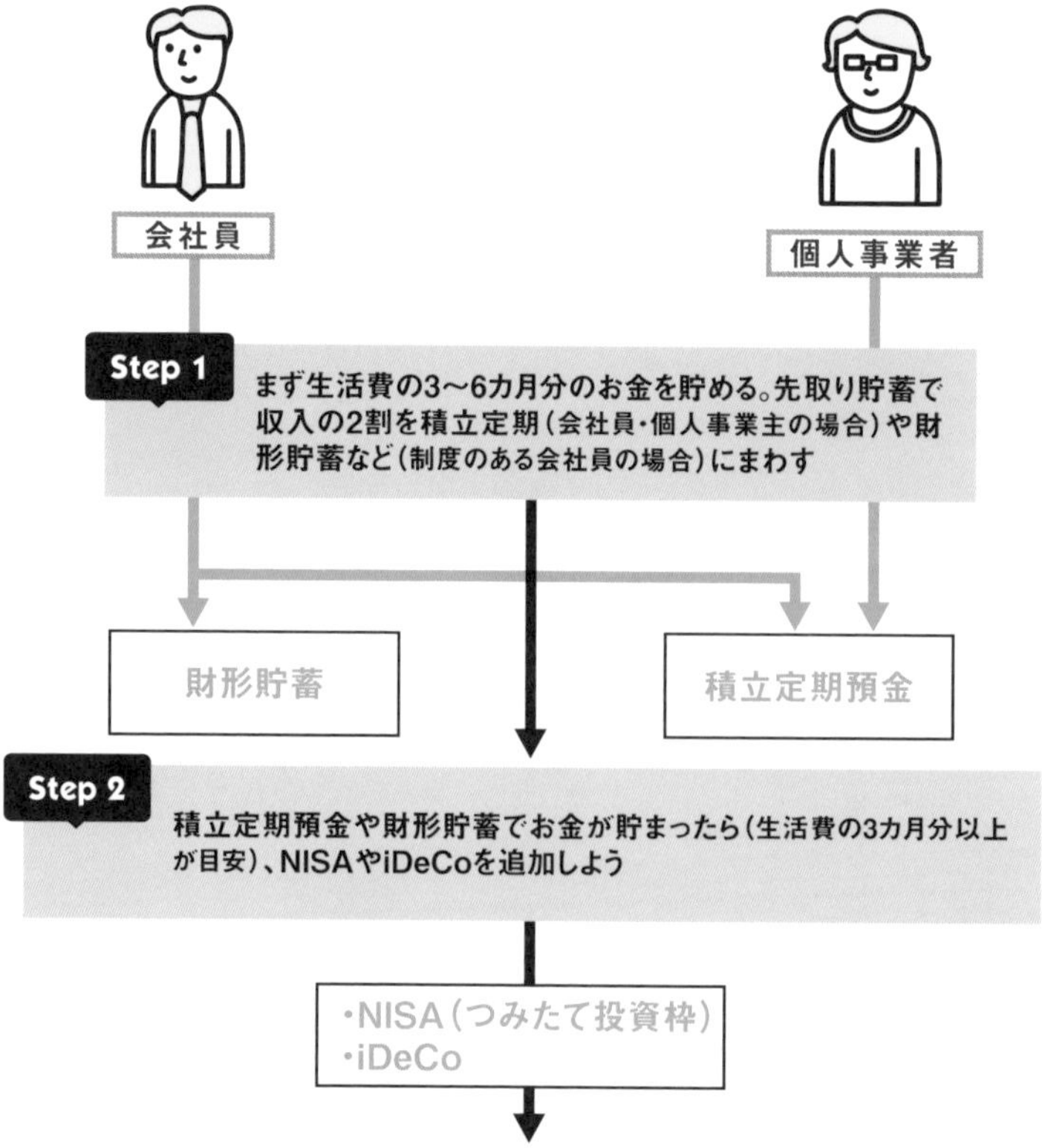
会社員
個人事業者
Step 1
まず生活費の3〜6カ月分のお金を貯める。先取り貯蓄で収入の2割を積立定期（会社員・個人事業主の場合）や財形貯蓄など（制度のある会社員の場合）にまわす
財形貯蓄
積立定期預金
Step 2
積立定期預金や財形貯蓄でお金が貯まったら（生活費の3カ月分以上が目安）、NISAやiDeCoを追加しよう
・NISA（つみたて投資枠）
・iDeCo

月々貯められる金融商品

マイペースに貯蓄するためには、自分に合った金融商品選びからスタートしましょう。

貯蓄癖がついていない

積立定期預金

毎月決まった積立日に、毎月決まった積立金額を普通預金口座から自動積立する。積立期間は任意に決められる。毎月の積立金のほかにボーナスなど臨時の資金を上積み預金することも可能。→P.112

- **申込先:銀行**

給与振込銀行に、給与振込日の直後に積立日を設定する。

会社に財形貯蓄制度がある

財形貯蓄

会社が社員のために、賃金から一定の金額を天引きして貯蓄してくれる。→P.116

- **申込先:勤務先**

勤務先が提携する金融機関が提供する商品から選ぶ。

自分に適したものはどれかな? 積立定期預金は貯蓄癖がついていない人にも有効だ!

老後資金を貯めたい

確定拠出年金

企業型と個人型(iDeCo)がある。
毎月一定額を掛けて運用する年金。→P.236

- **申込先:企業型は勤務先。個人型は自分で金融機関を選ぶ**

企業型は勤務先の規定により利用。個人型は限度額内で毎月の掛け金を選択する。

積立投資に興味がある

NISA(つみたて投資枠)

投資で得た利益が非課税になる制度。2024年1月から制度改正。
→P.234

- **申込先:銀行・証券会社・郵便局などの取扱金融機関**

2024年以降は年間の積立限度額は120万円。

iDeCo(→P.236)も立場により投資できる限度額があることに注意!

\ 知らないと損する /

お得情報

インターネット定期も積立にできる!

インターネットバンキング(→P.100)の定期預金でも、銀行によっては積立ができます。金利は1年定期で0.02~0.2%、3年定期で0.02~0.2%などメガバンクなどより一般に高いのが特徴。ボーナス時期などにキャンペーンで金利がアップする銀行も。

*金利は2023年9月現在

銀行を上手に活用
自動積立で手間をかけずに貯める

無理のない額をコツコツ積み立てよう

働いていて毎月収入のある人が、貯蓄の土台としたいのが、銀行の「積立定期預金」です。給与振込銀行で行えば、毎月自動的に、決まった日に決まった金額が、普通預金から積立定期預金に貯まっていきます。

毎月の最低積立額は5000円以上や1万円以上など、銀行によりさまざまです。無理のない額に設定するのが長続きさせるポイントです。ボーナス月に増額したり、余裕があるときに随時入金したりするといいでしょう。

普通預金の残高が足りないと積み立てされないので、積立日は給与振込日の直後に設定しておくと安心です。

自動積立定期預金の仕組み例

銀行によって、積立期間やまとめ機能などは異なります。定期預金については、P.114を参照。

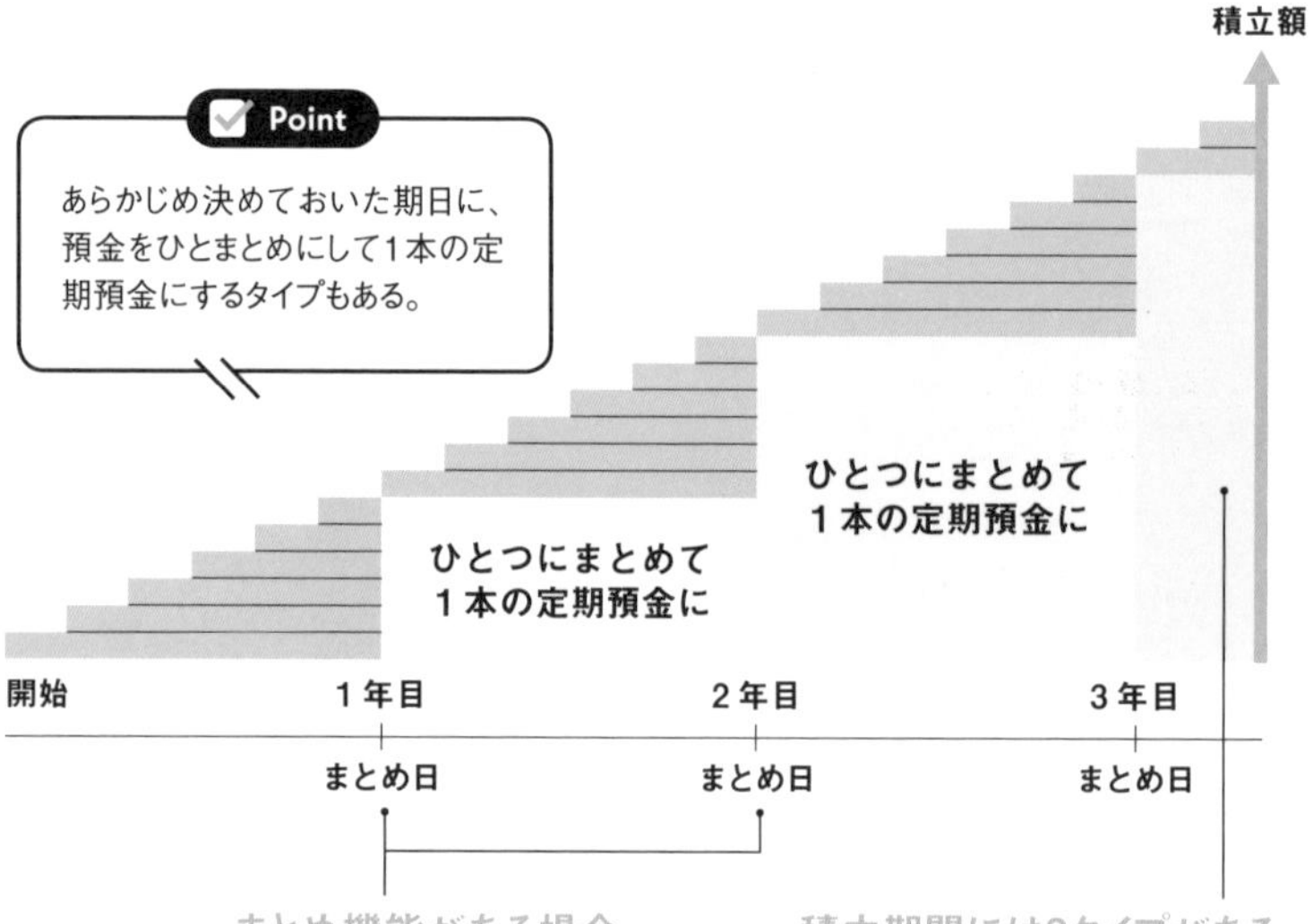
積立額
Point
あらかじめ決めておいた期日に、預金をひとまとめにして1本の定期預金にするタイプもある。
ひとつにまとめて
1本の定期預金に
ひとつにまとめて
1本の定期預金に
開始
1年目
2年目
3年目
まとめ日
まとめ日
まとめ日

まとめ機能がある場合

1本の定期貯金にまとめる「まとめ日」を設定する。1年定期、期日指定定期などを使う。まとめておくと解約の際にラク。

積立期間には2タイプがある

①申し出ない限り無期限に積み立てが継続されるタイプ
②5年など期間を決めて積み立てるタイプ

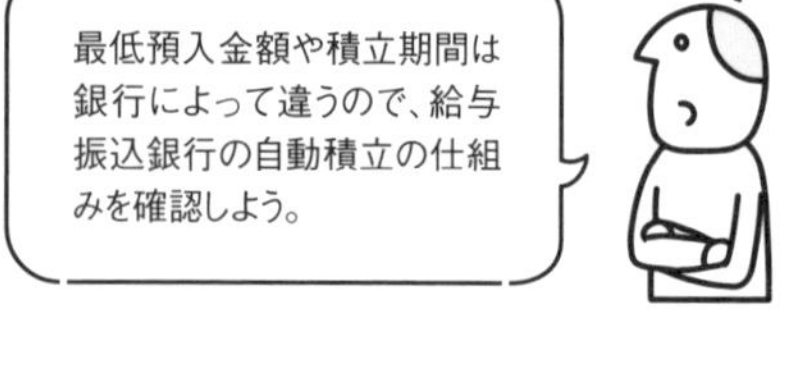
最低預入金額や積立期間は銀行によって違うので、給与振込銀行の自動積立の仕組みを確認しよう。

積立額ごとの貯蓄達成額

1回あたりの積立額ごとに、達成額を示しました(利子を含まず)。濃い色の欄は100万円超えを達成する年です。

1回あたりの積立額	回数	1年	2年	3年	4年	5年
1万5000円	毎月1回分で、年合計12回分	18万円	36万円	54万円	72万円	90万円
	ボーナス時にプラス2回分で、年合計16回分	24万円	48万円	72万円	96万円	120万円
2万円	毎月1回分で、年合計12回分	24万円	48万円	72万円	96万円	120万円
	ボーナス時にプラス2回分で、年合計16回分	32万円	64万円	96万円	128万円	160万円
3万円	毎月1回分で、年合計12回分	36万円	72万円	108万円	144万円	180万円
	ボーナス時にプラス2回分で、年合計16回分	48万円	96万円	144万円	192万円	240万円
4万円	毎月1回分で、年合計12回分	48万円	96万円	144万円	192万円	240万円
	ボーナス時にプラス2回分で、年合計16回分	64万円	128万円	192万円	256万円	320万円
5万円	毎月1回分で、年合計12回分	60万円	120万円	180万円	240万円	300万円
	ボーナス時にプラス2回分で、年合計16回分	80万円	160万円	240万円	320万円	400万円

とにかく早く貯めたいときは……

自動積立定期預金は放っておいても自動的に貯まっていきますが、より効率的に貯める方法もあります。

ボーナス月に増額する

ボーナスがある人は、ボーナス月に1～3カ月分を増額すると貯まるスピードがアップ!

余裕があるときに随時入金

余裕がある月や臨時の収入があったときに随時入金して貯蓄額をプラス。

財形＋自動積立を組み合わせ

会社員で財形貯蓄を利用できるなら並行して利用する。

もっと知りたい Q&A

Q みんなの貯蓄額はどれくらいなの?

A 2021年の「家計の金融行動に関する世論調査[二人以上世帯調査]」(金融広報中央委員会)によると、金融資産を持っている世帯主の平均貯蓄額は20代344万円、30代986万円、40代1235万円となっています。しかし、貯蓄額の大きな一部の人が平均値を押し上げているため、実感に近いのは調査対象者を金額順に並べたときの真ん中の値＝中央値といわれています。貯蓄額の中央値ならば、20代201万円、30代400万円、40代531万円です。

銀行を上手に活用
まとまったお金は定期預金へ

安全で家計の財産になるが預入期間には注意

賞与などまとまったお金が入ったら、定期預金をするのがおすすめです。期間を決めて預ける定期預金は、いつでも出し入れできる普通預金より金利が高いからです。現在は低金利で金利差が小さいとはいえ、**預入期間が長いほど、また金額が大きいほど金利が高くなります**。定期預金は元本割れのリスクがなく安全で、家計の基本的な財産となります。

預入期間は、いつ何に使う予定かにより選択するのが基本です。低金利の時期は預入期間を1～3年と短めに設定し、金利が上がったり、キャンペーンなどで金利が高い定期預金を見つけたりしたときに預け替えを検討するのもよいでしょう。

定期預金の仕組みとメリット

いつでも引き出せる普通預金と違い定期預金は一定期間引き出せないので、どうしても必要なとき以外は中途解約しづらく、結果として貯まりやすいのです。

● 仕組みを知ろう

預入期間が長い定期ほど原則、金利は高く、毎年利息がつくので満期時の受取利息もより増える。

1～6カ月定期の例

預入期間が1年未満でも適用金利の表示は年利なので注意。例えば年利1％で1カ月預けたら1％×1/12が利息となる。

1～10年定期の例

2年以上の定期の場合、複利運用（→P.109）が一般的。

● メリットを知ろう

- 生活費と分けて貯蓄できる
- 普通預金よりも金利が高い
- 元本を割り込むことがなく安全
- 貯まった額がわかりやすい

＼ 知らないと損する ／
お得情報

金利上乗せキャンペーンやユニークな定期預金も活用

ボーナス時期などに期間限定の金利上乗せキャンペーンを行う銀行もあります。地方銀行や信用金庫の中には、子どもの人数などの条件を満たせば金利を上乗せする定期預金、宝くじつき定期預金、景品が当たるくじつき定期預金、特産品つき定期預金など、個性的な定期預金商品を扱っているところもあるので、探してみましょう。

定期預金の種類

定期預金の特徴は、普通預金に比べて金利が高いことと満期が来るまでは基本的に引き出せないことです。

	取り扱い金融機関	特徴	預け入れ金額	預け入れ期間	金利
スーパー定期 スーパー定期300	都市銀行、地方銀行、信用金庫など	普通の定期預金。しばらく使わないまとまったお金を預けるのに向く。	スーパー定期は1円以上1円単位。スーパー定期300は300万円以上1円単位。	1カ月～最長10年間。	固定 0.002%
大口定期預金	都市銀行、地方銀行、信用金庫など	1000万円以上の定期預金。銀行が破綻した場合、保護範囲を超える。	1000万円以上1円単位。	1カ月～最長10年間。	固定 0.002% 上乗せ交渉可
ネット定期 （ネット定期預金）	ネット専業銀行、インターネット支店、都市銀行、地方銀行、信用金庫など	ネット専業銀行などはスーパー定期より金利が高い。	金融機関によって異なる。1000円以上など。	金融機関によって異なる。6カ月～5年など。	固定 0.002%
期日指定 定期預金	都市銀行、地方銀行、信用金庫など	1年以上預け入れると満期日を自分で指定できる。	1円以上300万円以下が一般的。	最長3年までが一般的。	固定 0.002%
変動金利 定期預金	都市銀行、地方銀行、信用金庫など	金利が一定期間ごと（6カ月ごとが一般的）に変更される。	1円以上1円単位が一般的。	1年以上3年以内が一般的。	変動 0.002%
定額貯金	ゆうちょ銀行	6カ月を過ぎればいつでも解約可能。	1000、5000、1万、5万、10万、50万、100万、300万円の8種。	最長10年。	固定 0.002%
定期貯金	ゆうちょ銀行	預入期間が3年以上のものは半年複利で計算される。	1000円以上1000円単位。	1カ月、3カ月、6カ月、1年、2年、3年、4年、5年のいずれか。	固定 0.002%

*金利は2023年9月現在。ゆうちょ銀行の貯金を除き、みずほ銀行の金利。預入期間は変動金利定期預金が3年、そのほかは1年
*いずれも解約は満期時に可能。中途解約すると中途解約利率と呼ばれる低い利率が適用される

＼もっと知りたい／
Q&A

Q　金融機関とトラブルになったときは?

A　金融機関から勧められた商品が、自分が考えていた条件と違っていた、値下がりするリスクがあったなど、トラブルが生じることもあります。そんなときは金融ADR制度（金融分野における裁判外紛争解決制度）を活用すれば、中立的な立場で和解案の提示などを行ってもらえます。銀行とのトラブルの場合は、全国銀行協会がADR機関となっています。
専用TEL：0570-017109（全国銀行協会相談室）

財形貯蓄には非課税のメリットも

勤務先の制度を上手に活用

給与天引きで貯めやすい会社員はまず財形住宅を

財形貯蓄は、勤務先が財形貯蓄制度を導入していれば利用できます。会社員、公務員のほか、継続して働くことが見込まれるパートやアルバイト、派遣社員も契約できます。会社が提携する金融機関の商品から選ぶ仕組みで、銀行の定期預金のほか、生命保険会社の積立保険や、損害保険会社の傷害保険などもあります。

給与からの天引きなので貯めやすく、財形住宅貯蓄、財形年金貯蓄、一般財形貯蓄の3種類のうち、**財形住宅と財形年金は条件を満たせば非課税のメリットも。**また、どの財形貯蓄も50万円以上の残高があれば、自宅を購入・新築・リフォームする際、財形住宅融資が受けられます。

財形貯蓄の仕組み

労働政策研究・研修機構の2019年の調査によると、財形貯蓄を導入している企業は35.2%となっています。財形貯蓄の契約をすると、預金分を会社が給与から天引きして金融機関に預けるので、自動的にお金が貯まっていきます。

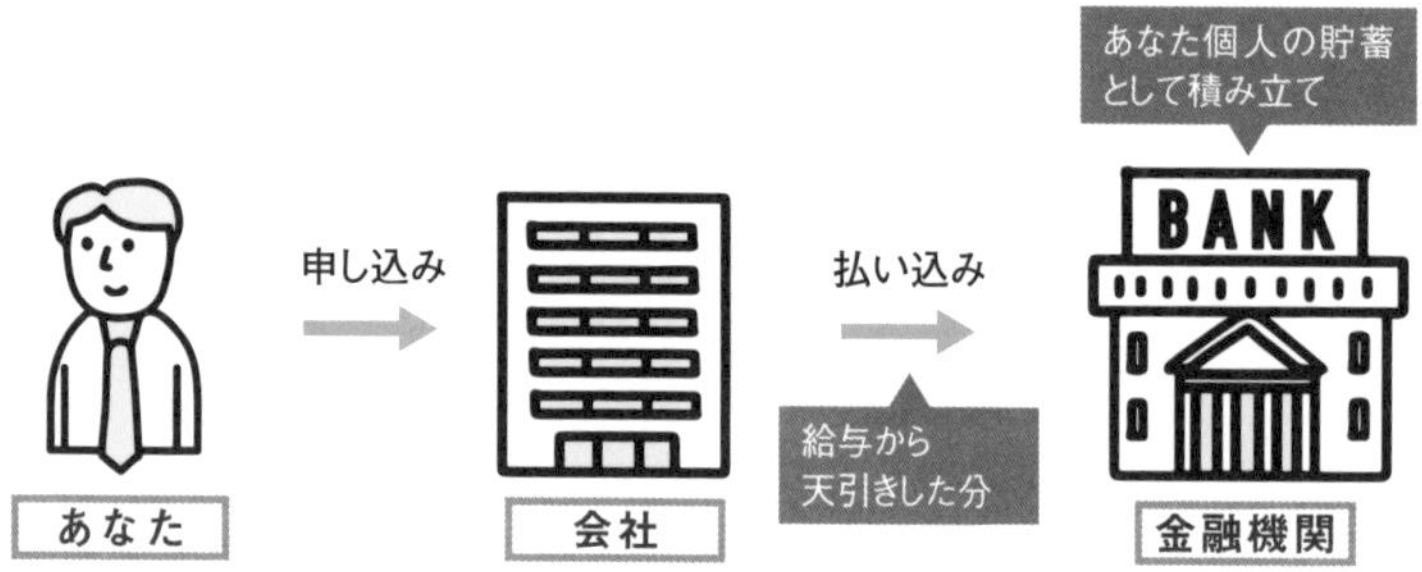
あなた個人の貯蓄
として積み立て
申し込み
払い込み
BANK
給与から
天引きした分
あなた
会社
金融機関

メリットを知ろう

- 財形貯蓄で使える金融商品の中には、一般よりも金利が高く設定されているものがある
- 解約は会社に申し出が必要なので、引き出しにくく貯めやすい
- 通常は利息などに20.315%の税金がかかるが、財形住宅と財形年金は条件を満たせば非課税となる

Point

財形貯蓄のデメリットは、会社が提携する金融機関の商品しか選べないということだけ。財形貯蓄制度のある会社で働いているなら、ぜひ加入を検討しよう！

3つの財形貯蓄の使いこなし方

用途とともに非課税の条件などもチェックして選択しましょう。

	財形住宅貯蓄	財形年金貯蓄	一般財形貯蓄
目的	住宅購入・リフォーム資金の準備 	老後の年金として受け取る 	自由 
加入条件	満55歳未満の勤労者 ＊勤労者とは、職業の種類や雇用形態にかかわらず事業主に雇用される人のすべてを指す（アルバイト・パートタイマー・派遣社員も継続勤務が見込まれる場合、含まれる）		勤労者
積立期間	5年以上		3年以上
非課税になる条件	預金などは元本550万円まで 保険などは払込額550万円まで※	預金などは元本550万円まで 保険などは払込額385万円まで※	税制の優遇措置はない
条件・特徴	床面積50㎡以上で本人が住むための ● 新築住宅の建設・購入 ● 耐震基準を満たす、または築後一定年数以内の中古住宅の購入 ● 工事費75万円を超えるリフォーム　など	満60歳以降の年金として払い出すこと	使い道は自由
その他	● 条件を満たさなかった場合（目的外払い出し）は、5年間をさかのぼって利息の全額に課税される ● 災害などによる被害を受けた、高額の医療費がかかった場合などは非課税となる		貯蓄開始から1年以上経てば、払い戻しができる

※財形住宅貯蓄と財形年金貯蓄を併用する場合は、合計の貯蓄残高550万円までとなる

迷ったときの選び方

3つのうちどれにするか迷ったら、すぐに家を買う予定がなくても財形住宅貯蓄を選ぶのが賢明。

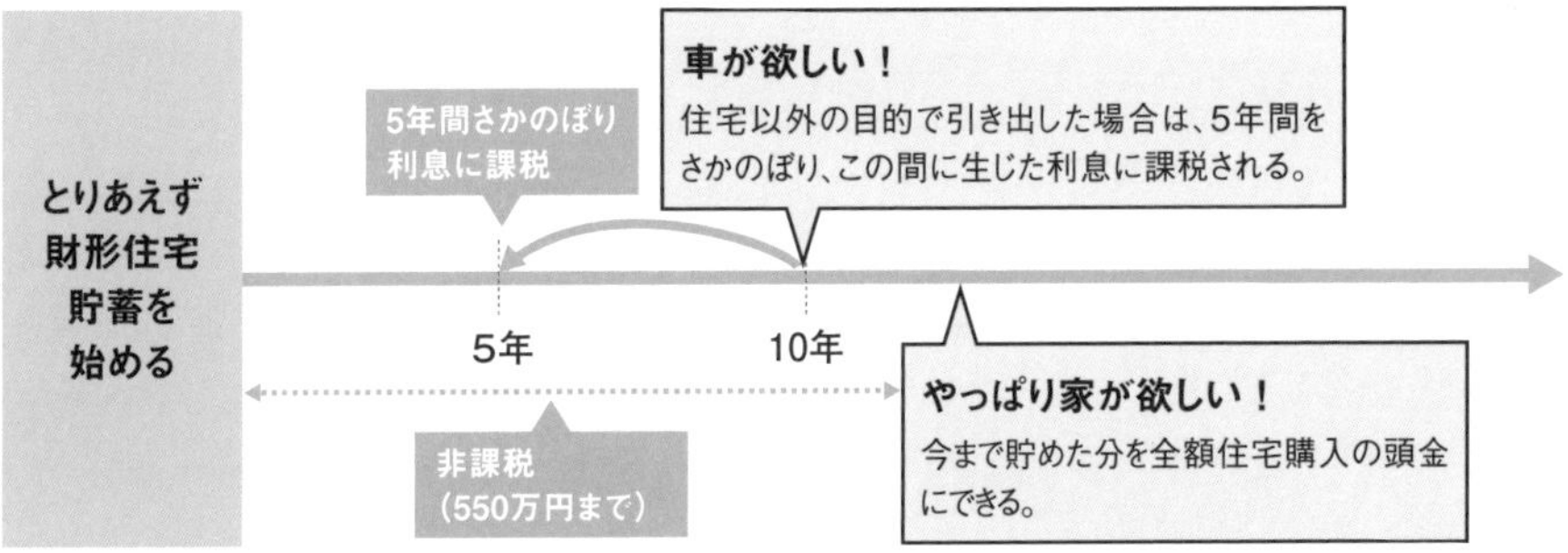

とりあえず財形住宅貯蓄を始める
5年間さかのぼり利息に課税
車が欲しい！
住宅以外の目的で引き出した場合は、5年間をさかのぼり、この間に生じた利息に課税される。
5年
10年
非課税（550万円まで）
やっぱり家が欲しい！
今まで貯めた分を全額住宅購入の頭金にできる。

保険で貯める
預貯金以外にも貯める方法がある

低金利は保険も同じ 早期の解約は元本割れに注意

保険の中には貯蓄代わりに使えるものがあります。個人年金保険、終身保険、養老保険、子ども保険の4つがその代表。掛け捨てではないので保険料は高く、預金と同じく低金利です。保険料の支払い方法には月払いや年払い、一時払いがあります。まとめて払うと保険料が安くなり、その分、預金でいえば利息にあたる部分が増えます。保険料は一定額まで所得控除できて、少々節税できます。

払った保険料には万一のときの備えとして保障が含まれているため、受取額が支払額を下回る「元本割れ」が生じることも。保険会社の経費も引かれるので、加入後、早期に解約した場合も元本割れします。

保険は元本割れが起こることがある！

保険に入るときは戻り率を計算して元本割れリスクの確認をします。戻り率とは、保険料の総額に対して契約者が受け取ることができる受取総額の割合です。

銀行預金

元本に預金金利を掛けた利息がつき、満期になると元本と利息を受け取れる。元本割れなし。

保険

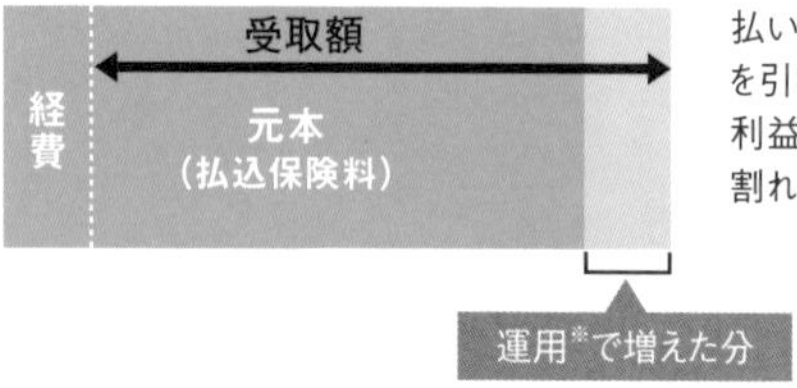

払い込んだ保険料から保険会社の経費を引いた残りを運用する。経費を超える利益が出ないと、加入者にとっては元本割れに。

※保険会社では債券などを買って保険料を運用している

● 元本割れをしないかチェックしてみよう

次の式を使い、元本割れしないかを戻り率で確認する。
戻り率が100未満だと元本割れ、100以上なら増えているということ。
受取額÷払込保険料の総額×100＝戻り率（%）

㊄満期保険金（受取額）＝200万円

払込保険料の総額＝月9600円×12カ月×17年＝ **195万8400円**
200万円 ÷ 195万8400円 × 100 = **102.124（%）**

100%以上なので元本割れしていない。ただし、戻り率は銀行などの金利（年利）とは違うので注意！

4つの貯める保険 仕組みと特徴

それぞれの保険の最もシンプルなパターンは以下の通り。保険会社によって、さまざまなバリエーションがあります。

個人年金保険

- 老後資金に
- 確定年金、終身年金、有期年金などがある

例 10年確定年金

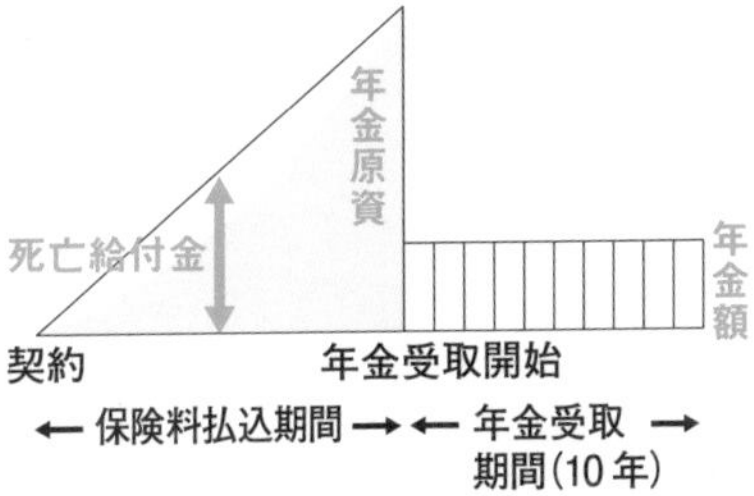

- 払い込んだ保険料をもとに、老後に年金として受け取る。
- 払い込み途中で死亡すると、死亡給付金が支払われる。契約は終了。

終身保険

- 老後資金や相続対策に
- 保険料の支払いには主に有期払込タイプと終身払込タイプがある

例 有期払込タイプ

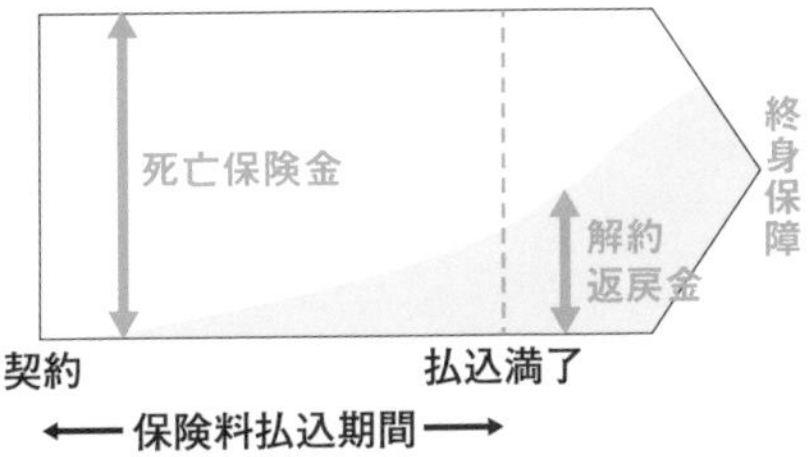

- 死亡保障が一生続く。
- 解約すると解約返戻金をもらえる。解約返戻金は年金受け取りなどもできる。

養老保険

- 死亡保障と貯蓄に

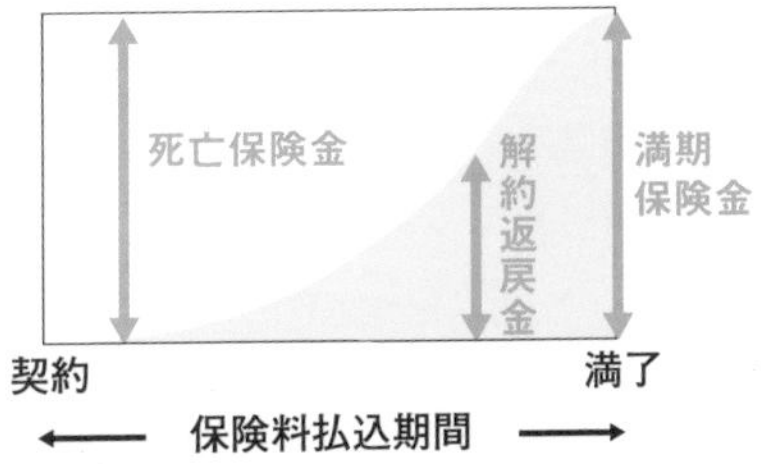

- 死亡すると死亡保険金を受け取れる。
- 満期時に生きていると、死亡保険金と同額の満期保険金を受け取れる。
- 現在は金利が低く、あまりおすすめできない。

学資(子ども)保険

- 親の死亡保障を確保しながら教育費を準備したいときに(→P.149)

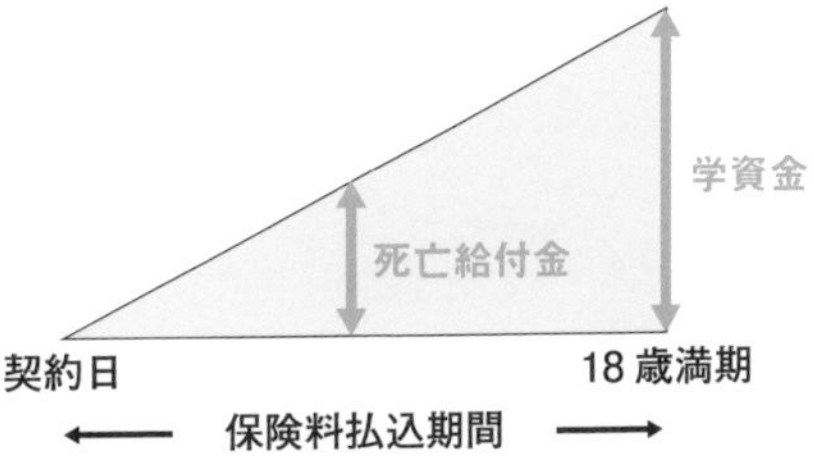

- 保険料を払い込み、満期時に学資金を受け取る。
- 満期前に契約者(親)が死亡すると保険料の支払いが免除され、学資金は予定通りに受け取れる。
- 満期前に子どもが死亡すると死亡給付金を受け取り、契約は終了する。

実際どうなの!?
お金のリアル事情

稼いだ月はこづかいが増える やる気を上げる家計管理術

鈴木初音さん（仮名）	33歳　滋賀県

鈴木初音さんは、結婚後すぐに子どもに恵まれ、2歳と3歳の子どもがいます。年子の子育てが大変なので、いったん仕事を辞め、現在は子育てや家事に専念、家計管理も担当しています。

初音さんの夫は営業職で、営業成績により収入が大きく上下するため、結婚当初は戸惑いました。収入が少ない月は赤字になってしまうこともあります。夫は給与を把握しているため、逆に収入が多い月は外食やレジャーなどにお金を使いたがります。「頑張って稼いだのだから、楽しいことにもお金を使えないと、次のやる気が出ない」と主張する夫と、「収入が少ない月のために多い月の分を取っておきたい」初音さん。

そこで初音さんは、結婚後、最も収入が少なかった月の家計簿を確認し、基本的な生活費をその金額でまかなえるよう家計を見直しました。保険や携帯電話のプラン、食費……。以前は頻繁に購入していた子どもの衣類や雑貨も安く抑えることを心掛け、生活費は予算を守ることを徹底しました。基本生活費を上まわった分は、貯蓄、夫のこづかい、家族でのレジャー費に3等分することにし、夫にも伝えました。

生活費の予算をしっかり守れば、余剰金は将来への貯蓄と楽しみに使えます。レジャーにいくらまで使えるかも毎月はっきりしています。収入が多いほど連動してこづかいが増えるところは、夫の励みになっているようです。

初音さんは毎月、給与明細をもとに、貯蓄額、夫のこづかい、家族でのレジャー費を夫に伝え、一緒にレジャーの計画を立てます。夫婦でお金の話をするのが楽しくなりました。

Chapter 5

使う

生活に必要なお金と
楽しみのために使うお金、
大きな買い物のためのお金。
計画的に、バランスよく使えるようになりましょう。

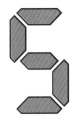

お金の正しい使い方

メリハリのある使い方をマスターしよう

本当に必要な支出かを疑う 楽しみのための支出は確保

お金の使い方は「生活に必要な支出」と、「楽しみのための支出」に分けられます。節約してお金を貯めるには、「楽しみのための支出」を我慢すべきと思いがちですが、それは間違い。楽しみがなくなると、つまらないし、働く意欲も低下します。

まず先に、**自分が必要と思っている支出が本当に必要かを疑ってみましょう**。そのうえで、**「楽しみのための支出」で、本当に楽しめたか考えてみましょう**。「お金を払った価値がある！」と思うなら、その支出は正解。イマイチなら、次回は別の方法や予算を検討すべきです。自分が使えるお金の範囲でどうバランスをとるか、シビアに支出を見直しましょう。

「何に」「いくら」お金を使っている?

使い道が貯蓄や将来に役立ちそうなことならOKですが、何に使ったかわからないのは問題です。使えるお金をしっかり把握しましょう。

カード払いでマイナスになる人もいるよね。

お金の管理ができない人　　お金の管理ができる人

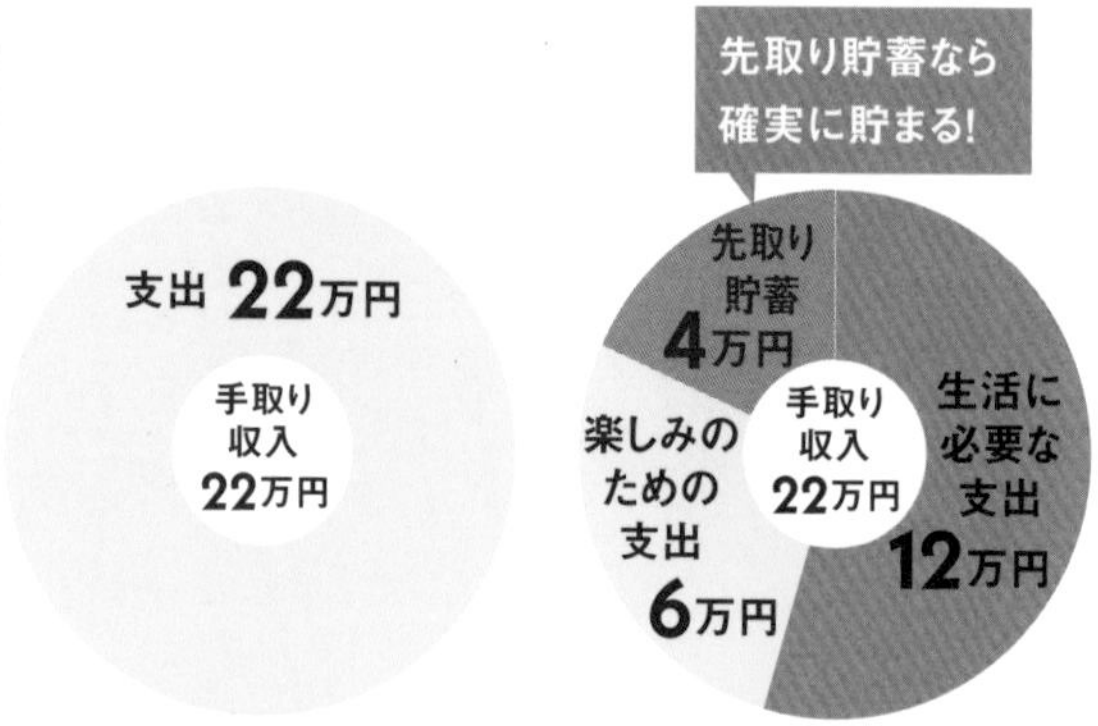
支出 22万円
手取り収入 22万円
先取り貯蓄なら確実に貯まる!
先取り貯蓄 4万円
楽しみのための支出 6万円
手取り収入 22万円
生活に必要な支出 12万円

残ったお金を貯金しようと思いながら、気がついたらすべて使ってしまっている。

手取りから先取り貯蓄をして、残りで必要な支出と楽しみのための支出をまかなう。

こんな人は注意！

- ☐ クレジットカードでの買い物が多く、引き落とし額と内容を把握していない
- ☐ 夜や土日にお金が足りなくなって、ATM手数料を払って下ろしている
- ☐ 流行っているお店と聞くと行きたくなる
- ☐ 将来のことはあまり考えたことがない
- ☐ レシートは受け取らない
- ☐ コンビニや100円ショップに、ほぼ毎日行く

使えるお金は2つに分類しよう

まずはP.37の支出バランスから「生活に必要な支出」、「楽しみのための支出」を算出。「楽しみのための支出」はレシートを必ず取っておくようにして、何に使ったのかをより細かく把握しましょう。

1カ月の収入　　　円 － 貯蓄（→P.91）　　　円 ＝ 1カ月の使えるお金　　　円

生活に必要な支出
＝見直しが必要なお金

- 住居費　　　円
- 水道光熱費　　　円
- 通信費　　　円
- 食費　　　円
- 雑費・医療費　　　円
- 一般保険料　　　円

＝ 合計　　　円

楽しみのための支出
＝削れるお金

- 娯楽費　　　円
- コンビニで買ったおやつ　　　円
- 本、雑誌　　　円
- 服　　　円
- 音楽や映画のサブスク　　　円
- 使途不明金　　　円

＝ 合計　　　円

何を削れる？　ムダ遣いは含まれていないか？　もっと安くならないか？

見直しのポイント

- スマホのキャリアやプランは自分の使い方に合っているか
- 平日のランチはお弁当にできないか
- ドラッグストアやコンビニ、100円ショップで不要なものまで買っていないか　など

見直しのポイント

- 通っていないスポーツクラブの会費
- 断れずに行った飲み会で、ダラダラと二次会、三次会まで
- なんとなくの外食
- 衝動買いした服や小物　など

Point

使途不明金の減らし方

現金払いは使途不明金が出やすいので、必ずレシートをもらうか、その場でスマホにメモするなどしよう。クレジットカードなどで引き落とすサブスクなども、定期的に必要かどうか確認を。

コンビニでのついで買いやネットショッピングの衝動買いは削れるね。

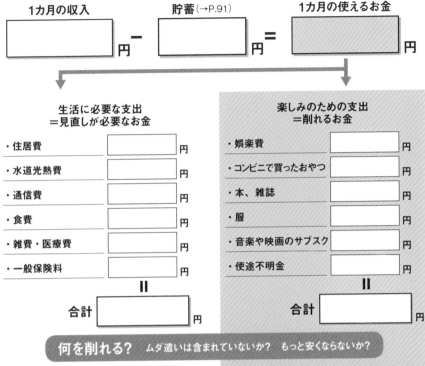

支払い方法のいろいろ

後払いは予算を決めるなどしっかり管理する

支払い方法をタイミングで分けると、**前払い、同時払い、後払いの3パターン**になります。前払いは、事前にチャージするプリペイド型電子マネー。同時払いは現金かデビットカード。財布や銀行口座にお金がなければ使えず、手持ちの範囲に収まります。**後払いのクレジットカードは、手元にお金がなくても買えるので、お金を払うという現実感が薄れがち**。予算を決めてしっかり管理しましょう。

PayPayや楽天ペイなどのコード決済は、支払方法を何に紐づけるかにより、前払い、同時払い、後払いのどれかになります。

支払い方と支払うタイミングの分類

支払うタイミングによって、お金の管理方法は変わります。いつ支払っているのか、確認しておきましょう。

前払い＝事前にチャージしておく

- **プリペイド型電子マネー**
  Suica、PASMO、nanaco、WAON、楽天Edyなど
- **プリペイドカード**
  Visaプリペイドカード、QUOカード、図書カードなど

〈プリペイド型電子マネー〉

チャージ
IC
IC
使うとチャージが減る
カード（媒介するもの）
現金
など

同時払い＝購入と同時にお金が減る

- **現金払い**
- **デビットカード**
  J-Debit（ほとんどの銀行のキャッシュカードがそのまま使える）、Visaデビット・JCBデビット（カード会社と銀行が連携する）など

〈デビットカード〉

Debit CARD
使うと残高が減る
預金

後払い＝後日、まとめて請求がくる

- **クレジットカード**
- **水道光熱費などの銀行口座引き落とし**

〈クレジットカード〉

カード
後日、使った分の残高が減る
預金

（持っている以上のお金も使えてしまう）

Point

後払い＝借金

後払いは、お金をその場で払っていないので、借金と同じ。使いすぎると、後日、びっくりするような金額の請求が届くことも。

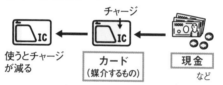

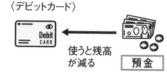

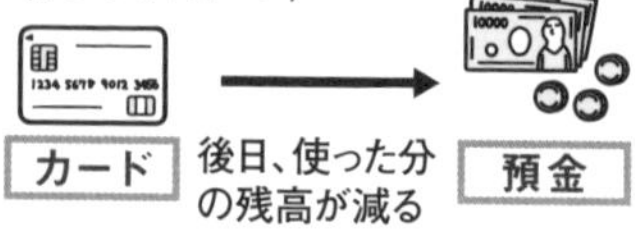

プリペイドカード、デビットカード、クレジットカードの違い

前・同時・後払いの代表格である3つのカード。似ているようですが、その仕組みは大きく異なります。

プリペイドカード

発行時の審査はない。チャージは現金やクレジットカードを使う。1度チャージした残高は原則払い戻せない。有効期限があるものも。海外で利用できる外貨建てのカードもある。

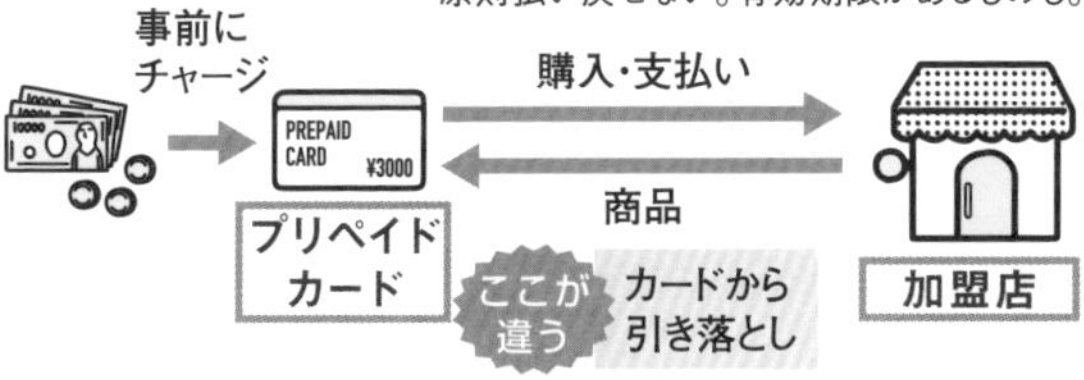

Point

複数枚持つのは、眠っているお金があるということ。1～2枚に集約しよう。

デビットカード

銀行に申し込んでデビットカードを発行してもらう。年会費がかかる銀行も。銀行口座の残高の範囲でしか利用できないので、収入がなくてもつくれる。

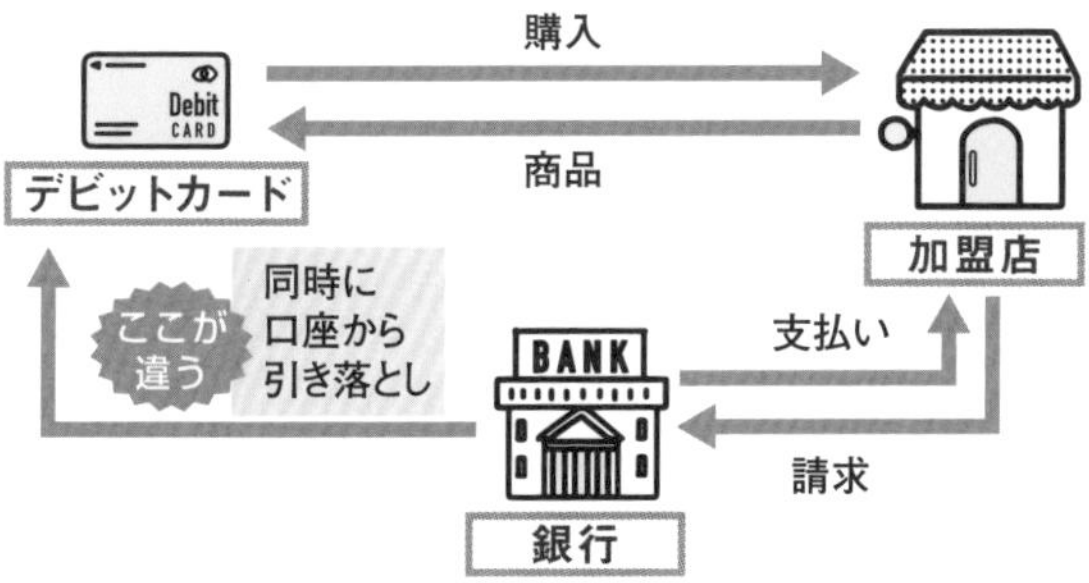

Point

銀行口座に紐づいているので、1口座につき1枚。国内でのみ利用可能なJ-Debitと、海外でも使えるVisaやJCBのブランドデビットがある。

クレジットカード

クレジットカード会社に申し込んで発行してもらう。収入や勤続年数などから支払い能力を審査され、収入などによってはカードをつくれない人も。手元に現金がなくても買い物ができる（→P.128）。

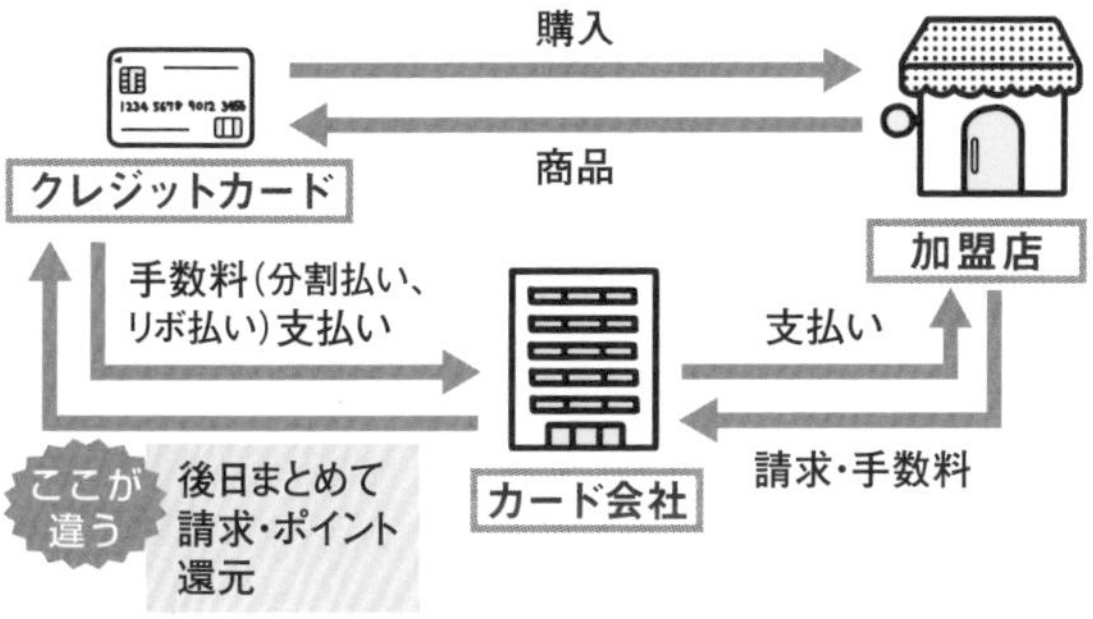

Point

クレジットカードの所有枚数は2枚程度がおすすめ。多いと、よりしっかりしたお金の管理が必要になる。経費の支払いにクレジットカードを利用する人は、プライベートと仕事用を分けて持とう。

支払方法が増えて便利になったけど、実際にお金が動くタイミングを把握しておかないと、自分のお金の動きが見えなくなってしまうよ。

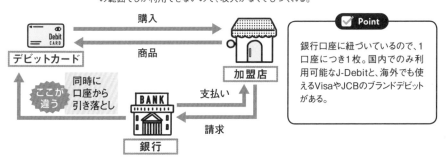

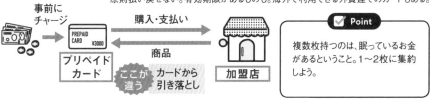

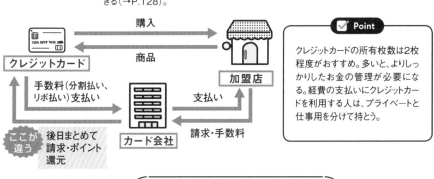

コード決済時代のポイント活用

同一ポイントが貯まるサービスを活用する

いろいろなポイントがある中、**複数の店舗やサービスで貯めて使える共通ポイントが現在の主流です。**

共通ポイントは、携帯電話やクレジットカード利用、コンビニでの買い物やネットショッピングなどで垣根を越えて貯められます。**同じポイントが貯まるグループを経済圏と呼ぶことも。**代表的なものは左ページの表の通りです。

貯めたポイントを支払いに使えば実質的な割引になり、金利に換算すると0.5～10％程度にも。

ただし、ポイント欲しさにムダ遣いしては本末転倒。ふだんの生活の中で無理なく貯まるポイントを選んで、ムダなく使うのが鉄則です。

ポイント経済圏の仕組み

コード（スマホ）決済やクレジットカードなどで支払うと、実在の店舗はもちろんネットショッピングなどでもポイントが貯まります。買い物以外にも、金融機関の取引などがポイント付与の対象になる経済圏も。

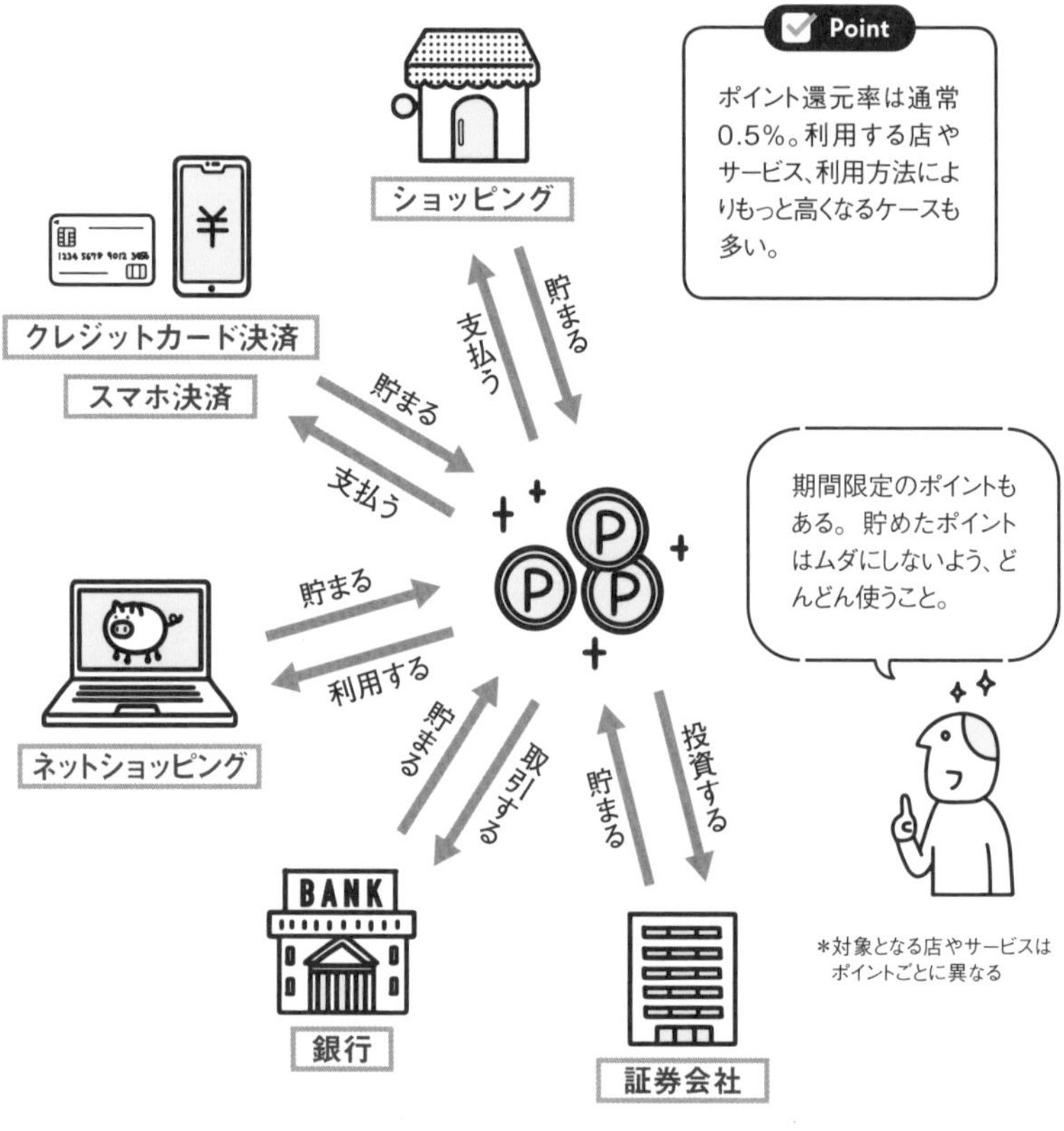
Point
ポイント還元率は通常0.5%。利用する店やサービス、利用方法によりもっと高くなるケースも多い。
ショッピング
支払う
貯まる
クレジットカード決済
スマホ決済
貯まる
支払う
ネットショッピング
貯まる
利用する
BANK
銀行
貯まる
取引する
証券会社
貯まる
投資する
期間限定のポイントもある。貯めたポイントはムダにしないよう、どんどん使うこと。

＊対象となる店やサービスはポイントごとに異なる

主な経済圏の特徴とメリット

買い物や決済手段などを1つの経済圏の中でまとめるとポイントを貯める点ではお得。使っている携帯キャリア、コード（スマホ）決済、クレジットカードを軸に検討してみましょう。競争が激しい分野なので、ポイント還元率などの変更には注意が必要です。

ポイント名	携帯キャリア	決済、金融機関、その他のサービス	特徴
PayPayポイント	ソフトバンク・Y！モバイル	PayPay、PayPayカード、PayPay銀行、PayPay証券、Yahoo!ショッピングなど	PayPayはスマホ決済最大手で、対象店舗が多い
楽天ポイント	楽天モバイル	楽天ペイ、楽天カード、楽天銀行、楽天証券、楽天市場、楽天西友ネットスーパーなど	グループのサービスを使えば使うほどポイント還元率が上がる
dポイント	NTTドコモ ahamo	d払い、dカード、dスマートバンク、マネックス証券※、dショッピングなど	d払いはドコモユーザーでなくても利用できるが、ドコモユーザーに有利
Pontaポイント	au・UQモバイル	auPAY、auPAYカード、auじぶん銀行、au株コム証券、auPAYマーケットなど	auPAYはauユーザーでなくても利用できるがauユーザーに有利
WAONポイント	イオンモバイル	AEON Pay、イオンカードセレクト、イオン銀行、イオンネットスーパーなど	イオン系列の店舗などでイオンカードセレクトで支払うと有利

※2024年1月より業務提携

＼もっと知りたい／

Q&A

Q　経済圏を意識せずに貯まるポイントはありますか？

A　共通ポイントの先駆けであるTポイントが、2024年春から三井住友フィナンシャルグループのVポイントに統合されます。全国のTポイント提携先ではTカード、モバイルTカードを提示し現金払いで、日本を含む世界のVisa加盟店では三井住友カードでの支払いでVポイントが貯まります。Tポイント提携先で三井住友カードで払えばダブルで貯まります。スマホのキャリアを意識せずに貯められ、貯まったVポイントはTポイント提携先や世界のVisa加盟店で使えるようになる予定です。

お金の正しい使い方

クレジットカードは賢く利用しよう

支払い方法を知り ポイントを上手に貯める

クレジットカードは、借りたお金をきちんと返すという信用に基づき、カード会社と契約して発行されます。手元に現金がなくても買える手軽さの半面、無計画に利用すると返済できなくなるということにもなりかねません。支払い方法には、大きく分けて一括払い、分割払い、リボルビング払いがあり、一括払い以外は複数回に分けて支払える一方、手数料がつくことをまず知っておきましょう。

クレジットカードのメリットに、使った記録が残ること、支払いに使えたりするポイントが貯まることがあります。通信費や水道光熱費などの毎月の固定料金をカード払いにすると、ポイントが着実に貯まります。

支払い方法によっては手数料がかかる

クレジットカードの支払いは、手数料がかからない方法を選ぶのが鉄則です。

支払い方法	内容	手数料
翌月一括払い	翌月に一括して支払う	かからない
ボーナス払い	ボーナス時に一括して支払う	かからない
分割払い	何回かに分けて支払う	2回までは無料
リボルビング払い	複数の物を買っても、返済中に新しい買い物をしても、毎月一定額を返済	かかる

分割払い、リボ払いともに手数料は多くの会社が年15%くらい（2023年9月現在）と高い。

クレジットカードの上手な利用方法

引き落とし日まではカード会社にお金を借りているのと同じ。クレジットカードを賢く利用するため、よい使い方と悪い使い方を確認しましょう。

OK よい使い方

- 買い物は原則、一括払いにする
- 家計簿に記録して管理する
- 請求書を毎月必ず確認する
- よく使うカード1～2枚に絞り込む
- ポイントは支払いに使う、キャッシュバックなど、有効に還元する
- キャッシングやリボルビング払い（→P.130）は使わない

NG 悪い使い方

- ポイントを貯めたくて何でもカード払いにする
- 引き落とし口座の異なるカードを複数枚持っていて、残額が足りないときがある
- リボルビング払いを利用
- せっかく貯めたポイントの有効期限が切れてしまうことがある

クレジットカードを持つメリット

クレジットカードの大きなメリットは3つあります。

① 多額の現金を持ち歩かなくていい

現金には名前を書けないので失くしたら終わり。

② 手元に現金がなくても買える

高い物を買うときにお金を下ろしそこねても大丈夫。

③ ポイントが貯まる

ポイント還元率は0.5%を基本に、2倍、3倍になるカードも。

クレジットカードを選ぶ3つの判断基準

日常生活に身近なクレジットカードを選びましょう。判断基準となるのは下記の3つです。

① 生活圏に使える店・機関が多い

通勤に使う鉄道の提携カードなど。

② 年会費が負担にならない・ポイント還元率が高い

年会費が必要な場合は、それに見合うサービスがあるかを確認。

③ 付帯サービスの内容

自分のお金の使い方や生活に生かせるものがあるかを確認。

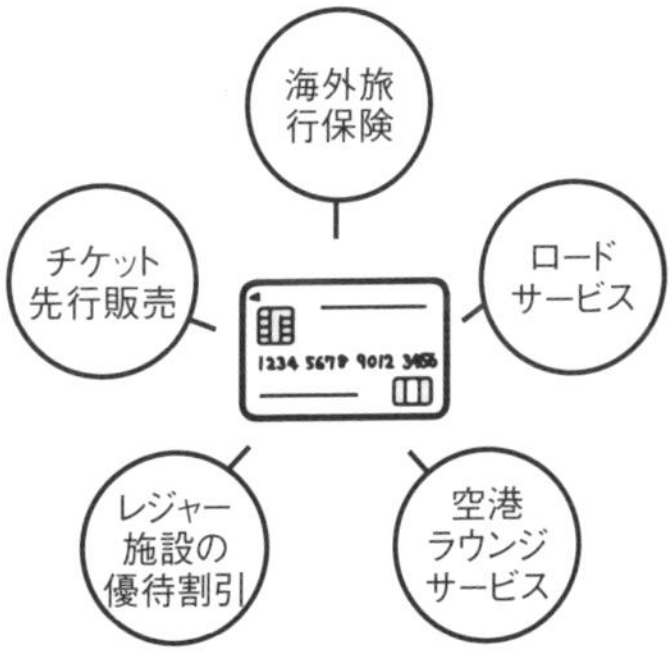

お金がないけど、どうしても必要なとき

手数料が高い、分割・リボ払い、キャッシングに注意

給料日前にお金が足りなくなると、何でもクレジットカードで支払ったり、キャッシングを利用する人もいますが、それは大変危険な行為。**クレジットカードは後払いなので、利用するだけで借金をしている状態です**。加えて、**手数料が高い分割払い、リボ払い、キャッシングをしては借金を積み重ねてしまいます**。できるだけ一括払いにしましょう。

とはいえ、車や住宅を購入する際など、手持ちの金額よりもお金が必要になることはあります。どうしてもお金が必要なときは、なるべく金利の低いローンを選びましょう。消費者金融や銀行のカードローンなどは、金利が高いので要注意です。

分割払いとリボルビング払いの違い

分割払いは買い物ごとの「支払い回数」を、リボルビング払いは「毎月の支払い額」を指定する支払い方法です。

分割払い

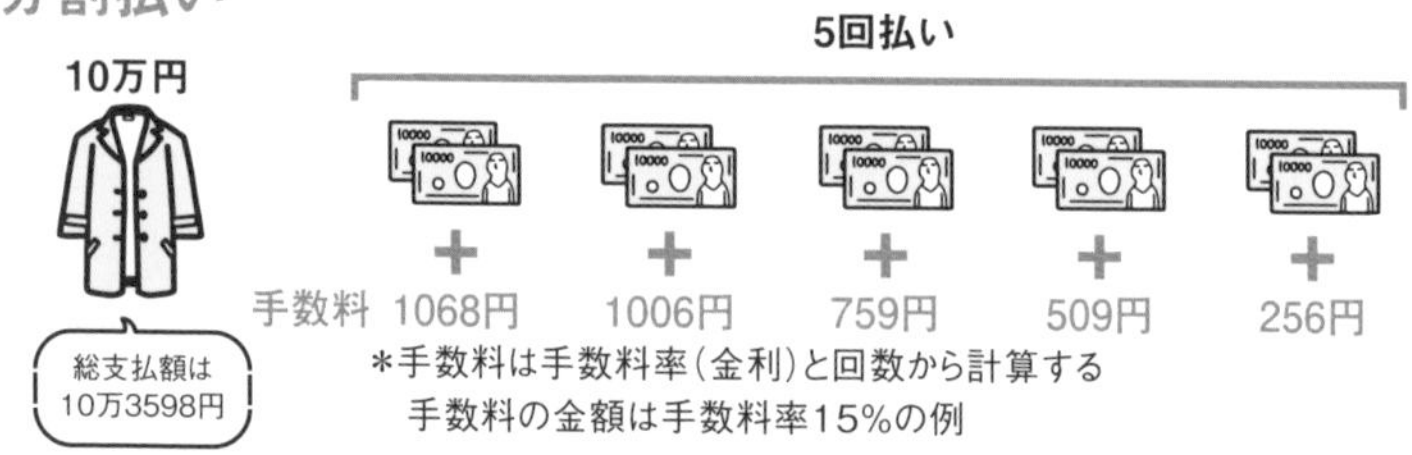
10万円
5回払い
手数料 1068円 1006円 759円 509円 256円
総支払額は10万3598円
*手数料は手数料率（金利）と回数から計算する
手数料の金額は手数料率15%の例

総支払額 ＝ 購入額 ＋ 手数料合計

リボルビング払い

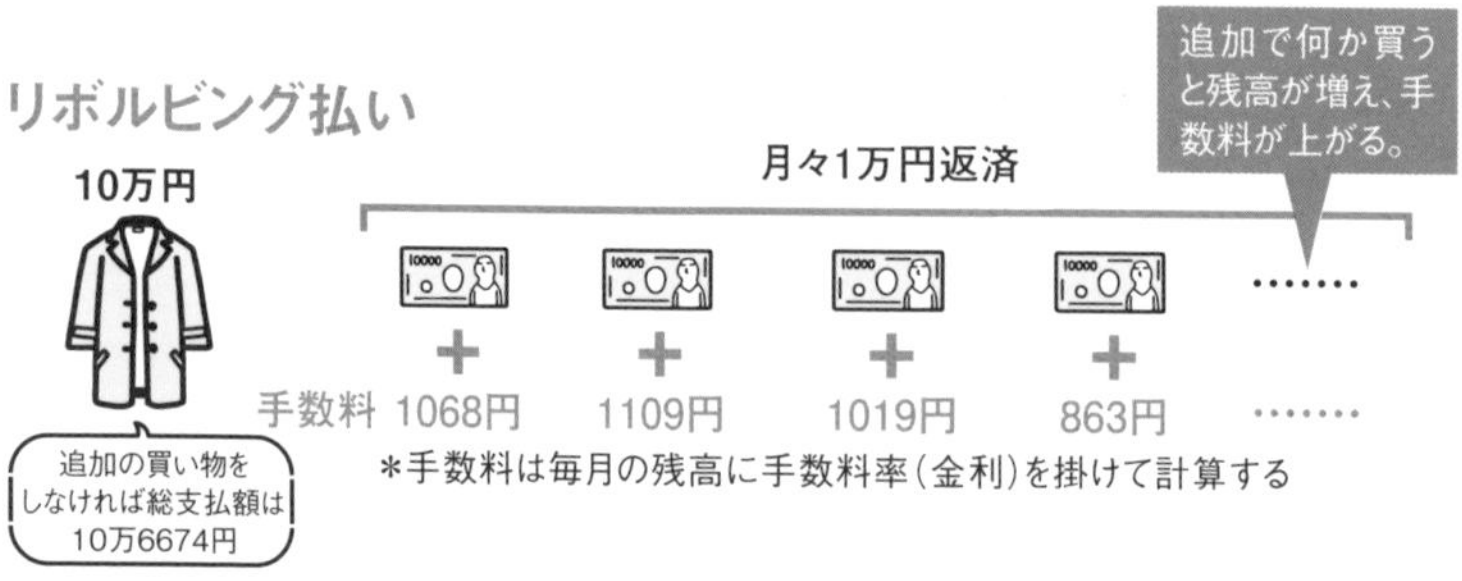
追加で何か買うと残高が増え、手数料が上がる。
10万円
月々1万円返済
手数料 1068円 1109円 1019円 863円 ……
追加の買い物をしなければ総支払額は10万6674円
*手数料は毎月の残高に手数料率（金利）を掛けて計算する

毎月の支払額 ＝ 毎月の支払設定額 ＋ 残高 × 金利 ÷12カ月

（残高 × 金利 ÷12カ月：月々の手数料）

*10万円の買い物をして手数料15%、月1万円のリボ払いなら、手数料合計は6674円

リボルビング払いは、返済中に新しく買い物をしても定額払いのため、どの買い物の返済をしているのかがわかりにくく、すべての支払いが終わるまで総支払い額が確定しない。

*分割払い、リボルビング払い、どちらも利用日、締め日、支払い日により多少変動する

お金が足りないときは公的融資を利用

娯楽や贅沢品の購入ではなく、生活に困ったときは、条件を満たせば公的な融資が受けられます。しかし、審査が厳しく、誰でも借りられるわけではありません。

状況	融資制度／金利	内容	申請先
低所得で、ほかからお金を借りられない　など	生活福祉資金貸付制度／無利子または年1.5%	都道府県の社会福祉協議会が、無利子または低利で融資。生活支援費、住宅入居費、緊急小口資金、教育支援費など	各市区町村の社会福祉協議会
失業中で職業訓練を受けている	求職者支援資金融資／年2%	職業訓練受講給付金を受給する予定の人が、その給付金だけでは生活費が不足する場合に月５万円、または10万円を受講予定訓練月数分融資。	ハローワーク

お金を借りるときの金利

お金を借りるときは金融機関でローンを組んで借り入れ、手数料と一緒に月々返済。使う目的が決まっているものや住宅など担保があるもの、信用度が高い人のほうが、金利は低くなります。

使う目的が決まっている
住宅ローン
家を担保にお金を借りる
教育ローン
自動車ローン
＊原則としては、現金での購入が望ましい
何に使ってもいいローン（カードローン）
1234 5678 9012 3456
低
金利
高

＼ 目からウロコ ／
お金豆知識

お金を借りるときの審査では個人信用情報が確認されている

クレジットカードをつくると、個人信用情報として氏名、性別、住所、電話番号、勤務先のほか、クレジットカードの借入状況も登録され、返済が滞ると「延滞」と記録されます。金融機関は、審査の際に信用情報をチェックします。延滞があると新たなクレジットカードをつくれなかったり、住宅ローンを借りられないことも。奨学金返還の遅延にも要注意。

お金の疑問あれこれ Q&A

Q クレジットカード払いでもクーリングオフできる?

A クーリングオフとは訪問販売などで業者に強引に契約させられた場合などに、一定の期間内であれば一方的に契約を解除できるというもの。通信販売や店頭での購入品は対象外で、業者に対して行います。クレジットカードで買い物した場合、いったん代金が引き落とされた後に返済されるケースがあります。

Chapter 5 使う

結婚後の家計
結婚したら家族のマネープランを

使い方、貯め方の方向性を一致させよう

結婚するとお金のやりくりが大きく変わります。**別々だった収支が世帯として1つになり、住宅の購入費や子どもの教育費などを協力して払っていくことになります。**まずは互いのお財布事情や考えをオープンにしましょう。

　夫婦といえども、これまでの生活スタイルや性格は違うことでしょう。細かいことまで干渉し合うのは息苦しいと感じる人もいるかもしれません。例えば、こづかいを何に使ったかは追及しないけれど、毎月の貯蓄額はしっかり決めるなど、２人がやりやすい方法を採りましょう。これからの大きな方向性を一致させることが大事です。

結婚前にお財布をオープンに

一緒に人生を歩んでいくうえで、お金の管理は大切なこと。今後の生活設計を話し合いながら、現況を把握しましょう。

確認すべき項目	内容
収入	毎月の収入、ボーナスの収入、それぞれ税込みと手取りの金額
資産の額	貯金、株式や投資信託などの評価額、確定拠出年金の残高など
借金の有無	奨学金、車やカードローンなどの返済　など
どんな生活をしたいか	住む場所と家（間取り、賃貸か持ち家かなど）、働き方、家事の分担、子どもは欲しいか　など
家計管理の方法	何にどれくらい使うか、どちらがいくら出すか
共通の財布として使う銀行口座	家賃や光熱費など、家計費を引き落とす銀行口座をどちらの名義にするか
勤務先の福利厚生	健保組合からの給付、グループ保険、退職金制度など、節約や家計管理に生かせる制度の把握

マネープランの前提になるので、最初に正直に申告しておこう。

共働きなら家計の負担が軽くなる

結婚すると家計の負担が減る分、貯蓄もしやすくなります。

結婚する前は……
⇒自分のことだけにお金を使用

A太（32歳）さんの場合

会社員。一人暮らし。趣味や外食など自由にお金を使っていた。

手取り 24万円

住居費	8万円
水道光熱費	1万円
貯蓄	0円
食費	6万円
通信費	1.5万円
娯楽・交際費	2万円
そのほか	5.5万円

ここが1つになる（住居費・水道光熱費・貯蓄・食費）

S美（28歳）さんの場合

会社員。実家暮らし。外食代など、給料を毎月ほぼ使い切っていた。

手取り 18万円

住居費	実家に3万円
水道光熱費	
貯蓄	1.5万円
食費	5万円
通信費	1.5万円
娯楽・交際費	3万円
美容・被服費など	4万円

手取り 夫婦合計42万円

共働きなので、世帯収入が増える。

住居費	9万円
水道光熱費	1.2万円
貯蓄	8万円
食費	7万円

＊収入の2割を貯蓄にまわすならこのくらいのバランスで

同居により家賃や水道光熱費の1人あたりの負担が減る。

同居で生活費が減った分を貯蓄にまわせる。

子ども費	2万円
通信費	2万円
娯楽・交際費	3万円
こづかい（趣味用）	各3万円
一般保険料	0.8万円
そのほか	3万円

子どもが欲しい場合は、子ども費を貯蓄。

死亡保障のある生命保険は、子どもが生まれたら加入を検討。

結婚すると……
⇒ 負担が軽くなる分、計画的に貯蓄し、将来を考慮したマネープランを立てる

もっと知りたい Q&A

Q 結婚したら保険に加入するべき?

A 共働きで子どもがいない場合は、不要です。子どもが生まれた場合は、万が一に備えて、夫婦で死亡保障のある生命保険に加入しましょう（→P.208）。また、貯蓄がまだ少なく、子どもが欲しい場合は、妻は医療保険の加入を検討。妊娠・出産の際は思いがけず入院・手術をすることがあるためです。

＼ 知らないと損する ／ お得情報

国民健康保険料や介護サービス費などは世帯収入で決まる

結婚すると通常、住所と生計をともにする単位として、2人で1世帯と見なされます。一般的に、収入の多いほうが世帯主となり、住民票に登録されます。会社員の社会保険料は個別に計算されますが、国民健康保険料や介護サービス費、子どもの保育料などは世帯収入で決まります。

共働きのケース

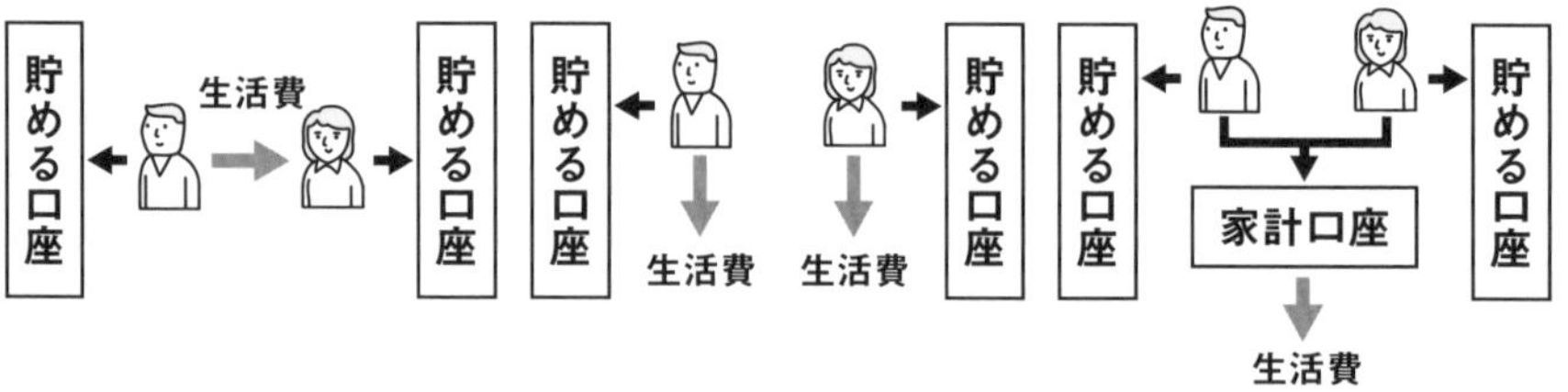

一方が生活費を負担型（夫が負担の場合）	別の財布型	共通財布型
収入に差がある場合	収入が同じくらいの場合 子どもができて妻の収入が減ったら、分割の割合を見直し	収入が同じくらいの場合
一方の収入のほとんどを貯蓄できるので貯めやすい 収入の多いほうがすべての生活費を出し、少ないほうは自分の収入をすべてこづかいとして使ったり貯金したりする	夫が家賃、妻が食費などと生活費は分担を決め、こづかいや貯蓄はそれぞれで管理する	夫、妻ともに自分の収入から生活費を家計口座（夫か妻どちらかの名義でつくるか、どちらかの給与振込口座）に入れる。こづかいや貯蓄は、それぞれで管理
1人が管理すれば、家計の全体像を把握できる	自分で稼いだお金は各々、自由に使える 夫婦ともにしっかりしていればお金が貯まる	・生活費については夫婦で把握できる ・自分で稼いだお金をそれぞれ自由に使える
・収入が少ないほうは家計全体を把握できず、家計に関心がなくなりがち ・互いの貯蓄額がわかりにくい	・自分が担当しない生活費についてはわからない ・生活費のムダ遣いを見逃しやすい ・互いの貯蓄額がわかりにくい	互いの貯蓄額がわかりにくい 互いに貯めるから貯まりやすい
月に1回、少なくとも年に1回は互いの貯蓄額を報告し合う	生活費の収支と、それぞれの貯蓄額を月1回、少なくとも年1回は2人で確認する	家計口座の支出は互いにこまめに確認。貯蓄額は定期的に報告し合う

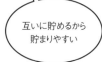

結婚後の家計管理タイプ

収支のタイプを問わず、デメリットは、家計の情報を夫婦で共有することで補っていきます。

	どちらかが働くケース（夫が働く場合）	
家計管理のタイプ	生活を支えるほうが家計を管理	専業主婦が家計を管理
	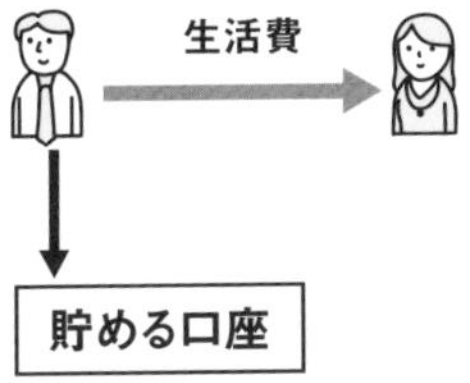	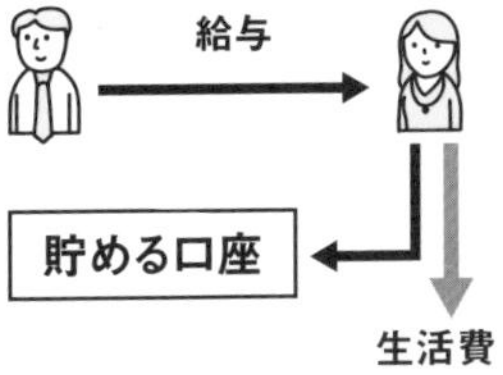
こんな夫婦におすすめ	働き手に時間的余裕がある場合	働き手が忙しい場合
家計管理の方法	夫の収入から生活費を妻に渡し、残りの支出は夫が管理 妻のこづかいをどうするかは、話し合って決める	夫の収入をすべて妻が管理。夫は妻からこづかいをもらう 互いのこづかいの使い方には、口を出さないのがうまくいくコツ
メリット	しっかりした夫なら1人で家計を大まかに把握できる	1人が管理すれば、収入から生活費の詳細まで家計の全体像を把握できる
デメリット	・妻は家計全体を把握できないので、貯蓄額がわからない ・夫は生活費の詳細まではわからない しっかり管理しないと貯蓄ゼロなんてことも	・妻が主体なので、夫は家計に関心がなくなりがち ・妻がしっかりしている必要がある
デメリット解消法	月に1回、少なくとも年に1回は2人で収入・貯蓄・生活費の詳細を報告し合って共有する	月に1回、少なくとも年に1回は妻が夫に報告し2人で家計を共有する

＊生活費は貯蓄以外のすべての支出のこと

自分たちに合った働き方を見つけよう

デメリット	対策
・子育て期間をどう乗り切るかが課題 ・子どもが病気でも休みづらい ・特に子どもが小さい間は保育料や急病時のヘルパー料などの出費もかさむ	・夫婦とも育児休業を取るなど2人で協力する ・親の協力を仰ぐ
・配偶者は自分で社会保険料を全額払う必要がある ・配偶者の収入が不安定で退職給付がない ・老後の配偶者の公的年金が少ない	・配偶者は小規模企業共済、iDeCoに加入するなど現役時代から老後資金の準備をする
・老後の配偶者の公的年金は、正社員で働いた場合よりも少なくなる	・民間の生命保険で自分の死亡保障を確保する ・子どもの成長に伴って配偶者は正社員へのキャリアアップを目指す
・老後の配偶者の公的年金が少ない ・自分が病気で働けなくなったり、万一のとき生活できなくなる不安がある。	・民間の生命保険で自分の死亡保障を確保する ・配偶者は趣味などを生かして収入を得ることも考えたい
・自分が万一のとき、子どもがいれば配偶者は遺族基礎年金をもらえるが、遺族厚生年金はもらえない ・老後は夫婦ともに公的年金が少ない	・民間の生命保険で夫婦ともに死亡保障を確保する ・夫婦ともに小規模企業共済やiDeCoで老後資金の準備をする

収入だけでなく家族の生活、満足度など総合的に考える

正社員での共働きは、収入の面では断然有利です。大学卒の女性の場合、2人の子どもを**出産し各1年間産休・育休を利用しても生涯賃金は2億円を超える**という推計結果も（ニッセイ基礎研究所「大学卒女性の働き方別生涯賃金の推計」2023年発表）。ただし、共働きは支出も多くなりがちで、なかなか貯金できないケースもあるようです。

家族との時間を最優先したい人もいるでしょう。産休・育休制度が整ってきているとはいえ、働きながらの子育ては楽ではありません。仕事時間の調節、働き方の変更、夫婦での協力体制などを吟味し、2人にとって最適な働き方を探しましょう。

夫婦の働き方はいずれも一長一短

夫と妻の働き方、収入によりメリット・デメリットが異なります。デメリットを補う対策も知っておきましょう。

	働き方／年収（税込み）		メリット	
	自分	配偶者		
★★★	正社員／470万円	正社員／320万円	・世帯収入が多い ・夫婦ともに勤務先の福利厚生を受けられ、老後は厚生年金をもらえるので公的年金収入も多い ・勤務先によっては退職給付もある	収入が多いので財布の紐がゆるみがち
★★★	正社員／470万円	個人事業主／320万円	・配偶者の仕事には定年がないので、年を取っても働き続けられる可能性がある ・配偶者は仕事の経費や青色申告により節税できる	
★★	正社員／470万円	パート／150万円	・配偶者が正社員の場合より収入は減るが、配偶者には時間的な余裕が得られる ・配偶者の年収が201万円以下なら配偶者控除や配偶者特別控除が受けられ、自分の税金が安くなる	
★	正社員／470万円	専業主婦（主夫）／0円	・配偶者控除により自分の税金が安くなる ・配偶者は自分で国民年金保険料を払わなくてよい ・自分の勤務先によっては、家族手当がもらえる	時間の余裕を生かして節約を
★★	個人事業主／470万円	個人事業主／320万円	・定年がないので、年を取っても働き続けられる可能性がある ・仕事の経費や青色申告により節税できる	節税と老後対策をしっかりと

＊ ★はお金の貯まりやすさを表す

＼覚えておきたい／

お金豆知識

配偶者の働き方による税金と社会保障の壁

自分が会社員で配偶者がパートなどの給与所得者の場合、配偶者自身が払う税金は、年収が100万円を超えると住民税が、103万円を超えるとさらに所得税がかかります。社会保険料は106万円（従業員101人以上の企業で週20時間以上働く人）または130万円（上記以外）以上でかかります。一方、自分の所得税や住民税は、配偶者の年収が201万円以下なら、配偶者控除や配偶者特別控除により安くなります。

ライフステージに合わせて働き方を変えてもいいね。

結婚後の家計

結婚式や新生活にかかる費用

平均額にこだわらず自分たちに合う予算を

結婚情報誌『ゼクシィ』の調査によれば、２０２２年の婚約から新婚旅行までの費用は全国平均で約３７１万円。家電や家具の購入など、新生活を始めるための費用の平均が約72万円ですから、諸経費も含めると、５００万円近い費用がかかりそうです。ただ、これは平均。ご祝儀があれば、一部は相殺できます。

何にこだわり、何を削るかを考え、自分たちに合う予算を立てましょう。結婚式や新婚旅行後が結婚生活の本番ですから、預貯金を使い切らないで、予算内に収めたいものです。生活の準備は、独身のときのものを使うなど、必要最小限から始めて少しずつ買い足していくのもいいでしょう。

結婚が決まったら何にいくら必要?

披露宴や新婚旅行、指輪といった、誰もが想像できる費用以外に、どのような出費が必要か確認しておきましょう。

結納・婚約から新婚旅行までの費用の内訳

（万円）

		全国	首都圏	東海	関西	九州
結納・婚約～新婚旅行までにかかった費用　総額（推計）		371.3	421.2	362.1	367.9	363.6
婚約	結納式の費用	16.6	10.5	17.3	13.1	22.4
	両家の顔合わせの費用	6.6	7.2	5.4	7.6	6
	婚約指輪	35.8	40.4	33.4	35.8	31.9
挙式・披露宴	結婚指輪（2人分）	26.1	27	26.6	25.8	24
	挙式・披露宴費用	303.8	347.3	295.6	298.8	299.5
新婚旅行	新婚旅行費用	29.6	33.9	28.3	29.4	29.5
	新婚旅行土産	4.3	4.1	4.6	4.2	4.8

*「結納・婚約～新婚旅行までにかかった費用　総額」は、「内訳別平均額」に掲載している平均値にそれぞれの実施・購入者の割合を乗じて調査対象全体における平均値を算出し、それらを合計して総額を推計して算出している
出典：「ゼクシィ 結婚トレンド調査2022」（リクルート ブライダル総研）

もっと予算を下げてもアイデア次第でオリジナルの結婚式はできるよ。式・披露宴はせず、記念写真だけという選択もあるね。

自分たちの負担はどれぐらい?

ご祝儀や親からの援助があれば、自分たちで出す分は、少なくて済みます。

贈与税の非課税枠は年間110万円。ただし子どもの結婚式への親の援助は生活費の一種と考えられ、110万円超でもよほど高額でない限り贈与税はかからない。

結婚費用の平均
約371万円
－
（
親・親族からの援助の平均
約163万円
＋
ご祝儀の平均
約180万円
）
＝
自己負担
約28万円

参列者からご祝儀をいただけるので、最終的な自己負担は差額の分。とはいえご祝儀は当てにしすぎず、目標額を決めて貯蓄しておきたい。

親からの援助によるけど、自己負担約28万円なら払えそう。

出典：「ゼクシィ 結婚トレンド調査2022」（リクルート ブライダル総研）

新生活にかかる費用、どう節約する?

新生活準備費用（インテリア・家具、家電製品）の平均総額は70万円以上。手持ちのものを生かせば費用を減らせます。

インテリア・家具

平均
24.4万円

節約ポイント

独身時代に使っていた家具を持ち寄り、購入は必要なものだけにする

家電製品

平均
28.8万円

節約ポイント

旧モデルの家電を買う。1～2年前なら、性能はほとんど変わらない

賃貸住宅（社宅を除く）の敷金・礼金

平均
18.2万円

節約ポイント

収入から家賃の予算を決め、その5カ月分（仲介手数料、前家賃含む）を用意する。公的住宅も要検討

引っ越し費用（業者利用）

平均
6.4万円

節約ポイント

複数の業者から見積もりを取る。費用が安い平日に休みを取って引っ越しする

平均費用の出典：インテリア・家具、家電製品は「新婚生活実態調査2023」、それ以外は「新生活準備調査2016」（どちらもリクルート ブライダル総研）

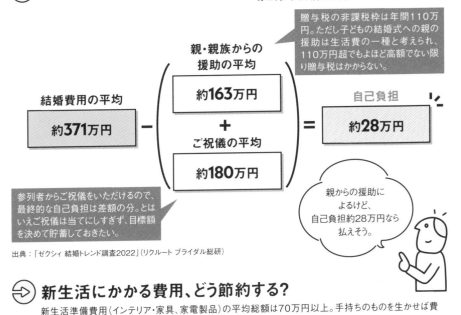

出産・子育てにかかる費用

出費はメリハリをつけて公的支援をもれなく活用する

出産・子育てにはいろいろな公的支援があります。出産は病気ではないので、**健康保険は使えず全額自己負担ですが、分娩入院費は「出産育児一時金」でほぼまかなえます**。また、会社員なら産休、育休の期間は社会保険からの給付金をもらえます。**自治体の助成もあります**。妊婦健診や、健康保険が適用されない特定不妊治療費の助成制度など、詳細は自治体により異なるので確認を。

自分で出す費用のうち、使う期間が限られるベビー用品はレンタルを利用するなど、使うところと節約するところのメリハリを。子どものためにと、財布の紐がゆるみがちですが、予算内でやりくりしましょう。

出産するとき、どんなものにいくら必要？

高額になりがちなのは里帰り出産の交通費、ベビー用品、行事費など。工夫次第で安くできる項目も。

項目	目安額	ポイント
妊婦健診費	1回あたり 数千円～1万円	出産まで14回が一般的。自治体の補助により、無料で済むケースが多い。
出産費	全施設平均で 約46万7000円※1	全国で差があるが、出産育児一時金でほぼまかなえる。
里帰り出産	数万～数十万円※2	交通費、出産する病院への紹介状代など。
マタニティー・ベビー用品	5万円～	先に出産した知人に譲ってもらう、ベビーベッドはレンタルを利用するなど節約もできる。
内祝い	お祝い金の 3分の1～2分の1	出産祝いをもらった人に、お礼の品を送る。
行事費	3～10万円	お宮参り、初節句など。親が援助するケースも多い。
そのほか	妊婦健診に通う交通費、マタニティースイミングなど健康維持の費用（月あたり数千円）など。	

※1 出典：厚生労働省「出産費用の実態把握に関する調査研究（令和3年度）の結果等について」（令和4年8月19日）
※2 実家までの距離による。母親だけでなく、父親の交通費も忘れずに。紹介状代は5000円未満が多い

出産にかかるお金は出産育児一時金でほぼまかなえる

出産時には分娩費や入院費などがかかります。出産すると健康保険から「出産育児一時金」が支給されるので、出産費の自己負担はかなり抑えられます。出産育児一時金は申請しなければもらえないので、手続きを忘れずに。

正常分娩は全額自己負担だが、帝王切開など手術や処置が必要な場合は健康保険が使える。健康保険を使った場合、自己負担が高額になったら高額療養費（→P.198）の請求が可能。

正常分娩	－	出産育児一時金	＝	実質の負担額
約52.4万円		50万円		約2.4万円
		＊産科医療補償制度に加入していない医療機関などで出産した場合は48.8万円		＊出産費が50万円未満だったら差額を受け取る

出典：厚生労働省「出産育児一時金等の医療機関等への直接支払制度」実施要綱（令和5年4月1日以降）/第136回社会保障審議会医療保険部会資料「出産育児一時金について」（令和2年12月2日）

出産育児一時金の仕組み

会社に勤めているなら加入している健康保険組合、専業主婦なら夫の健康保険組合、国民健康保険なら各自治体から支払われます。

● **直接支払制度の場合**

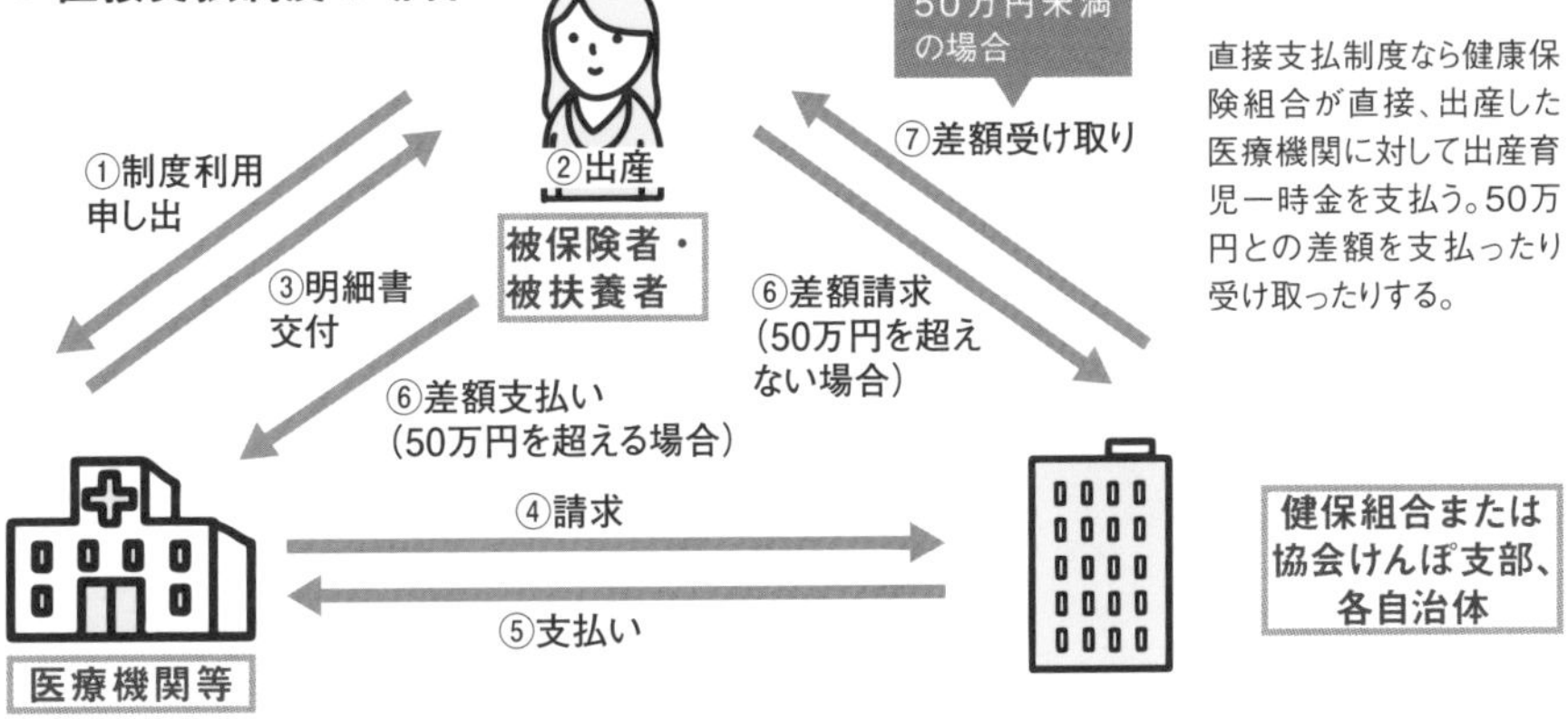

①制度利用申し出
②出産
被保険者・被扶養者
③明細書交付
⑥差額支払い（50万円を超える場合）
50万円未満の場合
⑦差額受け取り
⑥差額請求（50万円を超えない場合）
④請求
⑤支払い
医療機関等
健保組合または協会けんぽ支部、各自治体

直接支払制度なら健康保険組合が直接、出産した医療機関に対して出産育児一時金を支払う。50万円との差額を支払ったり受け取ったりする。

妊婦健康診断助成金の利用手順

妊娠が確定すると、定期的に妊婦健診を受けることになります。厚生労働省が提示している妊婦健診の回数は14回。各自治体が発行している受診券を利用して出費を抑えましょう。

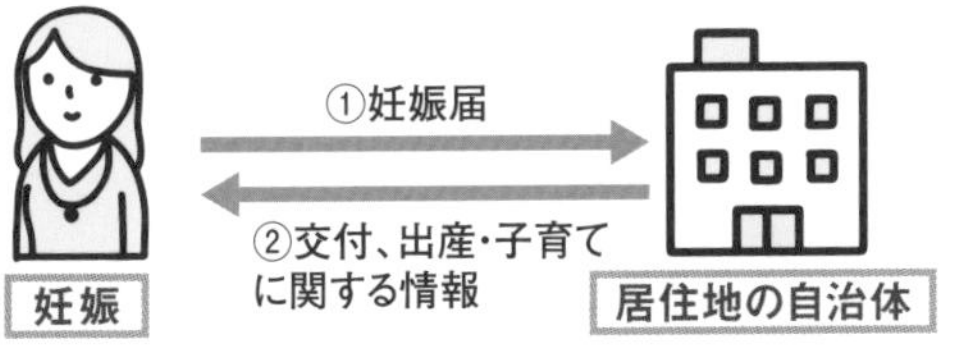

①妊娠届
②交付、出産・子育てに関する情報
妊娠
居住地の自治体

- 妊婦健診を公費の補助で受けられる「妊婦健康診査」受診券の交付
- 母子健康手帳の交付

Point

里帰り出産をする場合、里帰り前の自治体が発行した受診券は使えず医療費を支払う（一部、助成のある自治体も）。ただし、妊婦健診でかかった費用は医療費控除の対象になるので、確定申告すれば税金が安くなる。

子育て中にもらえるお金や優遇制度

保険料の免除や各種手当は、いずれも申請が必要です。健保組合、勤務先、自治体などに問い合わせを。

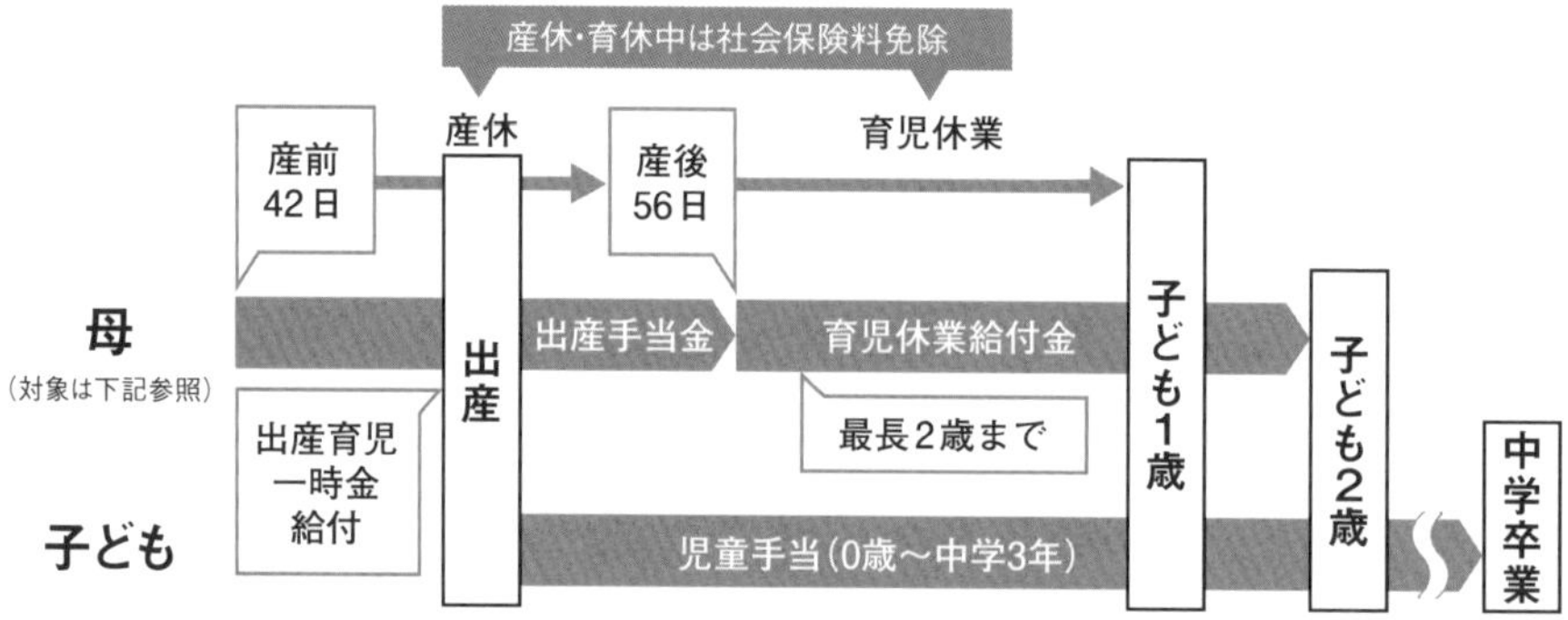

項目	内容	金額の目安
出産育児一時金	健康保険・国民健康保険に加入する人が対象	50万円
出産手当金	健康保険に加入する会社員が対象。産休中に給料の3分の2程度をもらえる	月収が20万円なら98日間（産前42日＋産後56日）の合計で約44万円
育児休業給付金	雇用保険に1年以上加入する人が対象。育児休業の最初の半年は日給の67％を日数分、残りの半年は日給の50％を日数分もらえる	月収が20万円なら最初の半年は月13万4000円、残り半年は月10万円。合計140.4万円
産休・育休中の社会保険料免除	健康保険・厚生年金保険に加入する会社員が対象。保険料免除で健康保険を使うことができ、将来の厚生年金も減らない	支払っている社会保険料× 免除月数
児童手当	3歳未満は月額1万5000円、3歳以上は1万円※1。所得が多い人※2は月額5000円または支給なし	子どもの生まれ月により異なるが、0歳から中学校卒業まで、合計200万円弱
医療費助成	子どもの医療費が無料または一部負担で済む。対象となる子どもは、小学生まで、中学生まで、高校生までなど自治体により異なる	かかった医療費との差額
子育て支援パスポート	各自治体で助成。パスポートを提示すると提携するお店で、ミルク用のお湯をもらえる、おむつ替えスペースを使える、景品がもらえるなど	協賛するお店からのサービスを提供
出産・子育て応援給付金	各自治体で助成。特に妊娠期、0～2歳児の子育てを行う家庭は相談ができるほか、経済的支援が受けられる	10万円相当。自治体によって上乗せサービスもあり
チャイルドシート補助金	制度がある自治体に住む人が対象。購入費用の一部を補助、またはレンタルあっせん（割引）の自治体もあり	自治体により2000～1万円程度

※1 3人目以降は小学校卒業まで1万5000円
※2 扶養家族数が1人の場合は所得制限限度額660万円を超えると月額5000円に。1人増えるごとに限度額はプラス38万円。同896万円（1人増えるごとにプラス38万円）を超えると支給なし。共働きの場合は所得の高いほうで判定

まだある、各自治体のユニークな優遇制度

自治体の助成には、国（こども家庭庁）が先導して自治体が実施する「子育て支援パスポート」や「ファミリーサポート事業」などに加え、各自治体が独自で行うものもあります。

市区町村	制度	内容
群馬県 みなかみ町	入学支援金	小学校入学時に2万円分、中学校入学時に4万円分の町独自の電子地域通貨（みなかみ町商工会発行）を支給。体育着などを購入できる
東京都 荒川区	ツインズサポート事業 （多胎児家庭支援）	双子や三つ子を養育している家庭にタクシー利用料の全額（上限2万3000円）、一時保育等の利用料の半額を助成（上限2万円。児童の年齢条件あり）
	乳幼児一時預かり	買い物、美容院等リフレッシュしたいときに、2時間500円で子育て交流サロン等で預かり
千葉県旭市	乳幼児紙おむつ購入券	0歳児・1歳児を養育している人に、月額3000円分の紙おむつ購入券を支給。市内の指定取扱店で利用できる
埼玉県 さいたま市	子育てヘルパー派遣事業	体調不良等で、家事や育児が困難でほかに手伝いをしてくれる人がいない子育て世帯にホームヘルパーを派遣。1時間700円程度（条件により異なる）
大阪府	まいど子でもカード	18歳未満の子どもを育てている世帯に配布。シンボルマークの提示で、協賛店での割引や特典が受けられる
大分県 豊後高田市	がんばる高校生通学応援金	県立高田高校生または市内在住の高校生にバス通学の定期券または回数券を10〜30%割引

*2023年9月現在。各自治体の公式サイトより作成。変更もありうるので詳細は各自治体の公式サイト参照

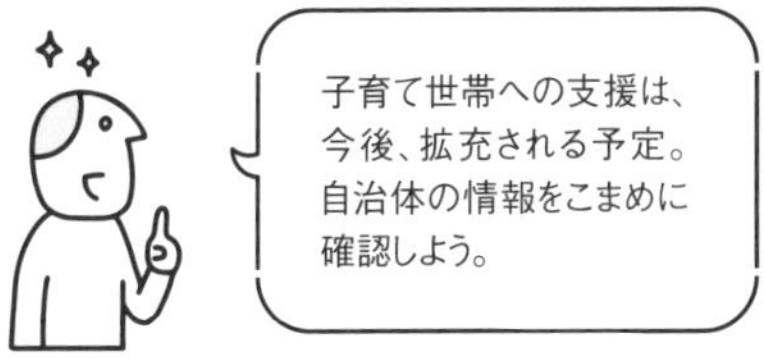
子育て世帯への支援は、
今後、拡充される予定。
自治体の情報をこまめに
確認しよう。

Point

子育て助成制度の探し方

自治体のサイトや運営する子育てステーションなどの施設では、イベントや助成に関する情報などを入手できます。子育て中に困ったことがあったら、役所の担当部署（子育て支援課、子ども家庭課など名称は自治体により異なる）に相談を。

＼覚えておきたい／

お金豆知識

基本的な不妊治療は保険適用

体外受精などの基本的な不妊治療はすべて健康保険の対象で自己負担は3割です。それでも高額になったら「高額療養費」（P.198）の申請を。特定不妊治療（先進医療）は全額自己負担ですが、自治体により助成があります。

子どもを預けて働くには？

共働きでも保育所以外の選択も

支援を必要とするすべての子どもを対象とした「子ども・子育て支援新制度」が2015年から始まりました。**子どもの年齢などにより、保育所、地域型保育、幼稚園、認定こども園を選択・利用できます。**

0～2歳児は、親が働いているなど保育を必要とする世帯が対象ですが、保育を必要としなくても、急な用事やリフレッシュしたいときは**一時預かり**を利用できます。

3～5歳児は保育所、幼稚園、認定こども園を利用でき、利用料は無料。ただし、スクールバス、給食などは自己負担。共働きでも幼稚園を選択し、午後は預かり保育を利用することも可能です。

就学前の子どもの保育支援チャート

子どもを預けたいときは、認定を受けてから施設や自治体に申し込みます。

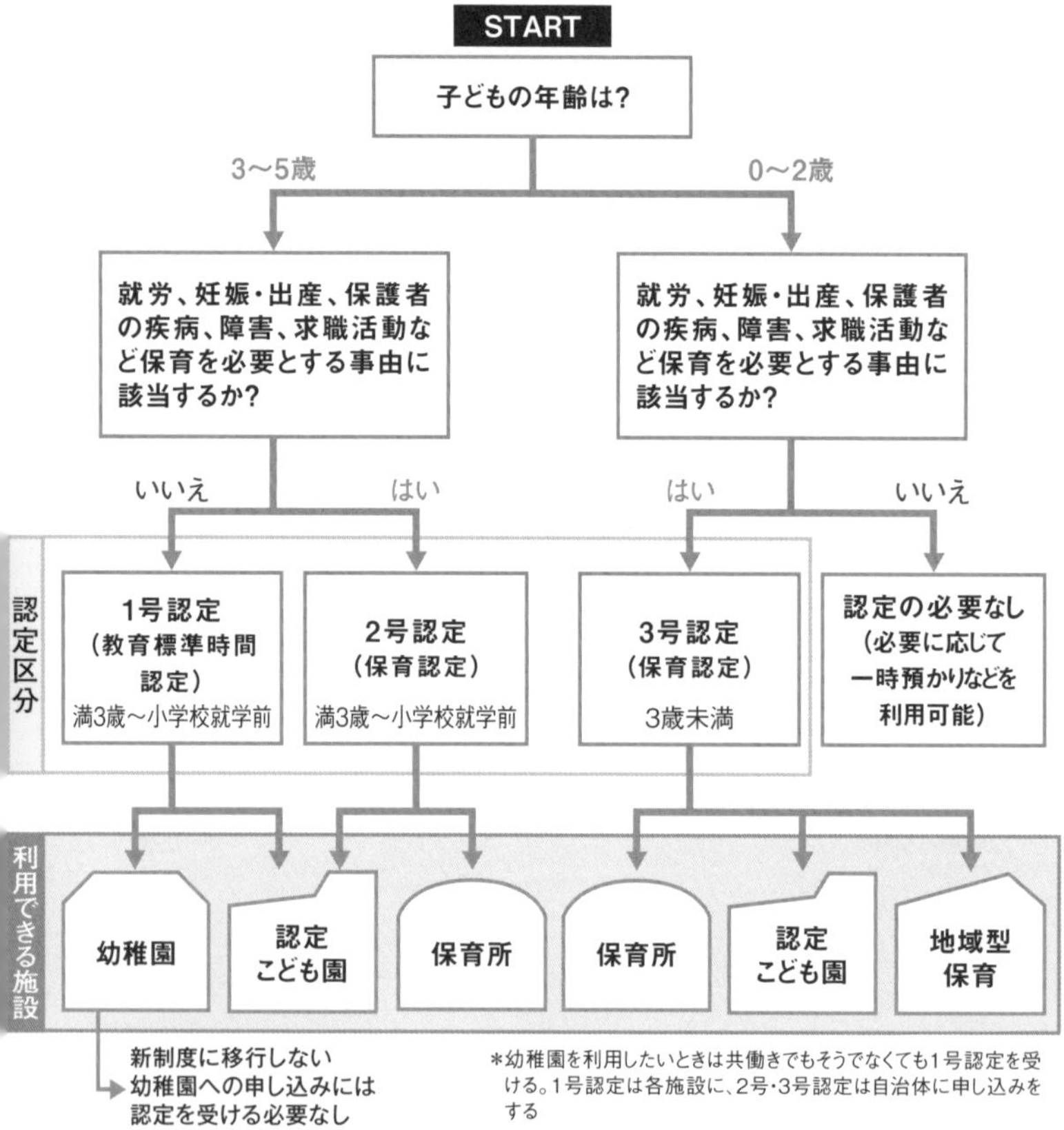
START
子どもの年齢は?
3～5歳
0～2歳
就労、妊娠・出産、保護者の疾病、障害、求職活動など保育を必要とする事由に該当するか?
就労、妊娠・出産、保護者の疾病、障害、求職活動など保育を必要とする事由に該当するか?
いいえ
はい
はい
いいえ
認定区分
1号認定（教育標準時間認定） 満3歳～小学校就学前
2号認定（保育認定） 満3歳～小学校就学前
3号認定（保育認定） 3歳未満
認定の必要なし（必要に応じて一時預かりなどを利用可能）
利用できる施設
幼稚園
認定こども園
保育所
保育所
認定こども園
地域型保育
新制度に移行しない幼稚園への申し込みには認定を受ける必要なし

*幼稚園を利用したいときは共働きでもそうでなくても1号認定を受ける。1号認定は各施設に、2号・3号認定は自治体に申し込みをする

保育料は、どうやって決まる?

それぞれの利用料は、子どもの年齢と世帯の所得により国の基準があります。その枠組みのもとで、運営は各自治体が行います。そのため、自治体により保育料や、下で紹介するような支援内容は異なります。

1号・2号認定は無料・3号認定の国が定める利用料の上限(月額)

階層区分	1・2号認定
全世帯区分	0円

階層区分	3号認定
生活保護世帯	0円
区市町村民税非課税世帯	0円
所得割課税額4万8600円未満	1万9500円

階層区分	3号認定
所得割課税額9万7000円未満	3万円
所得割課税額16万9000円未満	4万4500円
所得割課税額30万1000円未満	6万1000円
所得割課税額39万7000円未満	8万円
所得割課税額39万7000円以上	10万4000円

*2019年10月より、3〜5歳児の保育料は親の所得や施設にかかわらず無償化された。0〜2歳児は住民税非課税世帯のみ無償化の対象。ただし、新制度に移行しない施設は2024年までの経過措置として2万5700円まで無償
*スクールバス代などは自己負担や追加負担がある
*自分の所得割課税額は、勤務先または自治体から毎年6月頃に送られてくる住民税の通知書に記載。住宅ローン控除を受けている場合は、通知書に記載の金額に住宅ローン控除額を加算する

きょうだいで利用する場合は保育料が軽減

最年長の子どもから順に2人目は半額、3人目以降は無料でさらに3〜5歳無料。

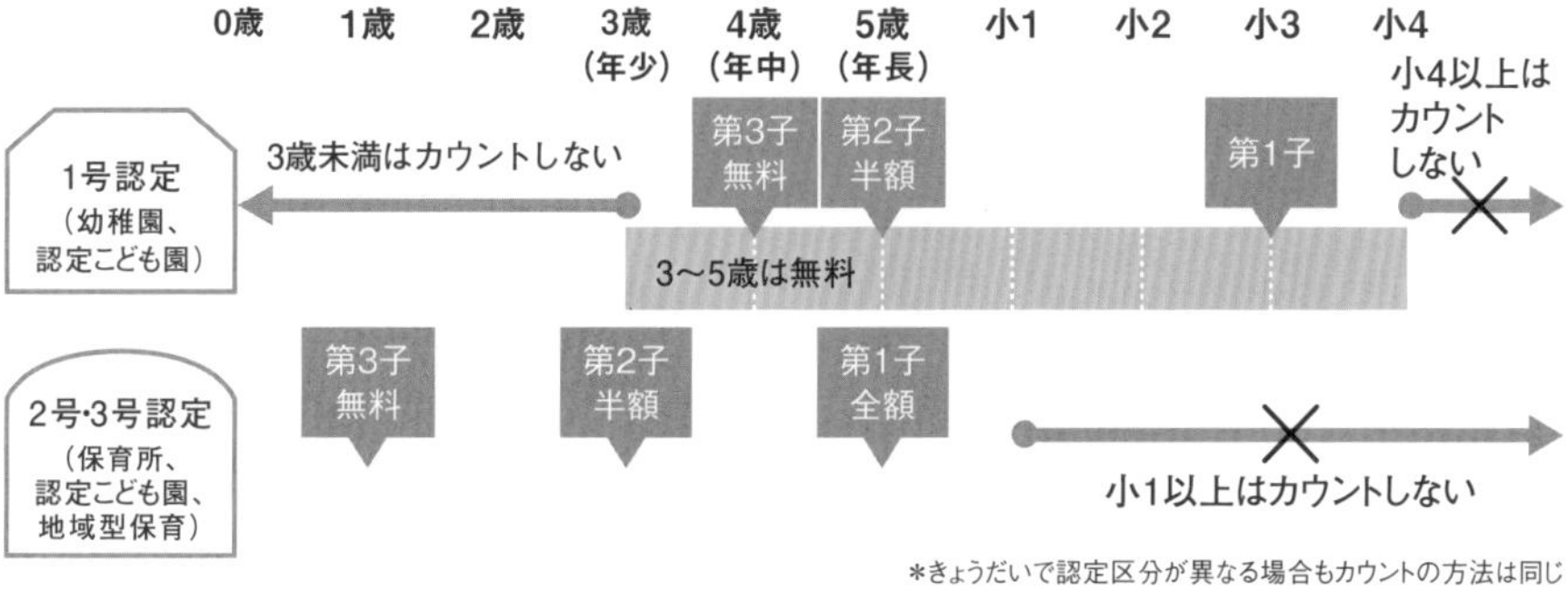

*きょうだいで認定区分が異なる場合もカウントの方法は同じ

幼稚園、保育所、認定こども園、地域型保育は何が違う?

保護者の就労状況のほか、対象年齢や規模、保育内容などが違います。

幼稚園(3〜5歳)

幼児期の教育を行う学校。教育時間は昼過ぎまで。園により午後や土曜などに預かり保育を行う。

保育所(0〜5歳)

仕事などにより家庭で保育ができない保護者に代わって保育する施設。夕方までの保育のほか、園により延長保育を実施。

認定こども園(0〜5歳)

幼稚園と保育所の機能を併せ持つ。0〜2歳は家庭で保育ができない保護者が利用。3〜5歳は保護者の就労状況にかかわらず誰でも利用できる。

地域型保育(0〜2歳)

保育所(20人以上)と異なり少人数制。市町村が認可。家庭で保育ができない保護者が利用でき、主に次の3タイプがある。

- 保育ママ:園児5人以下
- 小規模保育:園児6〜19人
- 事業所内保育:会社の事業所などで従業員の子どもと、地域の子どもを一緒に保育

*私立幼稚園は2015年以降、①これまで通り運営、②新制度のもとで運営、③認定こども園に移行、の3つに分かれた

出産・子育て

養育費と教育費はいくらかかる？

子どもが自立するまでに2000万円以上必要？

子どもを育てるには食事や衣服など生活のための養育費と、学校の授業料などの教育費がかかります。家庭の事情や進路によって変わりますが、**養育費は年間平均約63万円、教育費も加えると、大学まで進学するなら2000万円以上かかる**といわれています。

子どもの存在は、親にとっても社会にとってもかけがえのないもの。子育てを社会全体で支援しようと、子育て世帯には児童手当などの助成があります。高校生には「高等学校等就学支援金制度」、大学生や専門学校生には、返済不要の給付型の奨学金が増えてきています（中学卒業までは→P.142参照）。

子ども1人あたりの年間養育費

就学区分別に集計した第一子の年間子育て費用額から保育費、教育費、子どものための預貯金・保険を除いたものです。

	衣類・服飾雑貨費	食費	生活用品費	医療費	お祝い行事など	レジャー・旅行費	合計
未就園児	6万8754円	16万6387円	14万9425円	1万1867円	5万9882円	9万7127円	55万3442円
保育所・幼稚園児	6万6462円	22万4627円	9万2522円	1万3462円	4万1066円	13万6383円	57万4522円
小学生	6万8970円	27万8294円	8万3419円	2万1791円	3万1974円	16万7044円	65万1492円
中学生	7万6507円	35万6663円	9万7139円	2万2624円	3万3539円	14万6710円	73万3182円

出典：内閣府「平成21年度 インターネットによる子育て費用に関する調査」
医療費は自治体などからの助成金を除いた金額

幼稚園から高校までの学習費総額

学習費の総額は一般的な進路（幼稚園のみ私立、小学校・中学校・高校は公立）で約600万円。公立か私立かにより大きく違います。

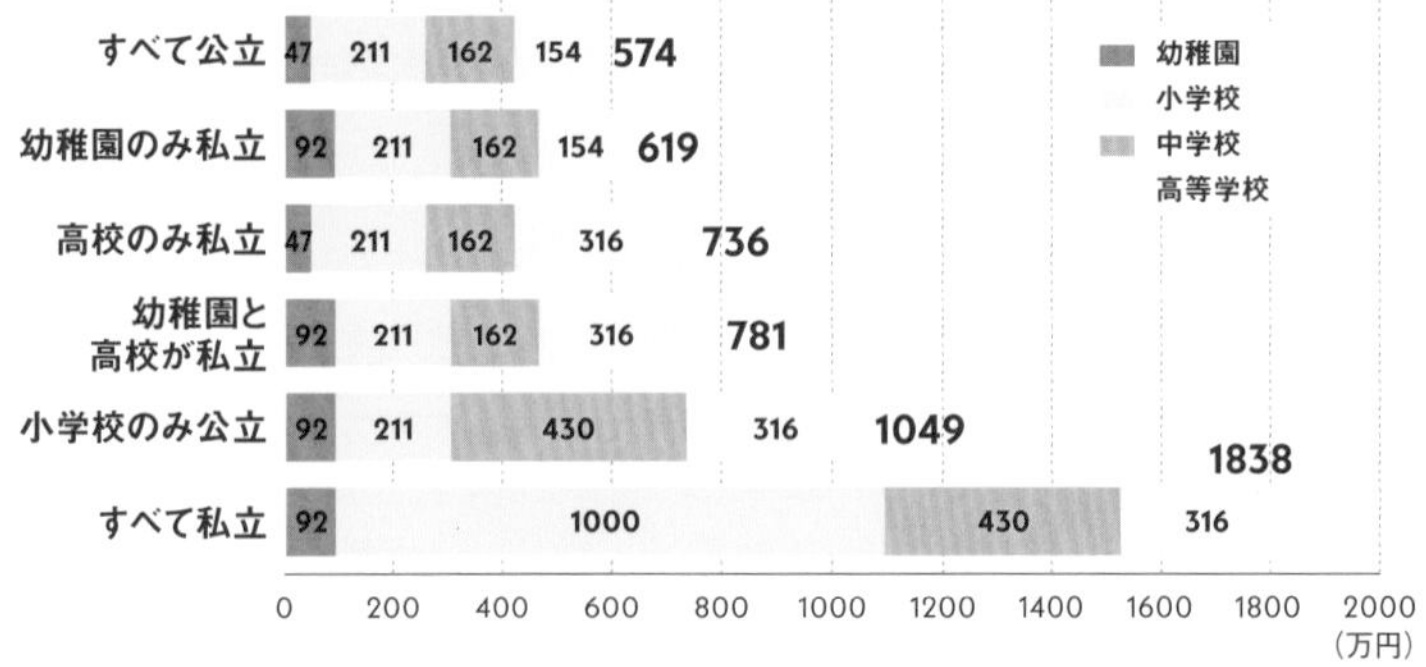
すべて公立 47 211 162 154 574
幼稚園のみ私立 92 211 162 154 619
高校のみ私立 47 211 162 316 736
幼稚園と高校が私立 92 211 162 316 781
小学校のみ公立 92 211 430 316 1049
すべて私立 92 1000 430 316 1838
幼稚園
小学校
中学校
高等学校
0 200 400 600 800 1000 1200 1400 1600 1800 2000
（万円）

出典：文部科学省「令和3年度 子供の学習費調査」。金額は各学年の令和3年度の平均額の単純合計

学年別にみた補助学習費とそのほかの学校外活動費（年間）

学校外活動費として、お金がかかるピークは公立は中3で約49万8000円、私立は小5で約77万6000円。

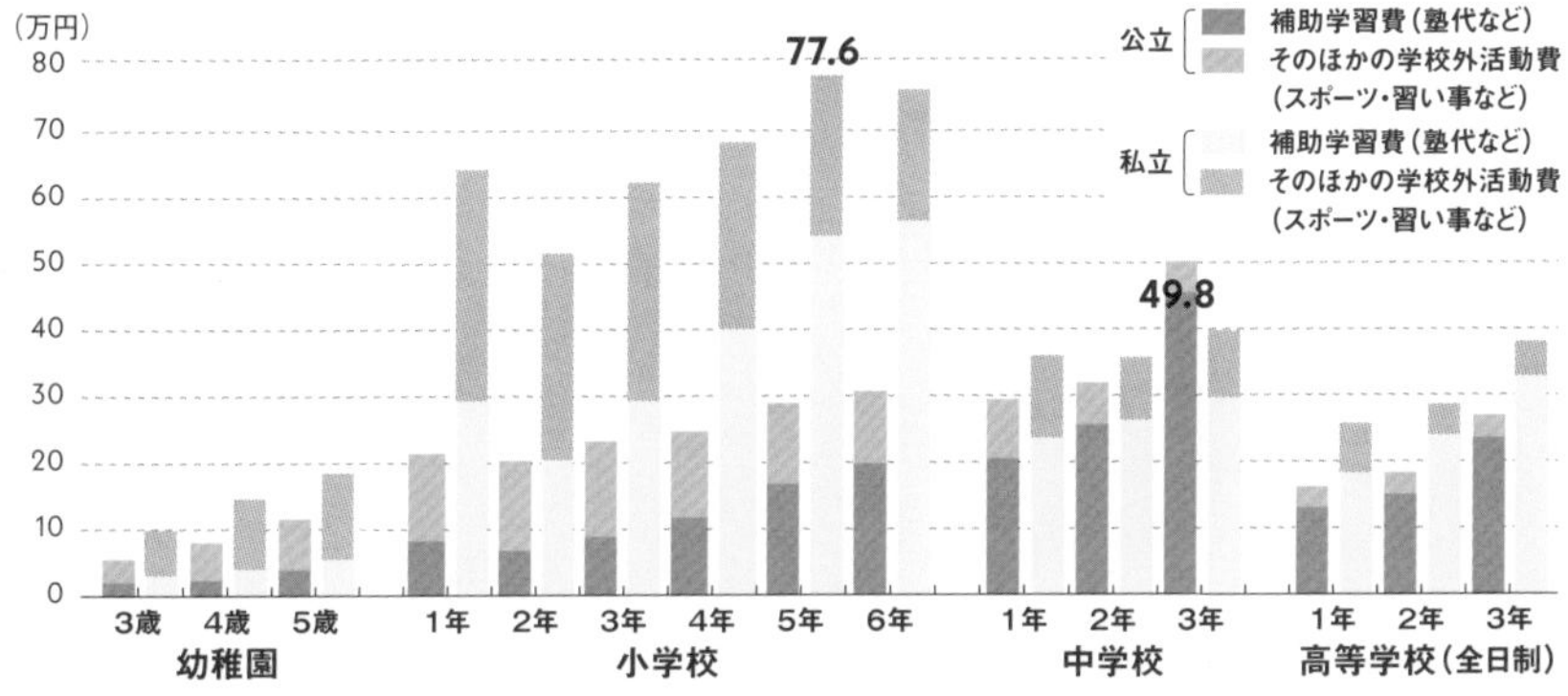

（万円）
80
70
60
50
40
30
20
10
0
77.6
49.8
公立
補助学習費（塾代など）
そのほかの学校外活動費（スポーツ・習い事など）
私立
補助学習費（塾代など）
そのほかの学校外活動費（スポーツ・習い事など）
3歳 4歳 5歳
幼稚園
1年 2年 3年 4年 5年 6年
小学校
1年 2年 3年
中学校
1年 2年 3年
高等学校（全日制）

出典：文部科学省「令和3年度子供の学習費調査」

大学や専門学校に入学したら……

私立大学では学部による差が大きくなっています。

種類	入学金	授業料・施設設備費など	合計（初年度納付金）
国立大学（標準額）	28万2000円	53万5800円	81万7800円
私立大学（平均）	24万5951円	111万1129円	135万7080円
私立短期大学（平均）	23万7615円	88万9971円	112万7586円
専門学校（昼間部平均）	18万3000円	109万4000円	127万6000円

*私立大学・私立短期大学は「私立大学等の令和3年度入学者に係る学生納付金等調査結果について」（文部科学省）、専門学校は「令和3年度 専修学校各種学校調査統計資料」（東京都専修学校各種学校協会）をもとに作成

私立大学の
医歯薬系学部に入学すると、
国立大学（標準）の
3～9倍くらいの学費が
必要になるよ。

子どもが欲しい人は、
進路を予想して
養育費と教育費を
計算してみよう。

出産・子育て

教育費を貯める方法

コツコツと貯めておきたいのは高校以降の進学費用

子どもにかかるお金のうち、養育費は月々の生活費からまかないます。教育費も、義務教育である小・中学校までは生活費の一部として払えるでしょう。高校生になると高等学校等就学支援金がもらえ、公立ならこれで授業料がまかなえます。まとまったお金が必要になるのは、私立高校、専門学校、大学の入学金や授業料です。**子どもが生まれた時点からコツコツと積み立てて準備しましょう。**

0歳から中学卒業までもらえる児童手当（→P.142）**を全部貯めると約200万円**になります。これに少しでも上乗せできるよう、子ども別に口座を分けて貯めていきましょう。

妊娠したら知っておこう、教育費のかかり時

子どもが2人以上で、お金がかかる時期が重なると、かなり大変。

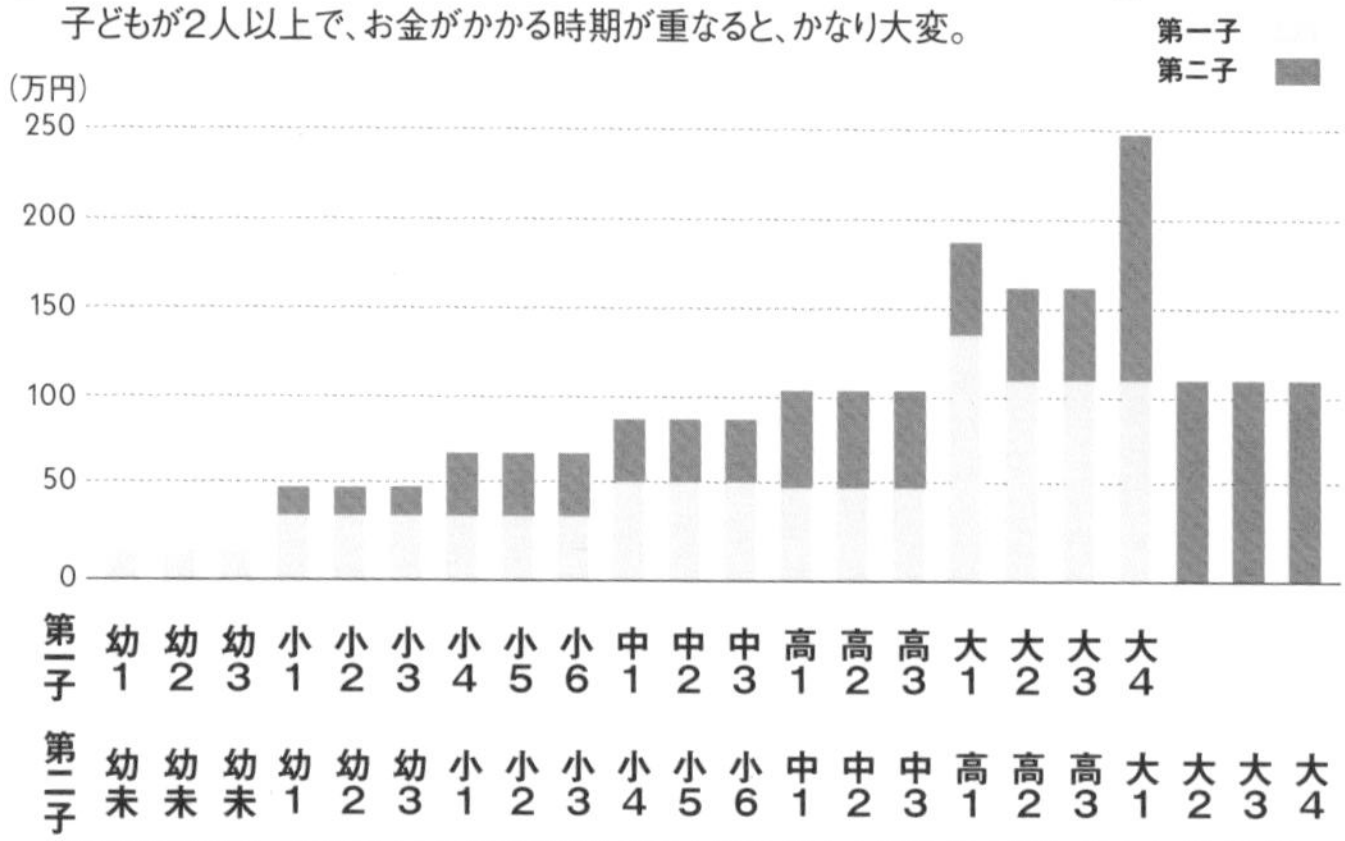
第一子
第二子
（万円）
250
200
150
100
50
0
第一子 幼1 幼2 幼3 小1 小2 小3 小4 小5 小6 中1 中2 中3 高1 高2 高3 大1 大2 大3 大4
第二子 幼未 幼未 幼未 幼1 幼2 幼3 小1 小2 小3 小4 小5 小6 中1 中2 中3 高1 高2 高3 大1 大2 大3 大4

＊年齢は3歳違い。進路は2人とも公立幼稚園、公立小学校、公立中学校、公立高校、私立大学と想定した数値。著者作成
＊幼1～幼3は幼稚園1～3年目。幼未は幼稚園未満

大学と高校が重なる時期にグンと上がって、大学が重なる第一子大学4年でピークに!

＼ 目からウロコ ／
お金豆知識

高等学校等就学支援金は高校生がいれば支給される

国公立、私立を問わず、高校生がいる家庭に支給。年収910万円程度（家族構成などにより異なる）未満が対象。月額9900円（全日制の場合。学校の種類により異なる）で、私立高校生には世帯年収に応じた加算もあり。

小学生時代が貯め時

部活動の費用がなく塾代が少なくて済む小学生時代は最大の貯め時。

教育費を貯めるコツ

- 習い事は子どもに合ったものに絞り、お金をかけすぎない。
- 運用経験があるならNISAも選択肢(→P.234)。
- 金利は低いが安全な預金や学資(子ども)保険で確実に貯める。

とりあえず児童手当は
すべて貯蓄しておくこと!

学資(子ども)保険はシンプルなものを選ぶ

● 学資(子ども)保険とは?

学資保険は貯蓄と保障を兼ねたもの。毎月保険料を支払い、進学時や満期時に学資祝い金や満期祝い金を受け取る。契約者(親)に万が一のことがあったときは保険料の支払いが免除され、学資金は予定通りに受け取れるタイプが多い。種類が増えているのでなるべくシンプルなものを(→P.119)。

● リスクは?

早期に中途解約すると元本割れする。保険会社が破綻した場合は一定の保護はあるが、学資金が減額となる。毎月の保険料を無理のない金額にすること、また保険会社の健全度を表すソルベンシー・マージン比率200%以上の保険会社を選ぶこと。

● 始め時

なるべく子どもが小さいときに始める。生まれてすぐがベスト。同じ学資金なら、子どもと親の年齢が低いほど月々の保険料は安くなる。妊娠中に申し込みできるものもある。

教育費の貯蓄が目標額に達しなかったらどうする!?

まずは、給付型の奨学金、貸与型の奨学金を考え、足りない、あるいは借りられない場合は国の教育ローン、民間の教育ローンの順に考えます。

奨学金

〈給付型〉

- 返済しなくてもよい
- 親の収入に制限があるものが多い
- 日本学生支援機構のほか、自治体・学校・財団などにおいても取り扱う
- 一定以上の成績が求められる場合も

〈貸与型〉

- 無利子と有利子がある
- 子ども名義で借り、子どもが返済する
- 月額の上限がある

教育ローン

〈国(教育一般貸付)〉

- 取り扱いは日本政策金融公庫
- 親の年収制限があるが金利が低い
- 借入可能額は学生1人あたり350万円
- 固定金利
- 親名義で借り、親が返済する

〈民間〉

- 取り扱いは都市銀行、地方銀行など
- 国の教育ローンより金利が高い
- 金利や限度額などは銀行により異なる
- 同じ銀行で住宅ローンを借りていると、金利を優遇する場合も
- 固定金利または変動金利
- 親名義で借り、親が返済する

結婚生活の解消

離婚するときにかかるお金

年間約50万組が結婚し、約18万組が離婚している

厚生労働省の令和３年人口動態統計では、年間約50万組が結婚する一方、約18万組が離婚しています。

離婚が決まったら、婚姻期間に夫婦で得た共有財産を、どのように分けるかを相談しましょう。また、子どもがいる場合は、どちらが育てるか、養育費をどうするかも話し合います。あいまいなままにせず、必ず取り決めを行うこと。もし経済的に困難な状況で子どもを養育することになったら、約束したお金はちゃんと払ってもらい、公的助成も活用しましょう。ひとり親家庭は男女ともに平均的に収入が低いため、公的な支援が法律で定められ、各自治体が実施しています。

離婚には事前準備が必要

離婚を考えるなら、当面かかるお金を具体的に把握することが必要です。

● 離婚・別居時にかかるお金をまとめる

項目	目安額	ポイント
引っ越し	10万～50万円	別居のための引っ越し費用。ただし専業主婦やパートなど収入が少ないと社会的信用度が低く部屋を借りられないことも。公営住宅などを検討
家具・家電	10万～30万円	新居で使う家具や家電。相手と話し合い、これまで使っていたものの一部を持っていくこともできる
子どもの転校	3万～15万円	転校先の制服代・教材費など
当面の生活費	45万～90万円（月15万円の場合）	3カ月から半年分。実家に戻るなら家賃分5万～10万円程度の出費を抑えられる
弁護士費用	～150万円	調停離婚や判決離婚では弁護士が必要になる。自治体や法テラスなど無料の相談場所を利用する方法もある

離婚には、当事者同士の話し合いで離婚が成立する協議離婚のほか、家庭裁判所で手続きを行う調停離婚・審判離婚・裁判離婚がある。協議離婚以外は弁護士に依頼するのが一般的。裁判になると、別途裁判費用（2万円程度～）がかかる。

このほか、
就職活動が
必要な場合は、
10万円くらい
かかることも。

● 離婚時に分けるお金を把握する

財産分与

婚姻期間に築いた財産は、共有財産とみなされ、原則2分の1に分割する。
金融資産に加えて家具や家電、車なども対象となる。

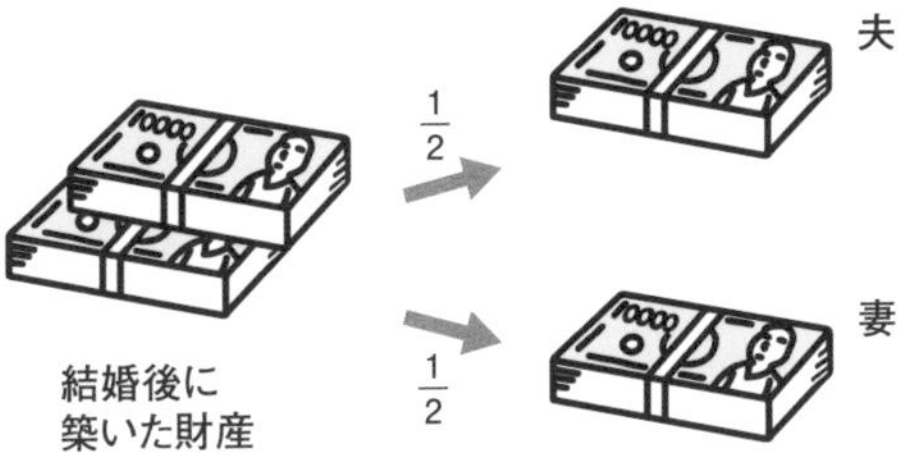

年金分割

婚姻期間に払った保険料分を老後に年金としてもらう権利を分割できる。事実婚も分与可。

合意分割と3号分割の2つの制度があり、できるのは離婚から2年以内。

	合意分割	3号分割
特徴	夫婦の合意により分割割合が決まる。話し合いで決まらない場合は裁判を行う	平成20年4月以降の婚姻期間に積み立てた厚生年金を、相手の了承なしに分割可能。それ以前は合意分割で割合を決める
利用できる人	婚姻期間に厚生年金に加入していた人	専業主婦（夫）など国民年金の第3号被保険者だった人
分割の対象	婚姻期間に払った互いの厚生年金保険料	平成20年4月以降の婚姻期間に相手が払った厚生年金保険料
相手の了承	必要	不要
分割の割合	上限2分の1	2分の1

慰謝料

離婚の原因をつくったほうが支払う。原因により50万～数百万円。実際には、お金がなく支払われないケースも。

養育費

子どもの年齢や夫婦の収入などにより相場が異なるが、最終的には話し合って決める。期間も、20歳や大学卒業までなど子どもが自立する時期を目安に、2人で決めて親権者になったほうが受け取る。

● ひとり親家庭は各種支援を利用しよう！

子どもが高校を卒業するまで支給・助成

・児童扶養手当
所得が一定額以下の場合に市区町村から支給。月額1万～4万円程度。

・ひとり親家庭等医療費助成制度
所得が一定額以下の場合に市区町村が助成。医療費の自己負担額の一部。

・自治体独自の支援
児童育成手当など、自治体ごとにさまざまな支援があるので、自治体に相談を。

控除・減免・免除

・所得税・住民税
ひとり親控除で税金が安くなる。

・国民年金**→P.184**
所得が少なく年金保険料が払えない場合は、保険料の支払いを免除または猶予してもらえる。

Chapter 5 使う

住宅を購入する

家は買うのと借りるのとどっちがお得？

人生で住宅に求めることは何か考える

家を買うか借りるか悩む前に、住宅に何を求めるのかを考えましょう。それによって、選択肢が絞られることもあります。

- ・いろいろな場所に住んでみたい
- ・通勤に便利な都心がいい
- ・周りの自然環境が大切
- ・災害のときなどの安全性が重要
- ・子どもに資産を残したい

あなたが住宅に求めることを書き入れ、今後の指針としましょう。

書いてみよう！

賃貸のメリットは維持費がかからないこと。

賃貸
・1〜5年は2DKで家賃8万円 ・6〜30年は子どもが大きくなり3LDKで家賃13万円 ・31年からは子どもが独立して2DK家賃8万円 ・2年ごとに家賃1カ月分の更新料
敷金・礼金・仲介手数料各1カ月で合計3カ月分24万円
家賃の総額6300万円
転居時の敷金・礼金・仲介手数料63万円(2回分)
引っ越し費用60万円(2回分)
更新料の総額244万円
なし
6691万円

● 入居時は家賃の4〜5カ月分を用意

- ● 敷金:家賃1〜2カ月分が目安
- ● 礼金:家賃1カ月分が目安
- ● 仲介手数料:家賃0.5〜1カ月分

ここ数年、敷金・礼金の相場は下降傾向。敷金・礼金なしの物件もある。

お金の疑問あれこれ Q&A

Q 公営住宅の入居条件は?

A 県や市、区などの自治体が供給する公営の賃貸住宅は、住宅に困っている人が対象なので、家を持っていない、2人家族で所得金額227万6000円まで(東京都都営住宅の場合)などの条件を満たせば申し込めます。収入に応じた家賃設定になっている公営住宅もあります。人気が高い地域に建つ公営住宅は、応募者多数で抽選になることも。子育て世帯には当選率や家賃を優遇する自治体もあります。

金利や住宅価格は常に変動 どちらが得とはいえない

都市圏を中心にここ数年、特にマンションの価格が値上がりしています。家賃の上昇はそこまで大きくありませんが、どちらも常に変動しています。

購入した場合、住宅ローンの金利が上がれば、支出は増えますが、住宅価格が購入時よりも上がれば資産価値も上がります。ただ近年、空き家が増えていて、場所によっては購入後に価格が大きく下がるリスクもあります。

一方、賃貸は、収入や家族の状況に応じて住み替えることで支出をコントロールできます。最終的にどちらが得かは実際に時間が経過しなければわかりません。価値観によるところも大きいでしょう。

どちらも購入時や転居時にはまとまったお金が必要ですから、しっかり貯めておくことが選択肢を広げます。

購入と賃貸の50年間の住宅費を比べる

持ち家には税金などの維持費が、賃貸住宅は入居時に敷金・礼金、定期的に更新料がかかります。それらも含めて比較すると……。

● 購入時も購入後もお金がかかる

〈購入時にかかるお金〉

住宅の価格に加えて、税金などの諸費用がかかる。

この部分は現金で用意（物件価格の2割以上が望ましい）

諸費用	頭金	住宅ローンの借入額

物件価格

新築：物件価格の3～7%程度
中古：物件価格の6～10%程度
内訳：●登録免許税　●司法書士報酬　●不動産取得税　●固定資産税精算金　●ローン事務手数料　●地震保険料　●適合証明手数料　●火災保険料　●団体信用生命保険料　など

〈購入後にかかるお金〉

固定資産税のほか、修繕費なども自己負担。

・住宅ローン毎月返済額
・維持費・諸費用

一戸建て：●増改築費　●建物修繕費
マンション：●管理費・修繕積立金　●駐車場代　など
共通：●固定資産税　●都市計画税　●火災保険料　●設備・内装修繕費

購入した場合、老後に自宅を担保にお金を借りて老後資金にすることもできる。

	購入
物件の設定	3800万円の新築マンション 頭金500万円、住宅ローン3300万円 ローンの金利2%固定、返済期間35年 毎月の返済額10万9317円
入居時費用	頭金500万円 諸経費190万円（物件価格の５%）
住宅ローン／家賃の総額	住宅ローンの総支払い額4591万3140円（うち利子の分1291万3140円）
そのほかの費用	固定資産税500万円（概算） 管理費・修繕積立金1500万円（管理費・修繕積立金は月平均2万5000円と仮定）など リフォーム費用300万円
住宅ローン控除（減税）	−255万円※
合計	7326万3140円

※住宅ローン控除で所得税が還付される。住宅ローン控除以外は支出なので、収入になる控除はマイナスで表記。2022年入居

住宅を購入する

戸建てorマンション、中古or新築?

住みたい場所と予算から柔軟に選択しよう

住宅を購入すると決めたら、新築か戸建てかなどにこだわらず、**まずは住みたい場所の価格を調べます。**予算によっては新築の予定だったけれど中古に、戸建てをマンションにと変化するかもしれません。**自分が住宅に求めること**（→P.152）**を再確認し、実際の物件価格や特徴**（下表）**も考え妥協点を探ります。**

適切な物件が見つからないときは場所の変更を検討します。その際、価格が安くなるからといって駅から遠い物件を選ぶと、長い目で見たときの資産価値は下がりやすくなります。住宅は人生の中で最も高い買い物です。**住み心地に加え、資産価値の維持も視野に入れて選択を。**

マンションと戸建て、新築と中古の特徴

庭のある戸建てがいい、眺望のよいマンションがいいといった住宅への思いや、資金面、安全性、メンテナンスなど、それぞれの特徴も考慮して選びましょう。

	購入費用	間取り・設備	安全性	維持費
マンション	利便性の高い場所で新築なら、戸建てより高額なケースも。築年数により価格が大きく異なる。	パターン化された間取りが多い。設備は築年数により差が大きい。	耐震性や耐久性は木造に比べて高い。最新のものは免震構造であることも。	管理組合で定めた管理費・修繕積立金を月々支払う。
戸建て	土地を買って注文住宅を建てると費用も高額。建て売りや中古は、場所や建物の仕様により売値が決まる。	注文住宅なら、こだわった間取り・設備にできる。価格は高額になる。	2000年以降の木造住宅は、建築基準法などの改正により、基礎部分が強化されている。	自主的にリフォーム費用などを貯めておく必要がある。
新築	建物が新しいので高額。新たに住宅を建てられる場所は限られているので、利便性の高い場所ならさらに高額に。	キッチン、バス・トイレなど最新設備のものが多い。間取りは、ライフスタイルに合わせてさまざまに提案されている。	最新の耐震基準を満たしている。	住宅の種別により当初3年または5年、または7年間、固定資産税が軽減される。※2024年3月31日までに新築された住宅
中古	建物部分は築年数が長いほど価格が下がり、住宅全体の価格を押し下げる。利便性の高い場所は土地部分の評価額が高い。	間取り・設備とも古いことが多いため、築年数によってはリフォームが必要。	1981年6月以降に建築申請されたものは、マンション・戸建てとも新耐震基準を満たす。	固定資産税に加えて、リフォームなどのメンテナンス費用がかかる。

建て替えや売却を見据えて選ぶなら?

長い人生、家を購入した後も生活の変化に合わせた対応が必要になります。

建て替えなら戸建てが有利

老朽化したマンションを建て替えるには、所有者の5分の4以上の賛成が必要。戸建てのほうが自分の意思だけでよいので、建て替えはしやすい。

売却ならマンションが有利

こだわった間取りの戸建ては、個性が強い分、売却しにくい。画一的な間取りのマンションのほうが売却しやすい。

購入時に気をつけたいポイント チェックリスト

地盤も含めた立地や周辺環境など、住宅を購入するときにチェックしたい項目です。住宅の資産価値にもつながるので、購入時には必ず確認しましょう。

- □ **周辺環境**
  実際に足を運んで確認。昼間と夜間、平日と休日の雰囲気、日当たり、人通りなど。店舗、学校、公園、図書館などの公共施設の位置(距離)
- □ **地盤(戸建ての場合)**
  沼地や水田などを埋め立てた造成地だと、補強工事が必要
- □ **土地の広さや形状(戸建ての場合)**
  三角形や斜め、狭小すぎる土地は、建築可能な建築物が限られてしまう
- □ **接道条件(戸建ての場合)**
  敷地に2m以上の道路が接面しているか。接面する道路は建築基準法上の道路か
- □ **災害の有無予測**
  国土交通省のハザードマップで災害のリスクをチェック
- □ **通勤経路**
- □ **最寄り駅までの距離**
- □ **住宅性能評価書**
  これを取得した住宅は、耐震性、耐久性、省エネ性などが数値化されており、住宅ローンの優遇、地震保険料の割引が受けられる
- □ **共有部分の管理状況(マンションの場合)**
  駐車場、駐輪場、ゴミ置き場などがきちんと管理されているか
- □ **隣家の状況(戸建ての場合)**
  境界線はどうなっているか、窓などが隣接していないか

\ 知らないと損する /

お得情報

自治体の立地適性化計画の確認を

今後の人口減少と高齢化に備えて、「居住誘導区域」と、商業施設や福祉・医療施設などの立地を促す「都市機能誘導区域」を設け、暮らしを一定の範囲に収めるコンパクトシティ化を進める自治体が増えています。居住誘導区域外でも住宅は建てられますが、暮らしにくくなったり、将来資産価値が下がったりする可能性が。住宅を購入する際は、市区町村の立地適正化計画がどうなっているか、必ず確認しましょう。

もっと知りたい **Q&A**

Q 老朽化したマンションの建て替えは大変?

A 築30年以上の分譲マンションが日本には249万戸もあり(2021年末時点、国土交通省)、中には耐震性が不足するものや老朽化が激しいものも。改修や建て替えを促すため、要件の緩和が検討されています。例えば建て替えの場合、現在は所有者の5分の4以上の賛成が必要ですが、これを4分の3か3分の2にするなどの案があります。2024年には改正案が国会に提出されそうです。

住宅を購入する

いくらぐらいの家なら買える？

無理なく払える返済額と手持ちの貯金から目安を

住宅を現金一括で買う人は少なく、通常は住宅ローンを組みます。**無理なく払えるローン返済額を明確にし、手持ちの貯金と合わせて、買えそうな価格を試算**しましょう。

まず毎月のローン返済額は、現在の家賃から購入後の維持費を引いた金額が目安です。この毎月の返済額をもとに、金利と返済期間から借入可能額を出します。これに、貯金のうち頭金として入れる金額を足せば、買える物件の目安がわかります。

条件を変えれば、当然目安の金額は変わります。住宅購入で無理をすると、教育費などに影響が及び、家計の収支バランスが悪くなるので、無理のない予算を立てましょう。

あなたが今買える物件価格の目安は？

下の式に数字を入れ、①、②の順に計算すると目安がわかります。

①毎月の住宅ローン返済額の目安

現在の家賃／月		購入後の維持費／月		毎月返済額
万円	−	万円	＝	万円

現在の家賃／月：家賃を払っていない人は住宅費として払えそうな額。家賃を払いながら住宅購入のための貯金をしているなら貯金分をプラスしてもOK。

購入後の維持費／月：固定資産税、火災保険料のほか、マンションなら管理費、修繕積立金。場所などにより異なるが、仮に戸建ては月2万円、マンションは月3万5000円とする。

Point
転職や景気に左右されるボーナス払いは、できるだけ避ける。

②買える物件価格の目安

借入可能額		頭金として出せる額		買える物件価格の目安
万円	＋	万円	＝	万円

借入可能額：左ページの「毎月の返済額別借入可能額」から該当数値を入れる。

頭金として出せる額：別途諸費用（物件価格の3〜10%程度）が必要。

子どもの教育費や病気・ケガなど、予算を決める際は長期のライフプランを視野に入れた計画を。

毎月の返済額別借入可能額(返済期間別)

例えば、毎月10万円返済、金利2%、30年で返済するなら2710万円借り入れられる。
返済年数は65歳から現在の年齢を引く。

毎月の返済額	利率(%)	借入可能額(万円) 20年	25年	30年	35年
4万円	0.5	913	1127	1336	1540
	1.0	869	1060	1243	1416
	1.5	828	1000	1158	1306
	2.0	790	943	1082	1207
	2.5	754	891	1012	1118
	3.0	721	843	948	1039
	3.5	689	798	890	967
6万円	0.5	1370	1691	2005	2311
	1.0	1304	1592	1865	2125
	1.5	1243	1500	1738	1959
	2.0	1190	1420	1620	1810
	2.5	1130	1340	1520	1680
	3.0	1080	1270	1420	1560
	3.5	1030	1200	1340	1450
8万円	0.5	1826	2255	2673	3081
	1.0	1739	2122	2487	2834
	1.5	1657	2000	2318	2612
	2.0	1580	1890	2160	2414
	2.5	1510	1780	2020	2240
	3.0	1440	1690	1900	2080
	3.5	1380	1600	1780	1940

右ページの①の数式から求める。

毎月の返済額	利率(%)	借入可能額(万円) 20年	25年	30年	35年
10万円	0.5	2283	2819	3342	3852
	1.0	2174	2653	3109	3542
	1.5	2072	2500	2877	3265
	2.0	1980	2360	2710	3020
	2.5	1890	2230	2530	2800
	3.0	1800	2110	2370	2600
	3.5	1720	2000	2230	2420
12万円	0.5	2740	3383	4010	4622
	1.0	2609	3184	3730	4251
	1.5	2486	3000	3477	3919
	2.0	2370	2830	3250	3620
	2.5	2260	2670	3040	3360
	3.0	2160	2530	2850	3120
	3.5	2070	2400	2670	2900
14万円	0.5	3196	3947	4679	5393
	1.0	3044	3714	4352	4959
	1.5	2901	3500	4056	4572
	2.0	2770	3300	3790	4230
	2.5	2640	3120	3540	3920
	3.0	2520	2950	3320	3640
	3.5	2410	2800	3120	3390

(元利均等返済の場合)

銀行の公式サイトなどで住宅ローンの金利を調べる。

貯蓄を全額頭金にするのはNG

十分な貯金がある人は、頭金を多めに支払って住宅ローンの借入額を少なくしましょう。ただし、貯蓄のほぼ全額を頭金にするのは危険行為。将来への貯蓄を手元に残すようにしましょう。

頭金 ＝ **貯蓄** − **購入諸費用** − **生活予備費** − **将来の貯蓄**

- 頭金：物件価格の1～2割程度が理想(購入諸費用を含めた場合は2割以上)
- 購入諸費用：家を購入するときに必要な税金や手数料
- 生活予備費：病気やケガ、失業など、いざというときに備えるお金
- 将来の貯蓄：教育費や老後資金など

会社員であれば生活費の3～6カ月分程度。派遣社員や個人事業主であれば6カ月～1年分程度が目安。

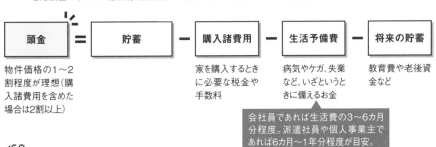

住宅を購入する 住宅ローンの選び方

金融機関により異なる金利 有利で自分に合うものを

ローンの中で最も金利が低いのが住宅ローンです。ただし、**借入額が大きく返済期間も長いので、支払う利息は相当な額になります。**例えば2500万円を固定金利2.0%で借りて35年で返済すると、**利息は約978万円**にもなります。

利息をいくら払うかは、借入額、金利、借入期間により決まります。

住宅ローンの金利には、3つのタイプがあります。取り扱い金融機関はたくさんあり、それぞれ金利が異なります。

住宅購入時に不動産会社から提携ローンを紹介されることもあるでしょう。その場合も、複数を比べて選択するようにしましょう。

住宅ローンの金利は3タイプ

金利は「変動金利」が最も低く、「固定金利」の期間が長いほど高くなるのが一般的。

変動金利

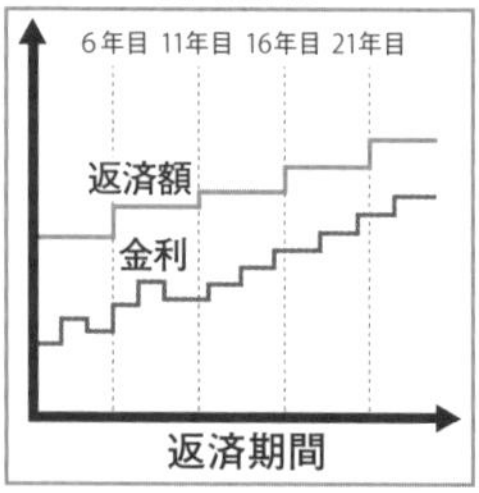
6年目 11年目 16年目 21年目
返済額
金利
返済期間

- 半年ごとに金利を見直す
- 毎月の返済額は5年ごとに見直し

金利が低い序盤に、なるべく多く返す。

メリット

- 3つのタイプの中で最も金利が低い

デメリット

- 金利が変わるので利息も変動し、返済総額が最後まで確定しない

向いている時期：金利が高いときや金利が下がりそうなとき

向いている人：借り入れ当初にたくさん返済したい人、または繰り上げ返済をする予定の人

固定金利選択型

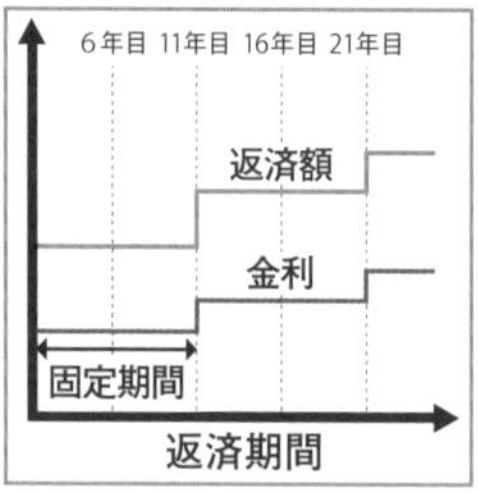
6年目 11年目 16年目 21年目
返済額
金利
固定期間
返済期間

- 10年など当初一定期間は金利の変更なし。その後は固定か変動かを選ぶ
- 毎月の返済額は、固定金利期間の終了後は見直し

メリット

- 固定金利の期間は、返済額を確定できる。固定金利よりは金利が低め

デメリット

- 固定金利期間が終了した後の金利がわからないので、返済総額が確定しない

向いている時期：当初より金利が低くなりそうなとき

向いている人：一定期間の後、返済額を増やせる人

固定金利

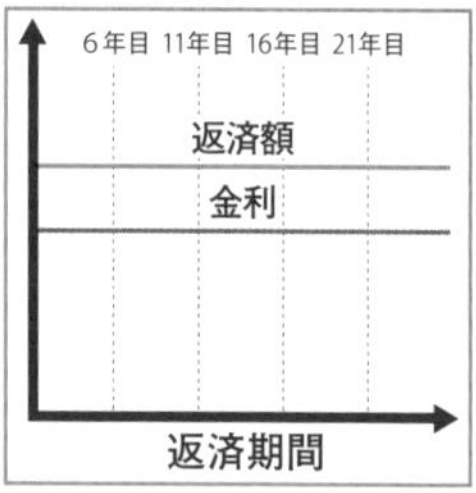
6年目 11年目 16年目 21年目
返済額
金利
返済期間

- 借り入れたときの金利が最後まで変わらず固定される
- 毎月の返済額もずっと変わらない

メリット

- 借入時に、元金＋利息の総返済額が確定する

デメリット

- 金利が高めなので、その分、利息も多くなる

向いている時期：金利が低いとき

向いている人：計画的に返済したい人

（時計のアイコン）…向いている時期　（人のアイコン）…向いている人

金利は借入先とタイプで変わる

住宅ローンの借入先は、民間（銀行など）と公的なもの（財形住宅融資など）があります。

種類	利用対象者	金利の例	取り扱い窓口
民間ローン さまざまな金融機関で提供される。異なる金利タイプを組み合わせることも可能	安定した収入がある人（勤続3年以上など）	・変動金利、固定金利選択型、固定金利から選ぶ みずほ銀行の場合 変動金利0.375～0.675% 固定（35年）1.69～1.79% 選択（10年）1.35～1.65% （2023年9月現在。金利は優遇※後）	・銀行 ・ネット銀行 ・信用金庫 ・住宅ローン専門会社など
フラット35 住宅金融支援機構が民間金融機関と提携する半公的ローン	借入申込時、満70歳未満の人	・固定金利 みずほ銀行の割引プランの場合 （借入期間21年～35年） 1.89～1.91% （2023年9月現在。金利は優遇※後）	・取り扱い金融機関 （銀行など）
財形住宅融資 財形貯蓄をしている勤労者のための、公的住宅ローン	1年以上財形貯蓄をしていて、残高が50万円以上の人	・5年ごとの固定金利 当初1.34%。6年目以降は未定 （金利は2023年9月現在）	・提携する民間金融機関

※頭金の割合が一定以上などの条件を満たす人は、金利を引き下げて優遇される

繰り上げ返済で利息を減らす

現在主流の元利均等返済の仕組みは左下図の通り。繰り上げ返済をすると、支払う利息を減らせます。

● 元利均等返済とは

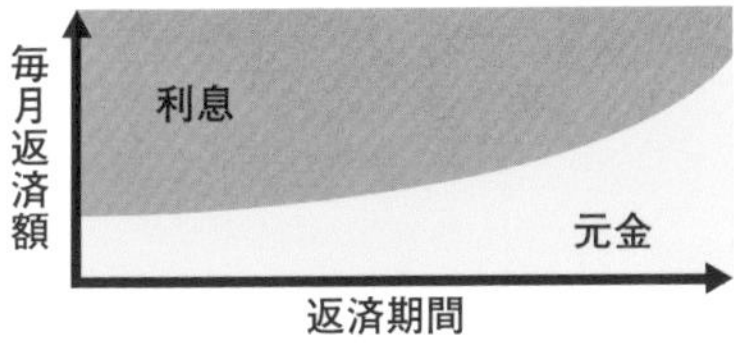

元金と利息を合わせた毎月の返済額が一定額。初めは利息の割合が多く、返済が進むにつれて元金の割合が増えていく。

● 繰り上げ返済で返済期間を短縮!

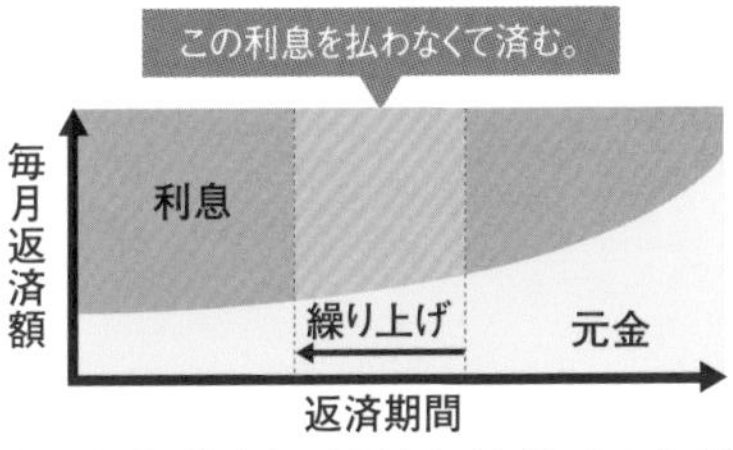

繰り上げ返済をするなら早めがお得。その分の利息を支払わずに済み、返済期間も短縮できるので、支払い総額が減る。

もっと知りたい
Q&A

Q 住宅ローンとそのほかのローンはどう違うの?

A ローンには、使い道が自由な「カードローン」、使い道が決まっている「教育ローン」（→P.149）や「自動車ローン」などがあります。住宅ローンはそのほかのローンと比べて金利が最も低いのですが、購入する住宅を担保に入れて借りる点が、ほかのローンと違います。担保とは、お金を返せなくなったときに備えて貸し手に提供するもののこと。担保がある分、金利は安いのですが、ローンが返せなくなったときには、住宅を手放すことになります。

当てはまるなら活用したい住宅購入の優遇制度

住宅ローンを組んで住宅を買うと、**住宅ローン控除により税金が安くなります**。戸建て、マンション、また新築、中古いずれも対象で、床面積や築年数などの条件があります。省エネ性能が高くなるほど限度額も節税効果も大きくなります（左ページ表参照）。中古住宅でも業者が一定の増改築を行い基準を満たした住宅は新築と同じ扱いになる一方、新築でも省エネ基準を満たさなければ２０２４年以降は住宅ローン控除を受けられません。期間限定の制度ですが、延長される可能性は高いでしょう。

住宅ローン控除は支払う税金が安くなる制度なので、そもそも税金が少ない人は減税額も小さくなります。

親から資金援助を受けられるなら、「住宅取得資金の贈与の非課税制度」を活用。頭金にして、ローン額を減らせば家計が楽になります。

住宅ローン控除で所得税が安くなる

下の計算式で出した額の分、入居から10～13年間、所得税が戻ってきます。所得税から控除し切れない分は、翌年の住民税が安くなります（2025年までの入居）。

住宅ローンの年末残高（住宅性能により上限がある） × 0.7% = **控除額**

納めた所得税額より多ければ所得税が全額控除される。

例 年末のローン残高2000万円の場合

2000万円×0.7%=14万円

14万円の所得税が戻る。

Point

住宅ローン控除の要件

- 自宅を購入後、6カ月以内に入居して、控除を受ける年の年末まで住んでいる
- 新築、中古住宅ともに床面積（登記上の面積）50㎡以上
- 中古は、1982年1月1日以降に建築されたもの
- ローン返済期間が10年以上など

＼ 知らないと損する ／

お得情報

住宅ローンを組むときは金利だけでなく保険や手数料も確認

民間の住宅ローンは通常、団体信用生命保険がセットになっていて、その保険料も金利に含まれます。借りている人が亡くなったときは保険で残りのローンが返済されるので、遺族は払わなくて済みます。がんなどの疾病でローン返済が免除されるなど、保障が広いタイプもあります。

もっと知りたい **Q&A**

Q 頭金が多ければ金利が下がるってほんと？

A 金融機関によっては、基準金利のほかに適用金利があります。基準金利とは、各金融機関が決めている金利。適用金利とは、頭金の割合が一定以上などの条件を満たす人に対して、金利を引き下げて優遇すること。さらに、頭金が多いと審査も通りやすくなります。

住宅にも消費税はかかるの?

建物には消費税がかかります。

建物は消費税10%

ただし中古住宅は、仲介業者を通した個人間売買は非課税。

土地にはもともと消費税がかからない

住宅ローン控除の概要

新築住宅・買取再販住宅(控除率0.7%)の場合

住宅の環境性能等	借入限度額		控除期間
	2022・2023年入居	2024・2025年入居	
長期優良住宅・低炭素住宅	5000万円	4500万円	13年間
ZEH水準省エネ住宅※	4500万円	3500万円	
省エネ基準適合住宅	4000万円	3000万円	
その他の住宅	3000万円	0円	

※日本住宅性能表示基準における断熱等性能等級5以上かつ一次エネルギー消費量等級6以上の性能を有する住宅が該当

既存住宅(控除率0.7%)の場合

住宅の環境性能等	借入限度額	控除期間
	2022～2025年入居	
長期優良住宅・低炭素住宅 ZEH水準省エネ住宅 省エネ基準適合住宅	3000万円	10年間
その他の住宅	2000万円	

出典:国土交通省「住宅ローン減税の概要について」

親や祖父母からの援助が非課税になる

住宅を取得するための贈与なら、一定額までは贈与税は非課税になります(2023年末まで)。

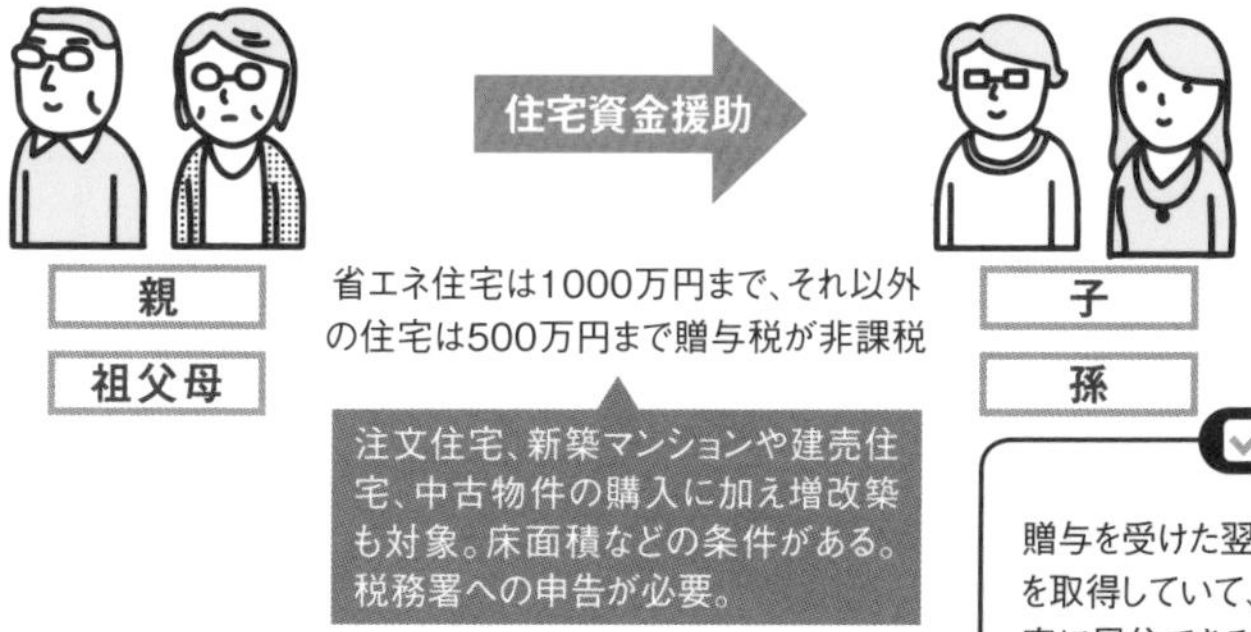

省エネ住宅は1000万円まで、それ以外の住宅は500万円まで贈与税が非課税

注文住宅、新築マンションや建売住宅、中古物件の購入に加え増改築も対象。床面積などの条件がある。税務署への申告が必要。

Point

贈与を受けた翌年3月15日までに住居を取得していて、居住しているまたは確実に居住できることが非課税の条件。

住宅を購入する

住宅ローン借入予算を立てる

ローンはなるべく少なく毎月無理なく返せる額に

まず誰が住宅ローンを組むかを決めましょう。シングルなら自分1人で借りますが、結婚しているなら夫婦で借りる「ペアローン」も可能です。

住宅ローンを組む際は年収などをもとに審査があり、借りたい額を必ず借りられるわけではありません。1人では足りない場合、配偶者の収入を合算したり、2人でローンを組んだりすることで借りられる額を増やすことができます。

とはいえ、負担する利子も多くなりますから、無理をすると後々家計が苦しくなります。しっかり頭金を貯める、親からの援助を利用する、物件を見直すなどにより、ローンはなるべく減らすのがポイントです。

ローンを組む前のポイント チェックリスト

誰が、いくら借りてどう返すか。次の5つをしっかりチェックしましょう。

□ **誰が借りるかを決める**

●夫のみで組む
- 妻は専業主婦またはパートの場合
- 共働きの場合でも、今後の出産・子育てなどを見込んで、夫のみの収入で借りられる額を、夫のみで組むパターンもあり

●夫婦で組む
- それぞれの収入に合わせて比率を調整（妻の借り入れを少なくして返済額を減らすなど）
- 夫は固定金利、妻は変動金利など金利タイプを使い分けてもよい（→P.158）

□ **60歳または65歳まで何年あるか計算する**
老後にローンが残らないよう、返済を終えるのは、60歳か65歳までがメド

□ **金利タイプを固定か変動か決める**
現在、変動金利はかなり低い水準。

□ **頭金を試算する**
頭金や諸経費を払った後も、3カ月～半年分の生活費は貯蓄で確保しておきたい

□ **ボーナス併用払いはできればしない**
景気の動向や会社の業績に左右されるボーナスはあてにせず、毎月返済のみに

● 1000万円借りると毎月の返済額はいくら?

年利(%)	25年返済	30年返済	35年返済
0.5	3万5466円	2万9918円	2万5958円
1.0	3万7687円	3万2163円	2万8228円
1.5	3万9993円	3万4512円	3万618円
2.0	4万2385円	3万6961円	3万3126円
2.5	4万4861円	3万9512円	3万5749円
3.0	4万7421円	4万2160円	3万8485円
3.5	5万62円	4万4904円	4万1329円
4.0	5万2783円	4万7741円	4万4277円
4.5	5万5583円	5万668円	4万7325円

＊固定金利の場合

左表は固定金利ローンで1000万円を借りた場合の毎月の返済額。金利と期間を選び、毎月返せる額を表の金額で割れば、借りられる目安がわかります。

㊎現在30歳、金利1.5%で30年返済（60歳で返済完了）の場合

毎月8万円を返済できるなら…
8万円÷3万4512円×1000万円＝2318万円

借りられる金額

＊変動金利で借りて途中で金利が上がったら、毎月の返済額が増え、利息も含めた返済総額は増える

ペアローンは住宅ローン控除でお得

夫婦で借りるペアローンは、住宅ローン控除もそれぞれ受けられるので、収入が多く節税したい夫婦にはおすすめです。片方が亡くなった場合、その人の分はローンに組み込まれている団体信用生命保険で返済。離婚時は、住宅が担保に入っているため共有名義を解消しにくいデメリットも。

借りる人	夫			夫と妻（ペアローン）
審査の対象となる収入	夫の収入のみ	妻の収入も合算		夫、妻それぞれの収入
契約者（債務者）	夫1人	夫 妻は連帯保証人※	夫 妻は連帯債務者※	夫と妻それぞれが契約（お互いが連帯保証人）
住宅ローン減税の対象	夫1人分		夫妻2人分	
返済	夫は病気・失業時でも返済義務あり	夫が病気・失業時は妻にも返済義務あり		どちらか死亡時は、残されたほうのローンは残る

※連帯債務者は主債務者と同じく債務を負うが、連帯保証人は主債務者に対する保証人なので、主債務者の返済が滞ったときに返済の義務が生じる。フラット35は連帯債務の形で申し込みができる

「返済負担率」は20％以内が理想

返済負担率とは、年収に占める年間返済額の割合のこと。この数値が高いと負担が重くなり、返済が滞る可能性が高まります。もっと高くても貸してくれますが、できれば20％以内、多くても25％以内に抑えたほうが安全。

（ 毎月返済額 × 12カ月 ＋ 年間のボーナス返済額 ＋ 住宅ローン以外の借入額 ）

÷ 税込み年収 × 100 ＝ 年間負担率

例 毎月8万円、ボーナス返済なし、税込み年収450万円　住宅ローン以外の借り入れなし

（8万円×12カ月＋0円＋0円）÷450万円×100＝21.3％　20％以内に抑えたい！

＊税込み年収で計算するため、手取りでは負担率はもっと高くなる

＼ 覚えておこう ／

お金豆知識

名義を変更すると税金がかかる

住宅の所有者は「お金を支払った人」。所有者の登記はその人の名前（名義）で行います。不動産の名義を変更すると、課税の対象になるので注意しましょう。例えば親から子へ名義を変更する場合は、贈与税がかかります。ただし、離婚で財産分与して夫から妻に変更する場合は、非課税です。

もっと知りたい Q&A

Q 住宅ローンを返せなくなったら？

A 住宅ローンは住宅を担保に借り入れているので、最悪の場合、住宅を手放すことに。毎月の返済額の減額などを借り入れした金融機関に交渉し、それでも返せないときは、住宅を売り残りのローンを清算。ローンが残るなら、無理のない範囲で返していける任意売却という方法も。

車を持つか持たないか

月に2、3度の利用ならカーシェアがお得

車の持ち方・使い方の選択肢が増えている

車を持たない人が、若い世代で増えているようです。車を持つにはかなりのお金がかかるし、公共交通機関が発達した都心では、そもそも必要性を感じない人もいるでしょう。その影響もあり、**「持つ」よりも安く「使う」ことを重視したカーシェアリングが普及してきています。頻繁に利用しないなら、そのほうが安く済みます。**また、数年おきに新車に乗り換えたい人や、自分で所有することにこだわらない人なら、車のサブスクリプションを利用する方法もあります。

車は何度か買い替える必要がありますから、その際の出費も加えると、一生のうちの車に関連する出費は膨大なものになります。

車にかかるコストは?

本体価格のみならず、購入時の諸費用や年間の維持費がどれくらいかかるか、試算しましょう。

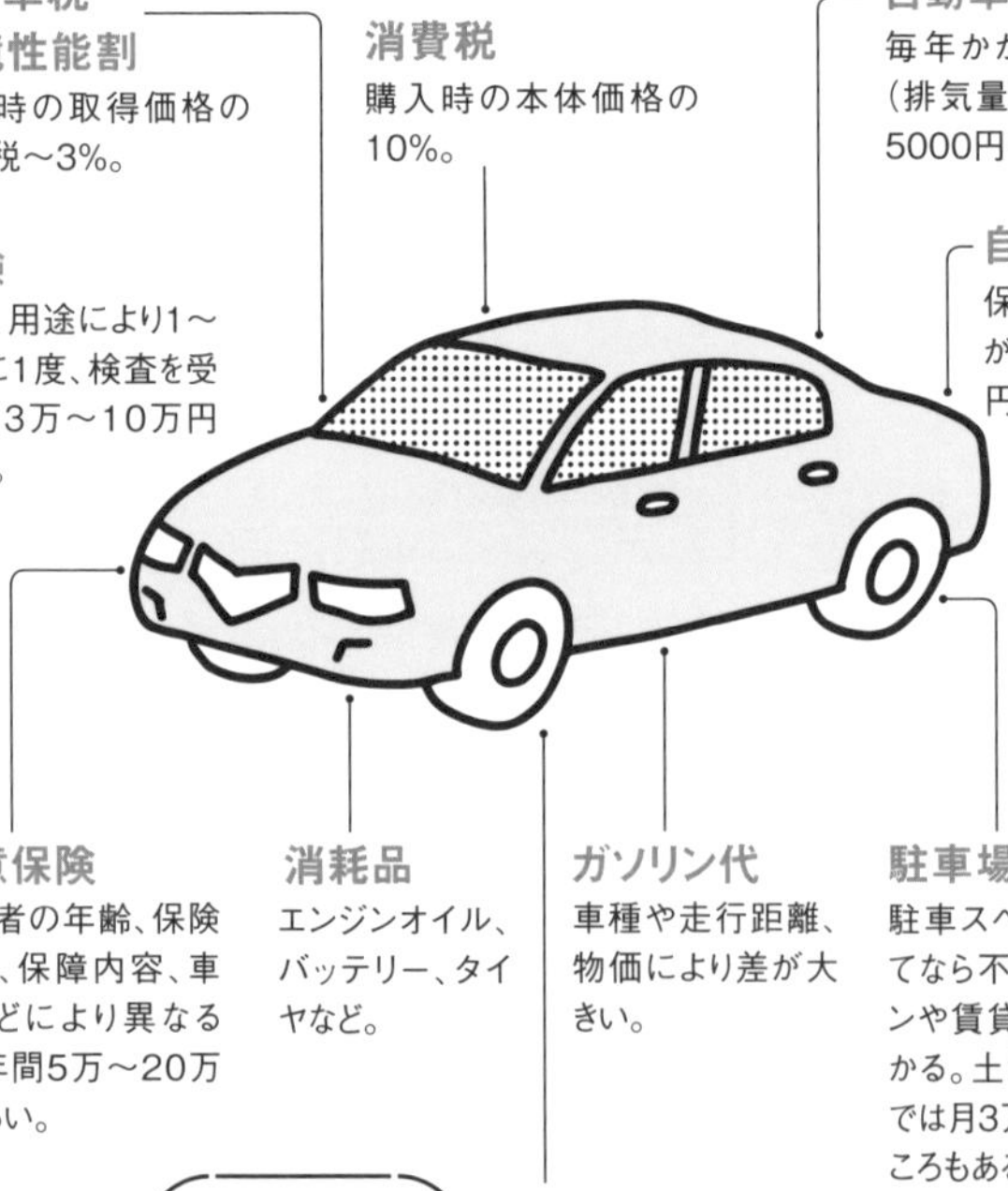
自動車税 環境性能割
購入時の取得価格の非課税～3%。
消費税
購入時の本体価格の10%。
自動車税(種別割)
毎年かかる。車の大きさ(排気量)により年間2万5000円～11万円くらい。
車検
車種、用途により1～3年に1度、検査を受ける。3万～10万円程度。
自賠責保険
保険期間にもよるが年間1万2000円程度。
任意保険
運転者の年齢、保険会社、保障内容、車種などにより異なるが、年間5万～20万円くらい。
消耗品
エンジンオイル、バッテリー、タイヤなど。
ガソリン代
車種や走行距離、物価により差が大きい。
駐車場代
駐車スペースがある戸建てなら不要だが、マンションや賃貸住宅なら別途かかる。土地代が高い都心では月3万円程度かかるところもある。
自動車重量税
新規登録時と車検時に払う。車の重さにより異なり、数千～数万円。エコカーには重量税の免税や軽減がある。

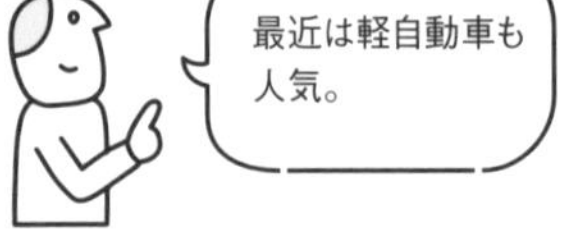
最近は軽自動車も人気。

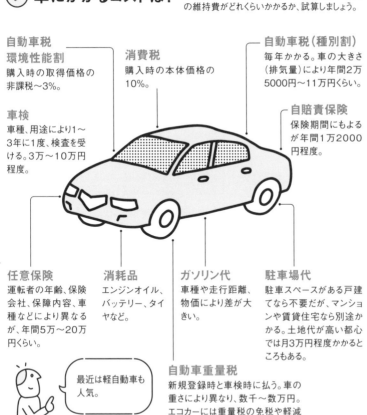

車は購入しなくても使いこなせる

車は費用だけでなく生活スタイルによって持ち方が違ってきます。

	購入	サブスクリプション	カーシェアリング	レンタカー
特徴・使い方など	自分で購入して所有する	乗りたい車を選んで一定期間使う（短期も可）	複数の車を会員で共同利用	数時間単位か1日単位で借りる
費用	新車は軽自動車なら100万円程度から。自家用乗用車は150万～300万円、高級車ならさらに高額	・毎月リース料を支払う。リース代に自動車税なども含まれる ・会社、車により月間1万5000～5万円程度	・ガソリン代、自動車保険等も会費に含まれる ・会社によるが月会費1000円、15分200円など	車種により、6時間まで4000～1万円程度
メリット	通勤、買い物など、いつでも必要なときに乗れる	・リース期間が過ぎたら別の車に乗り換えられる ・初期費用を抑えられる	・月々の会費と、利用した分の支払いなので安い ・日常生活で短時間、車を使える	休日の外出、旅行、旅先でのドライブなどに便利
デメリット	・購入時、保有中の費用が高い ・駐車場が必要	・駐車場が必要 ・任意保険は原則自分で加入する ・走行距離に制限がある	自宅の近くにカーステーションがないと使えない	・返却の手間がかかる ・希望の車がないこともある

車の使い方が変わった

車の維持費は、駐車場代や重量税などの税金、保険代など、ばかになりません。カーシェアリングなど、車を所有しない生活を支えるサービスが増えています。

カーシェアリング車両台数と会員数の推移

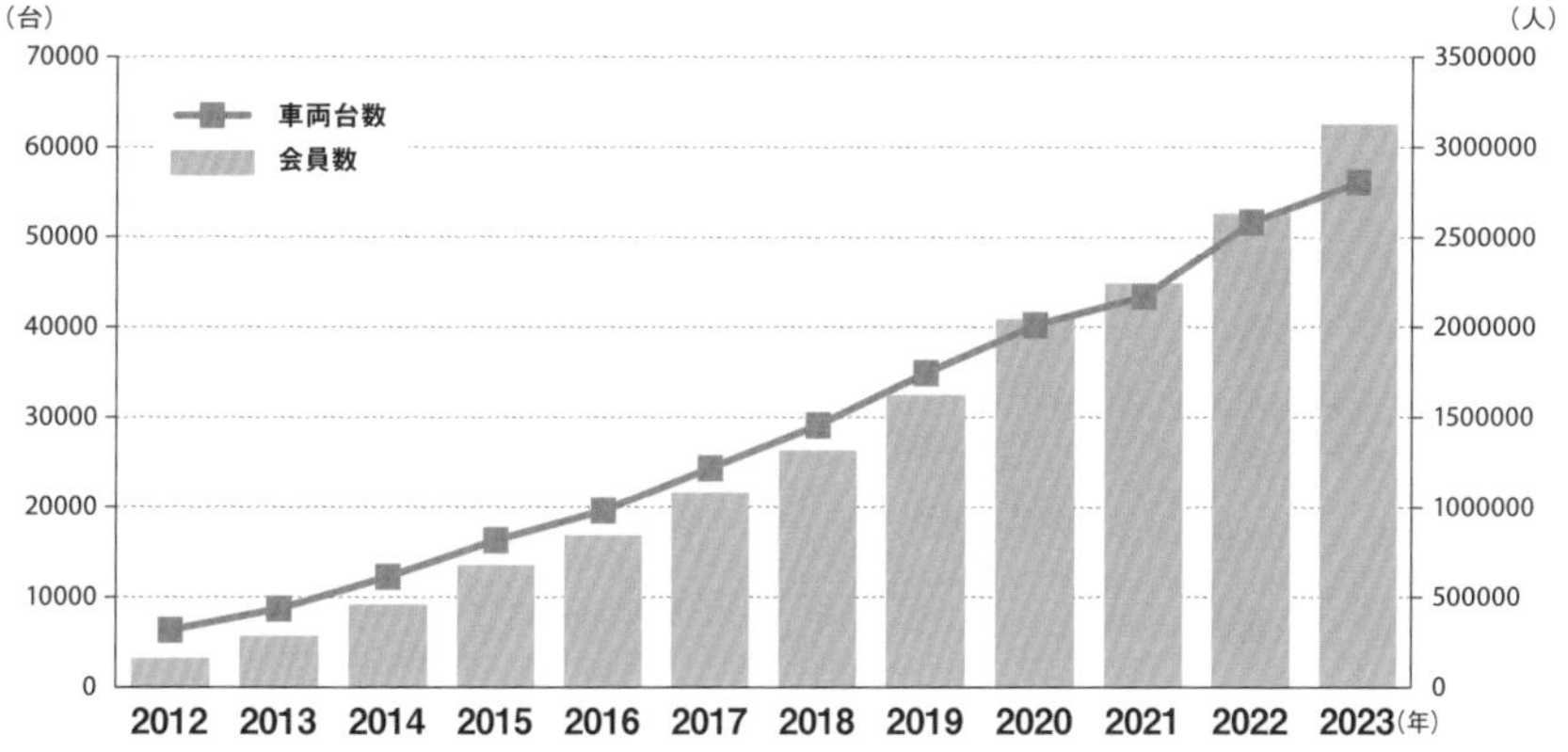

出典：公益財団法人交通エコロジー・モビリティ財団「わが国のカーシェアリング車両台数と会員数の推移」（2023年6月22日）

車を安く買うコツ

メーカー希望小売価格より安く買うには情報収集が大事。

Step 1 購入時期を見極める

新車の買い時

販売の業績を上げたい決算期(3月、9月)や、消費者の購買意欲が高まるボーナス時期(6月、12月)、また増税前などは値引きされやすい。

中古車の買い時

新車がよく売れるのは新生活を控えた2～3月と9月頃。そこから1～2カ月後は中古車の値引きが期待できる。

Step 2 競合車の見積もりをとる

T社
N社
T社のA車を買おうと思っているけれど、N社のB車も見ておきたい。

欲しい車のライバル車を販売している競合他社メーカーの見積もりをとる。

Step 3 複数の店で見積もりをとり、購入

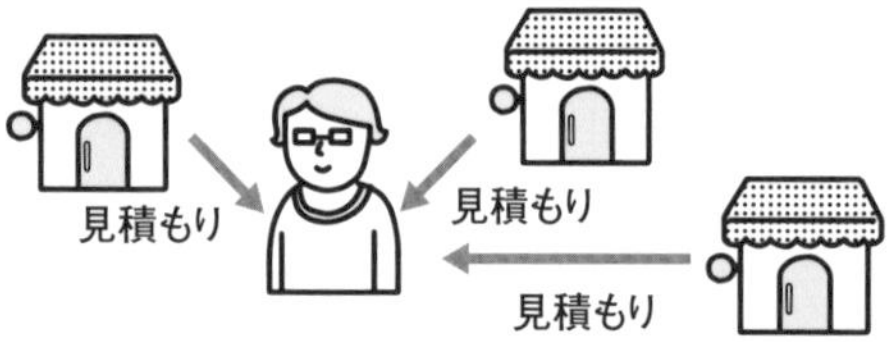
見積もり
見積もり
見積もり

季節や地域、店により値引き額は変わる。オプション抜きの「本体の見積もり」をとるのがポイント。購入時には本体だけでなく、オプションの値引きも交渉のポイント。

買い取り・下取り額を高くするコツ

買い取り・下取りの査定の基準は、日本自動車査定協会によって設定されています。この基準と比較してよい状態だと加点、劣る状態だと減点されて、査定額に反映されます。

● 査定の基準

基準よりも良好な状態であれば査定額がアップ!

車検
残り月数は4カ月以上。

内装・外装
無傷であること。

修復歴など
事故の修復歴や改造工作がなく、腐食・臭いなどがない。

走行キロ数
おおむね1年間で1万kmを標準として加減点される。5年以上で9000kmなど、年数が経つと下がる。

エンジン・足回り
走行に支障なく良好であること。

タイヤ
溝が1.6mm以上ある。

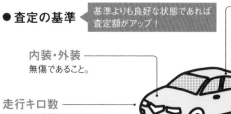

ローンは使わず現金で購入 維持費も考慮しよう

車は、**自動車ローンは使わず貯金して現金買いをするのが鉄則**。維持費や自動車保険に加えてローンを抱えると月々の負担が増えるうえ、住宅ローン（→P.158）の審査の際は借入額を合算することになります。**購入価格だけでなく、税金**（→P.164）**や駐車場代など、年間の出費を確認**し、月々やりくりできるか事前に考えましょう。2022年以降、資源やエネルギー価格の上昇を受けて新車も値上がり傾向にあります。一方、中古車は需要と供給により価格が変動します。

購入の際は信頼できる店で中古車を買ったり、維持費の安い軽自動車にしたりすることも視野に入れ、広く情報を集めて価格交渉をしましょう。選択により、一生の間で数百万円の差がつきます。

自動車保険の種類

車を運転するならつけておきたいのが保険です。思わぬ事故で自分が加害者になってしまったとき、多額の賠償を背負うことも。万が一に備えて、任意の保険にも必ず入っておきましょう。

自動車保険

- **自賠責保険**
  国が行っている保険で、車を所有する人は必ず加入する。
  支払限度額
  ・死亡3000万円
  ・後遺障害4000万円
  ・傷害120万円
- **任意の自動車保険**
  - **賠償責任**
    - **対人賠償保険**：自動車事故で相手の車の同乗者や歩行者など、他人を死傷させた場合
    - **対物賠償保険**：自動車事故で相手の車など、他人の物を壊して損害賠償責任を負ったとき
  - **傷害補償**
    - **人身傷害補償保険**：運転者や同乗者が死傷した際に、損害額を補償
    - **搭乗者傷害保険**：自動車事故で、契約した車に乗っている人が死傷した場合、過失割合に関係なく補償してくれる
    - **無保険車傷害保険**：保険に加入していない車との事故で死傷した場合に支払われる
    - **自損事故保険**：自損事故により搭乗者が死傷した場合、定額を補償
  - **車両損害**
    - **車両保険**：自動車事故や自然災害（津波、地震、火山噴火は除く）などによる損害で、自分の車が被害に遭った場合に補償される

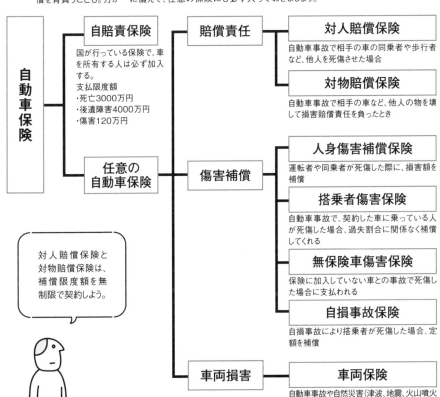

学び直しやキャリアアップのための学費

教育訓練給付金、奨学金を利用する

返却不要の給付もあり キャリアアップに活用したい

社会人になった後も、キャリアアップのために資格を取るなど、学び直しをしたいこともあるでしょう。

そんなとき利用したいのが**教育訓練給付金**です。雇用保険に入っていれば、正社員はもちろんアルバイトやパートでも利用できます。

教育訓練給付金は利用できる講座が指定されているので、対象とならないことを学びたい場合や個人事業主なら奨学金を利用する方法もあります。**日本学生支援機構の奨学金は、社会人の学び直しにも利用できます。**

注意すべきは、貸与の奨学金には返済の義務があること。返済が苦しくなったときは必ず連絡して、減額や返還期間猶予の手続きをとりましょう。

教育訓練給付でキャリアアップ

仕事を辞めても1年以内なら利用できます。出産、育児、病気などが理由の離職であれば、離職後、最大20年まで可能です。

	一般教育訓練	特定一般教育訓練	専門実践教育訓練
条件	**雇用保険に1年以上加入**（2回目以降は3年以上加入）	**雇用保険に1年以上加入**（2回目以降は3年以上加入）	**雇用保険に2年以上加入**（2回目以降は3年以上加入）
対象資格	簿記検定、中小企業診断士、ITパスポート、英検など	介護職員初任者研修、大型自動車第一種・第二種免許、税理士など	看護師、社会福祉士、保育士、調理師、MBAなど
もらえる給付金	受講費用の20%、上限10万円	受講費用の40%、上限20万円	受講費用の50%※、1年で上限40万円（最長4年で160万円）

※訓練修了後1年以内に資格を取得（等）し、雇用保険の被保険者として雇用された場合は、20%追加により合計70%（最長4年で224万円）になる

お金の疑問あれこれ Q&A

Q 学び直しのための講座とは?

A 急速な社会や経済の変化に応じて、職業や働き方のあり方が変化しています。生涯を通して社会で働く人のために、いったん社会人になった後も学び直しができる講座が増えています。高等専門学校、短期大学、大学、大学院などが社会人を対象に実践的・専門的な講座を提供。一部は「専門実践教育訓練給付金」の対象になっています。

Point

申し込み先は管轄のハローワーク。どんな講座があるかは「厚生労働大臣指定教育訓練講座」で検索を。

日本学生支援機構の奨学金

高校や大学卒業後2年以上経過した人は、入学後学校を通じて申し込みます（年収等の要件あり）。一定レベルの成績が求められる無利息の第一種奨学金と、比較的利用しやすい第二種奨学金があります。

● 第一種奨学金（無利息）の例

区分（貸与月数）		通学	貸与月額
大学 48カ月	国公立	自宅	2万円、3万円、4万5000円から選択
		自宅外	2万円、3万円、4万円、5万1000円から選択
	私立	自宅	2万円、3万円、4万円、5万4000円から選択
		自宅外	2万円、3万円、4万円、5万円、6万4000円から選択
短大・専修（専門） 24カ月	国公立	自宅	2万円、3万円、4万5000円から選択
		自宅外	2万円、3万円、4万円、5万1000円から選択
	私立	自宅	2万円、3万円、4万円、5万3000円から選択
		自宅外	2万円、3万円、4万円、5万円、6万円から選択
大学院（修士課程相当）			5万円、8万8000円から選択
大学院（博士課程相当）			8万円、12万2000円から選択

● 第二種奨学金（利息付）の例

区分	貸与月額
大学・短大・高専（4・5年）・専修（専門）	2万円～12万円　1万円ごとに選択可能
私立大学　医・歯学課程	12万円を選択した場合に限り4万円の増額可
私立大学　薬・獣医学課程	12万円を選択した場合に限り2万円の増額可
大学院	5万円、8万円、10万円、13万円、15万円から選択
法科大学院	15万円を選択した場合に限り4万円または7万円の増額可

● 奨学金の返済に困ったら

返済額を減らしたり、返済を先送りしたりすることが可能。どちらも1年ごとの願い出が必要です。

詳細は奨学金返還相談センターで確認を。

減額返還制度	・月々の返済額を減らす ・年収325万円以下（給与所得の場合）の人が対象 ・割賦金の支払い月額を２分の１または３分の１にする代わりに、返還期間が２倍または３倍になる
返還期間猶予制度	・月々の返済を先に延ばす ・年収300万円以下（給与所得の場合）の人が対象 ・一定期間、返済を猶予された後、再開する

社会人が奨学金を利用したい場合は、入学後に学校を通して申し込む在学採用になる。まずは希望の学校に合格することから。

マンション価格の高騰で新築から中古に変更

本田恵美子さん（仮名）	42歳　東京都

高齢出産で、共働きの本田恵美子さんは、夫と2歳の子どもの3人暮らしです。年齢的に2人目は難しそうなので、3人で暮らす住宅を買うことにしました。子どもが自立した後は、住み替えも検討しています。20年後もなるべく価値が下がらない場所の新築マンションが希望でした。

産休を経て仕事復帰した恵美子さんは、時短勤務のため収入が出産前よりは減っています。しかし、いずれはフルタイム勤務に戻る予定で、夫婦合わせた世帯収入は多いほうです。物件情報を調べ始めた頃は、ペアローンを組めば買えそうな住宅がありました。

ところが、都心の新築マンションの価格高騰が始まり、買いたいと思う住宅の価格は当初の予定よりかなり高くなりました。住宅ローンを返していけるか、子どもの教育費は払えるか、不安になり、夫婦でファイナンシャル・プランナーを訪ねてキャッシュフロー表を作成してもらいました。

このままいけば70歳で赤字に転落することがわかり、中古も視野に入れて住宅の予算を下げること、さらに35年返済で考えていた住宅ローンは、65歳で返済が終わるよう期間を短くすることをアドバイスされました。

2人が気に入って、なおかつ予算に合う中古マンションはなかなか見つかりませんでした。場所、広さ、間取り、築年数などの条件の中で、譲れることと譲れないことを考え、数カ月かけて複数の物件を見て回った結果、現在の中古マンションに出合いました。

無理をせず、年齢と収入に見合ったマンションを購入したことで、精神的にも家計の面でもゆとりのある暮らしが実現しています。

Chapter

6

備える

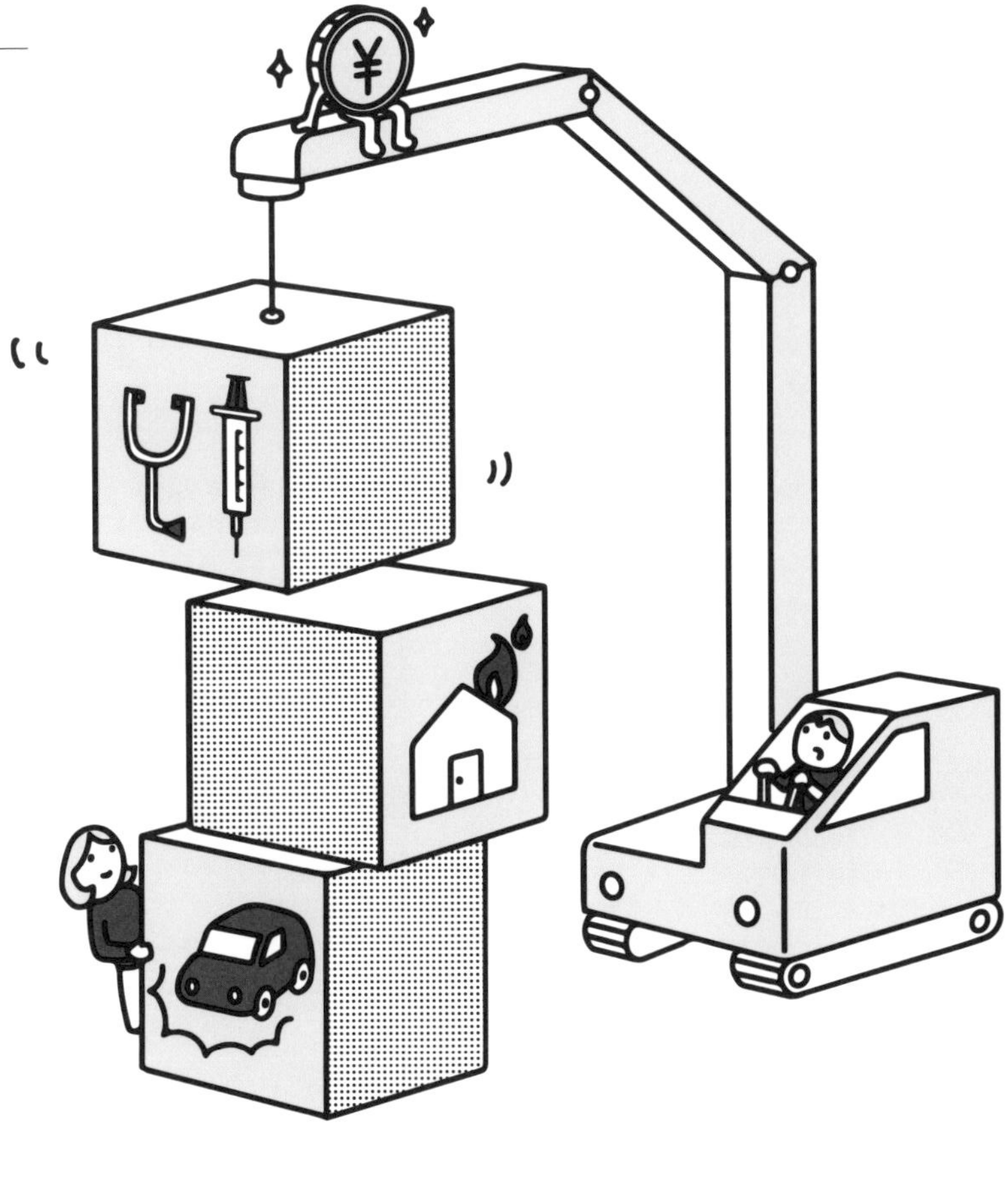

人生は何が起きるかわかりません。
いざというときにあわてないよう、
何にどのくらい備えるべきか、
学びましょう。

社会保障とは何か
なぜ社会保障制度は必要なのか？

困ったことが起きたときも支え合って乗り越えるため

病気になったりケガをしたり、失業したり……人生では時折、予想外のことが起きるものです。また、寿命が長くなったのはうれしいことですが、高齢になっても生活費を稼ぐために働き続けるのは大変です。

こういった場面に備えるために、日本には社会保障制度があります。**社会保障の中心で、多くの人に関係するのが社会保険です。原則として日本に住んでいる人は加入し、いざというときに備えます。**ただし、社会保険だけではまかなえない部分もあります。社会保険でカバーされる範囲を知ったうえで、足りない部分は自分の貯蓄や民間の保険で備えておきましょう。

日本の社会保障制度

そもそも社会保険って何だろう？　日本の社会保障制度から生活者に給付されるお金の9割は社会保険。必要不可欠な保険です。

社会保障制度
国民の「安心」や生活の安定を生涯にわたって支えるもの

- **社会保険**
  国民が病気・ケガなどの際、一定の給付を行う強制加入の制度
  - **医療保険**
    - ・健康保険　会社員、公務員など
    - ・国民健康保険　個人事業主など
    - ・後期高齢者医療制度　75歳以上の人
  - **年金保険**
    - ・老齢基礎年金
    - ・老齢厚生年金　会社員、公務員など
  - **労働保険**
    - ・雇用保険
    - ・労災保険
  - **介護保険**
    40歳以上の人が加入
- **社会福祉**
  障害者・母子家庭などへの公的な支援を行う制度
  - ・社会福祉
  - ・児童福祉
- **公的扶助**
  生活困難者に最低限の生活を保障し、自立を助けようとする制度
- **公衆衛生**
  国民が健康に生活できるように予防や衛生を行う制度

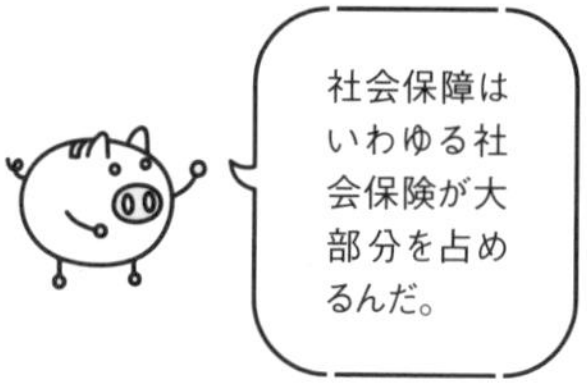

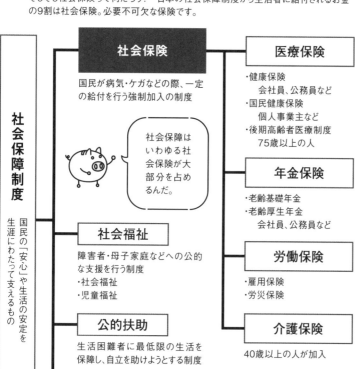

社会保障はいわゆる社会保険が大部分を占めるんだ。

いざというときに使える社会保険

急な病気やケガ、勤務先の倒産などで途方に暮れることがないとは限りません。そんなときに役立つ社会保険を知っておきましょう。

病気やケガをした

医療保険／労働保険

病気・ケガをして医療機関にかかったとき、病気・ケガが原因で働けないときなどに給付される（→P.196～201）
・高額療養費
・傷病（しょうびょう）手当金
・労災保険

失業、休業した

労働保険

倒産・解雇などにより失業または自発的に離職し求職中、育児や介護で休業中に給付される
・雇用保険（→P.46、52）
・育児休業給付金（→P.142）
・介護休業給付金

65歳以上になった

年金保険

65歳からは老齢給付が受けられる（→P.174）
・老齢基礎年金
・老齢厚生年金

子どもが生まれた

医療保険

出産・育児の際に一時金や手当金などが支給される（→P.142）
・出産育児一時金
・出産手当金（会社員）

障害を負った

年金保険

障害の程度に応じて一定の金額が支給される（→P.201）
・障害基礎年金
・障害厚生年金

働き手が亡くなった

年金保険

遺族に年金が支払われる。受給要件あり（→P.206）
・遺族基礎年金
・遺族厚生年金

●社会保検の「基本ルール」

社会保険での保障は立場により違いがあります。また、給付は一定の範囲内ですから、自分でも蓄えておくことが必要です。

保険料の納付が必須

自分で払う保険料に加え一部は税金からまかなわれている。保険料を納めないともらう権利がなくなる。

立場により受けられる給付が違う

傷病手当金や育児休業給付金は会社員のみ。立場によって加入する社会保険が異なり、給付も異なる。

自助努力も必要

社会保険からの給付は一定の範囲に限られ、困ったときのすべてをまかなうことは難しい。

社会保険以外は税金から給付

社会福祉・公的扶助・公衆衛生は税金から給付される。社会福祉・公的扶助は条件を満たす人のみが対象の最低限の保障。

老後に備える 知っておきたい年金の基本

現役時代の働き方により老後にもらう年金額は違う

国籍を問わず、日本に住む20歳以上60歳未満の人は全員が国民年金保険に入ります。そして65歳になり申請すると基礎年金を受け取れます。**会社員や公務員は、厚生年金保険にも加入します。その分、年金額は増えます。**この2つが公的年金です。

会社によっては福利厚生の一環として企業年金があります。また、ほとんどの人が自分の意思で加入できる自助努力のiDeCo（個人型確定拠出年金）があり、加入者は税制面で優遇され節税できます。

現役時代にどんな立場で、どの制度に加入していたかにより、老後にもらえる年金額が変わります。

公的年金はみんなで支え合っている

年金は老後や、ケガや病気で障害者になったときなどに、支え合うシステムです。税金も投入されています。

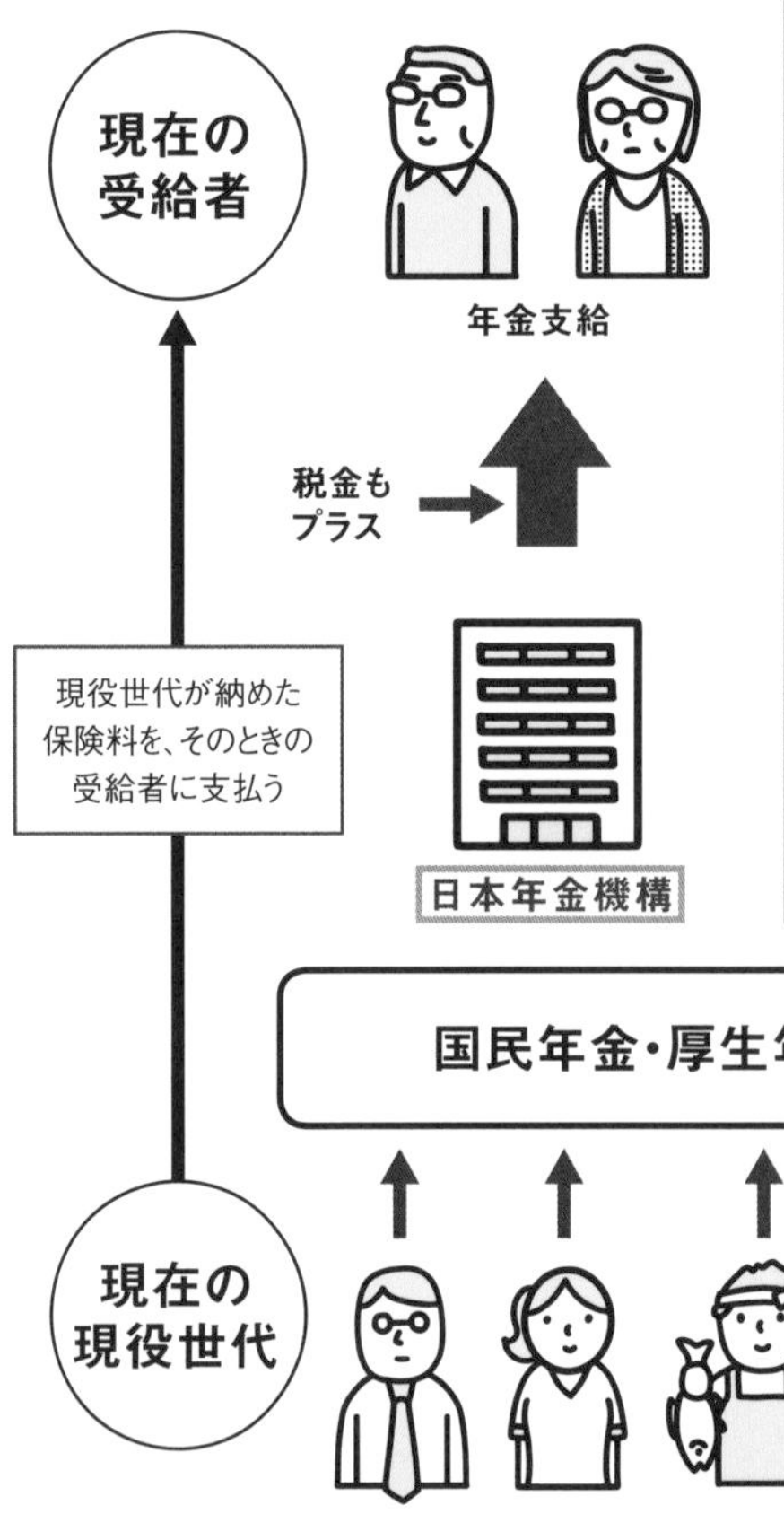
現在の受給者
年金支給
税金もプラス
現役世代が納めた保険料を、そのときの受給者に支払う
日本年金機構
国民年金・厚生年金保険料納付
現在の現役世代

年金をもらうための条件

①加入は義務

国籍にかかわらず、20歳以上60歳未満の日本に住んでいる人が加入する。

②10年以上

10年以上加入すれば、65歳から年金がもらえる。ただし、満額の国民年金をもらえるのは40年加入した場合。

③受け取りは65歳から

繰り上げて65歳以前、繰り下げて65歳以降に受け取ることもできる。

公的年金は老後に必須 将来は給付水準が下がるか

公的年金額は物価などを考慮して毎年改定されます。貯蓄は使い果たせば終わりですが、生涯もらえて物価上昇に対応できる公的年金は、老後の生活資金として欠かせません。

本来、**日本の公的年金は、現役世代が払う保険料で高齢者への給付をまかなう仕組み**です。そのため少子高齢化で若い人が減っている今、将来ちゃんと年金をもらえるのだろうかと不安を感じる人も多いようです。

実際は、基礎年金の半分は税金でまかなわれて、将来のための試算や制度改正も行われています。また、将来的に安定した給付を行えるよう、保険料の一部を積み立てて（年金積立金）運用しています。それでも年金制度存続のため現在より給付水準が下がる可能性は高いので、公的年金を土台に、自分でも老後資金を準備しておきましょう。

年金は運用されている

急激な少子高齢化により、保険料の収入が減って受給者が増えています。

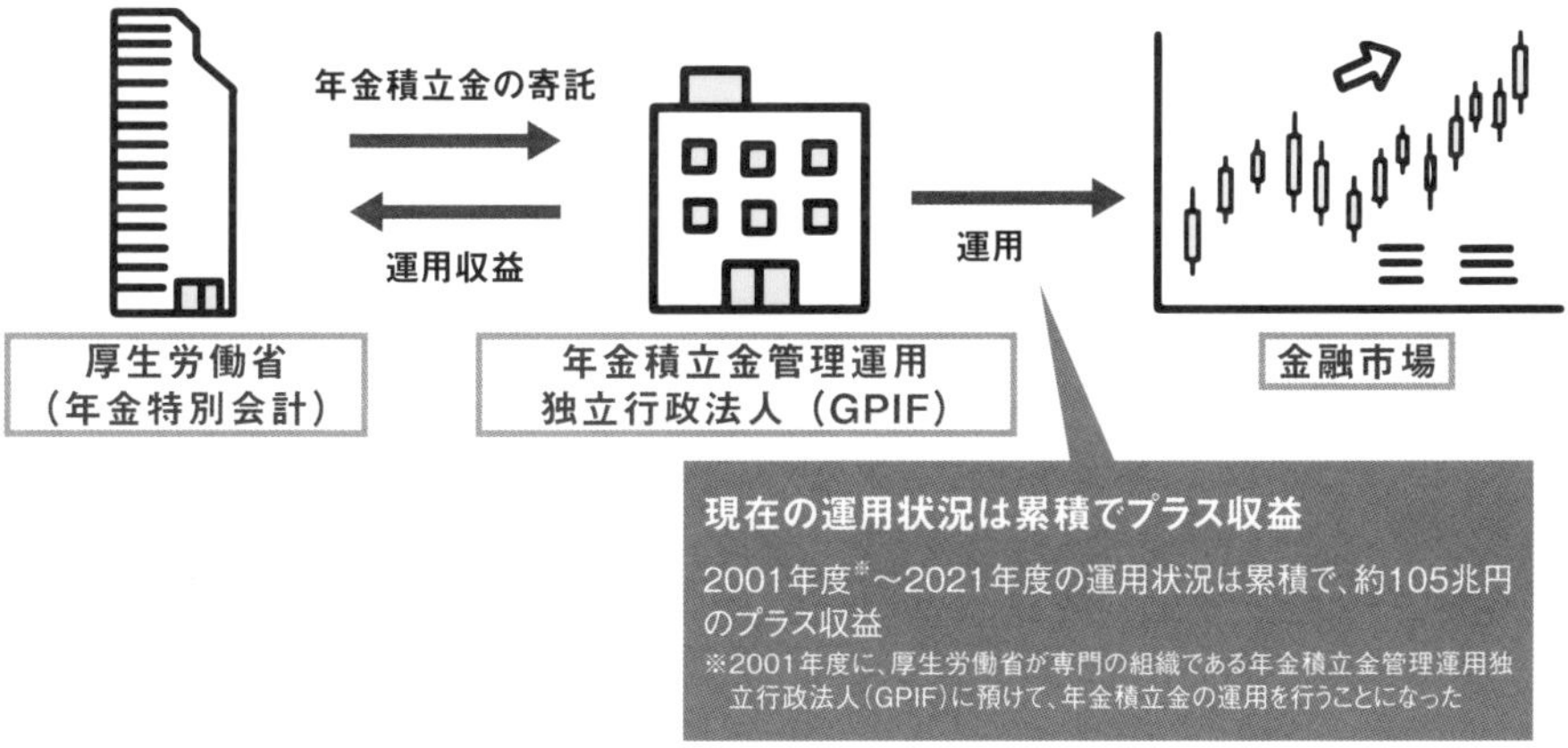
年金積立金の寄託
運用収益
運用
厚生労働省
（年金特別会計）
年金積立金管理運用
独立行政法人（GPIF）
金融市場

現在の運用状況は累積でプラス収益

2001年度※～2021年度の運用状況は累積で、約105兆円のプラス収益

※2001年度に、厚生労働省が専門の組織である年金積立金管理運用独立行政法人（GPIF）に預けて、年金積立金の運用を行うことになった

公的年金をもらえるのは老後だけじゃない！

公的年金は老後だけでなく、障害者認定を受けたときや遺族になったときにも支給されます。

老齢給付

いわゆる老齢年金のこと。
原則65歳からもらえる。

障害給付

一定の障害状態になった人が障害認定されたときからもらえる。

遺族給付

死亡した人に扶養されていた配偶者や子どもなどがもらえる。

年金は上乗せできる！

まず自分が第1～3号被保険者のどれにあたるかを確認。立場により上乗せできる年金も異なります。

第1号被保険者

個人事業主、20歳以上の学生など第2号、第3号ではない人

第2号被保険者

・会社員
・公務員、私立学校の教職員

第3号被保険者

第2号被保険者に扶養されている妻または夫

国民年金（老齢基礎年金）

第1号被保険者

付加年金

月額400円の保険料で、将来の年金を200円×加入月数分増やせる。例えば10年なら2万4000円増える。

または

国民年金基金

1口目は終身年金、2口目はいくつかのタイプから選んで加入し、60歳または65歳から受け取れる。掛け金を所得控除できるので現役時代の節税になる。付加年金との併用は不可。

iDeCo（個人型確定拠出年金）

第2号被保険者

老齢厚生年金

iDeCo（個人型確定拠出年金）

・会社員の場合、以下もあり

確定給付年金

会社が従業員の福利厚生として提供。退職後に、規定に応じた年金を受け取れる。

企業年金
企業年金は会社の制度。ない会社もある。

企業型確定拠出年金

会社が従業員の福利厚生として提供。確定給付年金とは異なり、運用は従業員自身が行い、その結果により将来の受取額が決まる。

iDeCoと企業型の併用もできる。※

※企業型でマッチング拠出している場合は不可

第3号被保険者

iDeCo（個人型確定拠出年金）

毎月一定額を積み立てて、自分で運用する。

公的年金からは、原則、会社員の給与と同様に年金額に応じた税金、社会保険料が天引きされるよ。

世帯によって受け取りパターンが異なる

現役時代の働き方や夫婦の働き方の組み合わせで、世帯でもらえる年金は異なります。厚生年金加入の期間があるかないかに大きく分けて、もらえる年金を見てみましょう。

会社員※世帯　夫→会社員　妻→会社員

夫	妻
老齢基礎年金 ＋ 老齢厚生年金	老齢基礎年金 ＋ 老齢厚生年金

会社員※片働き　夫→会社員　妻→会社勤めの経験なし、結婚後専業主婦

夫	妻
老齢基礎年金 ＋ 老齢厚生年金	老齢基礎年金

個人事業主世帯　夫婦ともに自営業、会社勤めの経験なし

夫	妻
老齢基礎年金	老齢基礎年金

個人事業主＋会社員※　夫→ずっと自営業　妻→会社員。途中でブランクがある場合も含む

夫	妻
老齢基礎年金	老齢基礎年金 ＋ 老齢厚生年金

※老齢厚生年金は1カ月以上の加入期間があればもらえるので、勤務経験があればその期間と給与に応じて給付される

会社員世帯・共働きの場合　ともに厚生年金（自動的に国民年金にも加入）に38年加入

平成2（1990）年5月25日生まれ
平均標準報酬46万円

65歳　67歳

老齢厚生年金　約115万円
老齢基礎年金　約76万円
→ 合計で年約191万円、月額は約16万円

加給年金※
約40万円

※厚生年金保険の加入期間が20年以上の人が65歳になり年金をもらい始めたとき、年下の配偶者や高校生以下の子どもを扶養しているとつく。配偶者が65歳、子どもが高校を卒業すると終了する

平成4（1992）年11月7日生まれ
平均標準報酬38万円

老齢厚生年金　約95万円
老齢基礎年金　約76万円
→ 合計で年約171万円、月額は約14万円

＊年金額は2023年4月時点の制度による概算であり、今後のインフレ率や年金制度の改正等により変わる

老後に備える

老後にかかるお金を試算してみる

収支を大まかに出して不足額を頭に入れておく

老後に必要なお金の試算は、まずは大まかに数字をつかむことから始めます。

老後の収入の基本は公的年金（国民年金、厚生年金）です。自分が将来もらえる公的年金額は、「ねんきん定期便」や「ねんきんネット」で予想できます。支出は、一般的には現役時代の7割程度といわれています。月々の支出以外にも、旅行や住宅のリフォームなど特別支出も見込んでおきましょう。収入と支出を比べて足りない分は、コツコツ準備します。

現役時代は、子育てや住宅取得などにかかる支出をまかないつつ、生活を充実させながら、できる範囲で老後資金の準備も始めましょう。

老後に必要なお金

老後、公的年金だけでは足りないお金＝現役時代に貯めたいお金です。実際のデータを見てみましょう。

夫婦2人で毎月受け取る公的年金は? 平均**22**万円

*総務省「家計調査:家計収支編」（2019年）より

毎月の支出 *総務省「家計調査」（2019年）　夫65歳以上、妻60歳以上の夫婦のみの無職世帯より作成

食費
6万6458円

住居費
1万3625円

水道光熱費
1万9983円

家具・家事用品費
1万100円

被服費
6065円

保健医療費
1万5759円

交通・通信費
2万8328円

教養・娯楽費
2万4824円

その他（雑費・交際費など）
5万4806円

合計 **23万9947円**

*項目ごとに平均値を求めているので、合計値ではない

現役時代と比べてなくなるもの・減らせるものは、生命保険料、年金保険料など。必要になるもの・増えるものには、家のリフォーム費や交際費、医療費などがある。健康保険料、介護保険料は老後も支払う。

*物価の上昇も考慮しておこう。日本では年率2%の物価上昇を目指す政策が取られている

あなたの老後の生活は赤字? 黒字?

今の時点でわかる範囲で数字を入れ、老後の収支をざっと試算してみましょう。

● 退職後の収入(年間)

	夫	妻
公的年金	円	円
企業年金	円	円
その他の収入	円	円
合計	円	円
①夫婦の合計		円

「ねんきんネット」で
試算してみよう。

● 退職後の支出(年間)

毎月の支出	
生活費※1	円
税金・社会保険料※2	円
住居費※3	円
その他	円
合計	円

×12 ＋

年間の特別支出	
自動車保険や火災保険などの保険料	円
その他の支出	円

＝ ②合計　円

※1 右ページの住居費を除く支出
※2 税金・社会保険料は一定額以上の公的年金をもらっていると天引きされる。年金額などにより異なるが、年金額の15%で試算
※3 住宅ローンを返し終わる予定なら維持費(1～3万円)程度

①退職後の収入 [　　] － ②退職後の支出 [　　] ＝ ③マイナスなら、これが1年間に不足するお金 [　　]

マイナス(不足)の
人が多いはず。

③1年間に不足するお金 [　　] × 必要年数 [　　] ＋ 特別支出費 [　　] ＝ ④老後に必要なお金 [　　]

必要年数：65歳以降(の年数) 例えば30年など
特別支出費：旅行や住宅のリフォームなど

退職時に手元にある予定のお金 [　　] － ④老後に必要なお金 [　　] ＝ 過不足分 [　　]

退職時に手元にある予定のお金：退職金など
過不足分：P.89も参照

ここがプラスなら黒字。マイナスなら赤字。赤字が、あなたが貯めておきたいお金!!

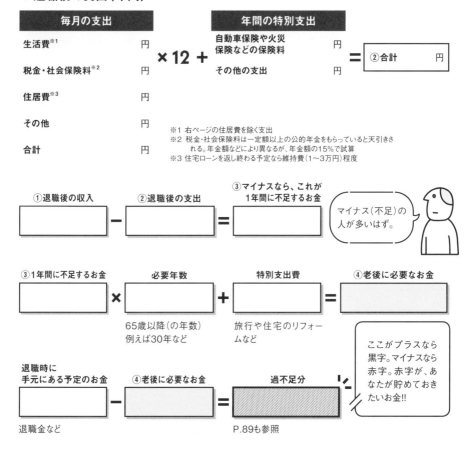

老後に備える

どんな生活を送りたいかをイメージする

健康、人間関係、お金は若いうちから

老後なんてまだ先でとても想像がつかない――そう思ったら勤務先の年配者や親など、周りを見渡してイメージしてみましょう。どこで、どんな暮らし方をしたいでしょうか？

どんな暮らしを選ぶにしても、共通して必要なことがあります。第一に**健康**です。また、第二に人間関係。仕事を続けるにしても、趣味を楽しむにしても、**周りの人とのよい人間関係があればこそ生活は充実します**。そして何より、**生きている限りはお金が必要**です。

充実した生活は誰しも望むところですが、予定通りにいかないことも。軌道修正の可能性があることも前提に、若いうちから計画しましょう。

老後、どこで暮らすかを考える

暮らす場所により、日々の生活も違えば、必要なお金も変わってきます。

今の場所で暮らす

今住んでいるところで住宅を購入したいなら、資金プランを立てる。すでに購入した住宅に住み続けたいなら、リフォームなどのメンテナンス費用を準備する。

子ども世帯と暮らす

二世帯住宅を建てて子どもと同居すれば、互いに費用の節約になる。別途、金融資産もある程度蓄え、同居しない子へも配慮を忘れない。

高齢者施設

施設の種類やサービス内容により費用は大きく異なる。入居時点の健康状態、必要な介護サービス、手持ち資金などから適切な施設を選ぶ。

ふるさとにUターン／田舎に移住

不動産価格だけでなく車の維持費や冬の暖房費などを試算し、生活費や利便性の確認を。空き家の紹介など移住者支援の有無もチェック。

海外に移住

国ごとに異なる物価水準を考慮し、生活費の収支をシミュレーションする。公的年金は海外の口座に送金してもらえる。

海外でロングステイ

日本に自宅を残すと安心感はあるが、二重生活の費用がかかる。日本での住民税・水道光熱費などの支払いを考慮する。

シニア世代の働き方

正規職員・従業員よりも時間が自由になる、アルバイトやパートなどの非正規で働く高齢者は、4年間で1.1倍以上増えています。

● 雇用形態別65歳以上の雇用者数の推移（役員を除く）

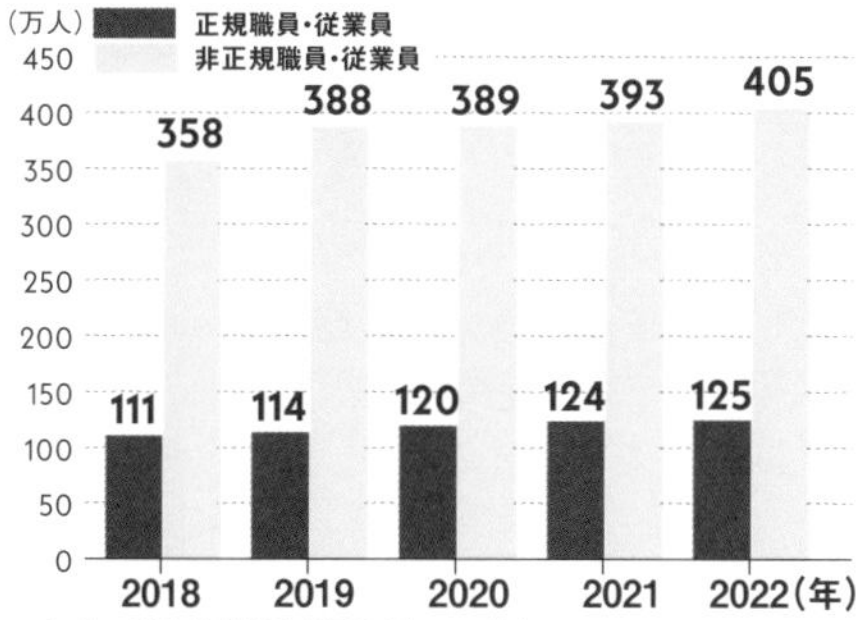
（万人）
正規職員・従業員
非正規職員・従業員
450
400
350
300
250
200
150
100
50
0
358
388
389
393
405
111
114
120
124
125
2018
2019
2020
2021
2022（年）

出典：総務省「労働力調査」（2022年）

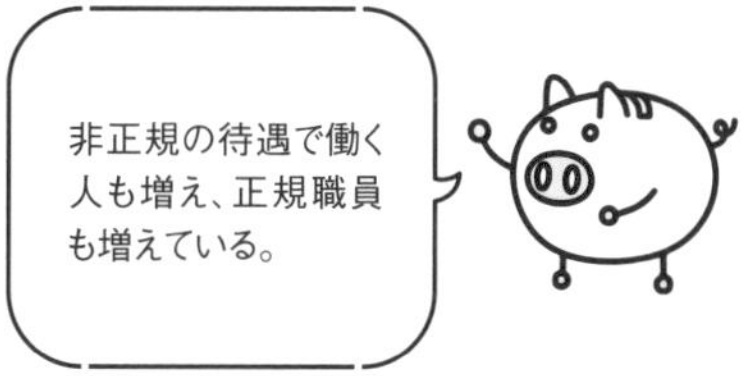
非正規の待遇で働く人も増え、正規職員も増えている。

● 65歳以上が働くには?

再雇用・再就職

高齢になっても働ける環境を整えるため定年後の再雇用制度をとっている企業がある。ほかの会社に再就職する人もいる。

起業

仕事でこれまで身につけたことを生かす、趣味を仕事にするなど、内容は人それぞれ。

シルバー人材センターに登録する

地域貢献と生きがいの両立を支援するため市区町村単位に置かれた公益法人。受注した仕事を入会者に紹介。

お金の疑問あれこれ Q&A

Q なぜ再雇用で給料は下がるの?

A 年金も仕事もない60代をつくらないために、国は高年齢者雇用安定法により、企業に対して再雇用、定年年齢の引き上げ、定年制廃止などの措置を求めるようになりました。実際には嘱託社員やパートでの契約で再雇用を選択する会社が多数のよう。若い人の採用もしていくためには再雇用の給与水準を下げざるを得ないのが現状なのです。

何歳まで働くか

老後も現金収入があると心強いのは確か。就業を希望する高齢者は約72%に上っています。生涯現役で働くという選択肢も。

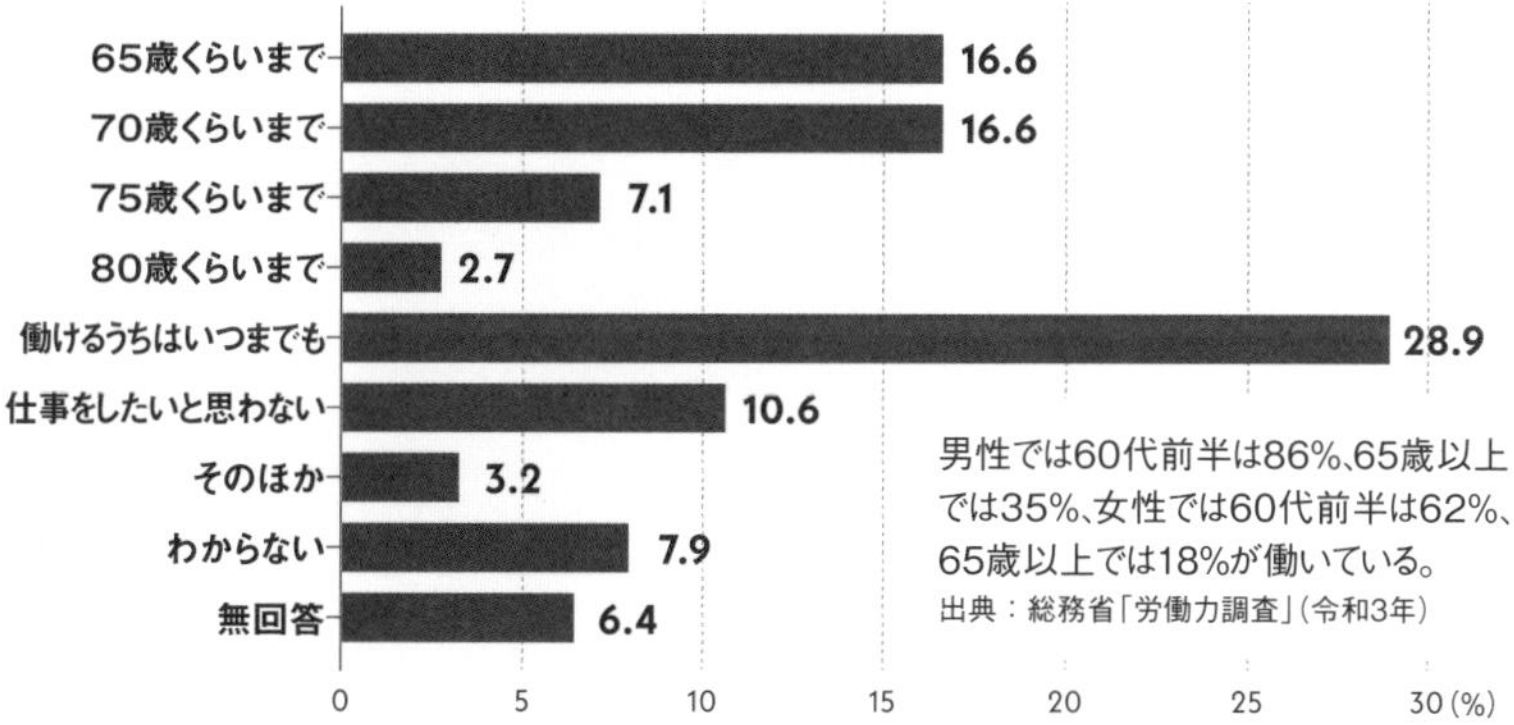
65歳くらいまで 16.6
70歳くらいまで 16.6
75歳くらいまで 7.1
80歳くらいまで 2.7
働けるうちはいつまでも 28.9
仕事をしたいと思わない 10.6
そのほか 3.2
わからない 7.9
無回答 6.4
0
5
10
15
20
25
30（%）
男性では60代前半は86%、65歳以上では35%、女性では60代前半は62%、65歳以上では18%が働いている。
出典：総務省「労働力調査」（令和3年）

出典：内閣府「高齢者の日常生活に関する意識調査結果」（平成26年度）より作成。対象は全国の60歳以上の男女

老後に備える

少しでも年金を増やすには？

税金面でもおトクな国が認める上乗せ年金を使う

老後の年金を増やしたいときはまず、公的年金に準じて税制優遇がある年金を検討しましょう。

会社員（厚生年金加入者）は、勤務先が導入していれば**企業年金**があり、個人事業主（国民年金加入者）は、**付加年金**、**国民年金基金**を利用できます。会社員、公務員、個人事業主、主婦まで利用できるのが**iDeCo（個人型確定拠出年金）**です。若いうちから始めておきたいものです。

また、公的年金は原則65歳からの受け取りですが**繰り下げて65歳を超えてから受け取ると受取額が増額されます**。繰り下げは最長75歳まで可能です。元気な間は働いて、繰り下げ受給をするのも選択肢の一つです。

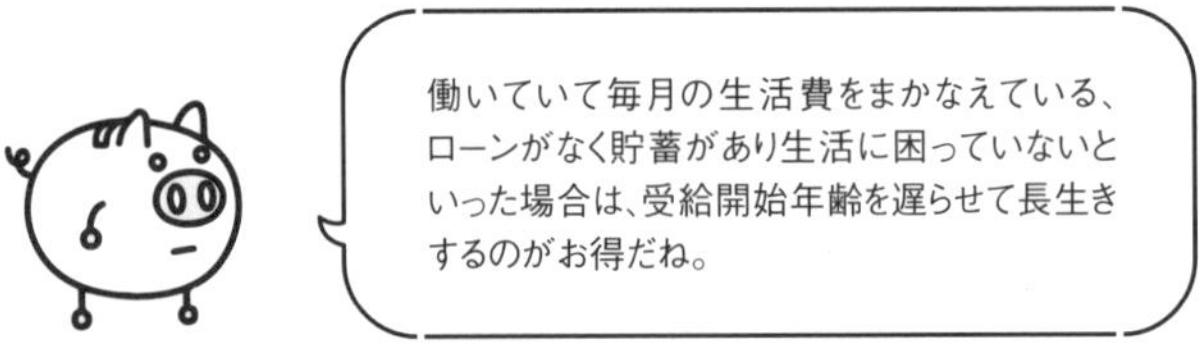
働いていて毎月の生活費をまかなえている、ローンがなく貯蓄があり生活に困っていないといった場合は、受給開始年齢を遅らせて長生きするのがお得だね。

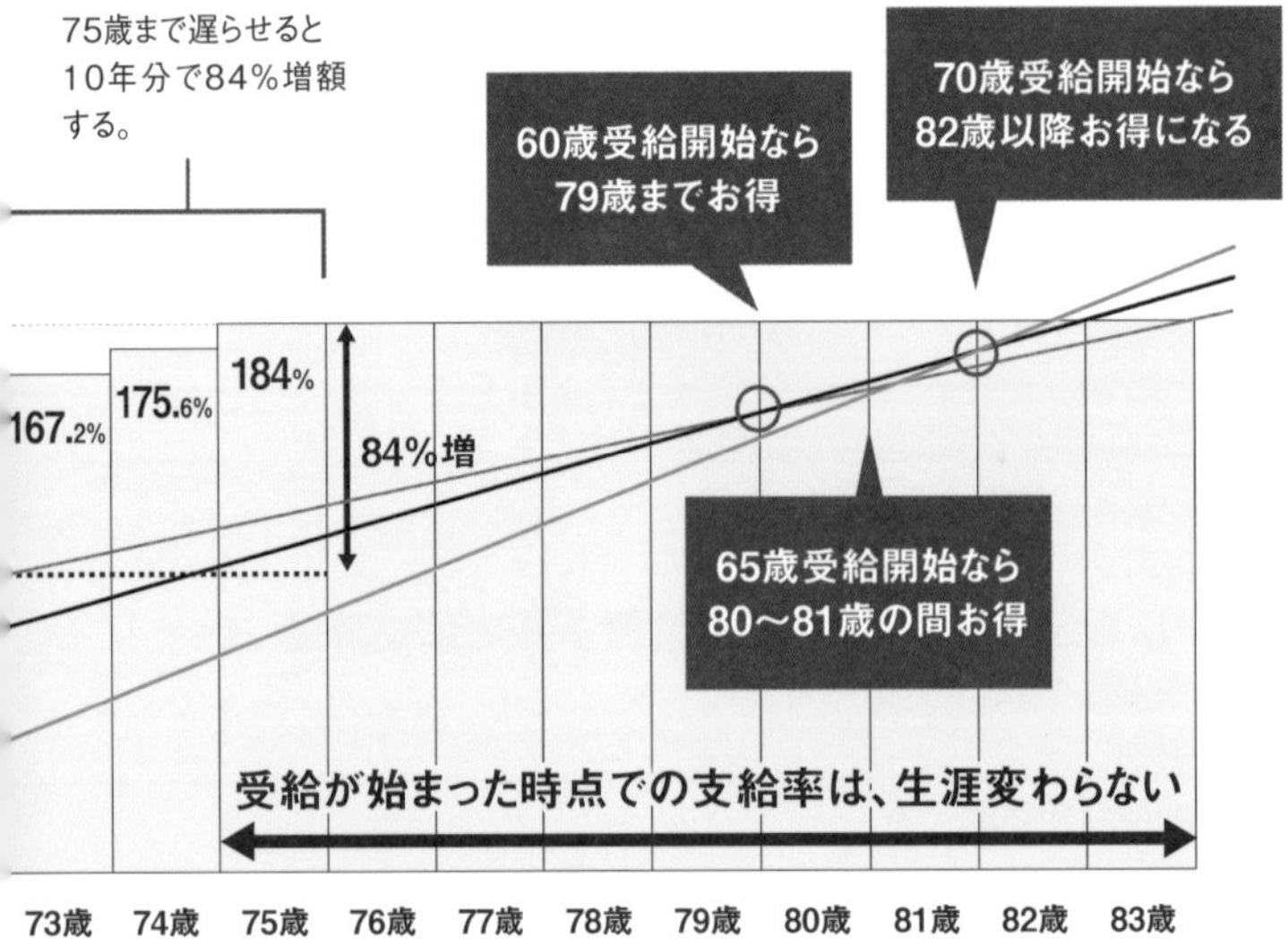
75歳まで遅らせると10年分で84％増額する。
60歳受給開始なら79歳までお得
70歳受給開始なら82歳以降お得になる
65歳受給開始なら80～81歳の間お得
167.2%
175.6%
184%
84%増
受給が始まった時点での支給率は、生涯変わらない
73歳
74歳
75歳
76歳
77歳
78歳
79歳
80歳
81歳
82歳
83歳

将来いくらもらえる? 自分の年金額の確認方法

将来いくらもらえるのか気になっている人は多いことでしょう。自分がもらえる年金額は、以下の方法で確認できます。

ねんきん定期便

毎年、誕生日前後に届く「ねんきん定期便」には、公的年金のこれまでの加入記録とそれに基づく老齢年金額が記載されている。50歳以上の人は、同じペースで60歳まで働いた場合の、65歳からの老齢年金見込額もわかる。わからないときは、日本年金機構に連絡するとよい。

*日本年金機構　ねんきん定期便・ねんきんネット等専用ダイヤル
TEL：0570-058-555（ナビダイヤル）

ねんきんネット

日本年金機構が運営する「ねんきんネット」に登録すると、これからの働き方や収入の予定を入力して老齢年金額のシミュレーションができる。

公的年金シミュレーター

「ねんきん定期便」の二次元コードをスマホで読み込んで年金見込み額を計算できる。厚生労働省が提供するサービス。

公的年金は何歳からもらうのがお得?

通常の65歳より遅く受け取り始める「繰り下げ受給」にすると、老齢年金額を増やせます。

しかし、状況によっては60歳から受け取りたいこともあるでしょう。

いったい何歳から受け取るのがお得なのでしょうか?

年金相談は、日本年金機構の「一般的な問い合わせ」や、近くの年金事務所、あるいは年金相談センターですることができます。

Point

年金の受給開始の受け付けは60〜75歳。支給率（65歳を基準としたときの増減率）は生涯変わらないので、よく考えて支給開始時期を決めたい。

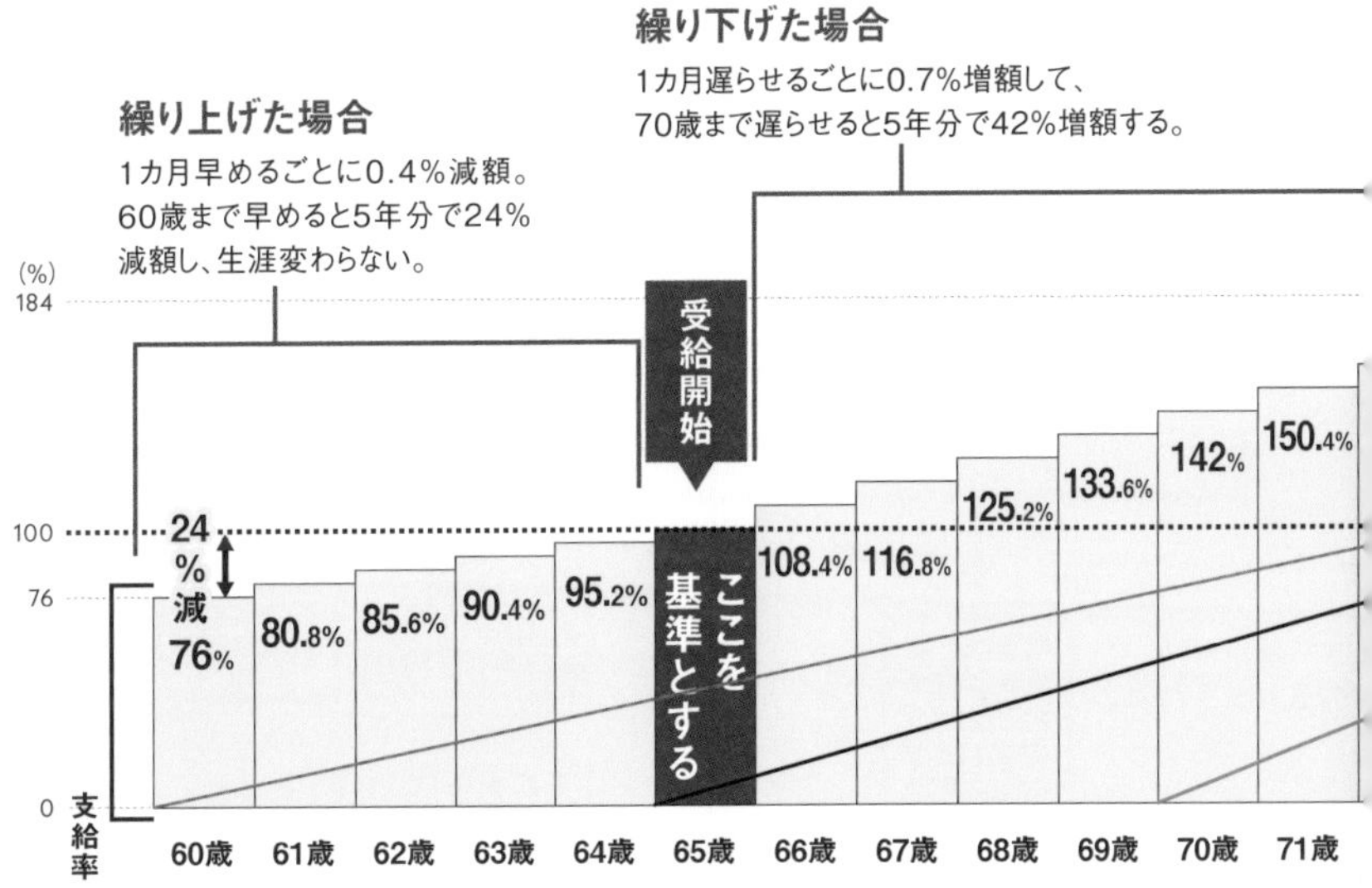
繰り下げた場合
1カ月遅らせるごとに0.7%増額して、
70歳まで遅らせると5年分で42%増額する。
繰り上げた場合
1カ月早めるごとに0.4%減額。
60歳まで早めると5年分で24%減額し、生涯変わらない。
(%)
184
100
76
0
支給率
受給開始
24%減
76%
80.8%
85.6%
90.4%
95.2%
ここを基準とする
108.4%
116.8%
125.2%
133.6%
142%
150.4%
60歳
61歳
62歳
63歳
64歳
65歳
66歳
67歳
68歳
69歳
70歳
71歳

*76歳以降の支給率のグラフは、75歳から支給した場合

老後に備える
年金保険料を払えなくなったとき

老後に年金を受け取るには10年以上の加入期間が必要

会社員の公的年金保険料は給与から天引きされるので、通常払いもれはありません。個人事業主や無職の人、学生などの第1号被保険者は自分で払うため、うっかり忘れたり、資金不足で払えないこともあるでしょう。未納のままにしておくと年金の受取額が減ったり、**加入期間10年未満だと年金をもらえなくなったりします**。また、未納のままでは障害年金や遺族年金の給付もありません。

所得が一定額以下の人は、市区町村の国民年金窓口で手続きをすれば保険料が免除になり、学生や50歳未満の人は猶予されます。免除や猶予期間は加入期間として扱われるので、必ず手続きをしましょう。

支払い免除または猶予の手続きを必ず行う

誰でも免除や猶予してもらえるわけではありません。申請すると前年度の所得で審査されます。対象となる人は下記の3タイプです。

個人事業主、パート・アルバイトなど
＊厚生年金未加入であること

審査対象
免除の場合:
本人・世帯主・配偶者の前年度の所得
猶予の場合:
本人・配偶者の前年度の所得
必要書類
・基礎年金番号がわかるもの

会社を退職
＊失業中も該当

審査対象
世帯主・配偶者の前年度の所得
必要書類
・基礎年金番号がわかるもの
・雇用保険受給資格者証の写しまたは雇用保険被保険者離職票等の写し

申請(郵送可)

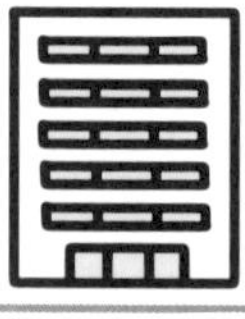

住民登録をしている市区役所・町村役場の国民年金担当窓口

学生「学生納付特例制度」

審査対象
本人の前年度の所得
必要書類
・基礎年金番号がわかるもの
・学生等であることまたは学生等であったことを証明する書類

申請(郵送可)

住民登録をしている市区役所・町村役場の国民年金担当窓口
年金事務所
在学中の学校※

※在学中の学校が学生納付特例の代行事務を行う許認可を受けている場合

免除や猶予の手続きをするメリット

老齢基礎年金の2分の1は税金でまかなわれているので、保険料全額免除でも2分の1は将来の年金を確保できます。

	老齢基礎年金		障害基礎年金 遺族基礎年金 (受給資格期間への算入)
	受給資格期間への算入	年金額への反映	
納付	○	○	○
全額免除	○	$\frac{1}{2}$	○
一部免除※	○	$\frac{5}{8}$〜$\frac{7}{8}$	○
納付猶予・学生納付特例	○	×	○
未納	×	×	×

※一部免除の承認を受けている期間については、一部免除の残りの保険料を納付していることが必要
出典：日本年金機構の公式サイトをもとに作成

未納の追納は2年以内、免除・猶予の追納は10年以内

免除や猶予の手続きをしないまま未納になっている場合は過去2年まで、免除や猶予は過去10年までさかのぼって保険料を納めることができます。追納できる期間があるか、「ねんきんネット」でも確認できます。ねんきん加入者ダイヤル(TEL:0570-003-004)や近くの年金事務所に相談しましょう。

未納の場合

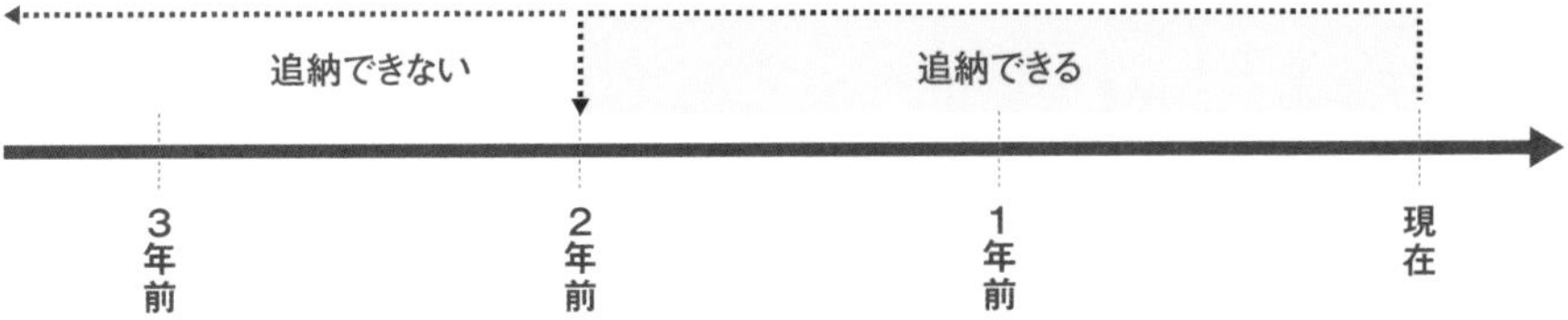
追納できない
追納できる
3年前
2年前
1年前
現在

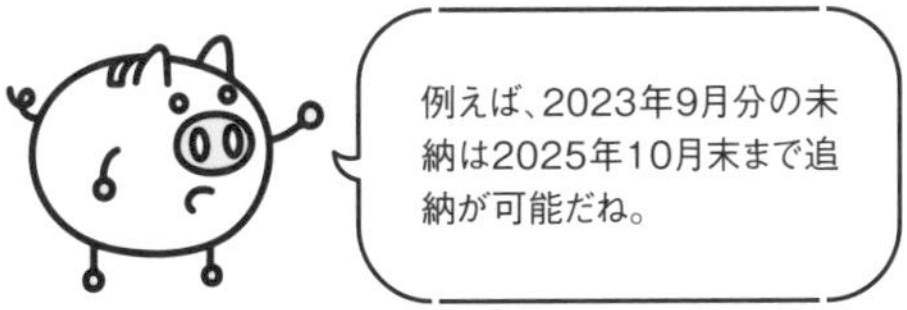
例えば、2023年9月分の未納は2025年10月末まで追納が可能だね。

Point

年金保険料の納付状況は「ねんきん定期便」や「ねんきんネット」で確認。追納するには、年金事務所での申し込みが必要。申し込みが承認されると納付書が送られてくるので、銀行やコンビニなどから納付する。

老後に備える

老後資産の不足を見込んで貯めておく

財形貯蓄＋iDeCoなど いくつかを組み合わせる

老後資金を準備する専用口座に「確定拠出年金」があります。**個人型（iDeCo）は、20歳以上なら原則利用可能。**月額の掛け金には上限があるので、ほかの方法も組み合わせるのがコツです。**会社員なら財形貯蓄がおすすめ（会社が導入の場合）**。また、立場を問わず利用しやすい**銀行の積立定期預金は、預けたお金が保障されるので安心です。**ただ、金利が低いので、老後まで時間がある若い世代なら「NISA」で運用する方法も。

個人年金保険は現在金利が低く、保険会社の費用を引かれるので、早期に中途解約すると元本割れします。子育てや住宅購入のメドが立ち、金利が上がっていれば検討しましょう。

老後資金を積み立てる

毎月コツコツと積み立てていくものをご紹介。元本保証や税金の扱いなどにも着目しましょう。

iDeCo（個人型確定拠出年金）（→P.236）

定期預金や投資信託で毎月積み立てる

メリット

- 現役時代は節税になり、老後の受取時も税金が優遇される

デメリット

- 60歳まで引き出せない。投資信託を選んだ場合は元本の保証がない

財形年金貯蓄（→P.117）

勤務先を通して、毎月積み立てる

メリット

- 年金として60歳以降に引き出した場合は、利息にかかる税金が非課税になる
- 会社が倒産しても続けられる

デメリット

- 年金以外の目的で引き出すと、非課税の特典がなくなる

積立定期預金（→P.112）

銀行に申し込んで毎月積み立てる

メリット

- 積立額や振替日を自分で選択できる
- 元本割れしない

デメリット

- 現在は金利が低く、税制面での優遇はない

NISA（つみたて投資枠→P.234）

年120万円を上限に、毎月投資信託で積み立てる

メリット

- 利益にかかる税金が非課税になる

デメリット

- 投資信託は値動きするので元本の保証がない

個人年金保険に加入する

個人年金保険とは、保険料を払い込んで、老後に年金として受け取るもの。受取期間、保険料の支払い方法などに、いろいろなバリエーションと組み合わせがあります。

● 確定年金の払い込み・受け取りのイメージ

10年の確定年金、支払い開始60歳、基本年金年額60万円の場合

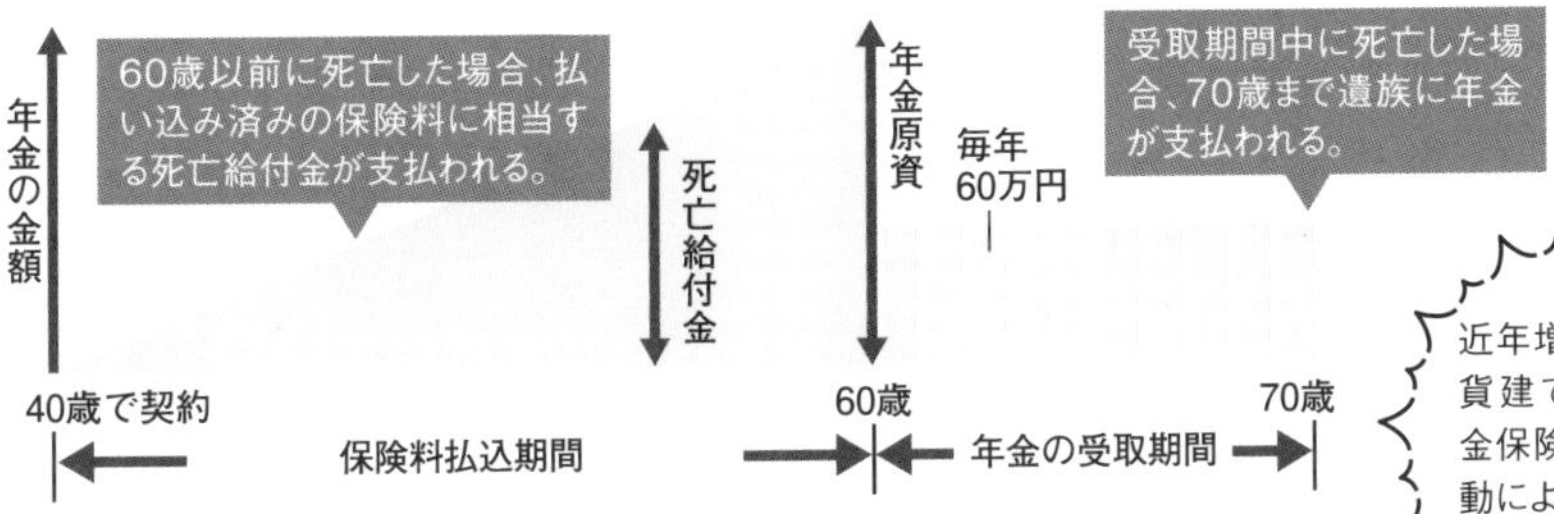

年金の金額
60歳以前に死亡した場合、払い込み済みの保険料に相当する死亡給付金が支払われる。
死亡給付金
年金原資
毎年60万円
受取期間中に死亡した場合、70歳まで遺族に年金が支払われる。
40歳で契約
保険料払込期間
60歳
年金の受取期間
70歳

個人年金保険は、原則として加入時の金利が満期まで適用される固定金利です。つまり、金利が高くなった時点で加入するとお得です。確定年金の受取期間は5年、10年など選べます。

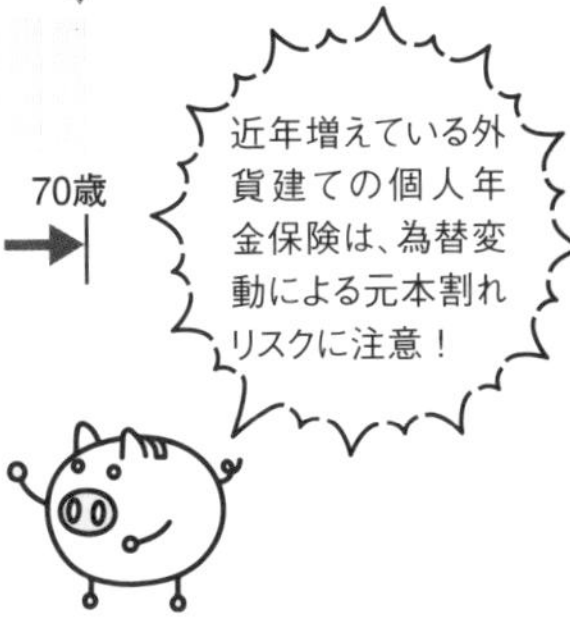

近年増えている外貨建ての個人年金保険は、為替変動による元本割れリスクに注意！

受取期間

確定年金
10年などの一定期間、年金を受け取る

終身年金
生きている限り年金を受け取れる（その分、保険料は高い）

保険料の支払い方法

月払い、半年払い、年払いなど
コツコツと計画的に保険料を支払える

一時払い
まとまったお金が必要だが、その分、保険料が安くなる

年金の受取額

定額個人年金
自分で選択した年金額を受け取る

変額個人年金
運用実績に応じて、受け取る年金額が変動する

シニア割引＋特典を使ってお得に暮らす

スーパーやホテル、娯楽施設などのシニア特典は、最近では50代も対象となりつつあります。シニアならではの特典や割引などのサービスを賢く利用して、お得に暮らしましょう。

行政

● **免許返納特典**
自動車運転免許証を自主返納すると受けられる特典。路線バスが半額になるなど、自治体によって特典内容は異なる。

● **高齢者ボランティアポイント制度**
イベントの手伝いなど、指定されたボランティア活動をすることでポイントが貯まり、現金や協賛企業の商品と交換できるなどの特典を受けられる。

交通機関

● **ANAスマートシニア空割、JAL 当日シルバー割引**
いずれも満65歳以上が対象。国内線を8000円～とお得に利用できるが、予約はできず、当日空席がある場合のみ利用可。

● **JR 東日本ジパング倶楽部**
男性満65歳以上、女性満60歳以上が対象。入会すると（年会費：個人会員3840円、夫婦会員6410円）、全国のJR線の切符を片道・往復・連続で201km以上利用の場合、運賃・料金ともに年間20回まで最大30%割引などの特典を受けられる。

電子マネー（スーパー）

● **イオンG.G WAON、G.Gイオンカード**
55歳以上が対象。毎月15、20、30日が5%オフになる。

● **イトーヨーカドーのシニアナナコ**
60歳以上が対象。毎月15、25日が5%オフになる。

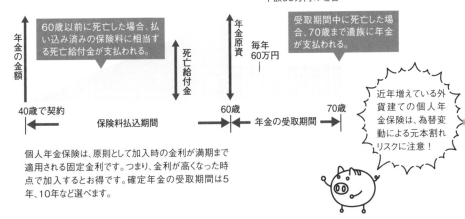

介護や老後の医療に備える

介護保険で介護サービスを受ける

原則65歳以上になれば公的介護保険を使える

家族が要介護状態になったとき、以前は子どもなど親族が介護をしていました。高齢化に伴い、介護が必要な高齢者が増えたこと、少子化・核家族化で親族による介護が困難になったことから、2000年に創設された制度が公的介護保険です。40歳から介護保険料を支払い、原則65歳から介護サービスを利用できます。保険料は、会社員は健康保険と合わせて給与から天引き、個人事業主は国民健康保険料と一緒に払います。

日常生活に支援が必要な状態から重い介護状態まで、要介護の度合いに応じたさまざまなサービスがあり、利用したいときは、市区町村に申請して認定を受けます。

介護保険の仕組み

市区町村に申請し、サービス事業者のケアマネジャーにケアプランを立ててもらって利用します。

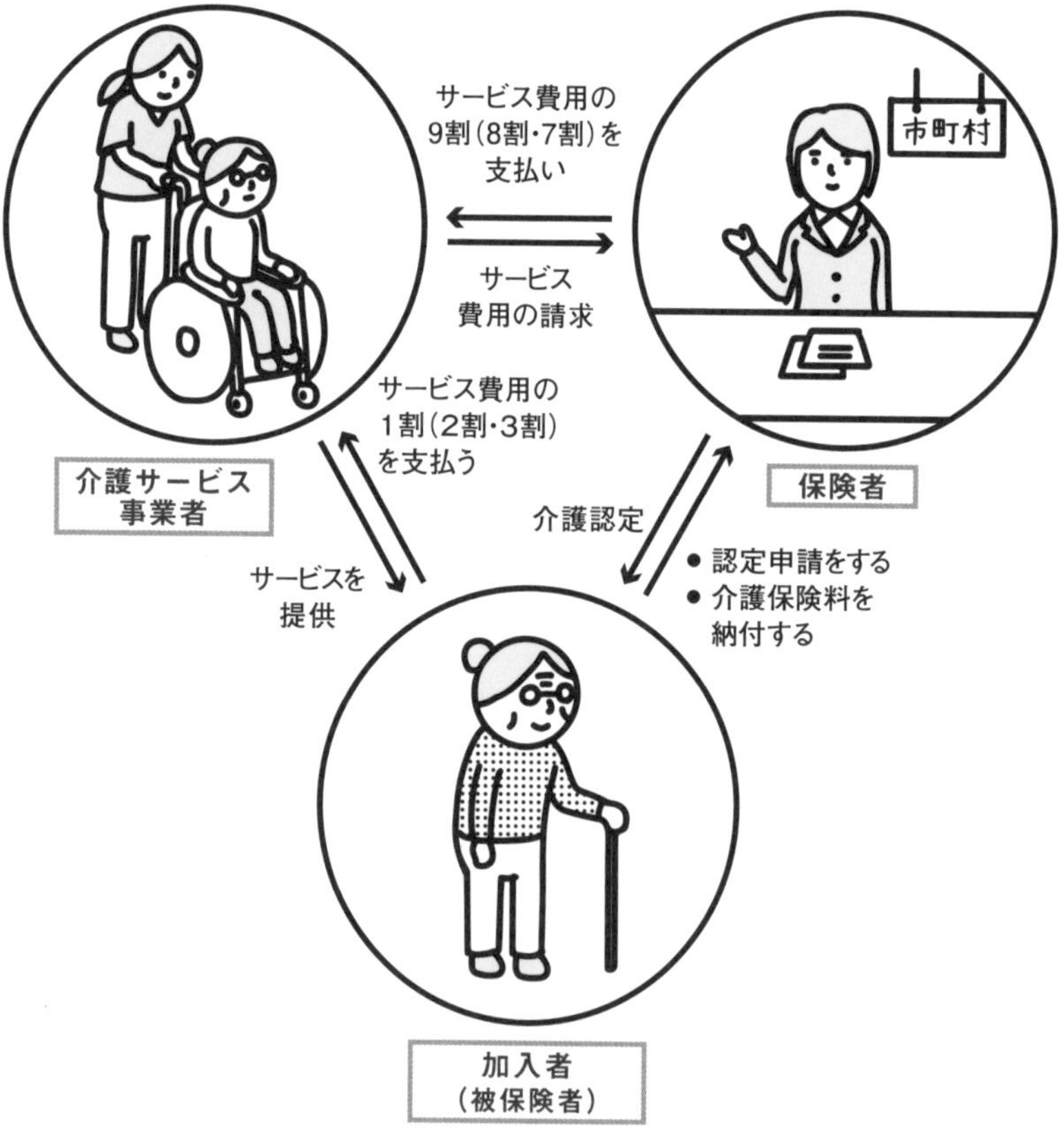

サービス費用の9割(8割・7割)を支払い
サービス費用の請求
市町村
介護サービス事業者
保険者
サービス費用の1割(2割・3割)を支払う
サービスを提供
介護認定
● 認定申請をする
● 介護保険料を納付する
加入者(被保険者)

介護保険料徴収方法とサービス利用条件

介護保険料は40歳から徴収されます。第1号被保険者と第2号被保険者の徴収方法の違いや、介護保険のサービスを利用できる条件を大まかに押さえておきましょう。

被保険者	第1号被保険者	第2号被保険者	
	65歳以上	40〜64歳（健康保険加入者）	40〜64歳（国民健康保険加入者）
徴収方法	原則、年金から天引きされる。年金額が少ない場合は納付書や口座振替による普通徴収で納める	加入している健康保険と合わせて給与・賞与から天引きして徴収	国民健康保険料に上乗せする形で居住している市区町村が徴収
サービス利用条件	原因にかかわらず、要支援・要介護状態になった場合に受けられる	老化に起因する病気（特定疾病）※で、要支援・要介護状態になった場合に受けられる	

※特定疾病とは、がん（末期）、骨折を伴う骨粗しょう症、初老期における認知症、脳血管疾患、関節リウマチなど国が定めた16の疾病をいう

介護保険料の計算方法は?

保険料は年齢や被保険者により、計算方法が異なります。

40〜64歳　会社員の場合

介護保険料率は健康保険組合により異なり、協会けんぽの場合は1.82%（2023年3月分以降）

介護保険料（給与・賞与とも） ＝ 標準報酬月額 × 介護保険料率 × ½

＊労使折半で、健康保険料とともに天引きされる

例 朝日はるかさん（42歳）の場合

標準報酬月額（給与）30万円、協会けんぽ加入なら
30万円×1.82%×1/2＝月2730円

40〜64歳　個人事業主の場合

国が示した全国同一の基準額をもとに、各市区町村に住んでいる第2号被保険者数を勘案し、各世帯ごとに下記の事項別に計算される。

例 世田谷区の場合（自治体により異なる）

介護保険料 ＝ 所得割 ＋ 均等割

所得割：前年所得金額により区分された保険料

均等割：世帯の第2号被保険者数に応じた定額保険料

65歳以上は全国平均6014円（月額。厚生労働省2021年発表）

国が定めた標準段階・基準所得金額は9段階。それをもとに、各市区町村によって所得段階が設定され、保険料率が決められる。

要介護認定の流れ

申請から認定までは最大30日かかります。継続するには有効期限前に更新を申請して再度認定を受ける必要があります。

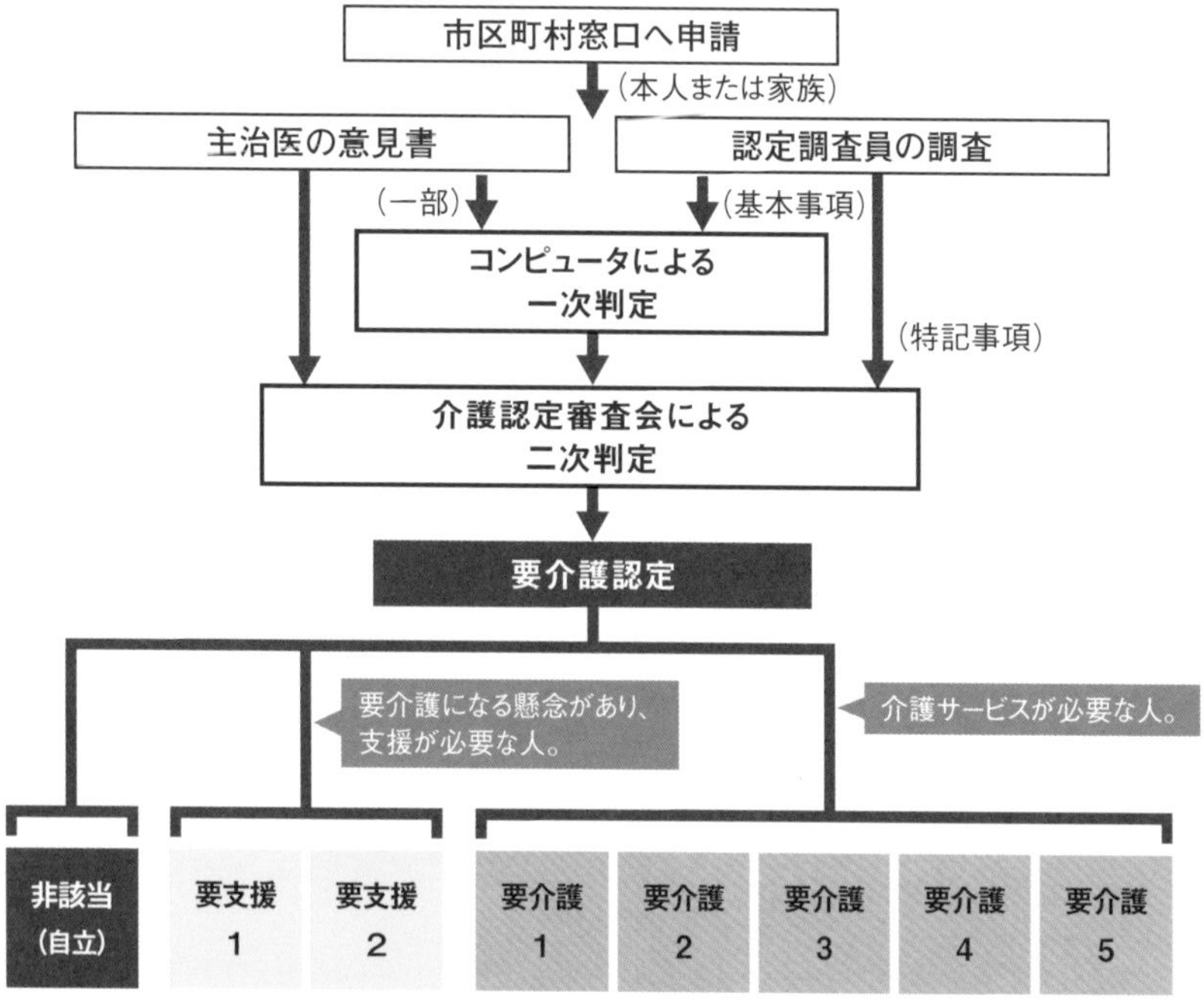

要支援1〜要介護5の状態の目安

7段階の要介護認定ごとに1カ月あたりの支給限度額が決まっています。限度額内の自己負担は1割(一定以上の所得がある人は2割または3割)。超えた分は全額自己負担となります。

	身体の状態目安	居宅サービスの支給限度額(月)
要支援1	日常生活動作はほぼ自分で行えるが、要介護状態への進行を予防するために家事全般、金銭・服薬管理など複雑な動作への支援が必要な状態	約5万320円
要支援2	生活の一部に部分的に介助を必要とする、機能の維持・改善のために何らかの支援が必要な状態	約10万5310円
要介護1	歩行や起き上がりなどに部分的な介護が必要な状態	約16万7650円
要介護2	排せつや入浴などに部分的な介護が必要な状態	約19万7050円
要介護3	立ち上がりや歩行が自力ではできず、排泄や入浴、衣服の着脱などにもほぼ全面的な介護が必要な状態	約27万480円
要介護4	介護なしには日常生活を営むことが困難となる状態	約30万9380円
要介護5	意思の伝達も困難になり、介護なしには日常生活を送ることが不可能な状態	約36万2170円

この部分の1割または2割、3割を負担し、限度額を超える分は全額自己負担。

介護保険で受けられるサービス

自宅で受けられるサービスと、施設で受けられるサービスがあります。施設では要介護度などにより、日帰り、宿泊、入居での利用ができます。

自宅で
利用できる
サービス

訪問介護

訪問介護員（ホームヘルパー）が入浴、排泄、食事などの介護や調理、洗濯、掃除等の家事を行う

訪問看護

自宅で療養生活が送れるよう、看護師などが医師の指示のもとで健康チェック、療養上の世話などを行う

福祉用品貸与

日常生活や介護に役立つ福祉用具（車いす、ベッドなど）を貸し出す

日帰りで施設
を利用できる
サービス

通所介護（デイサービス）

日帰り介護施設で食事や入浴などの支援や、心身の機能を維持・向上するための機能訓練、口腔機能向上サービスなどを提供

通所リハビリテーション（デイケア）

日常生活の自立を助けるために、老人保健施設や病院などで理学療法士、作業療法士などがリハビリテーションを行い、利用者の心身機能の維持回復を図る

施設
サービス

短期入所生活介護（ショートステイ）

施設などに短期宿泊して食事や入浴などの支援や、心身の機能を維持・向上するための機能訓練の支援などを行い、家族の介護負担軽減を図る

特定施設入居者生活介護

有料老人ホームなどに入居している高齢者が、日常生活上の支援や介護サービスを利用する

介護老人福祉施設（特別養護老人ホーム）

常に介護が必要で、自宅では介護が困難な人が入所。食事、入浴、排泄などの介護を一体的に提供（原則として要介護3以上の人が対象）

小規模多機能型居宅介護

利用者の選択に応じて、施設への「通い」を中心に、短期間の「宿泊」や利用者の自宅への「訪問」を組み合わせて、日常生活の支援や機能訓練を行う

グループホーム

医師から認知症の診断を受けた65歳以上の人が、5〜9人を1つの単位として入居し集団生活を行う

介護老人保健施設

要介護1以上の人が入居し、在宅復帰を目標に、医療ケアを受けつつリハビリテーションを行う

定期巡回・
随時対応
サービス

定期巡回・随時対応型訪問介護看護

定期的な巡回や随時通院への対応など、利用者の心身の状況に応じて、24時間365日必要なサービスを必要なタイミングで柔軟に提供する。訪問介護だけでなく看護師とも連携し、介護と看護の一体的なサービス提供を受けることも可能

Chapter 6
備える

介護や老後の医療に備える

親の介護でやってはいけないこと

介護費用は親のお金から仕事との両立も大事

親の介護が心配なときは、親が住んでいる市区町村の地域包括支援センターか介護保険の担当課に相談すると、手続きができます。

介護費用は、親のお金から出してもらうのが鉄則です。自分のお金をつぎ込んだり介護離職をしたりすると、将来自分が困ることになりかねません。親が元気なうちに親の資産状況などを確認しておきましょう。

介護保険を使うにしても、その手続きなどは子どもが行うことになるでしょう。親の家が遠いなら、様子を見にいく交通費もかかります。仕事と介護を両立するための制度として、会社員や公務員には介護休業制度などがあります。

介護保険でカバーできない費用

介護保険はあくまで介護費用の負担を軽くするもの。施設介護であっても自宅介護であっても、それ以外は自己負担です。

- **日用雑貨費**
- **食費**
  (施設でも食事は提供されるが実費)

- **被服費**

- **家賃**
  (施設でも家賃相当分は実費)

- **社会保険料**
- **税金**

食事や入浴の介助、家事などの援助などP.191で見たサービスだけが保険でまかなわれるんだ。

仕事と介護を両立するための公的制度

仕事と介護の両立は社会の大きな関心事です。独自の制度を導入している会社もあります。

会社員	介護休業制度	介護が必要な家族1人につき通算93日まで、3回までは分けて取得できる 介護期間中は、条件を満たせば雇用保険から休業前賃金の67%が支給される
会社員	介護休暇制度	介護が必要な家族1人につき、1年に5日まで(2人以上の場合は10日まで)、 介護休業や年次有給とは別に取得できる。時間単位での取得も可能
会社員	介護のための 短時間勤務	短時間勤務、フレックスタイム制度などを、介護休業とは別に、利用開始から3年の間で2回以上、利用可能
会社員	介護のための 所定外労働の制限	申請した場合は、1カ月につき24時間、1年につき150時間を超える時間外労働を免除される

＊ 国家公務員は「仕事と介護の両立支援制度」があり、地方公務員も民間・国家公務員の規定に準じて法改正が行われている

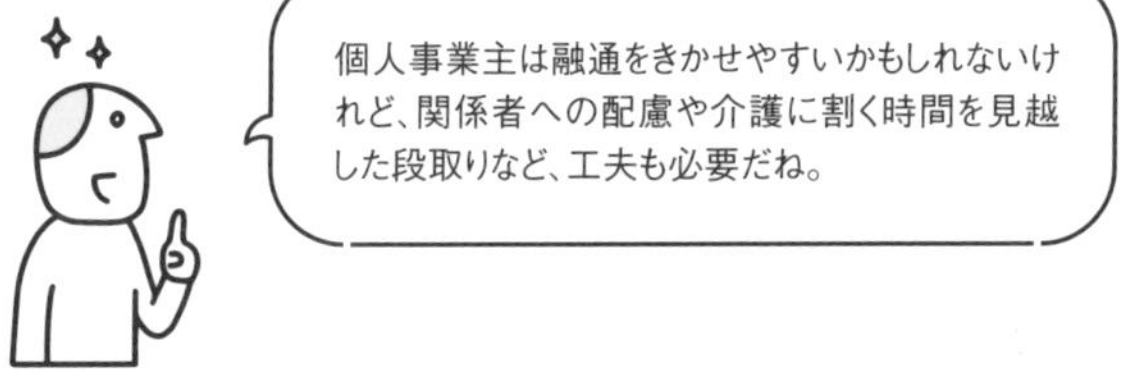
個人事業主は融通をきかせやすいかもしれないけれど、関係者への配慮や介護に割く時間を見越した段取りなど、工夫も必要だね。

高額介護サービス費とは?

月あたりの自己負担が一定額を超えたとき、払い戻しが受けられる制度です。自己負担は1割～3割(→P.190)で済みますが、両親がともに介護サービスを受けているなどの場合は高額になる場合も。世帯で合算しての上限額があります。

区分	負担の上限額(月額)
課税所得690万円(年収約1160万円)以上	14万100円(世帯)
課税所得380万円(年収約770万円)～課税所得690万円(年収約1160万円)未満	9万3000円(世帯)
市町村民税課税～課税所得380万円(年収約770万円)未満	4万4400円(世帯)
世帯の全員が市町村民税非課税	2万4600円(世帯)
前年の公的年金等収入金額＋その他の合計所得金額の合計が80万円以下等	2万4600円(世帯) 1万5000円(個人)
生活保護を受給している等	1万5000円(世帯)

出典：厚生労働省「介護・高齢者福祉」(令和3年8月利用分から)

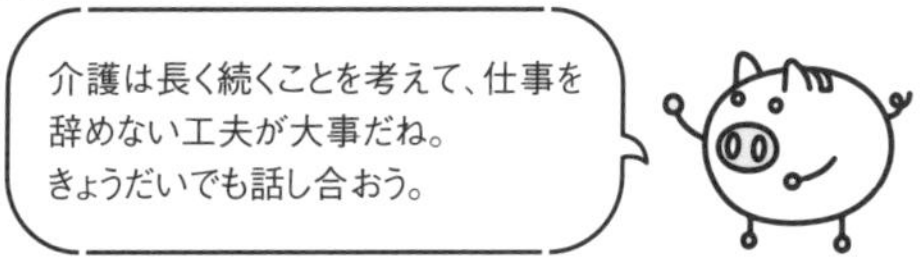
介護は長く続くことを考えて、仕事を
辞めない工夫が大事だね。
きょうだいでも話し合おう。

Chapter 6

備える

介護や老後の医療に備える
75歳からは医療費は1割負担

後期高齢者医療制度で医療費がかさむ年代を支援

下のグラフでもわかる通り、高齢になるほど医療費は増えていきます。**年金暮らしの高齢者には負担が大きいため、75歳以上になると公的医療保険は、自己負担が1割で済む（ただし所得が多い人は2割または3割）「後期高齢者医療制度」に自動的に移行します。**75歳以上の人を独立した制度に加入させて、税金や現役世代の保険料から支援する仕組みです。一定の障害がある人は、65歳以上で加入できます。

保険料は都道府県や所得により異なり、通常、公的年金からの天引きにより個人単位で支払います。75歳以上でも現役並みの収入がある人は、医療費が高くなります。

医療費は年齢とともに増える

年齢階級別の1人あたりの医療費、自己負担額及び保険料の比較（年額）です。

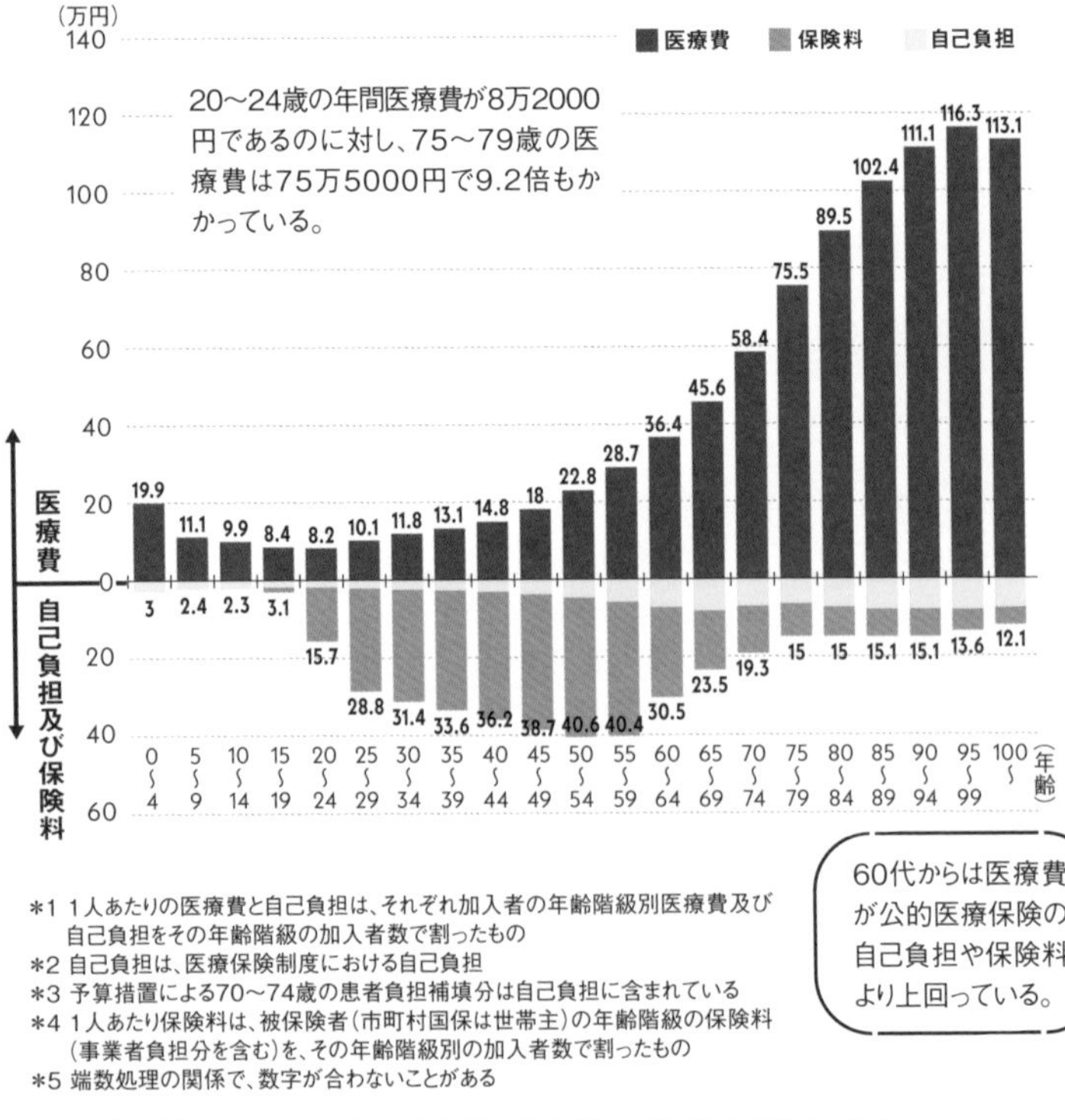

（万円）
140
120
100
80
60
40
20
0
20
40
60
医療費
自己負担及び保険料
医療費
保険料
自己負担
20～24歳の年間医療費が8万2000円であるのに対し、75～79歳の医療費は75万5000円で9.2倍もかかっている。
19.9
11.1
9.9
8.4
8.2
10.1
11.8
13.1
14.8
18
22.8
28.7
36.4
45.6
58.4
75.5
89.5
102.4
111.1
116.3
113.1
3
2.4
2.3
3.1
15.7
28.8
31.4
33.6
36.2
38.7
40.6
40.4
30.5
23.5
19.3
15
15
15.1
15.1
13.6
12.1
0～4
5～9
10～14
15～19
20～24
25～29
30～34
35～39
40～44
45～49
50～54
55～59
60～64
65～69
70～74
75～79
80～84
85～89
90～94
95～99
100～
（年齢）

＊1 1人あたりの医療費と自己負担は、それぞれ加入者の年齢階級別医療費及び自己負担をその年齢階級の加入者数で割ったもの
＊2 自己負担は、医療保険制度における自己負担
＊3 予算措置による70～74歳の患者負担補填分は自己負担に含まれている
＊4 1人あたり保険料は、被保険者（市町村国保は世帯主）の年齢階級の保険料（事業者負担分を含む）を、その年齢階級別の加入者数で割ったもの
＊5 端数処理の関係で、数字が合わないことがある

出典：厚生労働省「医療保険に関する基礎資料:年齢階級別1人当たり医療費（令和2年度）」

60代からは医療費が公的医療保険の自己負担や保険料より上回っている。

窓口での負担は1割か2割か3割

後期高齢者の医療費自己負担の割合や限度額は所得に応じて決まります。

区分	判定基準	負担割合	外来のみの月単位の上限額（個人ごと）	外来及び入院を合わせた月単位の上限額（世帯ごと
現役並み所得	課税所得145万円以上 年収単身約383万円以上、複数約520万円以上	3割	収入に応じて8万100円～25万2600円＋（医療費－26万7000円～84万2000円）×1％ ＜多数回該当:4万4400円～14万100円＞	
一定以上所得	課税所得28万円以上 年金収入＋その他の合計所得金額が単身約200万円以上、複数320万円以上	2割	1万8000円 [年14万4000円] 負担増加額3000円以内(3年間)	5万7600円 ＜多数回該当※2:4万4400円＞
一般	課税所得28万円未満 住民税が課税されている世帯※1で「一定以上所得」以外		1万8000円 [年14万4000円]	
低所得Ⅱ	世帯全員が住民税非課税 年収約80万円超	1割	8000円	2万4600円
低所得Ⅰ	世帯全員が住民税非課税 年収約80万円以下			1万5000円

※1 年収は、単身世帯を前提としてモデル的に計算したもの。年収（収入基準に該当するかどうか）は一定以上所得者は「年金収入＋その他の合計得金額」で判定。一般の年収は、課税所得のある子ども等と同居していない場合は「155万円超」、同居している場合は「155万円以下」も含む
※2 同一世帯で1年間に3回以上高額療養費の支給を受けた場合のこと

出典：厚生労働省「医療費の一部負担割合」資料（令和4年10月1日から施行）

介護保険と医療保険を合わせた上限額

高齢になると介護費と医療費の両方がかかることがあります。合算して1年間にかかった費用が一定額を超えると払い戻しを受けられます。

所得区分（年収）	70歳以上※1
課税所得690万円以上	212万円
課税所得380万円以上	141万円
課税所得145万円以上	67万円
課税所得145万円未満	56万円
住民税非課税	31万円
住民税非課税（所得が一定以下）	19万円※2

＊2018年8月から

※1 対象世帯に70～74歳と70歳未満が混在する場合、まず70～74歳の自己負担合算額に限度額を適用した後、残る負担額と70歳未満の自己負担合算額を合わせた額に限度額を適用する
※2 介護サービス利用者が世帯内に複数いる場合は31万円

出典：厚生労働省「高額療養費制度の見直しについて」資料

住民登録のある市区町村で払い戻しの手続きをすればいいんだね。

病気やケガに備える①
公的医療保険を知る

加入の公的医療保険を確認 もらえる給付は必ず申請

ふだんあまり意識しないで使っている健康保険証ですが、病気やケガで治療を受けたとき医療費が安く済むのは健康保険証のおかげです。

日本に住む人は、何らかの**公的医療保険に加入し、健康保険証を持っています（マイナンバーカードの健康保険証利用も可能）。医療費は原則3割負担で、残りの7割は保険から支払う仕組みです。**さらに3割の自己負担が高額になったら、負担を軽減する仕組みもあります。出産手当金や傷病手当金（健康保険のみ→P.200）も給付されます。

75歳以上は別立ての後期高齢者医療制度に加入します（P.194）。

公的医療保険の種類

立場によって入る保険は異なり、保険料も変わります。

保険名	健康保険	国民健康保険	後期高齢者医療制度
加入者（被保険者）	・会社員、公務員 ・正社員・正職員ではないが加入の条件を満たす人	個人事業主、農林漁業者など、健康保険加入者以外	75歳以上の人
運営者（保険者）	・大手企業は組合健保 ・中小企業は協会けんぽ ・公務員は各共済組合	住んでいる自治体	各都道府県による広域連合
窓口負担	原則3割※1	原則3割※1	原則1割※2
保険料	組合等により異なるが、標準報酬月額（→P.55）の9～11%程度を勤務先と半分ずつ払う。 東京都の協会けんぽの場合：10%（40歳未満。令和5年度の場合）	世帯単位で計算。自治体により、所得割＋均等割、所得割＋均等割＋平等割など。所得基準を下回る世帯は減額される	個人単位で計算。定額の均等割＋所得に応じた所得割。全国平均の保険料は月6472円（令和4年・5年度）。世帯の所得が一定以下の場合は減額される

※1 義務教育就学後～69歳：3割、義務教育就学前：2割、70～74歳：原則2割
※2 一定以上の所得がある人は2割または3割

● それぞれの保険の加入者割合

国民健康保険	組合健保	協会けんぽ	共済組合	後期高齢者医療制度
23.0%	22.8%	32.0%	6.9%	14.4%

出典：厚生労働省「医療保険に関する基礎資料:令和2年度の医療費等の状況」

3つの公的医療保険の仕組みの違い

公的保険には、会社員が加入する健康保険、個人事業主などが加入する国民健康保険、75歳以上が加入する後期高齢者医療制度があります。自分が加入する保険の仕組みを確認しておきましょう。

● **組合健保や協会けんぽ**　大企業の場合は健保組合、中小企業の場合は協会けんぽの都道府県支部が運営している。

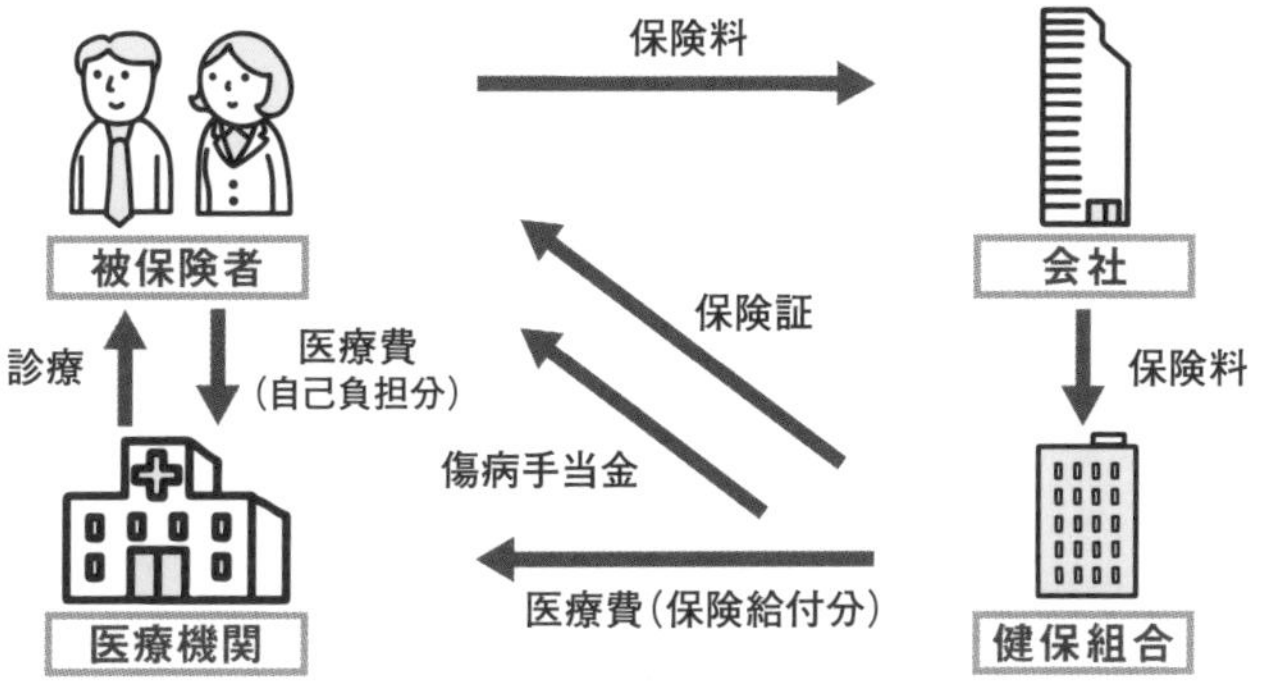
保険料
被保険者
会社
保険証
診療
医療費
(自己負担分)
保険料
傷病手当金
医療機関
医療費(保険給付分)
健保組合

● **国民健康保険**

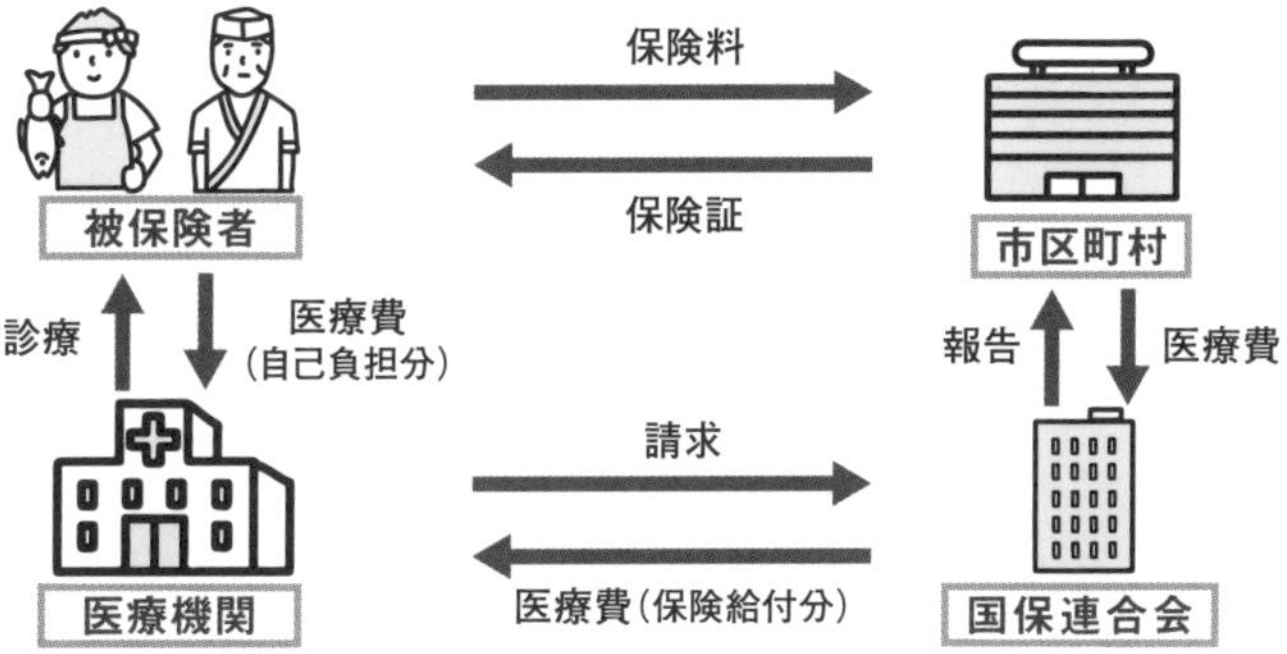
保険料
保険証
被保険者
市区町村
診療
医療費
(自己負担分)
報告
医療費
請求
医療機関
医療費(保険給付分)
国保連合会

● **後期高齢者医療制度**

- 75歳以上の人
- 65歳以上75歳未満の一定の障害の状態にある人

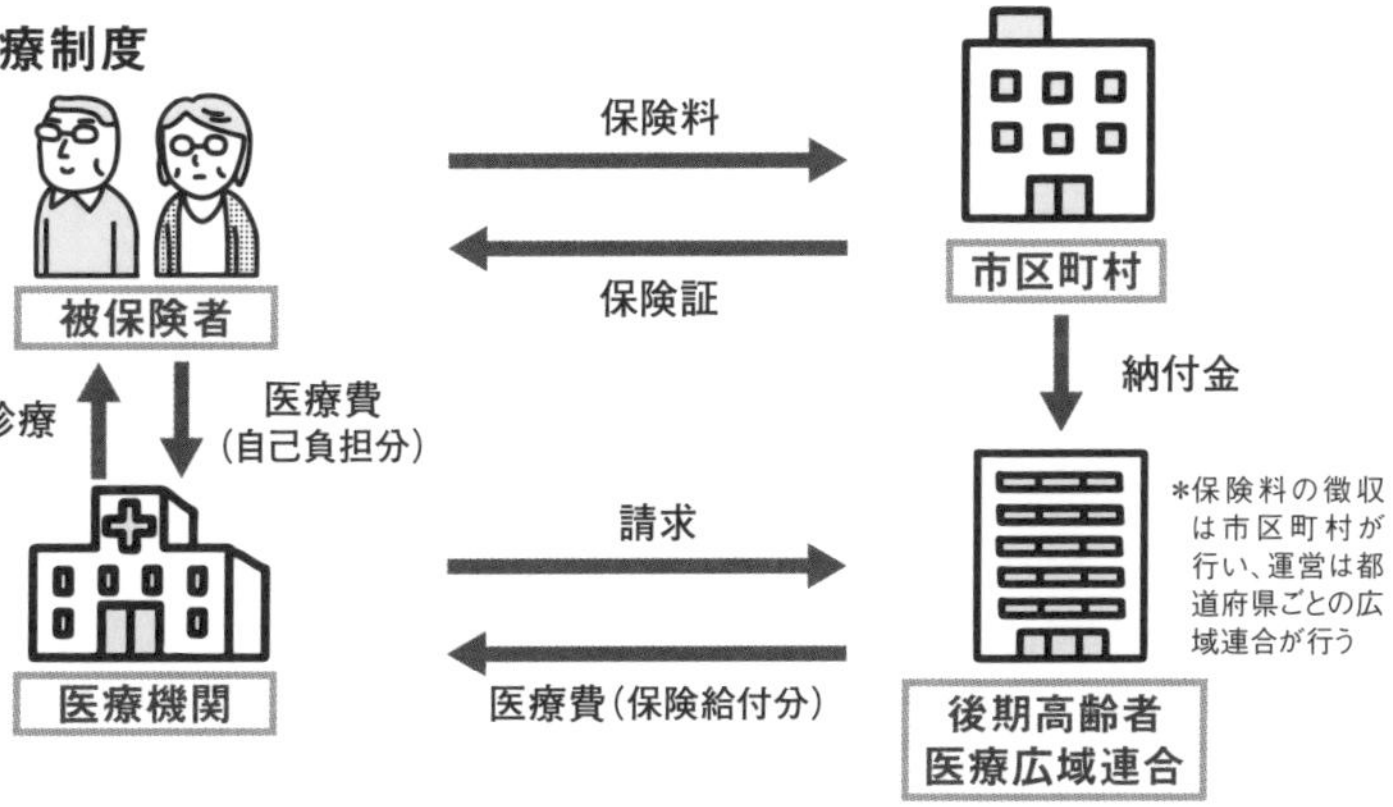
保険料
保険証
被保険者
市区町村
納付金
診療
医療費
(自己負担分)
請求
*保険料の徴収は市区町村が行い、運営は都道府県ごとの広域連合が行う
医療機関
医療費(保険給付分)
後期高齢者
医療広域連合

保険がきくのは医療費のみ入院では自己負担の費用も

公的医療保険では原則3割が自己負担です。しかし、入院した場合は、医療費のほかにもいろいろな支出があります。

入院中の食事代（入院中の1食にかかる費用のうちの標準負担額は、一般で460円）や、寝巻やスリッパ、洗面道具などの**身の回りの雑費**がかかるほか、自分で希望して**個室に入ったら差額ベッド代**もかかります。

ある程度の貯金があれば、それを使えますが、突然入院という事態になったときに金銭的に心配な人は、民間の医療保険に加入することも検討しましょう（↓P.202）。

健康保険や国民健康保険で受けられる一般的な治療の対象外となる**先進医療**（厚生労働省の承認を受けた特定の医療機関が行うもの）は、全額自己負担となります。

医療費がかさんだときは高額療養費制度

自己負担の医療費が自己負担限度額を超えると、超えた分は返してもらえます。自己負担限度額は、収入によって違います。高額療養費を受けるためには申請が必要です。

（69歳以下の場合）

	1カ月の自己負担限度額	多数回該当※の限度額
標準報酬月額83万円以上	25万2600円+(医療費−84万2000円)×1%	14万100円
標準報酬月額53万〜79万円	16万7400円+(医療費−55万8000円)×1%	9万3000円
標準報酬月額28万〜50万円	8万100円+(医療費−26万7000円)×1%	4万4400円
標準報酬月額26万円以下	5万7600円	4万4400円
低所得者（住民税非課税者など）	3万5400円	2万4600円

※同一世帯で1年間に3回以上高額療養費の支給を受けた場合のこと

● 申請方法は2つ

- 医療機関の窓口でいったん医療費を支払った後、加入している健康保険に請求の手続きをする。申請書は郵送してもらうか、各健康保険の公式サイトからダウンロードする。医療費の明細書のコピーなど、必要書類を提出し、銀行口座に振り込んでもらう
- 入院などで、自己負担限度額を超えることがあらかじめわかっている場合は、加入している健康保険に事前に申請して「限度額適用認定証」をもらっておくと病院窓口では限度額までの支払いで済む

自分で申請しないともらえないよ。医療費がたくさんかかったときは医療費控除も検討しよう（→P.83）

＼ 知らないと損する ／

お得情報

高額療養費制度の自己負担額は、世帯で合算する

1人1回分では限度額を超えない場合も、被保険者とその扶養家族が、同じ月に病気やケガにより医療機関で受診した場合、自己負担額は1カ月単位で世帯で合算することができます。

入院すると、いくらぐらいかかるの？

医療費が高額になった場合は、高額療養費制度による払い戻しがあるので、医療費の自己負担は抑えられます。

例：35歳・女性／会社員（標準報酬月額28万円）の場合
症状：咳が続き、高熱が出たため病院で受診。検査で肺炎とわかる。
入院日数：13日（同じ月内の入院）
退院時に支払ったお金：12万4500円（41万5000円の3割負担）

高額療養費制度の対象。

● 実際に払う医療費

8万100円 ＋（41万5000円 － 26万7000円）× 1％ ＝ ① 8万1580円

（医療費）　（1カ月の自己負担限度額）

＊退院時に支払ったお金（12万4500円）から
自己負担限度額（8万1580円）を引いた金額（4万2920円）が払い戻される

計算式は右ページ参照。

● そのほかの出費（保険がきかない費用）

● 入院中の食費

460円 × 36食 ＝ 1万6560円

＊入院初日の朝食、退院時の昼食と夕食を除く

● テレビカード

1000円 × 3枚 ＝ 3000円

ほかに雑費など ② 合計で約3万円

入院中に公的医療保険がきかないものには「入院中の食費」「差額ベッド」「先進医療」「雑費」などがあるよ。

① 8万1580円 ＋ ② 約3万円 ＝ 約11万円

高額療養費制度による払い戻しや公的保険があっても、もしもの場合に備える貯蓄は必要。

＊入院日数や医療費は、厚生労働省の患者調査や医療給付実態調査をもとに設定

入院日数が長引く病気

統合失調症などの精神疾患に比べて、がんは入院日数が短いですが通院治療が長くなりがちです。

病名	平均入院日数（日）	自己負担
乳がん	15.4	がんは、入院での初期治療や手術の後、再発防止のための通院治療を続けることが多い。通院がずっと続くとかなりの負担になる
統合失調症	570.6	精神疾患は、入院日数が長引く
脳血管疾患	77.4	入院期間が長いうえ、リハビリ期間が長引けばその費用も高額になる

出典：厚生労働省「令和2年 患者調査の概況」

病気やケガに備える②
働けなくなったときの生活はどうする？

社会保険からのいろいろな給付

会社員・公務員などが病気やケガで働けず収入が減ったときは、社会保険から給付があります。**仕事中や通勤途上の病気やケガは労災保険から各種給付、それ以外の病気やケガは健康保険から傷病手当金の給付。**

個人事業主など国民健康保険加入者はどちらももらえません。障害者になったときに公的年金から給付される障害年金は個人事業主ももらえますが、会社員より少なくなります。

個人事業主は社会保険からの給付が少ないので、日頃から貯蓄をしておきたいものです。貯蓄が少ない場合にカバーする民間の「就業不能保険」もあります。いざというとき受け取れる保険金額を決めて加入します。

健康保険に入っていれば傷病手当金が出る

傷病手当金は給与の3分の2程度。日割りで休んだ日数分がもらえます。給料が出るときでも、傷病手当金より少ない場合は、差額がもらえます。

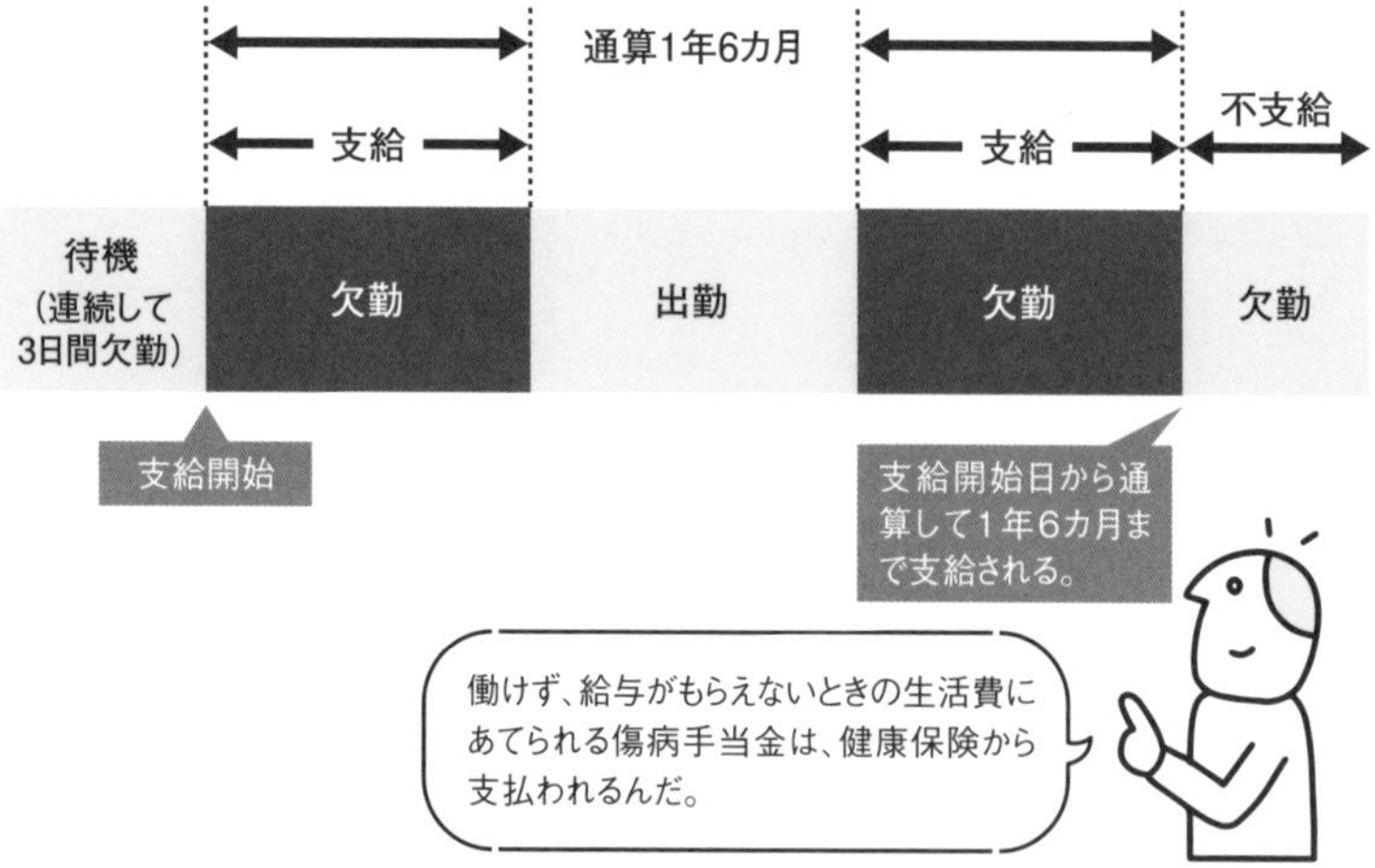
通算1年6カ月
支給
支給
不支給
待機（連続して3日間欠勤）
欠勤
出勤
欠勤
欠勤
支給開始
支給開始日から通算して1年6カ月まで支給される。
働けず、給与がもらえないときの生活費にあてられる傷病手当金は、健康保険から支払われるんだ。

会社員などの仕事中・通勤中の病気やケガ

労災保険の保険料は雇用主が全額負担。労働災害や通勤災害と認定されると給付金がもらえます。正社員のみならず、パートやアルバイトももらえます。

労災保険の補償内容

- 病気やケガの治療費全額（通勤災害は一部負担あり）
- 病気やケガで仕事を休んで給与をもらえないときの休業補償（休業前3カ月の給与の日当分の80%を休業4日目以降の日数分）
- 病気やケガが原因で障害状態になったときの一時金や障害年金
- 死亡した場合の遺族への遺族（補償）一時金や遺族（補償）年金（遺族の人数に応じた額）
- 葬儀費用　など

障害者になると障害基礎年金がもらえる、会社員は上乗せで障害厚生年金ももらえる

障害の程度は障害の部位や機能によって、1～3級に分けられます。

重 ←

加入者	制度	1級	2級	3級
会社員・公務員	厚生年金保険	**障害厚生年金** 老後受給予定の厚生年金の1.25倍※ 65歳未満の配偶者のある場合、さらに加算	**障害厚生年金** 老後受給予定の厚生年金と同額※ 65歳未満の配偶者のある場合、さらに加算	**障害厚生年金** 老後受給予定の厚生年金と同額※ （最低保険59万6300円）
会社員・公務員／個人事業主 主婦（夫）・学生	国民年金	**子の加算**	**子の加算**	← 18歳未満の子どもがいる場合 第1子・第2子 各22万8700円 第3子以降 各7万6200円
会社員・公務員／個人事業主 主婦（夫）・学生	国民年金	**障害基礎年金** 満額の基礎年金の1.25倍	**障害基礎年金** 満額の基礎年金と同額	

*2023年4月分から。金額は昭和31年4月2日以降生まれの人の場合

※厚生年金の加入期間が25年未満の場合は25年で計算

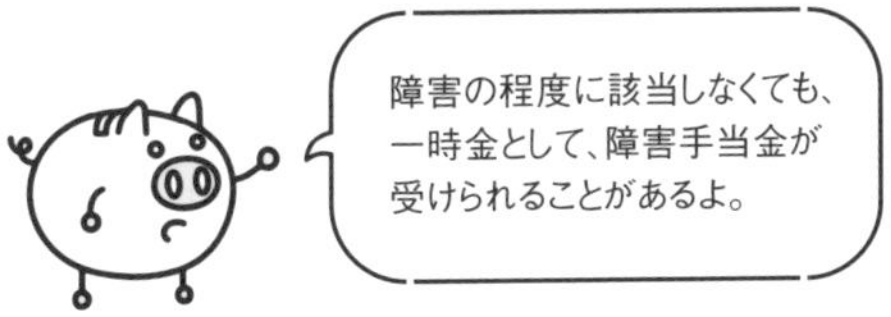
障害の程度に該当しなくても、一時金として、障害手当金が受けられることがあるよ。

民間の就業不能保険

医師の診断書などで就業不能と証明されれば、契約内容に応じた給付金をもらえる保険です。

保険会社により、就業不能保険、所得補償保険などと呼び方は違いますが、病気やケガで働けずに収入が減ったときに、保険金をもらえます。保険金額は、収入や生活費をもとに事前に決めて加入します。保険料は掛け捨て。がんなどの治療で休業中に、保険金をもらうケースが多いようです。

特徴

- 自宅療養も対象。
- うつ病などの精神疾患の場合も対象とする保険もある。
- 給付は65歳までの保険会社が多い（65歳以降は公的年金がもらえるため）。
- 免責（給付の対象とならない）期間が設けられている保険もある。

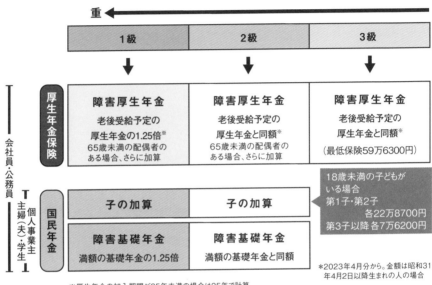

病気やケガに備える③
民間の医療保険の活用法

いつ、いくらもらえるか入る前に必ず確認を

病気やケガで治療を受けるとき、公的医療保険から給付を受けられますが、入院が長引くなどで費用がかさむこともあります。民間の医療保険は、入院や手術で給付金をもらえるのが基本的な仕組み。**実際の医療費にかかわらず契約した金額を現金で受け取ることができ、医療費以外の雑費など使い道は自由です。**

貯蓄が少ない人は加入を検討してもいいでしょう。入院日額を選ぶときの目安は５０００円程度。個人事業主は多めの1万円程度にすると、入院による収入の減少にも備えられます。医療技術の進歩で入院期間も短くなっています。それに対応し、入院・手術以外の保障も増えています。

民間医療保険の基本は入院と手術の保障

公的医療保険だけではまだ不安という場合、民間の医療保険に加入していれば、入院と手術の際には給付金を受け取ることができ安心です。

公的医療保険（→P.196）
健康保険・国民健康保険・後期高齢者医療制度

- 医療費がかかったときに7～9割が保険から給付される（自己負担は医療費の1～3割）
- 1カ月の自己負担は一定額までで済む

民間医療保険
医療保険・生命保険の医療特約

- 契約した内容で給付金が支払われる
- 入院と手術が主な保障対象
- 適宜、追加の保障をつけることができる

入院給付金
日額×入院日数

＋

手術給付金
入院給付金日額
×手術の種類による倍率

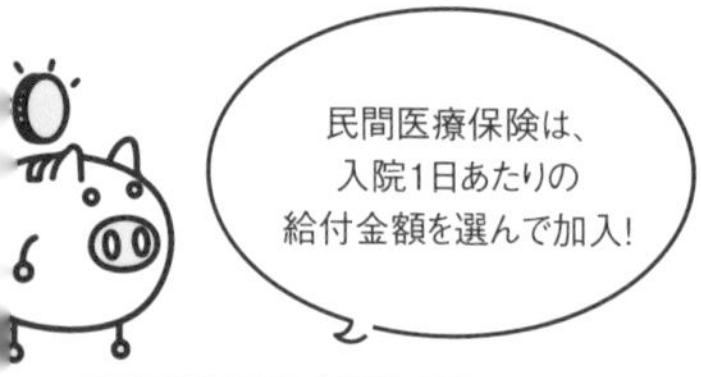
民間医療保険は、
入院1日あたりの
給付金額を選んで加入!

こんなときどうする!?
Q&A

Q 貯蓄が十分にあるけれど、やっぱり民間医療保険も必要？

A 貯蓄が十分ある場合、医療保険に加入しないという選択肢もあり得ます。医療保険は掛け捨てなので、何事もなければ保険料分のお金は消えていくだけです。そこで、医療費がかさんでも貯蓄で払えるという人は、医療保険に加入せずに保険料分のお金を貯蓄にまわしたほうが、何にでも使えるお金が残ってお得です。ただし、医療保険に加入しないなら、貯蓄額を高額療養費制度（→P.198）の自己負担限度額の1年分（考え方は人それぞれですが100万円）くらい用意しておきたいところです。

民間の医療保険の入り方は2つ

医療保障を目的に単独で入るのが医療保険。終身保険（→P.208）や個人年金保険などの生命保険に付加するのが医療特約です。医療保険のほうが掛け替えがしやすく、これから入るなら医療保険がいいでしょう。

医療保険

保険会社により、さまざまなタイプがある。入院日額を選択したり、特約をつけたりすることで、1本の医療保険で保障額や内容を調整できる仕組みのものが多い。

医療保険

10年などの一定期間加入して更新していくタイプと、終身加入するタイプがある。

がん保険

がんの入院・手術に特化した医療保険。診断がついたときに一時金が出るタイプがほとんど。

入院給付金

入院1日あたり5000円などと決めて契約し、入院日数分がもらえる。ただし、60日までなど入院1回あたりの支払い限度がある。
＊入院当初の数日間は免責（給付の対象とならない）保険もある

手術給付金

手術の種類により、入院日額の5倍、10倍、25倍などの給付金がもらえる。

通院給付金（特約）

退院後に、その病気やケガの治療で通院した場合、給付金がもらえる。

先進医療給付金（特約）

健康保険の対象外だが、厚生労働省が認めた先進医療を受けたときにもらえる。

生命保険の医療特約

医療特約は生命保険に付加するもの。主契約の生命保険を解約したら特約もなくなるので注意。

入院特約

入院をしたり、手術をしたら給付金がもらえる。

通院特約

退院後に通院したら給付金がもらえる。

がん特約

がんと診断されたとき、入院したときなどに給付金がもらえる。

生活習慣病特約

生活習慣病で入院したときなどに給付金がもらえる。

先進医療特約

先進医療を受けたら給付金がもらえる。

医療特約の付加には、特約保険料の支払いが必要だよ。

医療保険を選ぶときのポイント

医療保険には選択肢が多く、特約でも変化がつけられます。自分の状況に応じて保障内容を検討しましょう。

①終身医療保険にするか定期医療保険にするか?

終身医療保険…生きている限り保障が続く。保険料は高めだが、いったん加入すると保険料は上がらない。保険料をずっと払い続けるタイプと、60歳など一定年齢までに払い終えるタイプがある。

定期医療保険…保障期間を一定期間(10年など)ごとに更新していく。当初の保険料は安いが、更新の都度、保険料が上がっていく。

Point

若い人で「貯蓄がまだ不十分だから医療保険に入っておきたい」という理由なら、保険料の安い定期医療保険がおすすめ!

②入院・手術以外の保障を追加するか?

特約をつけることで、入院・手術以外の保障を追加できる。保険により、どんな特約があるかは異なる。特約の内容と、特約をつけると保険料がいくら増えるかを確認。

③入院限度日数はどのくらいにするか?

給付金がもらえる1回あたりの入院限度日数は、60日、120日などいろいろ。入院限度日数が長いほど安心できるが、その分、保険料も上がることに注意。

がん保険では、入院・通院にかかわらず抗がん剤治療に給付金を出す保険も登場しているよ。

加入中の医療保険の内容を確認しよう

すでに医療保険に加入している人は、下の表に保険の内容を書き出してみましょう。医療保険の種類や保障内容を確認したうえで、年齢や家族、資産などの現状と照らし合わせて、必要ならば見直しを行いましょう。

保険の種類	保険会社	被保険者	医療保障額	保障期間	1回あたり入院限度日数	その他の特約など	保険料(月額)

(記入例)

保険の種類	保険会社	被保険者	医療保障額	保障期間	1回あたり入院限度日数	その他の特約など	保険料(月額)
終身医療保険	○×保険会社	A男	入院日額1万円	10年	60日	がん入院日額は2万円	1800円

がんになったときの治療費、給付金

病気の中でも特に「がん」が気になるという人は多いはず。がん治療の費用とがん保険でもらえるお金をここで紹介します。

がんになるとどれくらい治療費が必要？

がんの種類や治療の内容によるが、3割負担で平均数十万円程度。

	医療費	入院日数	健康保険3割負担額
胃がん	94万6626円	18.1日	28万3987円
結腸がん	92万9679円	24.4日	27万8904円
直腸がん	114万8910円	18.7日	34万4673円
肺がん	108万1678円	22.3日	32万4503円
乳がん	83万4625円	13.3日	25万388円

出典：全日本病院協会「診療アウトカム評価事業（2022年）より作成

ただし、もし3割負担で1カ月に25万388円かかっても標準報酬月額28万～50万円の人なら高額療養費制度（→P.198）により8万5776円で済む。

がん保険の給付金の主な種類

がん保険は通常の医療保険と異なり、まとまった診断一時金が出るのが特徴。通院、抗がん剤治療などに給付金がつく商品かどうか確認を。

	内容	給付金
がん診断一時金	初めてがんと診断されたときに、まとまった金額を受け取れる。	50万円程度～
がん入院給付金	がんで入院すると入院日数分を受け取れる。日数無制限の保険がほとんど。	5000円～
がん手術給付金	がんの手術の際に受け取れる。金額は、がん入院給付金の10倍など。	5万円～

*がん保険の保障開始までには、通常加入後90日または3カ月待ち期間がある。
この間にがんと診断されても保障の対象にはならず、契約は無効になる

\もっと知りたい/ Q&A

Q ケア用品などは保険でまかなえない？

A 抗がん剤治療による副作用で髪が抜け落ちたり、乳がん治療で乳房を摘出したりした人が購入する医療用ウィッグや乳房補正具などは、治療費ではないため公的医療保険ではまかなえません。それらに対する助成を行う自治体もあります。該当する自治体に住民票があること、現在がん治療中であることが主な条件で、自治体によって限度額や対象となるものが異なるので、調べてみましょう。

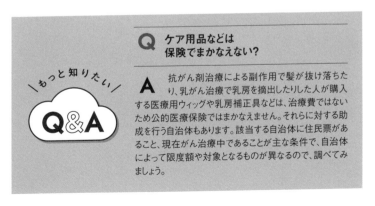

もしものときに備える
万が一のとき、遺族の暮らしはどうなる？

遺族年金は子どもがいると加算がある

確率は低いものの、まだ若くても病気や事故で亡くなることはあります。家族の生活を支える人が亡くなると、遺族は生活に困ります。

そんなときに、**生活費として使えるのが公的年金からの遺族年金。18歳までの子どもがいるなら遺族基礎年金です。**ただし、子どもの高校卒業と同時に打ち切られます。**亡くなった人が会社員なら、子どものあるなしにかかわらず遺族厚生年金。亡くなった人がもらえる予定だった厚生年金の4分の3をもらえます。子どもがいるなら遺族基礎年金と併せてもらえます。**個人事業主で子どもがいない場合は、わずかな一時金など（条件を満たす場合）のみです。

公的遺族年金はどれくらいもらえる？

亡くなった人が個人事業主などの国民年金のみの加入者か、会社員などの厚生年金加入者かにより、また会社員ならその収入により、遺族がもらえる年金の額が異なります。

配偶者が死亡した場合（高校生以下の子どもあり）

		夫が個人事業主	夫が会社員で平均標準報酬月額35万円の場合
もらえる年金		遺族基礎年金（月額）	遺族基礎年金＋遺族厚生年金（月額）
妻（夫死亡）	子ども3人の期間	約11万円	約14万6000円
	子ども2人の期間	約10万5000円	約14万1000円
	子ども1人の期間	約8万5000円	約12万1000円

＊夫・妻いずれも遺族年金を受け取れるのは年収850万円未満
＊子どもが全員高校を卒業したら、遺族厚生年金だけをもらう
＊2023年の目安。遺族厚生年金は300月加入で計算。加入期間などにより異なる

夫（妻死亡）

夫が遺族厚生年金を受け取れるのは、妻死亡時に55歳以上で18歳までの子どもがいる場合。55歳以上で子どもがいない場合は、60歳まで受け取れない。

?
男女間で、少し差があるんだね。

遺族年金では足りない分を貯金や民間の保険で備える

配偶者が亡くなった場合の収支も、ざっと計算してみましょう。下を参考に、まずこれから必要になるお金の合計を出し、次に遺族年金を含めてこれから入ってくるお金の合計を出します。必要なお金から、入ってくるお金を引き、差額が小さければ問題なし。大きな金額になるなら対策を考える必要があります。

現在は専業主婦（夫）でも、生計をになう人が亡くなれば働くでしょうから、入ってくるお金に今後見込めそうな収入も加えます。**死亡退職金など勤務先から給付があるかどうかは、就業規則で確認しましょう。**

不足額が大きくなりそうなのは、公的遺族年金が少ない個人事業主の配偶者や、家賃を支払う必要がある人です。万が一のときの生活の仕方や、民間保険への加入も検討しておきましょう。

もしものとき必要なお金を計算してみよう

かかるお金から遺族に入るお金を引いてみると不足分が出ます。

必要になるお金 － **入ってくるお金や貯蓄** ＝ **不足額**

必要になるお金
- 遺族の生活費
- 子どもの教育費
- 葬式代など死亡時の整理金

入ってくるお金や貯蓄
- 公的遺族年金
  正社員で働く妻も、年収850万円未満なら遺族厚生年金がもらえる
- 勤務先からの死亡退職金、見舞金
- 遺族の収入、自分の公的年金
- 貯蓄（資金）

不足額
この分を生命保険などで備える。

例 妻35歳、子ども5歳　生活費月25万円、夫の標準報酬月額35万円のケース

必要になるお金
- **生活費:1億1448万円**
  約18万円（現在の生活費の70%）×12カ月×52年（35歳女性の平均余命）＝1億1232万円
- **教育費:700万円**
- **葬式代など:200万円**

合計　1億2132万円

－

入ってくるお金や貯蓄
- **公的年金:6335万円**
  {約12万1000円×12カ月×13年（子どもが18歳までの期間）}＋{8万6000円（中高齢寡婦加算を含む）×12カ月×17年（子どもが18歳以降で妻が65歳になるまでの期間）}＋{10万2000円（自分の年金＋遺族厚生年金）×12カ月×22年（52年－13年－17年）}＝6335万円
- **死亡退職金:200万円**
- **妻のパート収入:3000万円（年収100万円で30年）**
- **貯蓄額:500万円**

合計　1億35万円

＊幼い子どもがいる主婦の公的年金はざっくり6000万円くらいにしてもいい

＝

不足額
1億2132万円
－　1億35万円
2097万円

＊夫が死亡したときに40歳以上で子のない妻（夫の死亡後40歳に達した当時、子どもがいた妻も含む）が受け取る遺族厚生年金には、65歳まで中高齢寡婦加算（年額59万6300円）が加算される

不足額を生命保険で確保！

もしものときに備える
死亡保障のある生命保険に入る

万が一のとき保険金が入る生命保険の死亡保障

死亡保障として使う生命保険は、残された家族の生活のために入る保険です。P.207で万が一のときの不足額が大きかった人は加入を検討しましょう。

生命保険にはいろいろな種類があります。なるべく安い保険料で必要な死亡保障を確保したいときに候補となるのが、「定期保険」と「収入保障保険」です。**収入保障保険は死亡保険金を一括ではなく年金形式で受け取れるので、生活費としてのやりくりがしやすく、保険料も安いの**がメリットです。

保険料は高くなりますが、**終身保険と養老保険は、死亡保障と貯蓄を兼ねられます。**

死亡保障のある生命保険の種類

大きく分けて掛け捨てのものと、貯蓄にもなるものがあります。

保険料が安い　定期保険

10年などの期間を決めて加入し、期間中に被保険者が死亡すれば死亡保険金を一括でもらえる。何事もなければ掛け捨て。

死亡保障額
加入
満了

メリット

- 終身保険や養老保険より保険料が安い。

デメリット

- 更新ができるが、更新ごとに保険料が上がる。

保険料が安い　収入保障保険

30年間、あるいは60歳までなど期間を決めて加入。期間中に被保険者が死亡すると、年間120万円など保険金を年金形式でもらえる。

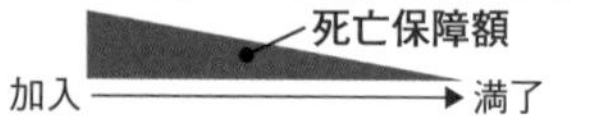
死亡保障額
加入
満了

メリット

- 定期保険よりも保険料が安い。

デメリット

- 保障期間や年金額の設定をしっかり行う必要がある。

貯蓄もできる　終身保険

死亡保障が一生続く。つまり必ず死亡保険金がもらえる。途中で解約すると解約返戻金をもらうことができ、貯蓄性もある。

死亡保障額
加入
保障
継続
払い込み終了

メリット

- 貯金と保障を一緒にできる。

デメリット

- 貯蓄にもなるが、現在は低金利。
- 早期に中途解約すると元本割れする。
- 保険料が高い。

貯蓄もできる　養老保険

10年などの期間を決めて加入し、期間中に被保険者が死亡すれば死亡保険金をもらえる。何事もなく満期が来たら、死亡保険金と同額の満期保険金をもらえる。

死亡保障額
満期
保険金
加入
満期

メリット

- 貯金と保障を一緒にできる。

デメリット

- 貯蓄にもなるが、現在は低金利。
- 早期に中途解約すると元本割れする。
- 保険料が高い。

収入保障保険の仕組み

収入保障保険は死亡保険金を年金のように受け取れます。保障期間と年金額を決めて加入します。

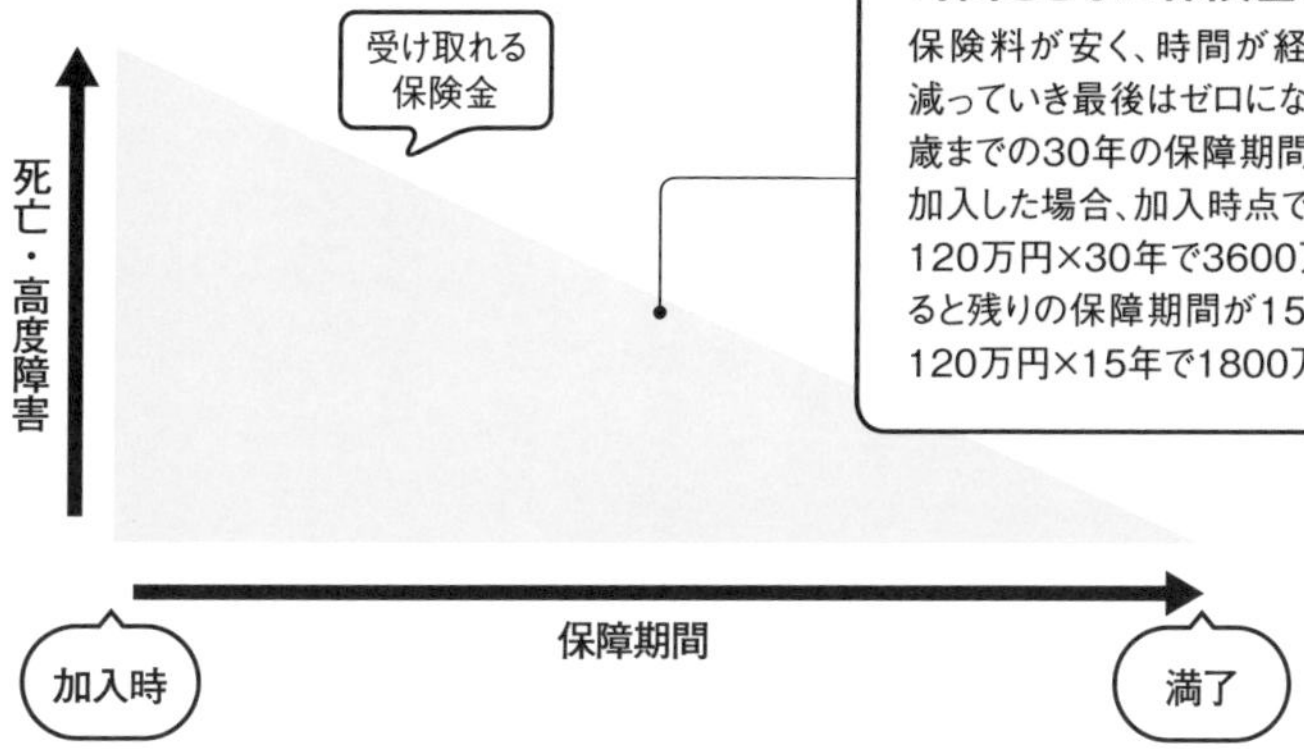
受け取れる保険金
死亡・高度障害
保障期間
加入時
満了

時間とともに保険金額は減少していく

保険料が安く、時間が経つにつれ保険金額が減っていき最後はゼロになる。例えば30歳から60歳までの30年の保障期間で、年金額120万円で加入した場合、加入時点で死亡すると保険金額は120万円×30年で3600万円。15年目に死亡すると残りの保障期間が15年なので、保険金額は120万円×15年で1800万円になる。

あなたに合った、もしものときの備え方

立場によって必要な死亡保障は違ってきます。

妻が専業主婦で子どもがいる夫婦

どんな保険?: 夫に死亡保障。定期保険または収入保障保険。
いつまで: 末子の大学卒業まで。
保障額は?: 夫が住宅ローンを返済中の場合や、夫が契約者で学資保険に入っているならその分を減らしていい。

共働きで子どもがいる夫婦

どんな保険?: 夫と妻に死亡保障。定期保険または収入保障保険。
いつまで: 末子の大学卒業まで。
保障額は?: 夫は左のケースと同じ。妻の額は、妻が出している生活費に末子の大学卒業までの年数をかけて計算。

Point

共働きで住宅ローンをペアローンで借りている場合は、ローンの返済終了まで定期保険または収入保障保険に入り、それぞれが出す生活費分を追加するとよい。

子どもがいない夫婦

どんな保険?: 夫は定期保険。妻は死亡保障は不要。
いつまで: 妻が65歳になるまで。
保障額は?: それほど多くなくていい。

個人事業主

どんな保険?: 定期保険+収入保障保険。
いつまで: 子どもがいる場合は末子が大学を卒業するまで。子どもがいない場合は妻が65歳になるまで。
保障額は?: 公的保障からの給付が少ないので、子どもがいる場合は夫の死亡保障は会社員よりも多めに。

独身で親が健在

どんな保険?: 親に仕送りをしているなら、その分を考慮して定期保険に。一生独身の確率が高くなったら、ある程度の貯金（葬儀代100万円くらいが目安）があれば不要。
いつまで: 親が死亡するまで。
保障額は?: 目的(仕送り額×必要年数)に合った額。

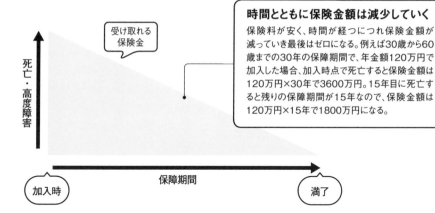

もしものときに備える 生命保険に入るタイミングと見直し方

新しいライフステージに入ったときに見直しを

立場が変化する節目が見直しの時期です。**学生から社会人になったら、親の扶養からはずれて勤務先の社会保険に加入します。結婚して子どもが生まれると、自分が扶養義務をになうため、社会保険に上乗せする生命保険の加入を検討する時期です。**

死亡保障は原則として、保障額が高くなるほど保険料も高くなります。ムダな保険に入るのは保険料がもったいないし、逆に保障が足りないといざというとき困ることになります。必要な死亡保障額は、立場や資産の状況により異なるので、家計に無理なく適切な保障額を確保するため、立場や状況の変化に応じて見直しましょう。

保険見直しのタイミングとポイント

住居費負担が変わったり、家族の増減で必要な保障額が変わったりしたときが見直しのチャンスです。

転職・独立したとき

転職により勤務先の福利厚生が乏しくなったり、独立により公的保障が減少したら、民間保険での上乗せを検討。

結婚したとき

独身時代に加入し、保険金の受取人が親になっている保険があるなら、内容の見直しと同時に受取人を配偶者に変更。

子どもが生まれたとき

万一のとき子どもの教育費をまかなえるか、家計の収支と資産の状況はどうかなどを確認し、夫と妻それぞれの死亡保障を検討する。

住宅を買ったとき

住宅ローンは通常、自動的に団体信用生命保険（→P.160）に加入する仕組みなので、住宅ローン契約者は死亡保障を減額。

専業主婦の妻が再就職したとき

妻の収入が安定したら、夫の死亡保障の減額を検討。妻の収入が家計に欠かせないなら、妻の死亡保障も検討。

子どもが自立したとき

子どもが経済的に自立したら、夫と妻の死亡保障を減額。老後資金などの貯蓄が準備できているなら、死亡保障はなくてもよい。

保障額は増減できる

死亡保障額を増やしたり減らしたりできる保険が多くありますが、最低保障額や詳細は保険会社によりさまざまなので、コールセンターなどで確認しましょう。

必要額より多すぎるとき

現在の保障額を減らす

生命保険は、主契約の死亡保障額を減額できるものもある。特約でつけた医療保険などの保障額が多すぎる場合ははずす。

必要額より少なすぎるとき

現在の保障額を増やすまたはほかの保険を追加

加入中の保険を増額するか、特約をつけたり、新しい保険を追加したりする。改めて告知書（被保険者の健康状態や職業などを申告する書類）の提出や医師の診査が必要になるケースも。

保険料を減らしたいとき

ほかの保険に乗り換え

掛け捨て保険など保険料が安い別の保険に乗り換える。勤務先で入れるグループ保険は団体割引により保険料が割安。共済保険も保険料が安い。

Point

必要額の目安

●子どもの教育費
1人800万〜1000万円（大学卒業まで）
●生活費の不足分
例：月5万円で30年なら1800万円
*必要保障額は1年後には1年分減る

加入中の生命保険（死亡保障）の内容を確認しよう

すでに生命保険に加入している人は、下の表に保険の内容を書き出してみましょう。生命保険の種類や保障内容を確認したうえで、年齢や家族、資産などの現状と照らし合わせて、必要ならば見直しを行いましょう。

保険の種類	保険会社	被保険者	死亡保障額	保障期間	そのほかの特約など	保険料（月額）

（記入例）

保険の種類	保険会社	被保険者	死亡保障額	保障期間	そのほかの特約など	保険料（月額）
定期保険	○×生命保険	A男	2000万円	10年（2020〜2030年）	なし	2000円

損害に備える
「家」にかかわる保険は火災・地震保険

災害に強い家は保険料が割安

せっかく買った自宅での火災や地震による倒壊……。新築住宅は建物部分で数千万円の価値があります。**家を買ったときは必ず火災保険に入りましょう。火災に加えて落雷などの損害も補償されます。併せて地震保険にも加入を。**地震保険は国がバックアップする保険で、都道府県ごとや建物の構造などで保険料が異なります。耐震性や耐火性に優れた住宅には保険料の割引があり、地震保険料控除で税金が安くなります。

賃貸の場合、入居時に不動産業者から借家人賠償責任保険の加入を勧められるでしょう。火災、漏水などを起こして損害賠償を請求されたときに、保険金が出るので加入を。

災害に備える保険の種類

火災や地震、水害など、いつ災害に遭うかわかりません。災害から自宅を守るためにも火災保険と地震保険に加入しましょう。地震保険は単体では入れないので、必ず火災保険とセットで加入します。

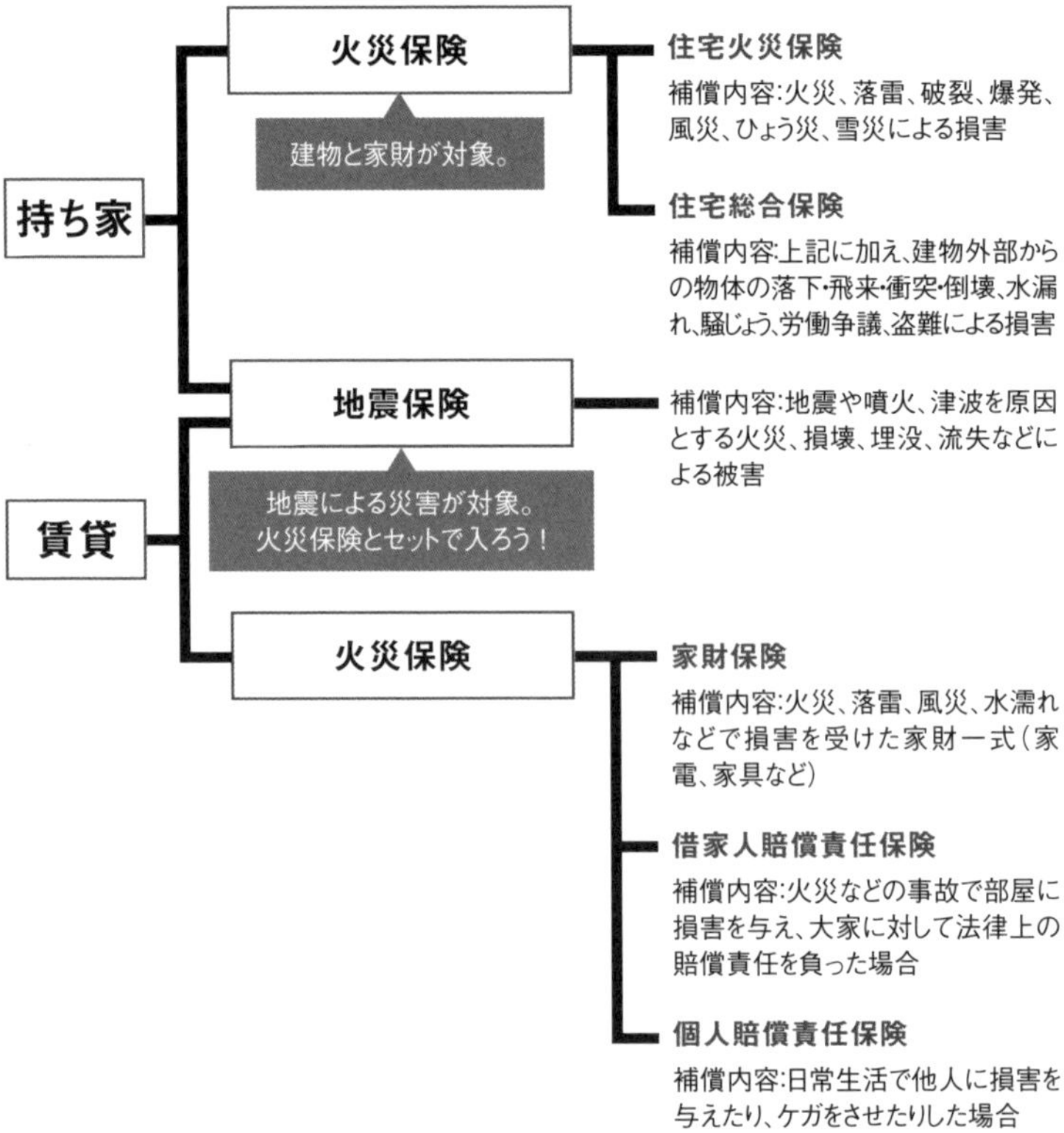
持ち家
賃貸
火災保険
建物と家財が対象。
住宅火災保険
補償内容:火災、落雷、破裂、爆発、風災、ひょう災、雪災による損害
住宅総合保険
補償内容:上記に加え、建物外部からの物体の落下・飛来・衝突・倒壊、水漏れ、騒じょう、労働争議、盗難による損害
地震保険
補償内容:地震や噴火、津波を原因とする火災、損壊、埋没、流失などによる被害
地震による災害が対象。
火災保険とセットで入ろう!
火災保険
家財保険
補償内容:火災、落雷、風災、水濡れなどで損害を受けた家財一式(家電、家具など)
借家人賠償責任保険
補償内容:火災などの事故で部屋に損害を与え、大家に対して法律上の賠償責任を負った場合
個人賠償責任保険
補償内容:日常生活で他人に損害を与えたり、ケガをさせたりした場合

持ち家の人は万が一のときの住宅の再建費用を確保

火災保険は「再調達価額」で契約するのが一般的です。地震保険の金額は火災保険の30〜50%です。

● 火災・地震保険の保険金額はどう決まる?

火災保険

新築
2500万円

こっちで契約しよう!

再調達価額
契約時と同じ価値の住宅を建てるときの価額

時価額
契約時の価額から年数経過による消耗分を差し引いた価額（古い保険にこのタイプのものがある）

建物は時間が経つと古くなり価値が下がるので、火災保険は「再調達価額」で契約するのがポイント。「時価額」では万が一のとき、建て直し費用が足りない場合がある。
*火災保険の保険料は、損害保険会社や補償内容によって幅があり年間数万円

地震保険

火災保険の保険金額が2500万円なら
↓
地震保険の保険金額は750万〜1250万円

主契約である火災保険の30〜50%の保険金額で入ることができる。上限は、建物は5000万円まで、家財は1000万円まで。
*地震保険の保険料は、都道府県ごとに建物の種類により決まっている。例えば東京都では、保険金額1000万円あたりの保険料が鉄筋コンクリート造のマンションなどで2万7500円、木造などで4万1100円、免震建築なら50%割引（2023年9月現在）

保険金額を上限として実際の損失分が支払われる。例えば契約した保険金額が1000万円でも、損失が300万円分なら支払われる保険金額は300万円ということだよ。

＼もっと知りたい／
Q&A

Q 火災保険料、地震保険料は所得から控除されるの?

A 火災保険の保険料は、保険料控除の対象とはなりません。地震保険は火災保険とセットで契約し、地震保険料部分が控除の対象となります。年末調整や確定申告で地震保険料控除を申請すると、所得税や住民税が安くなります。所得税は年間の保険料5万円、住民税は保険料2万5000円まで控除できます。

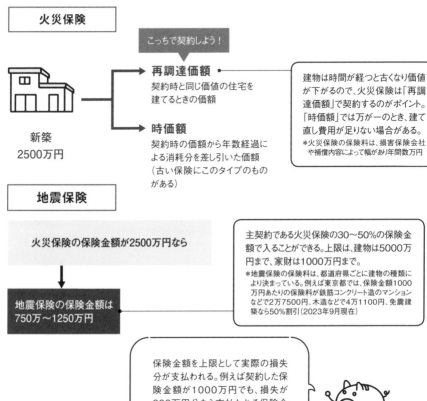

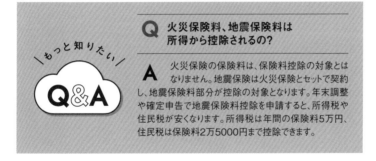

損害に備える

「車」にかかわる保険は自賠責と任意保険

車の運転には保険加入が必須 対人賠償は無制限に

車を運転する人は、事故を起こしたとき被害者への最低限の補償を行う自賠責保険（自動車損害賠償責任保険）への加入が義務づけられています。

しかし、高額の賠償責任を負った場合、自賠責保険や貯金では払い切れません。また、自賠責保険には自分への補償は含まれないので、任意の自動車保険にも必ず入りましょう。

任意保険はいくつかの補償を組み合わせる仕組みです。**相手への補償である対人賠償は、死亡事故に備えて無制限に。対物賠償も高めにしたほうが安心。**自分と同乗者、自分の車への補償も確保しましょう。運転者や運転者の年齢を限定する特約をつけると、保険料を節約できます。

自動車保険の補償内容

自賠責保険だけではまかなえない大きい事故に備えて、任意の保険にも必ず加入しましょう。

	自動車保険		補償対象
相手への補償	自賠責保険（加入を法律で義務づけ）		被害者１人あたりケガで最高120万円、死亡で最高3000万円、後遺障害で最高4000万円
	任意保険（自分の意思）	対人賠償	歩行者や、相手方の車に乗っていた人のケガ、死亡。自賠責保険の補償上限を超えた部分が対象
		対物賠償	他人の車や物（建物等も含む）にぶつかって損害を与えたとき
		無保険車傷害	運転者や同乗者が死亡したり後遺障害になったが、相手方が対人賠償保険に入っていないとき
自分と同乗者への補償		自損事故	川に転落したなど運転者自身の運転ミスにより、運転者や同乗者が死亡やケガをしたとき
		人身傷害	運転者や同乗者が死亡したりケガをしたとき。保険金は自分の過失部分を含めて実際の損害額
		搭乗者傷害	運転者や同乗者が死亡したりケガをしたとき。保険金はあらかじめ決めた額
		車両	自分の車が損害を受けたとき

Point

自動車保険料は、事故を起こす可能性が高い若い世代のほうが高く、年齢が上がると下がるなど、年代によっても違い、車の安全性能や排気量、補償内容によってもさまざま。5万～20万円程度が平均的といえる。帰省時に実家の車を運転する場合、その車に掛けられている保険の内容を確認するとよい。

自賠責保険と任意保険の賠償方法は異なる

自賠責保険は被害者保護を重視するので、被害者に重大な過失がない限り賠償金は減額されません。任意保険は被害者側にも過失があれば、賠償金が減額されます。

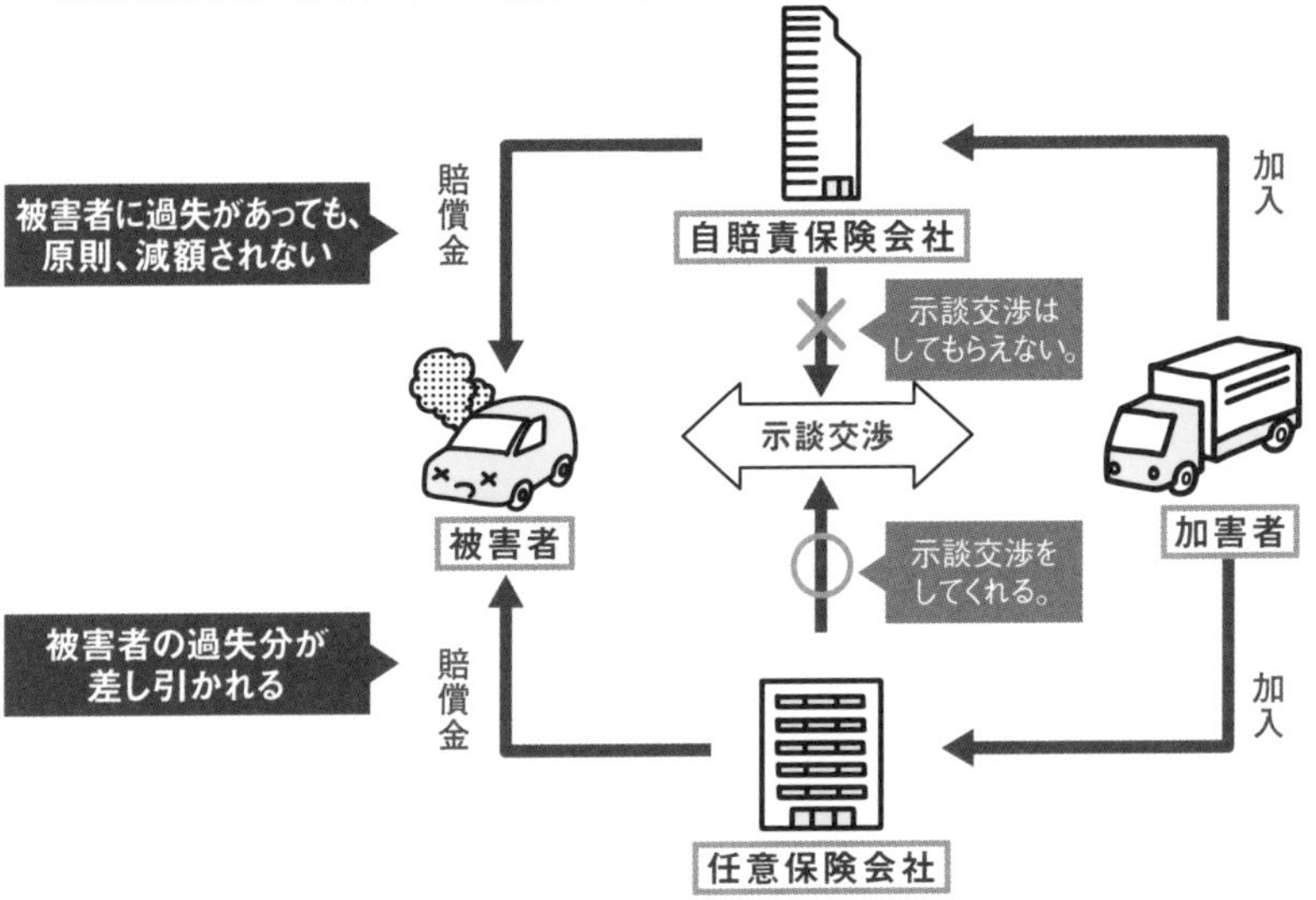

自賠責保険会社
加入
賠償金
被害者に過失があっても、原則、減額されない
示談交渉はしてもらえない。
示談交渉
被害者
加害者
示談交渉をしてくれる。
被害者の過失分が差し引かれる
賠償金
加入
任意保険会社

任意保険は過失相殺で賠償を行う

事故の際に双方に過失があった場合、任意保険ではそれぞれの過失割合に応じて相手側に支払う賠償金額を算出し、さらに過失相殺によって実際の賠償金額が決まります。過失割合は保険会社が調査して判断します。

A車
B車
事故で双方の車が破損

A車		B車
100万円	損害金額	150万円
60%	過失割合	40%

A車からB車への賠償額
150万円 × **60%**
B車の損害額　自分の過失割合
= **90**万円

B車からA車への賠償額
100万円 × **40%**
A車の損害額　自分の過失割合
= **40**万円

過失相殺をすると　**90**万円 − **40**万円= **50**万円

A車からB車へ50万円を賠償

Point

過失相殺とは、加害者と被害者の双方に過失があるときに、加害者の負担すべき賠償金額から被害者の過失部分を差し引くこと。双方に過失があれば、物損事故だけではなく、事故で相手にケガを負わせた場合の治療費も過失相殺される。

交通事故を起こしたときに生じる補償の種類

交通事故を起こすと、以下のように相手方の損害を補償する責任が生じます。

ケガの治療費

治療費のほか、看護料や雑費も含む。いったん健康保険を使った場合も、加害者が負担する。

休業損害

事故により仕事を休んだことで生じる損失を補償。

慰謝料

精神的・肉体的苦痛に対する補償。本人が亡くなった場合は遺族に。

葬儀費用、逸失利益

死亡した場合の葬儀費用は、一般的な額(60万～100万円)を補償。逸失利益は、事故に遭わず生きていれば得られたであろう収入を見積もって計算。

物損の補償

相手の車の修理や買替費用。身につけていた時計、ぶつかった住宅や店舗などの修理費用。

近年は自転車による事故でも高額賠償の例が。

人身事故の高額賠償例

高額所得者を死亡させたり、若い人に後遺障害を負わせたりすると、逸失利益が大きいため補償も高額になります。対人賠償の保険金額は無制限の契約が安心。

被害者	事故の状況、形態	裁判所、判決日	人身総損害額
41歳男性 医師	酩酊して道路を横断中、タクシーにひかれ死亡した	横浜地裁 2011年11月1日	5億843万円
21歳男子 大学生	乗用車のボンネットに乗っていたところ、走行した乗用車から転落し後遺障害を負った	名古屋地裁 2011年2月18日	3億7829万円
33歳男性 会社員	バイク運転中、車線変更の乗用車と接触し後遺障害を負った	名古屋地裁 2005年5月17日	3億6756万円
23歳男性 会社員	交差点を原付で直進中、対向右折乗用車と衝突し後遺障害を負った	大阪地裁 2007年4月10日	3億5936万円
38歳男性 医師	夜間、路上しゃがみ込みの酩酊歩行中、大型トラックが衝突し死亡した	大阪地裁 2006年6月21日	3億5250万円
16歳男子 中学生	歩道にいたところ、酒酔い運転のトラックが暴走、衝突し後遺障害を負った	仙台地裁 2009年11月17日	3億3163万円
23歳女子 高校生	原付運転中、赤点滅で走行の被害者と黄点滅走行の乗用車とが出合い頭に衝突し後遺障害を負った	大阪地裁 2007年1月31日	3億2955万円
27歳男子 大学院生	乗用車の助手席乗車中、乗用車が高速道路中央分離帯に乗り上げ、転覆し後遺障害を負った	東京地裁 2004年6月29日	3億2950万円
26歳女性 会社員	歩道歩行中、車同士の衝突事故で歩道に逸れた乗用車に衝突し後遺障害を負った	仙台地裁 2007年6月8日	3億2448万円
38歳男性 雇用予定者	車を誘導するため路上にいたところ、中央線を越えた対向車にはねられ後遺障害を負った	千葉地裁佐倉支部 2006年9月27日	3億2392万円

出典：「保険毎日新聞」2013年12月9日付6面「人損(死亡・後遺症)高額ランキング30」より作成　＊年齢は症状固定時

個人賠償責任保険でまさかの事故に備える

火災保険などの損害保険に特約として付加できる

日常生活の中で思わぬ事故を起こし、他人にケガをさせたり、物を壊したりすることもあるでしょう。**個人賠償責任保険に入っておくと、法律上の損害賠償責任を負ったときに保険金をもらえます。**

個人賠償責任保険は単独では入れず、火災保険、自動車保険などの損害保険に特約として付加して入ります。火災保険や自動車保険に入っているなら、要確認。クレジットカードの中には、付帯サービスとして加入できるところもあるようです。

保険料は、保険金額1億円の場合、月百円から数百円。本人だけでなく生計を一にする家族（別居して仕送り中の学生も含む）も対象となります。

個人賠償責任保険でカバーする日常のトラブル例

賠償額は予想がつかないので1億円程度は確保しておきたいところ。

子どもが自転車に乗っているとき、高齢者にぶつかってケガをさせた。

自宅マンションのトイレを掃除中に水漏れし、下の階の住人に被害を与えた。

飼い犬を散歩させているときに、飼い犬が他人に噛みついた。

買い物をしているときに、お店の商品を落として壊した。

スポーツをしているとき、他人にケガをさせた。

すでに加入している火災保険や自動車保険の特約で、加入している場合があるので確認してみよう。クレジットカードの付帯特約も忘れずに。

まだまだあるユニークな保険

ライフスタイルの多様化に伴い、近年ユニークな保険が増えています。特定の補償に特化し、少額、短期の保障が特徴です（少額短期保険）。

チケットガード保険
（不使用チケット費用補償保険）

購入したチケットのイベントに、急用やケガなどで参加できなかったときにチケット代を補償。

痴漢冤罪ヘルプコール付き弁護士費用保険

日常生活における事故で、被害者になったときの法律相談費用や弁護士費用のための保険。

スマホ保険

スマートフォンの故障、破損、水濡れの修理費用を一定額まで補償。

実際どうなの!?
お金のリアル事情

妻の死亡保険金が シングルファザーの生活を支える

松永文博さん（仮名）　37歳　神奈川県

2人の子どもを育てるシングルファザーになって1年。松永さんの妻は、進行の早いがんにかかり、35歳の若さで亡くなりました。

もともと共働きで、子どもが生まれた際は、どちらに万が一のことがあっても生活に支障が出ないようにと、2人とも収入保障保険に入り死亡保障を確保しました。その後、松永さんの海外赴任が決まり、仕事が忙しくストレスを抱えていた妻は、いったん離職を希望、家族一緒に過ごせるよう退職しました。加入していた収入保障保険は2人ともそのまま継続しました。

帰国後は住宅を購入し、妻は再就職を目指し、日本での新しい生活が始まろうとしていた矢先に、がんが発覚したのです。

妻が亡くなった直後は、精神的なダメージに加えて、慣れない家事や子育てで生活は混乱を極めました。

松永さんは勤務先に事情を伝えて、残業が少ない部署に異動させてもらいました。それでも、週に何度かはベビーシッターや食事作りのために家事代行を頼まざるを得ず、スーパーで惣菜を買ったり、外食したりすることも増えて支出がかさみます。残業が減ったことで収入は減っています。住宅ローンは松永さん1人で借りているので返済額は変わらず、住宅の頭金を払ったため、貯蓄はあまり残っていません。

そんな状況の中、収入保障保険から毎月入る妻の保険金が生活を支えています。生きていてくれたほうがずっとよかった。でも、今は妻に感謝しながら、ここを乗り越えたいと思う松永さんです。

Chapter

7

増やす

お金が増えていくのは楽しいもの。
お金との付き合い方が
わかったところで、
増やし方も見てみましょう。

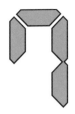

投資の仕方を学ぶ
お金を増やす基本は投資

お金をどこに置くかでお金の増え方が変わる

財布の中に現金をいくらか入れ、残りは銀行口座に置くという人が日本では多いようです。財布に現金を入れておいても、お金はまったく増えません。銀行口座（預金）に置いたお金につく利息は（→P.101、108）、金利が高くありません。一方、増やすことが目的の「投資」は、リスクはありますが、預金よりもお金が増える可能性があります。お金は置き場所で増え方が変わるのです。

人生100年時代、時間をかけてお金を増やすために、投資と向き合ってみるのもよいでしょう。まずは投資と預金の違いを知り、投資に利用できる金融商品の特徴をつかむことから始めましょう。

そもそも投資とは?

まずは、投資とはどのようなものなのかを理解しましょう。

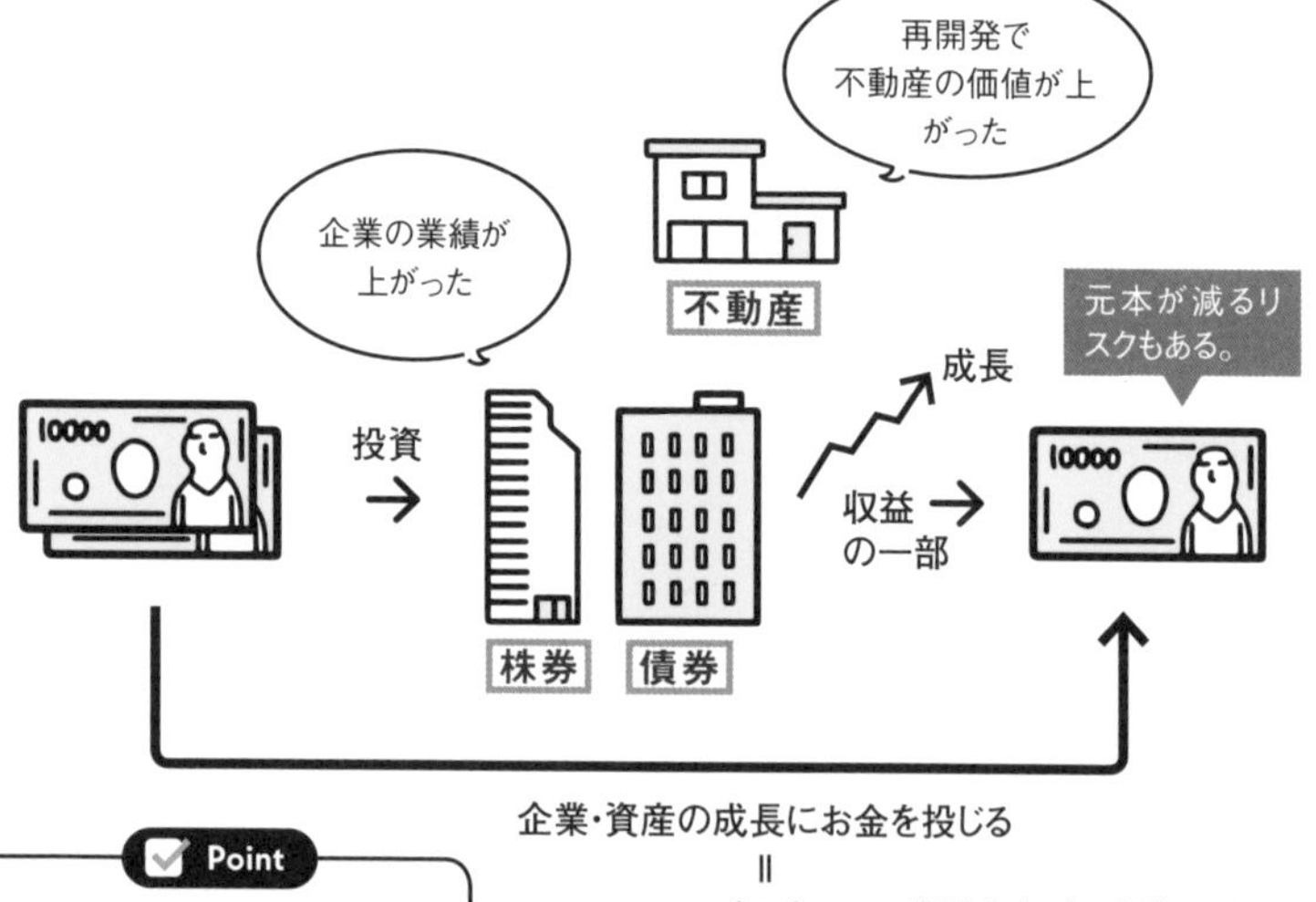
再開発で不動産の価値が上がった
企業の業績が上がった
不動産
元本が減るリスクもある。
成長
10000
投資
収益の一部
株券
債券
企業・資産の成長にお金を投じる
＝
投資

Point

投資とは、株式や債券、不動産などの資産を購入し、長いスパンでそれらの資産が成長する（定期的に収益を生む、価値が高くなる）のを目指すこと。

業績を上げる企業が増えると、ひいてはその国の経済も成長する。つまり、経済成長にお金を投じることでもある。

投資によって得られる利益には、投資商品を購入時の価格より高値で売った際に得られる差額（値上がり益）と、投資商品を保有していることで定期的に得られる利益があるよ。

投資先によってリスクとリターンは異なる

リスク（価格のブレ幅）とリターン（収益）は投資先によって異なります。代表的な投資商品には債券・株式・投資信託などがあります。

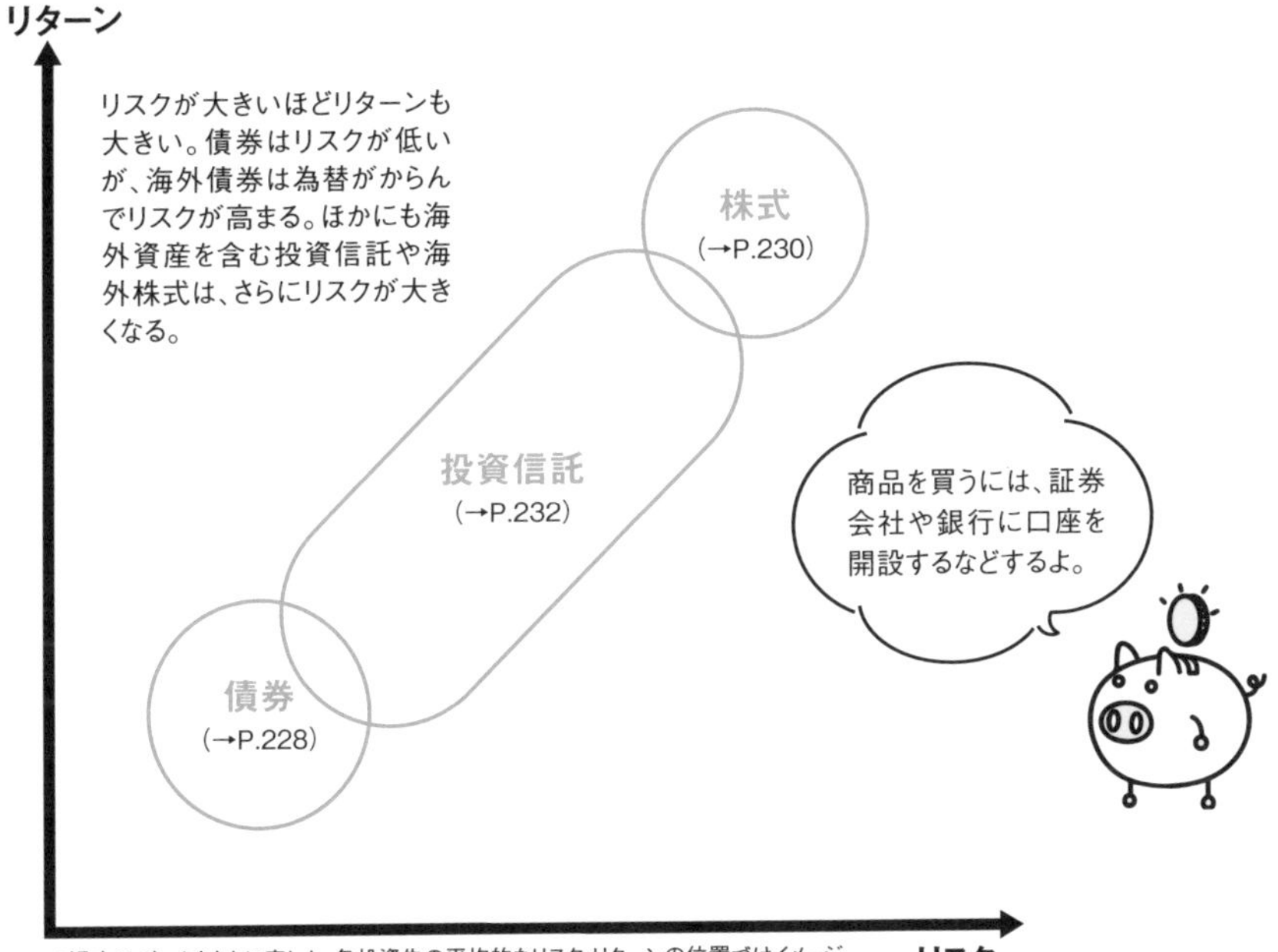
リターン
リスクが大きいほどリターンも大きい。債券はリスクが低いが、海外債券は為替がからんでリスクが高まる。ほかにも海外資産を含む投資信託や海外株式は、さらにリスクが大きくなる。
株式
（→P.230）
投資信託
（→P.232）
債券
（→P.228）
商品を買うには、証券会社や銀行に口座を開設するなどするよ。
リスク

＊過去のデータをもとに表した、各投資先の平均的なリスク・リターンの位置づけイメージ

投資には元本割れの可能性もある

元本（もともと、預け入れたお金）が保証されている預金に対して、元本が保証されていない投資は、値下がりによって元本割れをする可能性もあります。

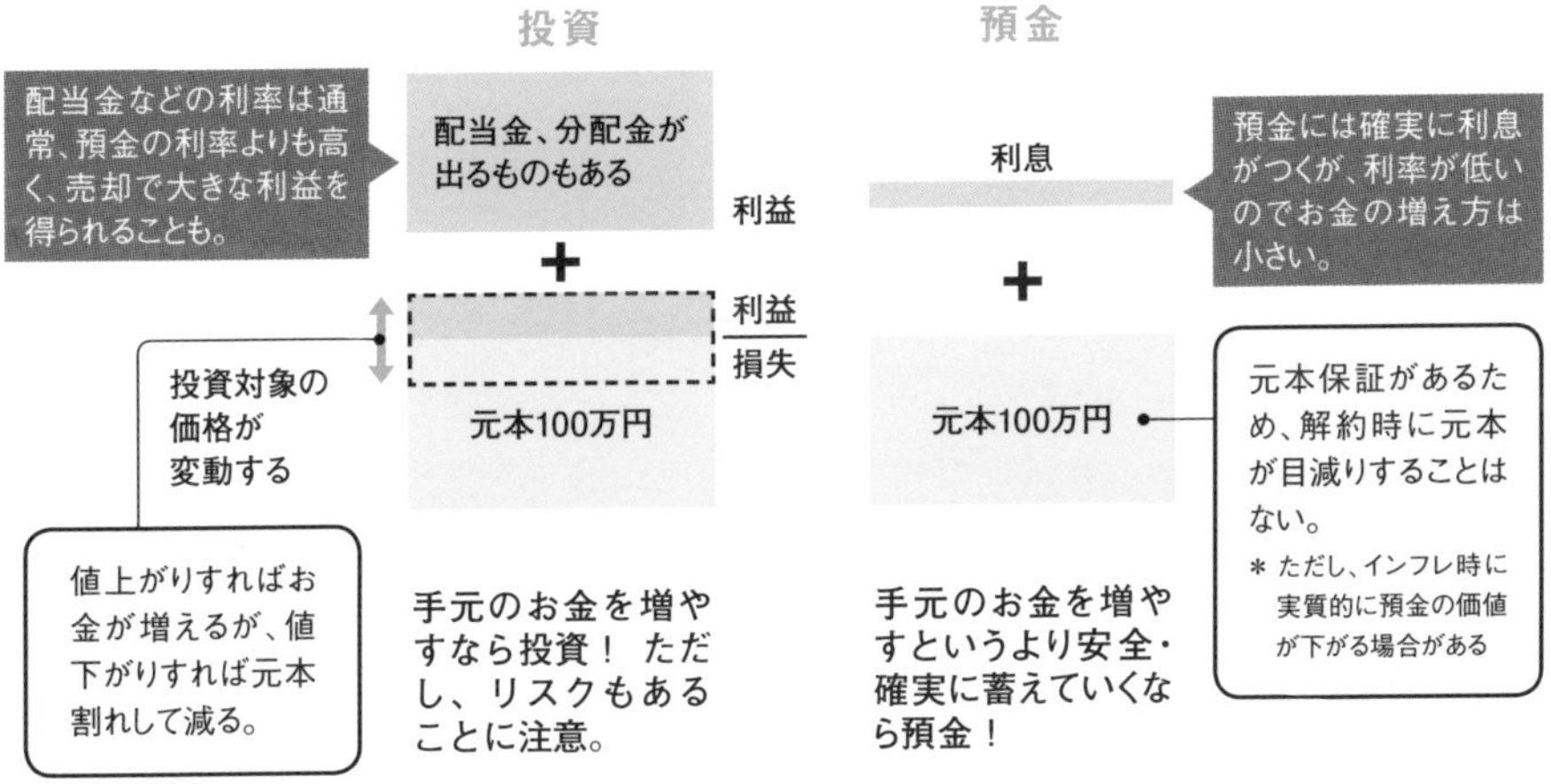
投資
預金
配当金などの利率は通常、預金の利率よりも高く、売却で大きな利益を得られることも。
配当金、分配金が出るものもある
利益
＋
利益
損失
投資対象の価格が変動する
元本100万円
値上がりすればお金が増えるが、値下がりすれば元本割れして減る。
手元のお金を増やすなら投資！ ただし、リスクもあることに注意。
利息
預金には確実に利息がつくが、利率が低いのでお金の増え方は小さい。
＋
元本100万円
元本保証があるため、解約時に元本が目減りすることはない。
＊ ただし、インフレ時に実質的に預金の価値が下がる場合がある
手元のお金を増やすというより安全・確実に蓄えていくなら預金！

知っておくべき投資の心得

投資の仕方を学ぶ

お金はどこから出す？ 自分の性格も確認

お金が増える可能性がある半面、減ることもあるのが投資です。ですから投資は、緊急時の予備資金が貯まっている場合に行うもので、**毎月の収支がギリギリで、貯蓄がない人にはおすすめできません。**投資にまわすお金の候補としては、余裕資金や、時間をかけて貯めながら増やしていきたい老後資金があげられます。

投資とひと口にいっても、種類によりリスクが異なります。また、自分のお金が1円でも減るのは耐えられない、5%くらいの値下がりなら元に戻るまで待てるなど、値動きへの感覚は人それぞれ。**お金を増やす目的と、投資先のリスクが自分の性格に合っているかは事前に要確認。**

投資を始める前にチェック

自分が投資に向いているかどうか、投資を始める前に自己チェックをしましょう。

- □ 緊急時の予備資金は貯まっているか（生活費の3～6カ月分）
- □ 毎月の収支に余裕はあるか
- □ 一時的に株式や投資信託などの評価額が下がったときに耐えられそうか

Point

3つ全部に当てはまるなら、どんな投資するか考えよう。チェックが1つか2つの場合は、まずは投資の勉強から始めよう。

投資にまわしていいお金といけないお金

どのような資金が投資していいお金なのか確認しましょう。

生活資金・予備資金

日常生活を送るための生活費や、入院・失業など突発的な出費に備えるお金。予備資金は、生活費の3～6カ月分（派遣社員や個人事業主であれば6カ月～1年分程度）が目安。

↓

投資NG

- 銀行の普通預金、貯蓄預金

教育資金・住宅資金

子どものための教育資金、住宅購入の頭金など、現役時代の大きな支出用の資金。

↓

低リスクの投資はOK

- 個人向け国債
- 低リスクの投資信託

余裕資金・老後資金

すぐには使う予定がない余裕資金や、10年以上先に必要で、リスクがあっても増やしたい老後資金。

↓

投資に最適！

- 個人向け国債
- 株式
- 投資信託など

投資で増えた分のお金には税金がかかる

増えた分は収入とみなされて所得税・住民税などがかかります。利益が出なければ税金はかかりません。

● 利益にかかる税金

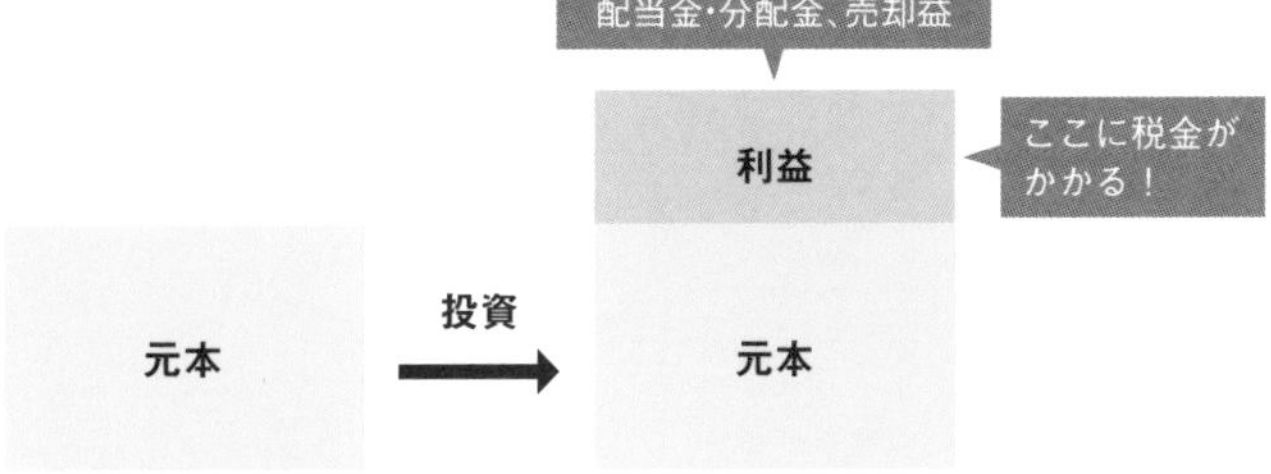
配当金・分配金、売却益
利益
ここに税金がかかる！
元本
投資
元本

● 税金額の計算の仕方

投資による利益額 × 20.315% ＝ 税金額

所得税 15％＋住民税５％
＋復興特別所得税※0.315％

※復興特別所得税は2037年12月31日まで

● 「利益」と「損失」両方が生じた場合の税金は?

株式、投資信託、特定公社債などは、同じ年に利益と損失が両方生じれば、税金がかからない場合があります。

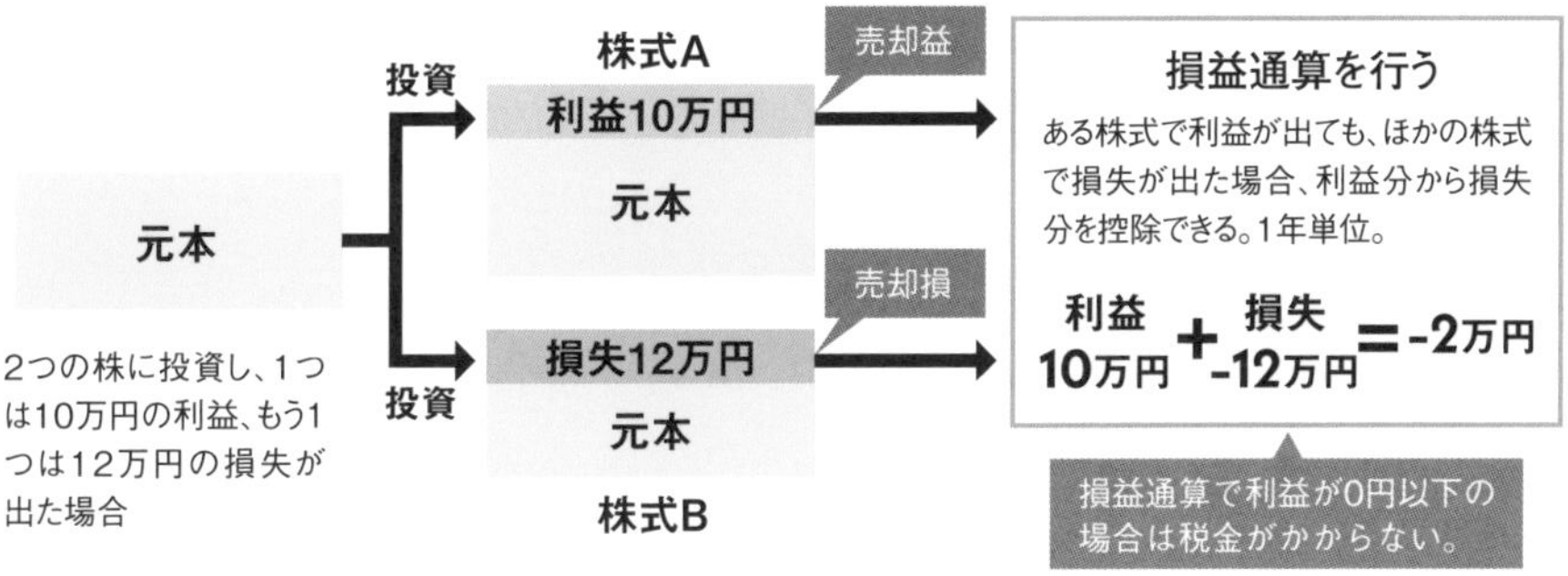
元本
2つの株に投資し、1つは10万円の利益、もう1つは12万円の損失が出た場合
投資
投資
株式A
利益10万円
元本
損失12万円
元本
株式B
売却益
売却損
損益通算を行う
ある株式で利益が出ても、ほかの株式で損失が出た場合、利益分から損失分を控除できる。1年単位。
利益 10万円 ＋ 損失 -12万円 ＝ -2万円
損益通算で利益が0円以下の場合は税金がかからない。

＼ 知らないと損する ／

お 得 情 報

株式などの損失は
3年間繰越控除できる

損益通算をした結果、損失が残っているときは、その損失を翌年以降の利益からも差し引くことができます。これを繰越控除といいます。繰越控除は、翌年以降の3年間にわたって可能です。なお、NISAや確定拠出年金の損益は、ほかの投資と通算できません。

損失が出て損益通算が可能なときは、確定申告をしよう！

投資の仕方を学ぶ

あなたに合う投資は？

自分に合った投資先を選ぶ

何が自分に合った投資なのか、チャートでチェックしてみましょう。

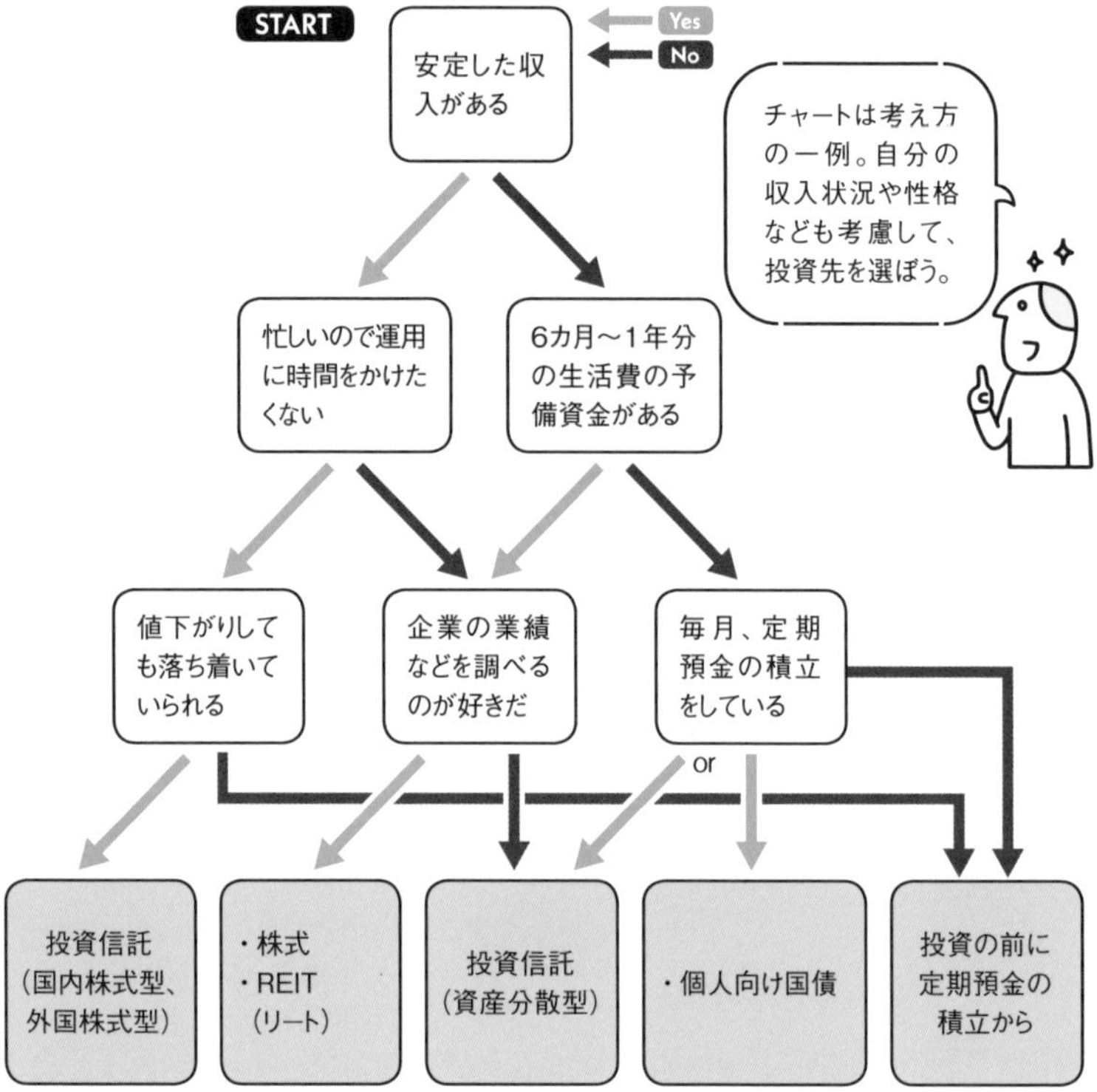
START
Yes
No
安定した収入がある
チャートは考え方の一例。自分の収入状況や性格なども考慮して、投資先を選ぼう。
忙しいので運用に時間をかけたくない
6カ月〜1年分の生活費の予備資金がある
値下がりしても落ち着いていられる
企業の業績などを調べるのが好きだ
毎月、定期預金の積立をしている
or
投資信託（国内株式型、外国株式型）
・株式
・REIT（リート）
投資信託（資産分散型）
・個人向け国債
投資の前に定期預金の積立から

投資信託、株式、REIT、ETF（イーティーエフ）はNISA口座で購入する。

複数の投資先を組み合わせ時々見直しを

投資商品はたくさんあるので、どれを選ぶか迷ってしまうことでしょう。投資の原点は、企業の債券や株式を買って応援することです。結果として企業の収益の一部を受け取ります。私生活を充実させながら仕事をして、預金より高めの金利を目指して投資に取り組もうという場合は、複数の債券や株式が組み入れられた**投資信託**から自分に合うものを選び、積立にするのがおすすめです。

運用商品は1つだけでなく、例えば個人向け国債と投資信託を組み合わせるなど、複数持つとリスクが分散されます。一度買ったあとも、年齢や生活状況に応じて、時々投資先の見直しを行いましょう。

投資商品の種類と特徴

個人が投資できる主な投資先です。積立型・一括型・レバレッジ型に分けています。

- 積立型 ： 毎月、一定の金額で買い増していく。
- 一括型 ： 一度に購入する。
- レバレッジ型 ： 元本の何倍かの取引ができる。

※外貨預金は積立にできる金融機関もある

種類	特徴	取り扱い	
債券 (→P.228)	債券ごとに期間と金利が決まっている。発行する国や企業に何事もなければ、安全性が高い。	証券会社、一部の銀行	一括
投資信託 N DC (→P.232)	運用会社が投資方針を決めて、複数の債券や株式を組み合わせて購入する。種類が多くさまざまなタイプが選べる。	銀行、証券会社	積立、一括
株式 N (→P.230)	証券取引所に上場された株式を時価で購入し、配当金や値上がり益をもらう。値動きが大きい。	証券会社	
外貨預金※ (→P.238)	お金を外貨に替えて預金する。預入時より円安になればお金が増えるが、円高になると元本割れのリスクがある。	銀行	一括
REIT (不動産投資信託) N (→P.240)	不動産に投資する投資信託。家賃収入などをもとに分配金が出る。	証券会社	
不動産（現物） (→P.240)	アパートなどを購入し家賃収入を得る。高額な資金が必要で、さまざまな経費もかかる。	不動産業者	
ETF N	投資信託を市場に上場したもの。日経平均などの指数に連動するタイプが中心。株式と同様に市場価格で売買できる。	証券会社	
金《きん》 (→P.241)	金を持っていても利息はつかないが、金価格の変動により利益や損失が決まる。	地金商、鉱山会社、銀行、一部の証券会社など	積立、一括
FX(エフエックス) (→P.238)	外貨の売買を行い、購入時と売却時の為替の差で損益が決まる。最大25倍までレバレッジをかけられ、リスクが高い。	FX業者、証券会社、一部の銀行	レバレッジ

N……NISAで買える

DC……企業型確定拠出年金やiDeCoで買える

投資のリスクを減らす3つの方法

投資のリスクを軽減するために、次の3つのポイントを押さえておきましょう。

複数の投資先に分散する

株と債券、異なる業界の株など、値動きが異なる複数の投資先に分散することで、全体として値動きのブレ幅を小さくできる。

何度かに分けて買う

値動きするものは、一度に買うのではなく何回かに分けて買うと、いろいろな価格で買える。

長期で取り組む

長いスパンで見て、いったん値下がりしても、価格が元に戻るまで待つ。

投資にはどんなリスクがある？

元本が変動しない預金とは違い、投資商品は元本の評価額が値動きします。値動きの幅を「リスク」といいます。大きなリターンを期待するなら、リスクも大きくなることを知ったうえで投資商品を選ぶことが大切です。

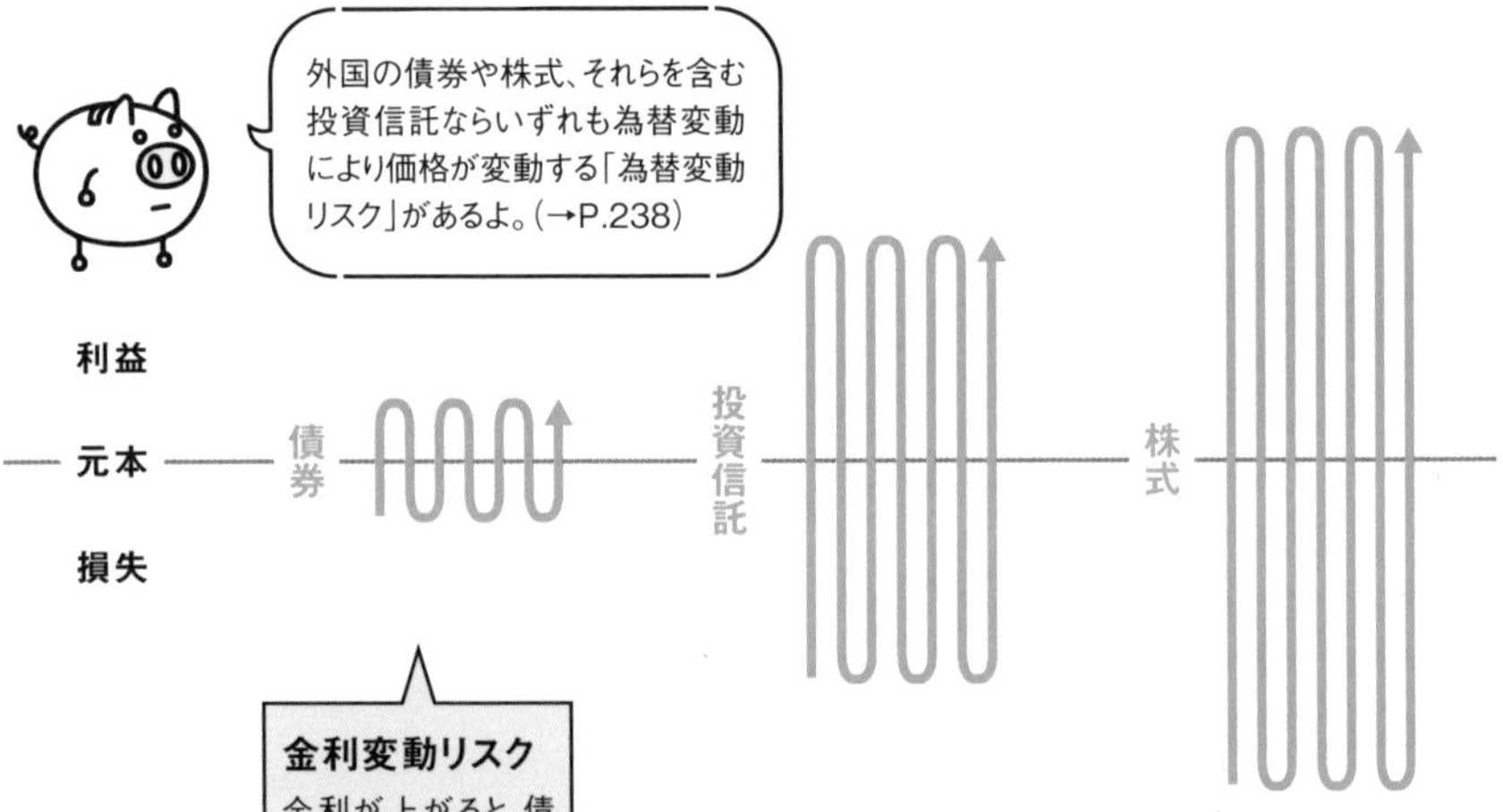
外国の債券や株式、それらを含む投資信託ならいずれも為替変動により価格が変動する「為替変動リスク」があるよ。（→P.238）
利益
元本
損失
債券
投資信託
株式

金利変動リスク
金利が上がると、債券価格が下がる。

信用リスク
債券を発行する国や企業が財政難や経営不振により、利息や元本を払えなくなるリスクがある。

金利変動リスク、信用リスク、価格変動リスクなど
何に投資する投資信託なのかにより、それぞれのリスクがある。

価格変動リスク
株式を発行する企業の業績や景気の動向によって、株価が変動する。

＊値動きのブレ幅は過去のデータをもとにしたイメージ

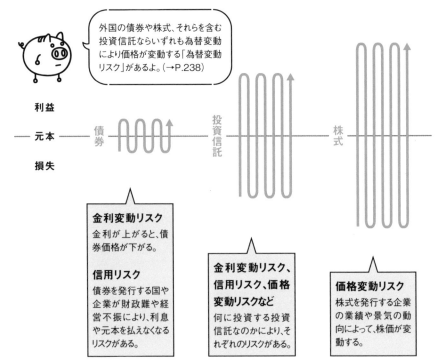

投資ライフをサポートするロボアド

自分に合う分散投資をお任せで

投資のリスクを減らすには複数の資産に分散投資するのがポイントですが、何を選んでどう組み合わせるか迷いますよね。その悩みを解決してくれるのがロボアドバイザーです。

年齢や資産状況などいくつかの質問に答えると、その人に合う資産配分を提案してくれます。実際の運用まで任せられるのが、投資一任型のロボアドバイザーです。

ロボアドバイザーの会社に口座を開いて利用するほか、地方銀行などのパートナー企業を通したり、提携するクレジットカードで積み立てができたりするロボアドバイザーも。ＮＩＳＡやｉＤｅＣｏに対応するものもあり、投資初心者や忙しい人に便利なサービスです。

投資一任型ロボアドバイザー

ロボアドの中でも資産運用を任せられる一任型の一例を紹介します。ETFなどを使って運用します。

名称（提供元）	最低投資金額・手数料	特徴	NISA	iDeCo
WealthNavi（ウェルスナビ）	1万円 資産残高の1.1%※1 （税込・年率）	世界約50カ国、1万2000銘柄に分散投資。世界経済の成長を上回る成果を目指す。	○	−
THEO（テオ）（お金のデザイン）	10万円 （THEO＋※2は1万円から） 資産残高の最大1.1% （税込・年率）	世界約70カ国、2万銘柄以上に分散投資。一人ひとりに合った231通りのポートフォリオで運用。	−	△※3
ON COMPASS（マネックス・アセットマネジメント）	1000円 資産残高の1.0075%程度 （税込・年率）	世界約80カ国、約4万銘柄に分散投資、為替リスクを減らすため、一部為替ヘッジも行う。	○	−
ザ・ハイブリッド（フィデリティ証券）	1万円 資産残高の0.94%〜1.01%程度 （税込・年率）	機関投資家向けのファンドを中心に世界分散投資。運用計画支援ツールや電話によるサポートあり。	準備中	−

※1 2024年から、NISAで利用すると割引がある
※2 THEO＋はパートナー企業（docomoやJALなど）との協業サービス
※3 THEOのロボアドバイザーをiDeCoで利用できる「MYDC」というサービスが別途ある
＊ 表に記載の手数料以外に、提供元によってはETFの中で手数料を引かれる

投資の基本

比較的リスクが低い「債券」

株式よりリスクが低く預金より金利が高い

債券とは国、地方公共団体、会社などが投資家からお金を借りるときに発行する「有価証券」。主に国が発行する国債《こくさい》、地方公共団体が発行する地方債《ちほうさい》、企業が発行する社債《しゃさい》があり、預金より金利は高めです。

債券は定期預金と似て期間と金利が決まっていますが、期間中に売買できます。債券の価格は変動していて、買った値段より売った値段が低いとき損をするというリスクがあります。ただし、値動きの幅は株式に比べれば小さく、リスクは低いです。

　リスクは債券の種類や発行体によっても異なり、安全性の高い債券ほど金利は低く、金利の低い順から国債、地方債、社債となります。

債券の仕組み

債券を購入すると、発行した国や会社が毎年決められた利率の利息を購入者に支払います。

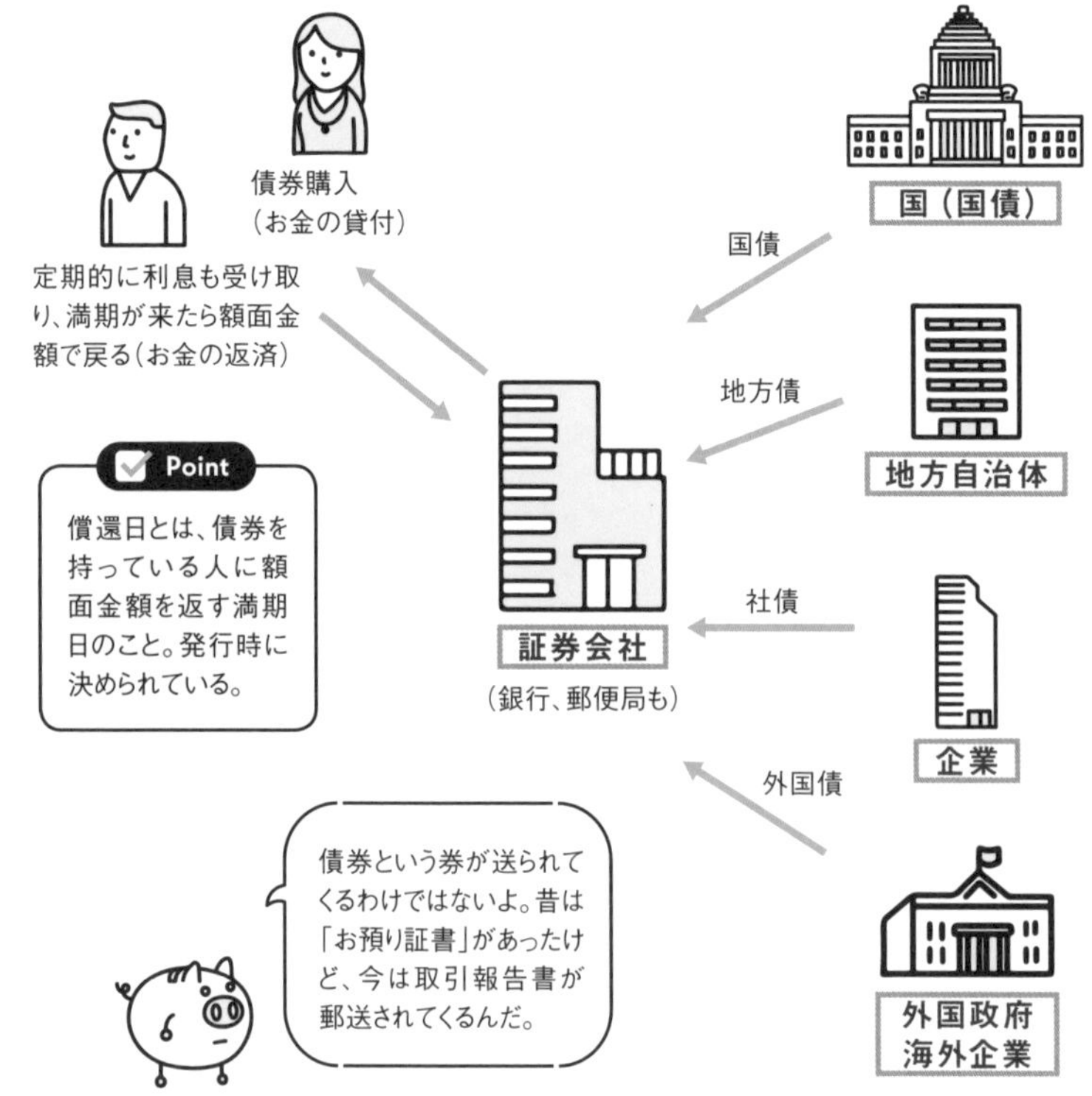
債券購入
（お金の貸付）
定期的に利息も受け取り、満期が来たら額面金額で戻る（お金の返済）
国（国債）
国債
地方自治体
地方債
企業
社債
外国政府
海外企業
外国債
証券会社
（銀行、郵便局も）
債券という券が送られてくるわけではないよ。昔は「お預り証書」があったけど、今は取引報告書が郵送されてくるんだ。

Point
償還日とは、債券を持っている人に額面金額を返す満期日のこと。発行時に決められている。

個人向け国債の金利と特徴

販売を個人に限定し、期間中に価格が変動することはありません。実質、元本保証。また通常、債券は固定金利ですが、個人向け国債には変動金利もあります。

	固定3年	固定5年	変動10年
満期までの期間	3年	5年	10年
購入単位	1万円以上1万円単位		
発行	毎月		
金利のタイプ	固定金利		変動金利
金利※	0.05%	0.21%	0.43%
下限金利	0.05%		

※2023年9月発行国債の金利

→ 低金利時代のおすすめは変動10年

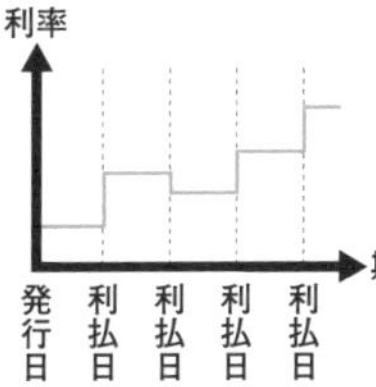
利率
期間
発行日
利払日
利払日
利払日
利払日

半年ごとに適用利率が変わり、その時々の受取利息の金額が増減する。

Point
3種類とも、最も低い金利（下限金利）が決められており、それ以下になることはない。

固定3年で30万円買うと、受取利息は合計450円になる（税金は考慮せず）。

満期にお金が返ってくるが破綻することもある

発行元の経営状態が悪くなると約束の日に利息を受け取れない、元本の一部しか戻らない、最悪お金が戻ってこないことも。

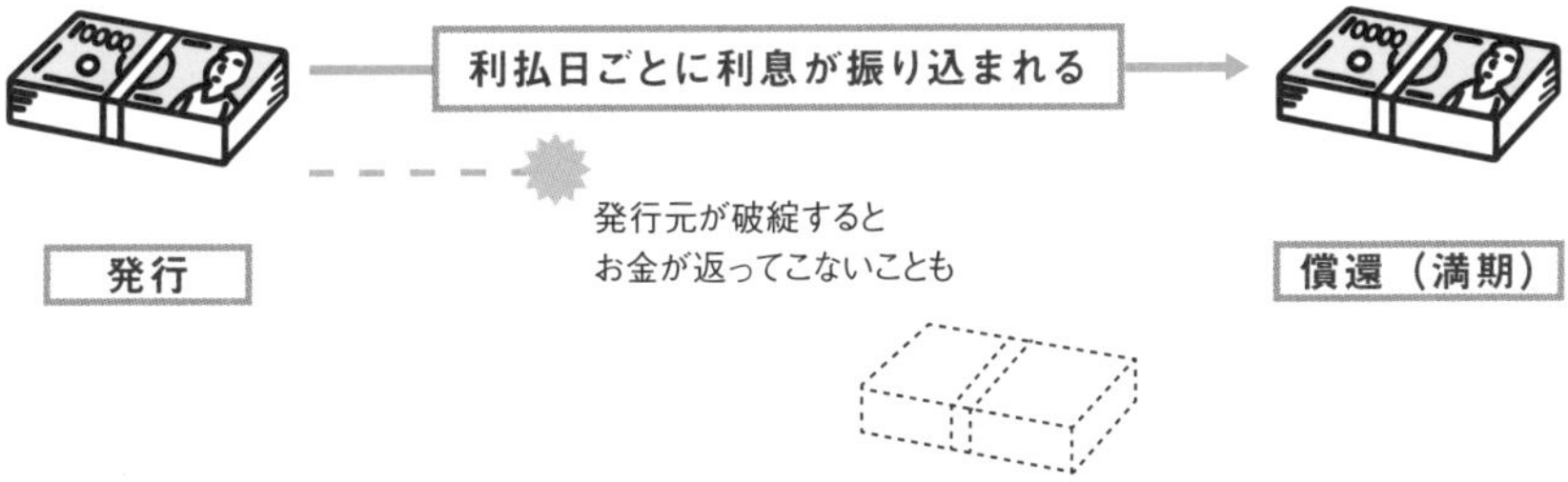
利払日ごとに利息が振り込まれる
発行元が破綻すると
お金が返ってこないことも
発行
償還（満期）

\もっと知りたい/
Q&A

Q 債券ならとりあえず安全なの?

A そんなことはありません。一般的な債券はリスクが低めですが、中には高いものもあります。例えば為替変動の影響を受ける外国債券、デリバティブの仕組みを使う仕組み債など。よくわからないまま購入してトラブルになる例もありますから、初心者は円建ての一般的な債券から始めましょう。

投資の原点「株式投資」

配当金や優待をもらえて値上がりしたら売却益も

株式投資とは、証券市場で株式を買って株主になり、経営に参加する権利や配当金を受け取る権利を得ること。株式が値上がりした時点で売り売却益を得たり、株主優待で自社製品をもらえたりします。

株式の値段（株価）は会社の業績などによって変動します。売買は原則100株単位で行い、1万円程度で買えるものから100万円前後のものまでさまざま。株価の値動きは大きく、業績が低迷すれば株価は下がり、倒産したらお金は戻りません。日本で株式市場に上場されているのは約3600社。長期的な成長が見込める会社の株式を選ぶのがポイントです。

そもそも株式って何?

株式とは、株式会社が資金を集めるために発行するものです。

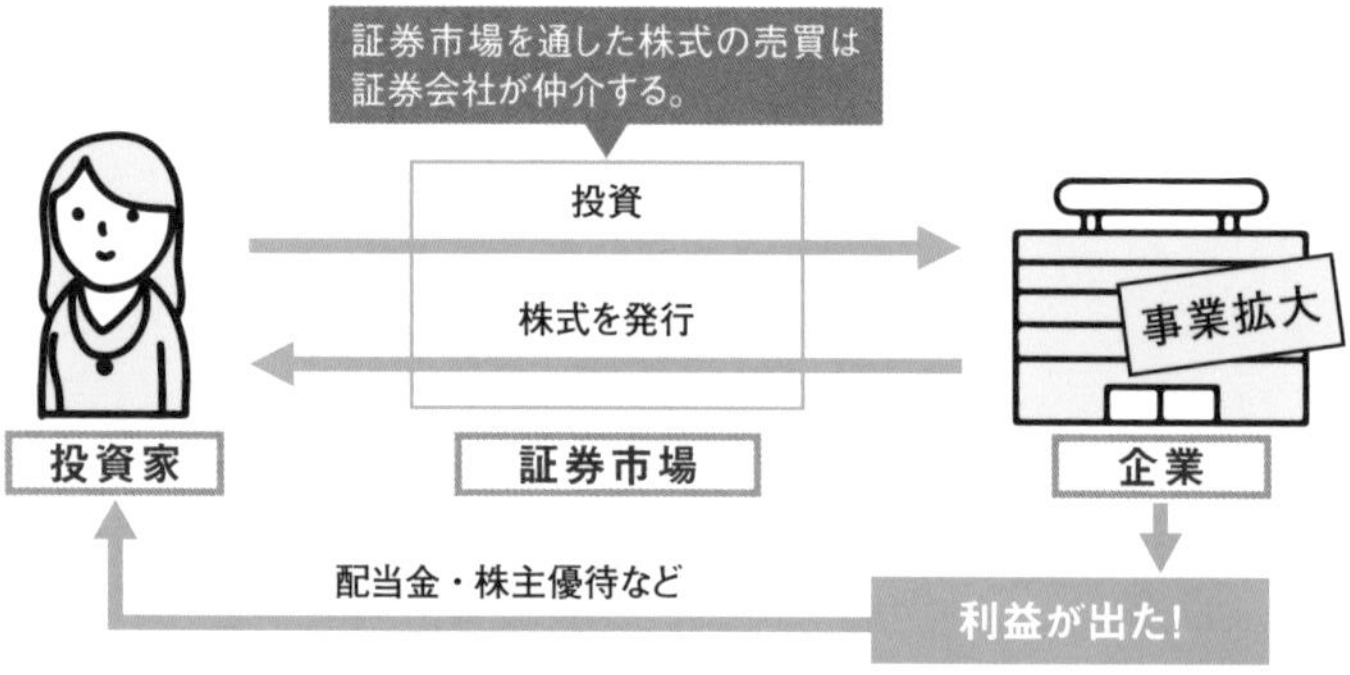
証券市場を通した株式の売買は証券会社が仲介する。
投資
株式を発行
事業拡大
投資家
証券市場
企業
配当金・株主優待など
利益が出た!

株式投資で得られる利益は2種類

① 配当金　：平均的な配当利回り（株価に対する配当金の割合）は2.33%。　＊東証プライム全銘柄の平均。2023年5月25日

② 値上がり益：購入時よりも売却時に値上がりした場合、その差額が利益となる。

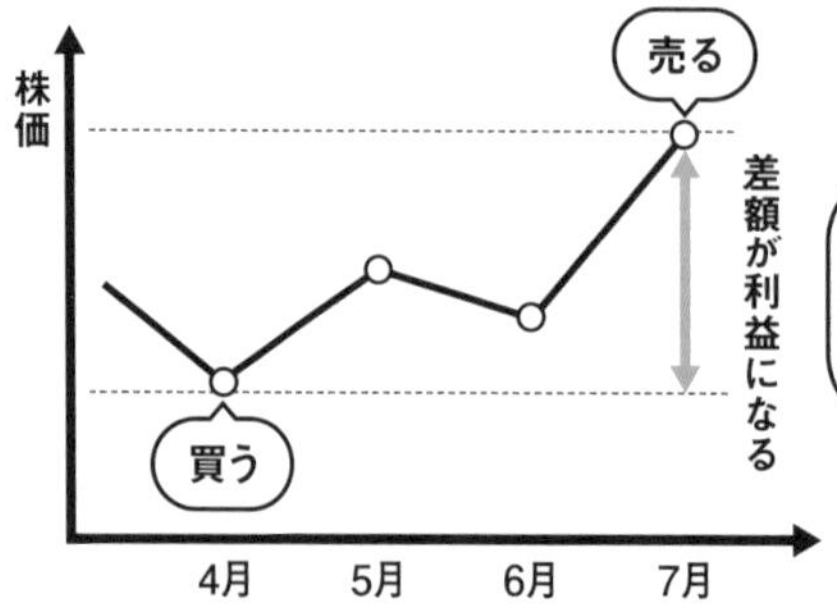
株価
売る
差額が利益になる
買う
4月
5月
6月
7月

プラスアルファの利益として、会社によっては株主優待の特典も。

株式の取引は証券会社を通じて行う

インターネットで売買の注文ができ、株式の情報収集も容易なネット証券が便利です。

Step 1 インターネットや郵送で申し込み

証券会社に口座を開設するのが第一歩。NISA口座（P.234）を選べば、利益にかかる税金が非課税になる。

Step 2 口座開設に必要なものを揃える

- 自身のメールアドレス
- 出金用銀行口座
- 本人確認書類
- マイナンバー

など

Step 3 口座開設が完了したら入金する

銀行などから、開設した口座にお金を入金する。

Step 4 取引スタート 証券会社に注文を出す

どの株式をどのくらい（株数）買うか決めて注文を出す。株式は原則100株単位で売買するが、証券会社によってはワン株、ミニ株などの名称で100株未満の取引もできる。

Step 5 取引成立！

証券市場での売りたい人と買いたい人のバランスによっては売買できないこともある。取引が成立しないこともあるので注意！

Point

業績がよく人気のある企業の株式は、多くの人が欲しがるので株価が上がる。だから、株式投資では企業業績の情報収集が重要だ。

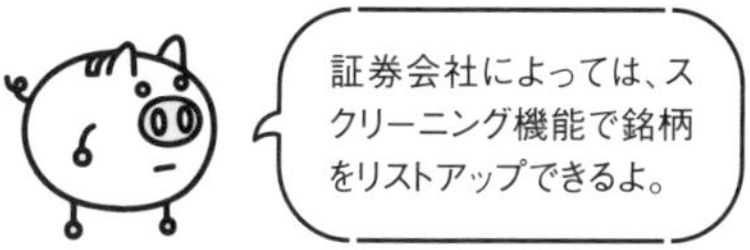
証券会社によっては、スクリーニング機能で銘柄をリストアップできるよ。

● 主なネット証券会社

会社名	特徴	売買手数料（税抜）
SBI証券	住信SBIネット銀行との口座連携により入出金が便利	10万円の注文で99円など
楽天証券	楽天銀行との口座連携により入出金が便利	10万円の注文で99円など
マネックス証券	日本株のみならず外国株も取り扱う	10万円の注文で99円など
松井証券	無料で投資サポートツールを提供	1日定額制で10万円以下なら無料
auカブコム証券	少額から積み立てて買い付けできる三菱UFJフィナンシャル・グループ	10万円の注文で99円など

＊2023年8月現在

投資の基本

投資デビューなら「投資信託」

値動きする資産に投資したい初心者におすすめ

投資信託は、投資家から集めたお金を一つの大きな資金としてまとめ、運用の専門家が株式や債券などに投資・運用します。そして、投資額に応じて利益が還元される金融商品です。個別の株式や債券を買うにはそれなりの金額が必要ですが、一般的な投資信託なら1万円程度から始められます。複数の株式などへ分散投資するので、自分が出した資金もたとえ少額でも割合通りに分けて投資されます。

また、毎月一定額で積立購入すれば、さまざまな価格で買い付けられ、さらにリスクを低減できます。iDeCoやNISAのつみたて投資枠なら自動的に積立購入になります。

投資信託の仕組み

投資先は国内、海外の債券や株式など複数あります。プロが投資家から集めたお金を運用します。

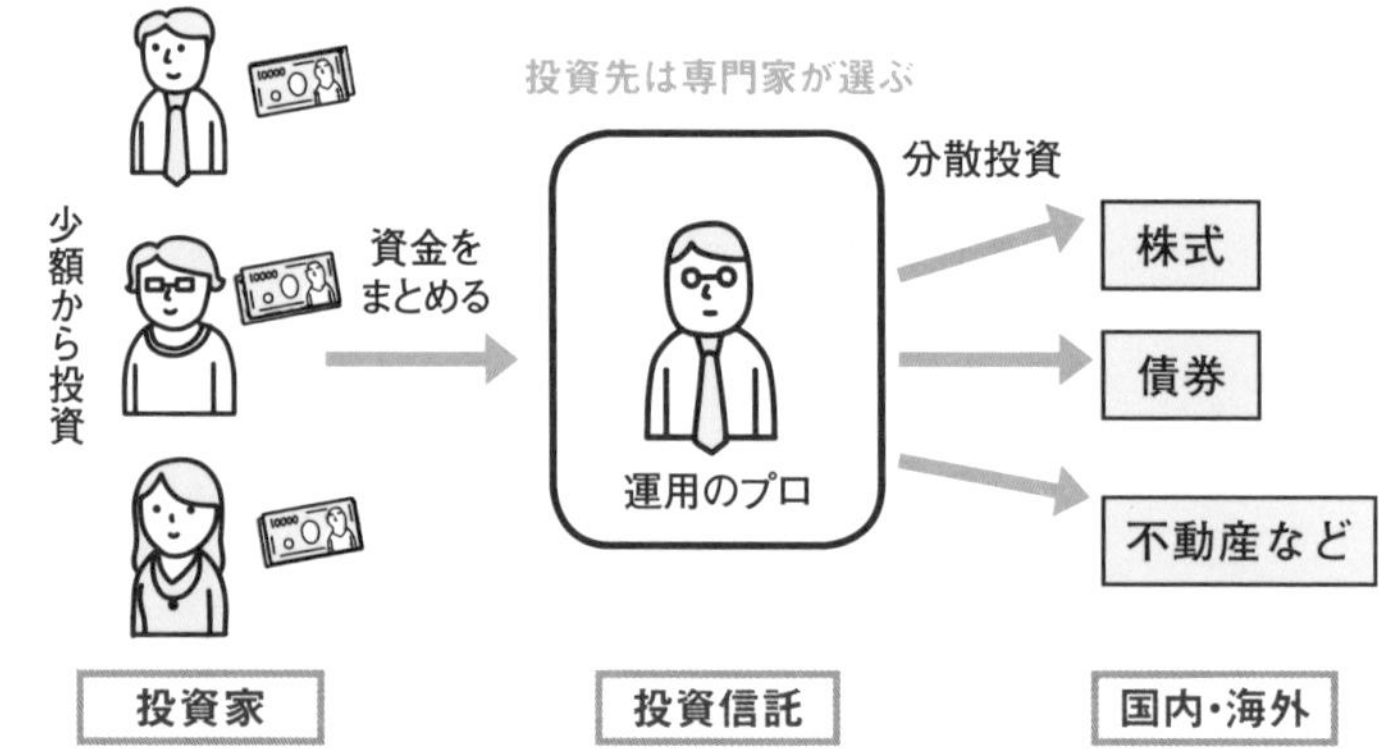
投資先は専門家が選ぶ
少額から投資
資金をまとめる
運用のプロ
分散投資
株式
債券
不動産など
投資家
投資信託
国内・海外

投資信託の主な投資先

投資信託の「年平均リターン」とは、1年あたりどれくらい値上がりしたか（分配金含む）を示します。

	投資先	過去の年平均リターン例※
国内株式型	国内の複数の株式に分散投資	4%程度
外国株式型	外国の複数の株式に分散投資	7%程度
国内債券型	国内の複数の債券に分散投資	2%程度
外国債券型	外国の複数の債券に分散投資	4%程度
資産分散型（バランス型）	国内株式、外国株式、国内債券、外国債券などに分散投資	4%程度

1万円投資でリターンは200～700円（税金は考慮せず）。

※各資産の指数をもとに過去20年の年平均リターンの目安を表示。今後を保証するものではない

投資信託の選択・購入から売却までの流れ

投資信託はどのように購入し、売却すればよいのでしょうか?

Step 1 投資先と運用タイプを選ぶ

① 投資信託の投資先の種類を知り、自分に合う投資先（→右ページ下）を考える。
② 2つの運用タイプの特徴を知り、どちらのタイプにするか考える。

● 投資信託の運用タイプ

	パッシブ運用	アクティブ運用
特徴	**平均的な運用** 例えば国内株式が全体的に値上がりすれば、投資信託も同じくらい値上がりする	**平均を超える成果を目指す運用** 例えば国内株式が全体的に値上がりすれば、投資信託はそれを超える値上がりを目指す
運用の手数料（信託報酬）	安い	高い

投資信託は、個別に株式や債券を買うよりもリスクが分散されていますが、積立にすれば、その時々の値段で買い付けることになり、さらにリスクが分散されます。

Step 2 投資信託口座を開設する

開設する口座を「NISA」や「iDeCo」にすると、利益にかかる税金が非課税になってお得！

① **いつも使っている銀行に買いたい投資信託がある場合:**
窓口やインターネットバンキングで投資信託口座を開設する。いつも使っている銀行なら投資資金の移動がラク。
② **いつも使っている銀行に買いたい投資信託がない場合:**
買いたい投資信託のある金融機関に、投資信託口座を開設する（普通口座の開設も必要）。

Step 3 投資信託を購入する

① 投資資金を口座に入金する。
② 投資信託を選び、投資信託説明書（目論見書《もくろみしょ》:運用方針が記載してある）と手数料を確認する。
③ 納得がいけば購入申し込みをする（「積立」なら積立の申し込みをする）。インターネット、電話でも申し込みできる。
④ 取引が成立すれば購入できる（「積立」の場合は毎月、決まった日に定額で自動的に購入していく）。

- 購入した投資信託の基準価額（投資信託の値段）が変動する（積立の場合は、毎月、積立購入時の基準価額で買い増す）
- 投資信託によっては決算時に分配金を受け取れる
- 定期的に運用状況を記載した運用報告書が届く（WEB上で閲覧するケースもある）

Step 4 投資信託を売却する

① 売却の申し込み（インターネット、電話）をする。
② 売却代金が口座に入る。
基準価額が買ったときよりも上がっていれば利益が出て、下がっていれば損失が出たということ。

Point

投資信託には3つの手数料がかかる

・購入時：販売手数料※
・売却時：信託財産留保額※
・保有中：信託報酬

※販売手数料がかからない金融機関や、信託財産留保額がかからない投資信託もある

投資の基本

「NISA《ニーサ》」なら投資の利益が非課税に

株式や投資信託が買える
使える金融機関は1つ

個人投資家のための非課税口座であるNISAが2024年から制度改正。投資できる枠が大きくなり、投資期間や非課税期間が無期限に。

2つの枠があり、**つみたて投資枠**は2023年までのつみたてNISAと、**成長投資枠**は2023年までの一般NISAと似た仕組みです。2つの枠を同時に使うこともできますが、NISA口座を持てる金融機関は1つ。NISA口座は、銀行や証券会社で開設できますが、成長投資枠で株式を買いたいなら証券会社で口座を開く必要があります。

どんな投資をしたいかを考えて、金融機関を選びましょう。金融機関は1年ごとに変更もできます。

2024年1月以降、NISAは2タイプ

つみたて投資枠も成長投資枠も、年間投資枠の範囲で購入ができ、売却はいつでも可能。生涯で投資できる総枠は合計1800万円（成長投資枠のみを使う場合は1200万円）。ただし、売却するとその元本分の枠が翌年に復活します。

	つみたて投資枠 （併用可）	成長投資枠
年間投資枠	120万円	240万円
非課税保有期間※1	無期限化	無期限化
非課税保有限度額（総枠）※2	1800万円 簿価残高方式で管理（枠の再利用が可能）	1200万円（内数）
口座開設期間	恒久化	恒久化
投資対象商品	長期の積み立て・分散投資に適した一定の投資信託（現行のつみたてNISA対象商品と同様）	上場株式・投資信託等※3 （①整理・監理銘柄②信託期間20年未満、毎月分配型の投資信託及びデリバティブ取引を用いた一定の投資信託等を除外）
対象年齢	18歳以上	18歳以上

※1 非課税保有期間の無期限化に伴い、現行のつみたてNISAと同様、定期的に利用者の住所等を確認し、制度の適正な運用を担保

※2 利用者それぞれの非課税保有限度額については、金融機関から一定のクラウドを利用して提供された情報を国税庁において管理

※3 金融機関による「成長投資枠」を使った回転売買への勧誘行為に対し、金融庁が監督指針を改正し、法令に基づき監督及びモニタリングを実施

出典：金融庁「新しいNISA」

＼もっと知りたい／ Q&A

Q つみたて投資枠と成長投資枠、どちらを選ぶのがいい？

A 投資にまわせる金額があまり多くない、また仕事などで忙しい若い時期は、一度申し込めば自動的にコツコツと投資信託が積み立てられるつみたて投資枠を。資金や時間に余裕ができたら成長投資枠の併用も検討するといいでしょう。

NISAのメリットは利益が非課税になること

投資で得た利益には20.315%の税金がかかるので手取りの利益は8割弱に。しかし、NISA口座ではこの税金がかからないので、利益の全額を受け取れます。

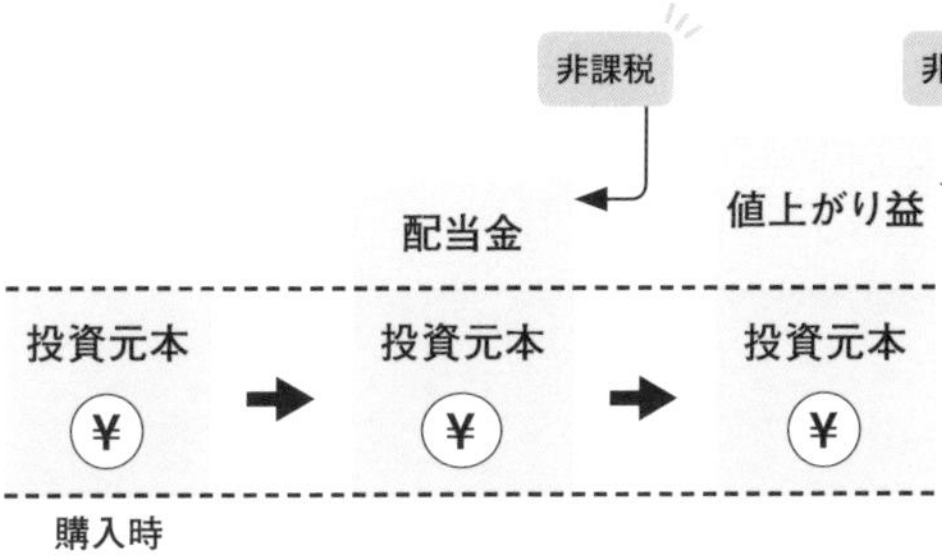
非課税
非課税
配当金
値上がり益
投資元本
¥
投資元本
¥
投資元本
¥
購入時

＊値下がりして損失が出た場合はメリットがない

通常の課税口座で10万円の利益が出た場合

10万円 × 20.315%

値上がり益や配当金・分配金　所得税と復興特別所得税15.315%、住民税5%

=2万315円が引かれる

NISA口座ならこの分が非課税

NISA口座で買える金融商品

つみたて投資枠は対象となる投資信託が決まっています。成長投資枠は投資信託をはじめ株式やETF、REITまで幅広い商品を購入できます。

つみたて投資枠	成長投資枠
販売手数料0円、保有中の手数料（信託報酬）が安い、運用期間が無期限または20年以上など金融庁が定める条件に合う投資信託が採用されている（2023年9月15日現在251本）。各金融機関は自社で販売する商品をこの中から選択する。購入方法は積み立てのみ。	購入できる投資信託は金融機関により異なる。株式、ETF、REITは株式市場に上場されたものを購入できる。ただし、毎月分配型の投資信託やレバレッジをかけるタイプの商品は対象外。購入方法は、積み立て、一括どちらも可能。

もっと知りたい Q&A

Q 2023年末までに開設したNISA口座はどうなるの？

A 2024年以降のNISAとは別扱いです。口座に資金を入れることはもうできませんが、残高の運用は可能で、つみたてNISAは購入した年から20年目まで、一般NISAは同5年目まで、ジュニアNISAは18歳になるまで非課税で運用できます。

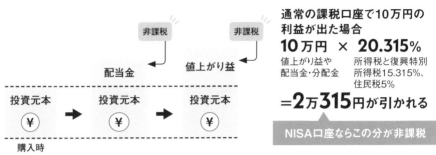

Chapter 7 増やす

投資の基本

年金を増やすなら「i《イ》De《デ》Co《コ》」

投資しながら老後資金を準備 公的年金の不足分を補う

現役時代に掛け金を積み立てて運用し、60歳以降に受け取るのが確定拠出年金です。「企業型」と「個人型（iDeCo）」があります。

「企業型」は企業年金の一種として導入する会社が増えており、会社が導入したら従業員は原則加入。「iDeCo」は自分の意思で加入します。

「iDeCo」は公的年金の加入者なら加入でき、「企業型」に加入する人も併用できます。

「iDeCo」は銀行、保険会社、証券会社などが窓口。選んだ金融機関に専用口座を開きます。利用できる金融商品の品揃えは金融機関により異なりますが、通常、定期預金と、複数の投資信託が揃っています。

確定拠出年金って何？

企業や加入者が毎月一定額の掛け金を出して、加入者が運用します。そのため、運用の結果次第で将来受け取れる年金の額は異なります。

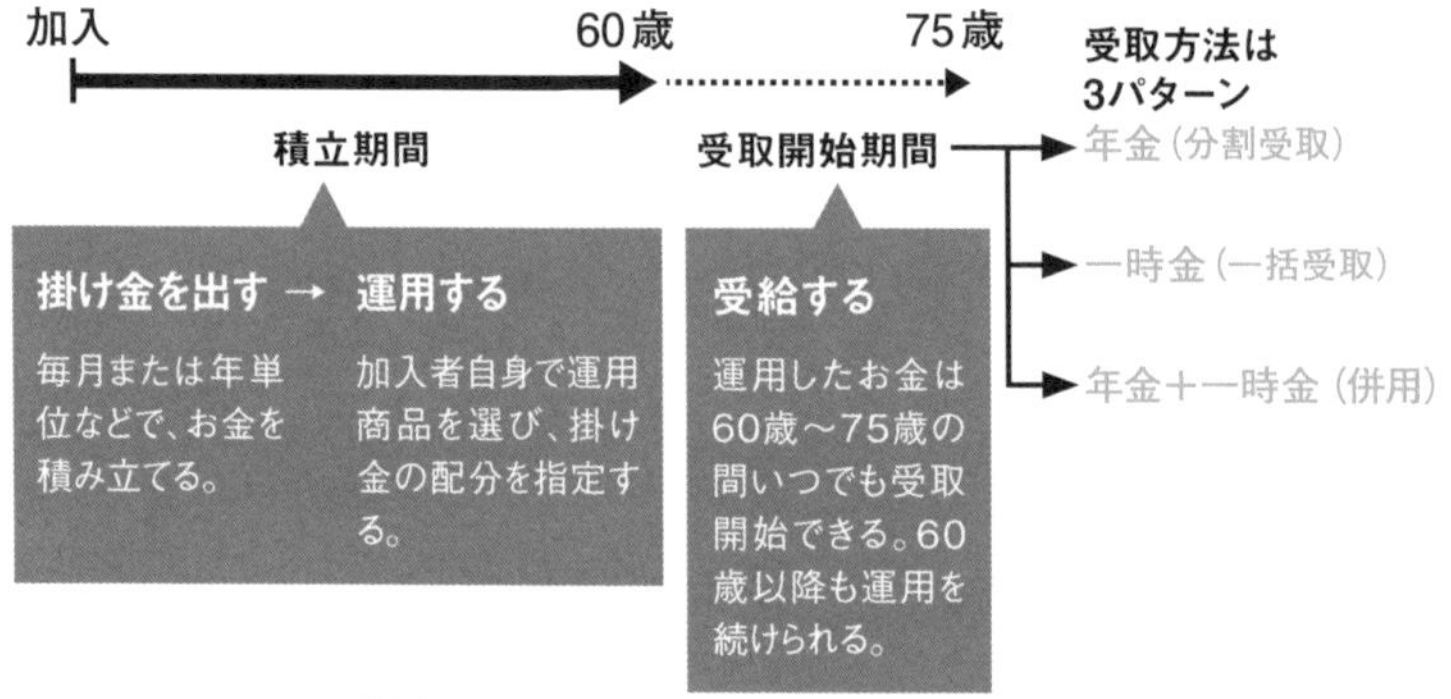

加入
60歳
75歳
受取方法は3パターン
積立期間
受取開始期間
年金（分割受取）
一時金（一括受取）
年金＋一時金（併用）
掛け金を出す →
毎月または年単位などで、お金を積み立てる。
運用する
加入者自身で運用商品を選び、掛け金の配分を指定する。
受給する
運用したお金は60歳〜75歳の間いつでも受取開始できる。60歳以降も運用を続けられる。

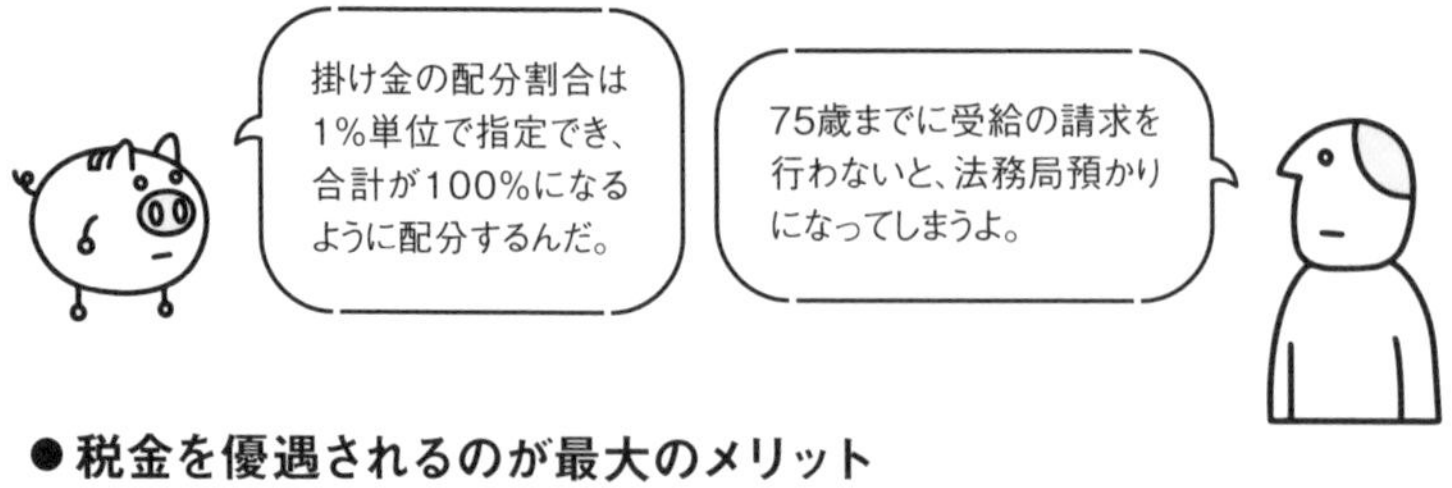

掛け金の配分割合は1%単位で指定でき、合計が100%になるように配分するんだ。
75歳までに受給の請求を行わないと、法務局預かりになってしまうよ。

●税金を優遇されるのが最大のメリット

拠出時

掛け金は全額所得控除

＊iDeCoは年末調整や確定申告が必要

運用時

運用で増えたお金は非課税

受取時

- 年金として受け取る場合は公的年金等控除の対象（ほかの年金と合算）
- 一時金として受け取る場合は退職所得控除の対象（会社の退職金と合算）

「企業型」と「iDeCo」の違い

「企業型」は会社の退職給付制度、「iDeCo」は自分で自分の老後に備える制度です。加入状況や立場により、掛け金の限度額が異なります。例えば、毎月2万円、30歳加入で60歳まで30年積み立てると、720万円。これが増えているかどうかは運用次第です。

	企業型	併用可※1 個人型（iDeCo）
利用できる人	会社員で勤務先が導入すれば原則加入する	公的年金制度に加入する20歳以上60歳未満の人
投資できる限度額	月額5万5000円または月額2万7500円 （企業により異なる）	個人事業主：月額6万8000円 会社員：勤務先の企業年金制度により月額1万2000円〜2万3000円 公務員：月額1万2000円 専業主婦（夫）：月額2万3000円
利用できる金融商品	預金、投資信託（運営管理機関によっては保険もあり）	
運営管理機関	勤務先が契約した金融機関	自分で選んだ金融機関
運営管理の手数料	勤務先が払うケースが一般的	自分で払う※2

※1「企業型」と「iDeCo」は併用できる。ただし合計の月額に上限があり、企業型でマッチング拠出している人は併用不可

※2 個人型は毎月の掛け金から差し引く形で手数料を自分で支払う。掛け金の節税効果が手数料額を上回るケースがほとんどなので、結果的に手数料の負担感は大きくはない

効果的に運用するには?

確定拠出年金は自分で運用しなければなりません。受取額を増やすために、効果的な運用を心掛けましょう。

自分のリスク許容度に合わせて商品を組み合わせる

確定拠出年金の運用商品は、1つだけ選ぶよりも特徴が異なる商品を組み合わせたほうがリスクを減らすことができる。どの商品をどれだけ買って組み合わせるかは、自分がどれくらいの値動きに耐えられるかで考える。

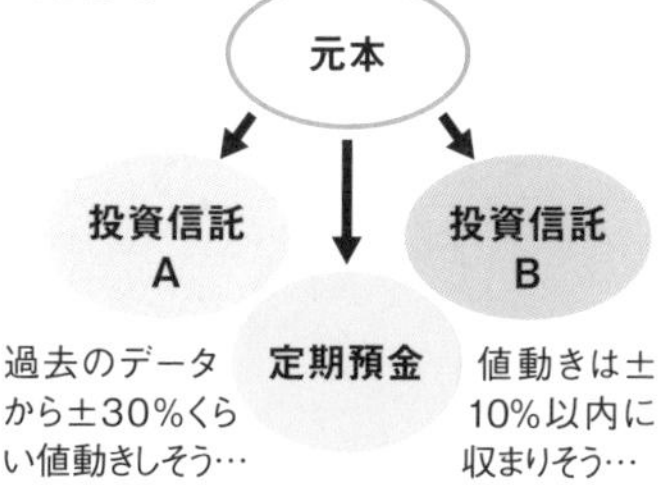
元本
投資信託 A
定期預金
投資信託 B
過去のデータから±30%くらい値動きしそう…
値動きは±10%以内に収まりそう…

状況に応じて途中で運用商品の変更を行う

毎月の掛け金で購入する商品を変更したり、これまでに口座に貯まった商品を別の商品に買い替えたり、という2つの運用指図ができる。頻繁に運用指図をする必要はないが、例えば、値上がりした投資信託を定期預金に買い換えれば、利益を確定できる。

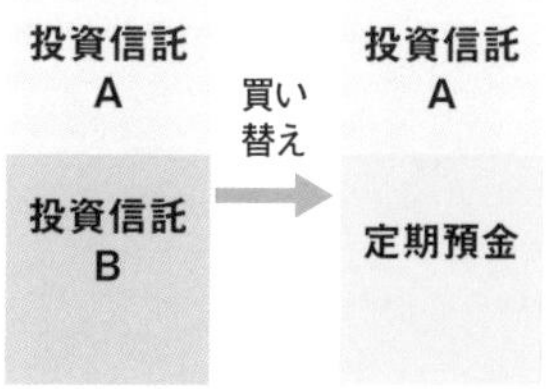
投資信託 A
投資信託 B
買い替え
投資信託 A
定期預金

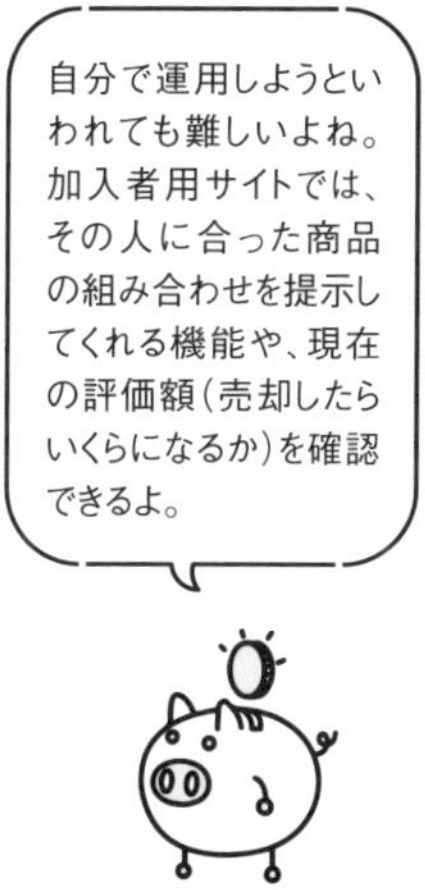
自分で運用しようといわれても難しいよね。加入者用サイトでは、その人に合った商品の組み合わせを提示してくれる機能や、現在の評価額（売却したらいくらになるか）を確認できるよ。

Chapter 7

増やす

投資の基本（上級）

円安時に有利な「外貨預金」や「海外資産」

外貨や海外資産への投資は為替リスクに注意

外貨預金は円を外貨に換えて預金するもので、利息も外貨でつきます。円に戻して受け取る際には、為替《かわせ》レートの影響を受けます。預入時よりも円安なら利息に加えて為替差益《さえき》を得られますが、円高なら為替差損《さそん》が出ます。為替差損が利息を超えると元本割れということ。為替レートには手数料が含まれており、それ以上の利益が出ないと元本割れします。

海外の株式や債券に投資する投資信託の場合は、株式や債券の値動きに加え、売却時の為替レートにより損益が決まります。**海外資産への投資は購入時より売却（解約）時に円高なら損失、円安なら利益が出やすいという性質があります。**

海外資産の投資の仕組み

海外資産を活用した投資の場合は、為替レートの変化によってその損益も変わってきます。

● 外貨預金　＊両替時の為替レートに為替手数料が含まれる

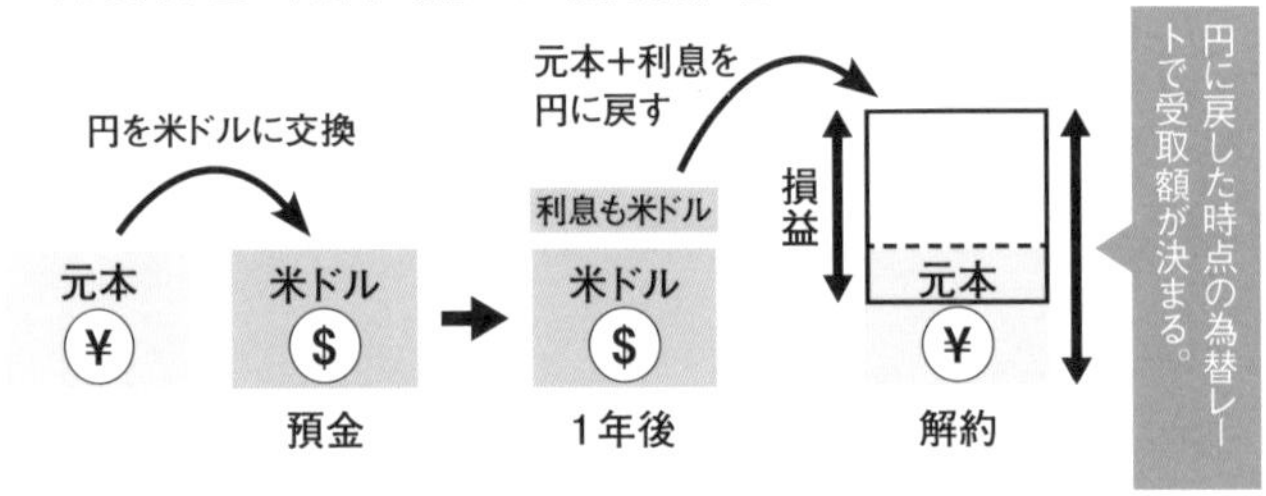

円を米ドルに交換
元本
¥
米ドル
$
預金
利息も米ドル
米ドル
$
1年後
元本＋利息を
円に戻す
損益
元本
¥
解約
円に戻した時点の為替レートで受取額が決まる。

● 海外資産を対象にした投資信託

投資信託の価格は、その時点の為替レートで円換算して示されている

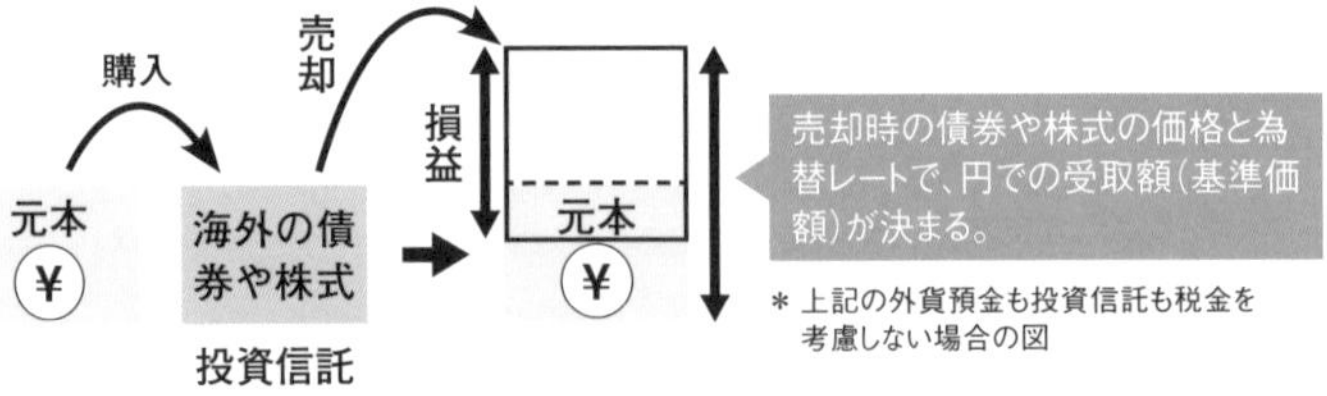

購入
元本
¥
海外の債券や株式
投資信託
売却
損益
元本
¥
売却時の債券や株式の価格と為替レートで、円での受取額（基準価額）が決まる。

＊ 上記の外貨預金も投資信託も税金を考慮しない場合の図

Point

FX《エフエックス》も為替差を利用した投資

FX（外国為替証拠金取引）は米ドルやユーロなどの外国通貨を売買して、買ったときと売ったときの為替差で利益を出そうという金融商品。元本の最大25倍の取引が可能なのでリスクも大きい。コツコツ老後資金を育てる長期投資には不向き。

為替レートとは、円と米ドルなど2国間の通貨を交換するときの取引価格（交換比率）のこと。例えば昨日は1ドルが100円と交換できたのに、今日は1ドルが110円というように、交換レートは刻々と変化するんだ。

外貨建ての投資は円安への備えにも

円高と円安のどちらが得か損かは一概にはいえません。円安では、食料やエネルギーを輸入に頼る日本では物価が上がり、消費者の生活は苦しくなります。一方で、商品を輸出する企業は、円安により現地の商品価格が下がると販売数が増えて利益が増えやすく、それにより株価が上がる傾向があります。円高なら逆のことが起きやすくなります。

為替レートは、2国間の経済力や金利の影響を受けて動きます。経済力が高い、また金利が高い国のほうが為替レートは高くなる傾向があります。日本の経済力が低下し金利が低いと外貨に対して円安になりやすいのです。

外貨建ての金融商品に投資をして、その後、円安になると利益が出やすく、円安によるインフレへの備えにもなります。

押さえておきたい円安・円高の影響

外貨と比較した円の価値（為替）は変動していて、物価や株価などにも影響します。

↑↑↑ 円の価値

円の価値 ↓↓↓

1米ドル 130円 ←円高― 1米ドル 135円 ―円安→ 1米ドル 140円

1米ドル 130円	1米ドル 135円	1米ドル 140円
1000米ドルと交換するには13万円必要	1000米ドルと交換するには13万5000円必要	1000米ドルと交換するには14万円必要

円高

- 円が少なくて済むので輸入品が安くなる
- 海外旅行では現地での費用が安く済む
- インフレは起きにくい
- 輸出企業を中心に日本の株価が下がりやすい

円安

- 円がたくさん必要なので輸入品が高くなる
- 海外旅行では現地での費用が高くつく
- インフレになりやすい
- 輸出企業を中心に日本の株価が上がりやすい

外貨建ての金融商品を購入した場合

← 購入時よりも円高で売ると戻る円が減るので損失が出やすい

→ 購入時よりも円安で売ると戻る円が増えるので利益が出やすい

＼もっと知りたい／ Q&A

Q 外貨建ての金融商品への投資のタイミングは？

A 円高のときがベストですが、為替の予想は難しいもの。何度かに分けて買うか、長期で積み立てるのがおすすめ。為替レートが平準化され、利息や株価上昇により外貨建てでの資産も増える可能性があるからです。

投資の基本（上級）

場所や建物の影響が大きい「不動産」

不動産投資は「事業」と同じ誰でも成功するとは限らない

不動産投資は不動産を買って売却益を得る、あるいは貸して賃料収入を得る投資。不動産とは土地や建物のこと。場所や建物の状態により価格や入居率の差が大きく、経験や知識がなければ収支の予測は難しいです。また不動産は高いので、購入時はローンを組むのが一般的。ローン返済や利子の支払いも生じます。

一方、複数の投資家から集めたお金で不動産に投資するのがREIT《リート》。価格は銘柄により10万～70万円程度。株式のように売買できます。このREITを複数組み入れた投資信託なら1万円程度から購入できます。REIT、REITの投資信託とも不動産投資を金融商品化したものです。

不動産投資の方法

自分でアパートなどの不動産を所有する方法と、不動産に投資する金融商品を持つ方法があります。

賃貸経営

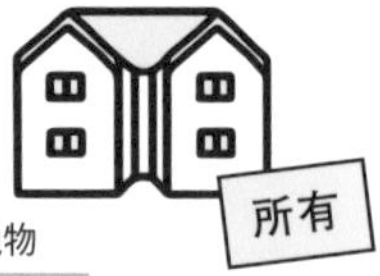

現物

メリット

- 毎月、家賃収入が得られる。
- 実際に不動産が持てる。

デメリット

- 空室リスク、家賃が下がるリスクがある。
- 不動産を維持・管理する手間と費用がかかる。

REIT

金融商品

メリット

- 個人では持てないようなオフィスビルや商業施設に分散投資できる。
- 維持、管理を任せられる。

デメリット

- 自分で不動産そのものを持てない。
- 価格が変動するので、元本割れのリスクがある。

REITに投資する投資信託

金融商品

メリット

- 1万円程度の少額から投資できる。
- 複数のREITに投資するのでさらにリスクが分散される。
- 海外の不動産に投資するものもある。

デメリット

- 自分で不動産そのものを持てない。
- 価格が変動するので、元本割れのリスクがある。

REITは売買でき、分配金の利回りは3～5%程度

東京証券取引所には約60本のREITが上場されています。

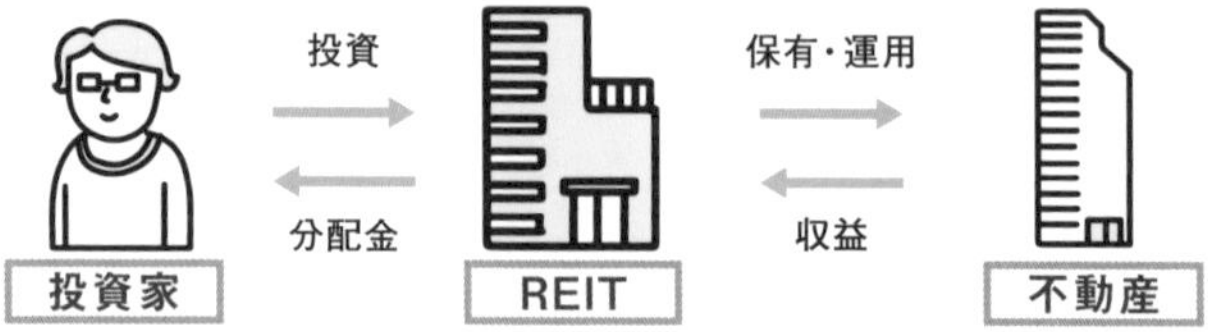

限りある資源への投資なら「金《きん》」

金融資産がある人向きの守りの資産

国が発行する紙幣は信用で成り立っていますが、仮に信用がなくなると価値がなくなります。一方、金《きん》は実際に存在するので、価値がゼロになることはありません。「有事の金」ともいわれ、世界情勢が不安定になると価格が上がる傾向にあります。

そのため、守りの資産として持つ人もいます。ただし、金の現物は1グラム9918円（2023年9月28日現在）と高価で、日々、価格変動します。盗難リスクの対策も必要。

そこで、毎月一定額の積立で購入し、購入した分は専用金庫で保管してもらう「純金積立」が一般的です。地金商《じがねしょう》・鉱山会社・銀行などで取り扱っています。購入後はグラム単位で売ることもできます。

利息はつかず価格変動で損益が決まる

投資する場合は、一定額の円預金を確保したうえで、あくまで資産の一部として行いましょう。

メリット

- 金価格が上がれば利益を得られる。
- 金を円で購入した場合、米ドルと円の為替相場が円安になったときに売ると利益が出やすい。

デメリット

- 持っていても利息がつかない。
- 積立には会費や手数料がかかる。
- 価格変動により、元本割れのリスクがある。

純金積立の仕組み

純金積立は、毎月の積立額を指定すると、あとは自動的に買い続けていきます。

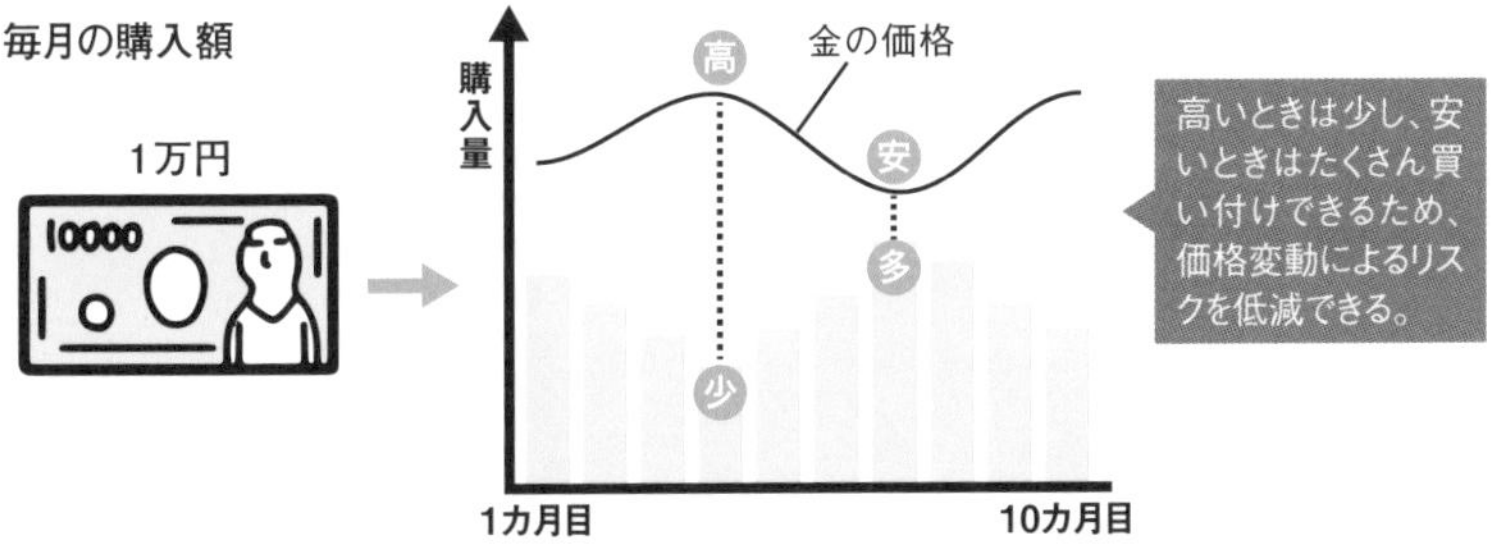
毎月の購入額
1万円
10000
購入量
金の価格
高
安
多
少
1カ月目
10カ月目
高いときは少し、安いときはたくさん買い付けできるため、価格変動によるリスクを低減できる。

＼ 知らないと損する ／
お得情報

金に投資できる金融商品「金ETF《イーティーエフ》」

金ETFは、金価格に連動しながら株式のようにいつでも時価で売買可能。手数料が安く盗難リスクもないので、現物の金を持たずに金の値動きに投資したい場合に向いています。

索引

あ

か

さ

●監修者

泉 美智子（いずみ みちこ）

株式会社六次元（子どもの環境・経済教育研究室代表）。ファイナンシャル・プランナー。京都大学経済研究所東京分室、公立鳥取環境大学経営学部を経て現職。消費者教育を中心に、全国各地で「女性のためのコーヒータイムの経済学」や「親子経済教室」など講演活動を行う。教育テレビ番組「豊かさのものさし」の企画・制作にも携わり、テレビ、ラジオ出演も。環境、経済絵本、児童書の執筆多数。近著に『今さら聞けない投資の超基本』『今さら聞けないSDGsの超基本』（ともに朝日新聞出版）がある。

アシスタントによる　instagram　@michiko.moneycafe　公開中

●著者

坂本綾子（さかもと あやこ）

生活経済ジャーナリスト、ファイナンシャル・プランナー（CFP®）。消費者向け金融・経済記事の執筆、わかりやすくお金について解説するセミナーを行う。家計相談にも対応。著書に『「投資をしたことがないけれど、このままで本当に大丈夫？」と思ったら読む　絶対に損をしないお金の増やし方』（CCCメディアハウス）、『お金に好かれる人になるための35の習慣』（KADOKAWA）、『子どもにかかるお金の超基本』（河出書房新社）など。

STAFF

編集協力／株式会社エディポック

校正／本郷明子

装丁／俵拓也　根本佳奈（俵社）

DTP／株式会社エディポック

イラスト／大野文彰

編集／上原千穂（朝日新聞出版　生活・文化編集部）

改訂新版《かいていしんばん》

節約《せつやく》・貯蓄《ちょちく》・投資《とうし》の前《まえ》に

今《いま》さら聞《き》けない

お金《かね》の超基本《ちょうきほん》

2023年11月30日　第1刷発行
2024年 3 月30日　第3刷発行

監修者　泉美智子

著　者　坂本綾子

発行者　片桐圭子

発行所　朝日新聞出版

〒104-8011

東京都中央区築地5-3-2

（お問い合わせ）infojitsuyo@asahi.com

印刷所　図書印刷株式会社

ISBN　978-4-02-334144-9

やってみよう！

お金の知識・判断力、あなたは持っている?

金融リテラシーを確認

どんなことを、どこまで知っていれば損をせずに済む？　お金の形が変わり、金融商品、サービスが複雑化する時代を生き抜くための金融リテラシーを具体的に示した「金融リテラシーマップ」をご紹介します。この本を読んで身についたと思うことにチェックを入れましょう。チェックがつかなかった項目は読み返せば、理解度と判断力が高まっていくはずです。

最低限身につけておきたいこと	関連Chapter
□家計の収支管理を適切にしつつ、趣味や自分の能力向上のために計画的にお金を使っている。	**家計管理** **→Chapter 1,4,5**
□今の仕事の収入をもとに、これからの目標を立てている。 □自分の夢や目標の実現にお金がどのくらい必要かを考え、計画的に貯蓄、資産運用を行える。	**生活設計** **→Chapter 1,2,4,5**
□金融に関するさまざまな情報を比較検討し、適切な消費行動をすることができる。 □金融商品を含むさまざまな販売・勧誘行為に関する法令や制度を理解し、契約時には慎重かつ適切な対応ができる。	**金融取引の基本としての素養** **→Chapter 5,7**
□元本の保証（安全性）、必要なときにお金を引き出せるか（流動性）、高い収益が期待できるか（収益性）、という金融商品の３つの特性とリスク管理の方法、長期的な視点で貯蓄・運用することの大切さを理解している。 □元本とその利息にさらに利息がつく複利など、お金の価値と時間との関係について理解している。 □景気の動向、金利の動き、インフレ・デフレ、為替の動きが、金融商品の価値、金利などに及ぼす影響について理解している。	**金融分野共通** **→Chapter 1,4,7へ**
□病気・失業など備えるべきリスクの種類や内容を理解し、保険加入・リスク削減などの対策をとることができる。生活の変化に応じて見直しができる。	**保険商品** **→Chapter 6へ**
□住宅をどうするか長期的な視点で考え始めている。 □住宅ローンの基本的な特徴を理解し、具体的な知識を身につけて返済能力に応じた借り入れを組むことができる。 □ローンやクレジットはお金の使いすぎにつながりやすいことに注意している。	**ローン・クレジット** **→Chapter 5へ**
□生活設計の中で、どのように資産形成をしていくかを考えている。 □自分が求めるリターンと許容できるリスクの両方を自覚している。 □長期・積立・分散投資のメリットを理解し、活用している。	**資産形成商品** **→Chapter 7へ**
□金融商品の利用で困ったときに相談できる機関を知っている。	**外部の知見の適切な活用** **→P.115「金融ADR制度」へ**

*これは、金融庁や消費者庁などをメンバーとする「金融経済教育推進会議」が作成した金融リテラシーマップ（2023年6月改訂）から、「若年社会人」の部分を抜き出し、構成したものです。若年社会人は、生活面・経済面で自立する時期と位置づけられています